康熙重庆府涪州志

（清）董维祺　修　（清）冯懋柱　纂
曾超　校注
重庆市涪陵区地方志办公室　整理

國家圖書館出版社

图书在版编目（CIP）数据

康熙重庆府涪州志 /（清）董维祺修；（清）冯懋柱纂；曾超校注；重庆市涪陵区地方志办公室整理 .— 北京：国家图书馆出版社，2019.6

ISBN 978-7-5013-6628-6

Ⅰ.①康…　Ⅱ.①董…　②冯…　③曾…　④重…　Ⅲ.①涪州区—地方志—清代　Ⅳ.① K297.193

中国版本图书馆 CIP 数据核字（2018）第 272142 号

书　　名	康熙重庆府涪州志	
著　　者	（清）董维祺 修　（清）冯懋柱 纂	
	曾超 校注	
	重庆市涪陵区地方志办公室 整理	
责任编辑	于春媚	
助理编辑	潘肖蔷	

出版发行　国家图书馆出版社（北京市西城区文津街 7 号　100034）

（原书目文献出版社　北京图书馆出版社）

010-66114536　63802249　nlcpress@nlc.cn（邮购）

网　　址	http://www.nlcpress.com	
排　　版	九章文化	
印　　装	重庆金润印务有限公司	
版　　次	2019 年 6 月第 1 版　2019 年 6 月第 1 次印刷	

开　　本	787×1092（毫米）　1/16	
印　　张	28.25	
字　　数	400 千字	

书　　号	ISBN 978-7-5013-6628-6	
定　　价	85.00 元	

《涪州志》整理委员会

主　任：周　烽

副主任：余成红

成　员：张仲明　曾小琴　冉　瑞　童泓萍

　　　　彭　婷　赵　君

删繁就简，经世致用

——点校历代《涪州志》序

　　方志是详细记载一地的地理、沿革、风俗、教育、物产、人物、名胜、古迹以及诗文、著作等的史志。它是国史的基础材料，犹如高楼大厦的一砖一瓦；它是时代的毛细血管，可窥见大众百姓的脉膊跳动。方志文本分门别类，取材真实，内容丰富，剪裁得当，保存了相当复杂多样的社会信息，是研究历史，特别是地方史的重要的参考资料。《全国地方志联合目录》收录我国历代地方志八千二百多种，每种都注明卷数、版本、纂修者及藏书单位等信息，便于使用者参考阅览。

　　历代《涪州志》即是中国方志的组成部分。

　　涪陵地处长江、乌江交汇处。地连五郡，舟会三川，百物辐辏，人文畅茂，自古为水陆要冲，商贸名城。《禹贡》记载属梁州之域，战国为巴子国都，秦置枳县以来，历代王朝都在此设郡、州、县等治所。具有两千多年的建城史的涪陵，积淀了丰富的历史文化，历代的涪陵地方志都有较为详细的辑录。涪陵的地方志书，可考的始于北周。散见于史册的有北周的《涪陵地图记》，唐代的《涪州图经》，宋代的《涪州新图经》《涪陵记》《龟陵志》《龟陵新志》等八种。明代有《涪州志》两种。清代有官修《涪州志》五种。可惜由于朝代更迭和其他天灾人祸造成的社会动荡，清康熙之前所修的地方志书皆已散佚，对了解、研究涪陵地方史造成了难以弥补的巨大损失，令人扼腕。

　　中国有盛世修志的传统，历朝历代帝王对修国史相当重视。一方面，新王朝建立，即修前朝史，一朝一朝延续下来，成为惯例。另一方面，各地方官员对修方志也异常热情。康熙以来，先后担任涪州知州的董维祺、郭宪仪、多泽厚、徐树楠、德恩、吕绍衣等就亲自主持过《涪州志》的修纂工作。据文献记载，涪陵自明嘉靖以来，已有明嘉靖三十年《涪州志》，清康熙二十二年《涪州志》，清康熙五十三年《涪州志》，清乾隆五十年《涪州志》，清道光二十五年《涪州志》，清同治九年《涪州志》，清光绪三十一年《涪州小学乡土地理》(又名《涪乘启新》),民国十七年《涪陵县续修涪州志》等八种方志。但长期以来这些宝贵的地方史志资料因印数有限,藏本奇缺,已经作为古籍文物加以保护,极少与广大读者见面。上世纪八十年代以来,国家启动地方志编纂工作,历代方志也只是极少数修志人员有条件参阅,因岁月流逝和保护手段有限,加之古籍图书纸张发黄易碎,有些古籍孤本几近毁损。这一方面有可能造成珍贵的地方文献资料的巨大损失,另一方面又对广大干部群众了解本土历史知识,增加历史学养,培养爱国爱乡的情感造成了无形的隔膜和障碍,方志的赓续文脉、资政育人的特殊功能未能得到充分有效的发挥。

回顾历史,是为了更好地前行。

习近平同志指出:"历史是最好的老师。""历史上发生的许多事情也可以作为今天的镜鉴。中国的今天是从中国的昨天和前天发展而来的,要治理好今天的中国,需要对我国的历史和传统文化有深入的了解,也需要对我国古代治国理政的探索和智慧进行积极总结。""我们不是历史虚无主义者,也不是文化虚无主义者,不能数典忘祖,妄自菲薄。中华传统文化博大精深,中华民族在长期奋斗中开展的精神活动、进行的理性思维、创造的文化成果,反映了中华民族的精神追求,其中最核心的内容已经成为中华民族最基本的文化基因。"

近年来,各级党委政府认真贯彻习近平总书记关于学习历史知识,提高历史学养,借鉴历史经验,提升治国理政本领的系列讲话精神,掀起新的一波整理、出版地方志书的热潮,以满足广大干部群众了解历史的需要。

根据国务院《地方志工作条例》的规定,国务院办公厅《全国地方志事业发展规划纲要(2015—2020年)》关于"开展旧志点校、提要、考录、辑佚等工作"的要求和涪陵区人民政府的部署,我办积极有序开展历代《涪州志》的点校、整理出版工作。目前,清康熙五十三年《重庆府涪州志》,清乾隆五十年《涪州志》,清道光二十五年《涪州志》,清同治九年《重修涪州志》,清光绪三十一年《涪乘启新》和民国十七年《涪陵县续修涪州志》等六种方志经过整理后,出版了影印本。同时,组织了几位地方史专家对上述各年代《涪州志》进行了点校注释,由国家图书馆出版社出版发行。

本次点校主要做了以下几项工作:

1.将书中古文的句读基本搞清,加上现代汉语使用的标点符号。

2. 对异体字进行简单疏理，归纳成常用字。

3. 将繁体字，改成简体字。(部分人名用字除外)

4. 将文中部分词语、典故进行简单注释或说明。

5. 将行文格式由竖排改成横排，以符合今天大众阅读习惯。

6. 对方志的内容一律保持原貌，未敢增删。

限于历史学养，我们这次点校注工作虽倾注了大量精力，但仍有许多疏漏和错误，热切希望得到广大读者和方家的批评指正，以便我们今后修订补正。

重庆市涪陵区地方志办公室

2018 年 9 月

校注凡例

一、清董维祺修、清冯懋柱纂康熙年间刊刻的《重庆府涪州志》（以下简称《康熙志》）点校底本以涪陵区史志办提供的清康熙版电子文件为依据。

二、《康熙志》点校主要与［同治］《涪州志》、［道光］《重庆府志》互为参证，同时兼及［乾隆］《涪州志》、［道光］《涪州志》、民国《涪陵县续修涪州志》等，分别简称《康熙志》《同治志》《道光重庆府志》《乾隆志》《道光志》《民国志》。

三、《康熙志》校注主要工作有五，其一标点断句；其二记载异文；其三介绍人物史迹；其四增补史料；其五反映前辈、时贤成果，为后续研究提供线索。

四、《康熙志》职官增补，主要据［同治］《涪州志》和白鹤梁题刻文献。原志所载职官人物列前，增补职官列后，并用［姓名］表示。

五、《康熙志》科举增补，主要据［同治］《涪州志》。增补史料按照科考时间确定。

六、校注使用简体字，文字横向排版，施加现代汉语标点符号。

七、历朝帝王年号加注公元纪年。

八、因各种原因无法释读之字用"■"表示，原缺字用"□（原缺）"表示，有疑义性之字用"［？］"表示。

九、《康熙志》校注更多参考了笔者在涪陵枳巴文化、白鹤梁题刻文化、涪陵历史名人文化等方面的成果。

目　录

《重庆府涪州志》[一] 序

　　自姬周分茅列土，史渐成于侯国。而辀轩问俗，事各载于风诗。此即志所由昉也。秦置县郡以后，幅员益扩，虽蕞尔弹丸亦各有专纪。国史风诗，文变而为志。然则郡县之有志也，皆踵诗史之遗意而成之者也，岂徒载籍之具文已哉？盖将以往事之薰莸为后人之法戒，所以正人心、维风俗而广王化于无疆者，未必不基乎此也，志顾不重欤？

　　我国朝声教四讫，梯山航海尽入版图，遐陬方物悉登汗简，此车书大一统之盛也。然一统之志必由郡县之志以集之。若蜀涪郡志久没于明季之灰烬。余于甲申岁（康熙四十三年，1704年）承乏兹土，下车问俗，访其人物山川，渺无所据。既而购一郡志稿本，阅之，乃昔郡中乡先生[二]共成于前守萧公[三]时也，历今又二十余载。其间不无亥豕[四]之虞，且稿多涂抹、讹舛饾饤，兼以蠹食之余，仅属残编断简，不辑而梓之终归于尽。矧今圣天子厘修国史，博采风谣，各上宪加意蜀志，遍征郡邑之书以备采择，而《涪志》尚为缮本，不独吏职之疏，抑亦贻羞于封域也。余乃捃摭散帙，参诸学士大夫、典型硕彦，相与正其讹，理其绪，补其旧迹，续以新编，寿之枣梨，庶几可垂于不朽。以此而归于全蜀志，是一国之书也；以此而归于一统志，是又天下之书也。宁仅为一郡之诗史也耶？尤冀涪之人士家藏一册而读之，观忠臣孝子之行则知所以事君亲，睹贞人修士之操则知所以砺名节，阅人文仕迹之显则知所以奋功名；下至牧童樵叟皆得播为歌谣，以正间阎之陋习。由此革薄从忠，化民成俗，宁不为吏治光哉？

　　异日者，岁阅岁而人益众，人阅人而事愈增。补续之功，殆又有望于后之守是邦者。因不揣荒陋，述其梗概而为之序。

　　时皇清康熙五十三年，岁次甲午秋八月望日，涪州知州加五级千山董维祺[五]守斋氏谨撰。

　　注释：

　　[一]《重庆府涪州志》：即清康熙版《涪州志》。清代稀见地方志之一，目前世界上

仅发现日本内阁文库藏有 1 部。涪州知州董维祺主修，涪州岁贡冯懋柱编纂，罗云师、孙于朝参阅，夏景宣、刘衍均等校订，李文焕等分辑，康熙五十三年（1714）八月完稿，次年刊刻成书（目前尚未发现该版本）。乾隆二年（1737）涪州知州郭宪仪恐其失传，雇工补刻书版，重印该志，即今所能见到的最早的涪州志。全志 4 卷，卷一设图考、星野、建置沿革（附城池、公署、邮传、祠庙、村镇、塘铺）、形胜（附疆界）、山川（附八景）、古迹、贡赋、风俗（附时序、物产）；卷二设官制、官籍、学校（附祀典）、礼制、名宦、乡贤、选举（附武科）、兵制；卷三设孝义、节烈、隐逸、流寓、仙释、祥异；卷四艺文。该志计 53 目（含附目），约 5 万字。该志卷首有董维祺《重庆府涪州志序》、冯懋柱《附序》，文珂、刘之益、夏道硕旧序 3 篇，凡例 7 则，康熙癸亥年（二十二年，1683）、康熙甲午年（五十三年，1714）二次修志姓氏及目录。卷末有康熙五十四年（1715）涪州训导孙于朝《涪州志跋》。该志保存有大量明末至清代初期的地方史料，弥足珍贵。目前，中国国家图书馆、中国科学院图书馆、上海图书馆、南京图书馆、四川大学图书馆等存有该志缩微胶卷。在国内流传的版本主要有《日本藏中国罕见地方志丛刊》（书目文献出版社，1992 年，第 32 册，第 371–481 页）、《稀见中国地方志汇刊》（中国书店，1992 年，第 50 册，第 495–604 页）、美国犹他州家谱学会 1997 年制作的胶卷。参见《涪陵辞典》第 417–418 页"康熙版《涪州志》"条、李胜《涪陵历史文化》第 215–216 页《涪陵历代方志举要》、《涪陵市志》第 1361 页。

［二］郡中乡先生：指涪州刺史萧星拱编修《涪州志》时的涪州修志人员。即纂修刘之益、文珂、夏道硕；编辑何诜虞、陈命世、向牖墀。

［三］萧公：即康熙年间涪州刺史萧星拱。涪州良牧，白鹤梁功臣。关于萧星拱的姓名字号，在目前所见到的相关简介之中，各家介绍颇不一致。萧星拱的姓名全称，白鹤梁题刻《萧星拱观石鱼记》《萧星拱重镌双鱼记》作萧星拱；《钦定大清一统志》、[嘉庆]《四川通志》、[道光]《重庆府志》《东川府志》、[同治]《重修涪州志》、民国《涪陵县续修涪州志》《涪陵市志》等方志均作萧星拱；《水文、沙漠、火山考古》《水下碑林——白鹤梁》《世界第一古代水文站——白鹤梁》《三峡国宝——白鹤梁题刻汇录与考索》《白鹤梁题刻辑录》等白鹤梁题刻资料集均作萧星拱；李胜著《涪陵历史文化研究》、巴声等编著《历代名人与涪陵》、冉光海主编《涪陵历史人物》等均作萧星拱；《涪陵辞典》《中国长江三峡大辞典》等工具书均作萧星拱。唯有汪长春《涪陵市书画名人

录》作肖星拱，当系萧、肖同音混用的结果。萧星拱，字薇翰。但《水下碑林——白鹤梁》注释云：萧星拱，字旴江。据白鹤梁题刻和其他诸家的认定均作字薇翰。按：旴江，应为萧星拱之郡望。又据《刘氏宗谱》，有萧公祖，字薇翰，讳星拱，江西南城人，任涪陵刺史，升渝州太守。则萧星拱有萧公祖之名。

关于萧星拱的籍贯，主要有 4 种说法。其一是江西。如《四川通志》、[同治]《重修涪州志》《涪陵县续修涪州志》《涪陵市志》《水下碑林——白鹤梁》等。是说过于笼统，没有言及具体的籍贯。其二是旴江。如白鹤梁题刻《萧星拱观石鱼记》《萧星拱重镌双鱼记》。按：旴江，水名，古称"汝水"，为江西省第二大河流。发源于江西省抚州市广昌县驿前镇，流经广昌、南丰、南城、临川、进贤、南昌，在南昌市滕王阁附近汇入赣江。这里，旴江是以水名代籍贯，亦非确指。其三是南城。如《钦定大清一统志》《东川府志》等。其四，洪都。如涪陵区党史办公室藏本《刘氏宗谱》。

关于萧星拱的出生时间，诸书不载。其病逝时间，只有《东川府志》有记载。文云：康熙四十三年（1704）"卒于官"。

关于萧星拱的出身问题，综合相关记载，主要有 3 种说法。其一，第进士。见于《水下碑林——白鹤梁》；其二，保举。见于《涪陵市志》第 930 页《涪州清代历任知州名录》；其三，吏员。见于《四川通志》。

关于萧星拱的仕宦履历，主要有凤翔县令、涪州知州（两任）、重庆知府、东川知府。

关于萧星拱在涪州的治绩，主要有劝垦田土、建常平仓、重修学宫、补修州署、主修州志、题刻白鹤梁、重刻双鱼等。

关于萧星拱的"著述"，主要有：[康熙]《涪州志》、白鹤梁题刻《萧星拱观石鱼记》、白鹤梁题刻《萧星拱重镌双鱼记》、白鹤梁重镌"双鱼"、《郡侯萧父母赠四仙公八袤寿序》《赠四仙公诗》、涪陵刘氏钱家湾旧第对联、涪陵刘氏影三亭对联、涪陵刘氏堂匾名"达尊堂"、涪陵刘氏堂匾名"九世簪缨"等。

对萧星拱的研究，参见曾超《白鹤梁题名人萧星拱史迹稽考》（《三峡大学学报》，2017 年 1 期）、曾超《元明清涪州牧考述》（《重庆三峡学院学报》，2014 年 5 期）、李胜《涪陵历史文化研究》第 177 页、《涪陵历史人物》第 70—71 页《康熙涪州良牧萧星拱》、《历代名人与涪陵》第 125 页《进士萧星拱题〈重镌双鱼记〉》、《涪陵文史资料》第三辑 122 页汪长春《涪陵市书画名人录·肖星拱》等。

　　［四］亥豕：指文字传抄之误。语出汉蔡邕《月令·问答》。典出《吕氏春秋·察今》，文云："子夏之晋，过卫，有读史记者曰：'晋师三豕涉河。'子夏曰：'非也，是己亥也。夫己与三相近，豕与亥相似。'至于晋而问之，则曰晋师己亥涉河也。""亥"和"豕"篆文字形相似，容易混淆。后用以指书籍传写或刊印中文字因形近而误。

　　［五］董维祺：字尔介，号守斋，奉天千山（今属辽宁鞍山）人。满族（镶白旗）。曾入国子监，为监生。李胜《涪陵历史文化研究》、汪长春《涪陵市书画名人录》定为镶白旗监生；巴声、黄秀陵编著《历代名人与涪陵》定为白旗监生，有误；《涪陵市志·涪州清代历任知州名录》定为官监。曾任内阁纂修实录官，见于清康熙丙戌年（四十五年，1706）白鹤梁题刻《董维祺题记》。曾任涪州知州（加五级）十二年。关于其任涪州知州的时间，《同治志》卷五《秩官志·国朝职官·知州》、《民国志》卷九《秩官志·文职·知州》、《涪陵市志》定在康熙四十二年（1703）；《四川通志》卷三十一《皇清职官》定在康熙四十三年（1704）；李胜《涪陵历史文化研究》二说并存。据董维祺《重庆府涪州志序》自称"余于甲申岁承乏兹土"，冯懋柱《重庆府涪州志附序》言："至甲申岁千山董使君来守是邦"，孙于朝《重庆府涪州志跋》云：董维祺"自甲申岁奉简命来牧兹土"，《康熙志》卷一载清初劝垦，董维祺任期始于康熙四十三年，故董维祺任涪州知州的时间当在康熙四十三年。董维祺乃涪州良吏，其治政，孙于朝有较为全面的评述。主要事迹是：劝民垦荒，见于《康熙志》卷一；建修学宫，见于《同治志》卷三《建置志·学校》及卷十四《艺文志·任兰枝〈重修学宫碑记〉》、《民国志》卷五《建置志·学宫》、李胜《涪陵历代诗文选校注》等；编修州志，见于《同治志》卷五《秩官志·国朝职官·知州》、《乾隆志》多泽厚序、《民国志》卷九《秩官志·文职·知州》、《涪陵市志》《涪陵辞典》、陈曦震《水下碑林——白鹤梁》等；旌表黄志焕，见于《同治志》卷九《人物志·孝友》、道光《重庆府志》等；题刻涪州，作《董维祺题记》。关于该题刻的名称，陈曦震《水下碑林——白鹤梁》、曾超《三峡国宝——白鹤梁题刻汇录与考索》、《长江三峡工程水库水文题刻文物图集》作《董维祺题记》；《世界第一古代水文站——白鹤梁》作《董维祺题刻》；《涪陵辞典》作《白鹤梁董维祺题刻》；陆增祥《八琼室金石补正》作《骈体残刻》。咏赞涪州，作有"涪州八景"诗，后世《涪州志》多有收录。能文善书，被收录进《涪陵书画名人录》。关于董维祺的相关介绍与研究，可参见曾超《白鹤梁题名人董维祺涪州史迹考》（《重庆三峡学院学报》，2015年5

期）、曾超《元明清涪州牧考述》（《重庆三峡学院学报》，2014 年 5 期）、《历代名人
与涪陵·涪州知州董维祺白鹤梁题刻》、《涪陵文史资料》第三辑 124 页汪长春《涪陵
市书画名人录·董维祺》、李胜《涪陵历史文化研究》第 178 页等。

附序　冯懋柱 [一]

　　《涪志》一书毁于明季，正余先君子守涪时事也 [二]。回思一炬之余，满目尽为焦土，何有于志？及国朝定蜀，几同草昧初开，郡守下车，事皆草创，欲访其风土人物，似难问诸水滨矣。犹幸郡有刘 [三]、夏 [四]、文 [五]诸先生，俱属明季遗献，博闻强记，堪备顾问，于当时共采所见所闻汇成地乘一集，虽其详不可考而大略已有可观。但集仅抄白，历吴 [六]、朱 [七]、萧 [八]、孟 [九]、杨 [十]、徐 [十一]六郡侯皆未授梓。久之，韦绝编残，狼藉失序，鱼鲁亥豕，莫辨异同。至甲申岁（康熙四十三年，1704）千山董使君 [十二]来守是邦，见其典物废弛，遂慨然有振兴之志。他务未及，首建学宫。制度辉煌，直起涪六十余年之坠绪，诚一郡之大观也。学宫告成，爰及于志。及征文考献，而郡老皆无在者。于是收集残编，命余共襄厥事。余本泉石野人耳，兀坐茅庐，足久不履城市；醯鸡瓮老，何知化日光天？矧其蠹简无凭，既不能效伏生 [十三]之口，又奚能载董狐 [十四]之笔？自揣袜线无长，未敢堪此大役也。既而坚辞不获，乃不得已而就命焉。区区之衷，只期上以成董侯 [十五]兴废之盛心，下以成诸先生未竟之手迹。虽狂瞽贻讥，又奚所恤哉！其集中纪载，凡系诸先生所考定者，不敢妄易只字，止取传写之讹、涂注之误，校而正之，残缺者补之，新增者续之，宁详勿略、宁野勿史。黔驴之技，技止此耳。是耶非耶，惟敬听诸知我罪我者。

　　注释：

　　[一]冯懋柱：字乔仙，清代涪州人。岁贡出身。博学广闻，有文才。清康熙五十三年（1714年），受命纂修《涪州志》。他在刘之益、文珂、夏道硕等前贤纂修本基础上续旧增新，并进行总纂，成稿4卷，于次年正式刻印刊行，是为《重庆府涪州志》。今为目前所能见到的涪陵最早的地方志。他还曾为烈女何多姑作传。参见《涪陵辞典》第607页。

　　[二]先君子：冯懋柱父冯良谟。《同治志》云：太仆寺少卿冯良谟墓，在长里麻堆坝。

蓝勇主编《稀见重庆地方文献汇点》（下）第 689 页：冯良谟墓，在州治麻堆坝。官太仆寺少卿。《同治志》又云："冯良谟，江南六合举人。崇正［祯］癸未（十六年，1643）摄涪篆。值献贼入川，屠戮遍野，公赈恤招徕，遗民赖以稍复。"蓝勇主编《稀见重庆地方文献汇点》（下）第 564 页云："冯良谟，江南六合举人。崇祯癸未摄篆。值献贼入川，民多屠戮，四野废耕。谟多方救赈，遗民稍存。迄今涪人德之。"

　　［三］刘：指刘之益，字四仙，涪州刘氏家族第九代。贡生。《同治志》载：刘之益，明朝岁贡。贡生刘之益墓，在长里钱家湾。蓝勇主编《稀见重庆地方文献汇点》（下）第 788 页云：刘之益，涪州学员。拔贡。涪陵《刘氏宗谱》收录有很多关于刘之益的相关事迹，不详述。今附录《皇清待赠中宪大夫明贵州威清道布政司参议显考四仙府君行状》，文云："呜乎！痛哉。我父竟弃不孝衍均等而长逝矣。衍均一官羁绊，与我父暌隔千里，生不能尽孝养，病不获奉汤药，殁不及视含殓，不孝之罪上通于天，抢呼之痛曷其有极，因念老母盼望，未敢遽弃此躯，伤心哉，父子情深，幽明路隔，不孝衍均悲恸惝愤之余，几不述先府君之行事矣。虽然先府君有忠孝大节，衍均等不忍湮没而弗彰也，爰扶泣握管述其大概。先府君讳之益，号四仙，涪州人，给谏秋佩公讳蓝五世孙，御史怀竹公讳养充之曾孙也。先是秋佩公在明武宗朝任户科给事中，时太监刘瑾擅权，公抗疏极言其奸，帝览奏，大怒，廷杖，下狱，罚戍居庸，既而瑾谋不轨，伏诛。起公金华太守，寻擢江西副使，以病卒。嘉靖二年赐祭葬，赠大理寺少卿，谥忠愍，世荫博士，事见《明史》及《四川总志》。怀竹公明神宗间历官广西监察御史，性戆直，不畏强御，因劾兵部尚书杨兆贪婪，为金壬所嫉，左迁临巩，兵宪，边功治绩，声名藉甚。先府君祖字瀛台，父字慰阿，启、祯间俱以博士征，不就，居家著书，以文章名世，性好施，往往捐赀，周济贫乏，所活者甚众。先府君幼聪慧，善属文，试辄冠军，食廪于庠，夏仕云先生每器重之。崇祯甲戌岁，丁艰。至丙子服阕以遗才应试，学使何公闱中汇试通省遗才一千有奇，阅先府君文，奇其才，褒美不置，取第一，遂得援例准贡。及入闱不捷，何公深加惋惜。迨壬午赴试，又命蹇不售，岁癸未，先府君议营葬先王父母暨太王父母四尊人之枢，堪舆言时日未利，遂缓其期，暂停枢于涪城之南，至甲申，忽值流寇猖獗，将逼涪城，一时人民惊惶，惟恐逃之不速，独先府君守枢涕泣谓家人曰：'先人之枢，惟吾是依，枢存吾与存，枢亡吾与亡，不忍弃枢以求生也。'乃星夜持携家人持奋锸去州城十五里于玄天观下择地掘土为石椁四所，异四

尊人之枢葬焉。葬既而州城已为贼陷，烽火弥天，无所逃避，先府君假寐墓神侧，梦神人指示由小江潜遁，得免于难。明末开仕至贵州思仁道佥事，复授威清道参议，时大清师取黔中，凡投诚官员皆准复职。先府君北向流涕，自念身为明臣，有死无二。荷蒙大清征西两将军委婉劝谕，且令先府君就职。先府君力辞不仕，由黔归蜀，隐于酉阳山中。康熙三年自酉归涪，居于麻堆，以山水花木自娱，及吴逆之变，伪檄屡迫胁求之，先府君抗节不屈。朝夕间惟教不孝治举子业，或漏下四鼓，犹讲论不辍，不孝恐先府肢体倦息，数请宴息，先府君曰：'吾年岁衰暮，祖宗诗书之传，惟望汝继续，汝肯读书，吾虽每夕达旦，觉不其劳也。'辛酉春，本朝兵讨吴逆，恢复全蜀，不孝应童子试，受知于冯大宗师。癸亥秋，天子命补行辛酉乡试，不孝叨中第十七名。初，房考达州守陶公在闱中阅不孝卷，谓如名花异卉，极加欣赏，荐之总裁，于烛下衡定时，见有乌纱红袍者，回绕座隅，为点头状，总裁大骇，熟视之，忽不见，榜既放，总裁及同考官述其事，闻者无不惊叹。嗟乎，不孝素无懿行，曷足当此默眷，孰非先府君立心忠孝，难苦教子之所致欤。乙丑春，不孝会试不第，考就教职，除授简州学正，在任三载，无时不怀我二人，欲迎养未能也。己巳六月，不孝升成都教授，甫之任，先府君寄书云：'余年已八十，较前更觉康健，闻汝司郡铎，吾将重游锦官，与汝相聚矣。'冬初，先府君至署，不孝得瞻依膝下，且见其神采矍铄，愈增欢忻仲适，冬念六日为不孝生辰，先府君作诗云：八旬千里一鞭驰，正值小坡初度时。得地幸登天府国，景行喜附帝王师。欢承讲席成莱舞，训集鳣堂代鲤趋。莫厌青毡惟首蓿，忠君奠虑鼎烹迟。以此诗写于扇头，勖不孝焉。先府君在署，好出郊，冯吊古迹如武侯祠、少陵草堂、昭觉禅林，每留连吟咏，至暮乃返。盖先府君自年少入闱，尝游于此。及耄年重游，见风景异于往昔，遂感慨系之也。庚午暮春，先府君抱微疴，初痊，促装欲归，不孝不能留，送至河干，恸哭而别，先府君舟过渝城，寄书云：与吾儿别后，舟行十日，泪犹未干。其怀想不孝如此。辛未夏，郡庠岁试竣，不孝告假省亲不允，乃扪心叹曰：昔李令伯因祖母年暮陈情终养，况我有白发之父，可区区恋一官乎，将具文辞职，特禀命于先府君。先府君以书责曰：'汝年方富，正当竭力报效朝廷，何得遽言辞职，若违吾言，反为不孝矣。'不孝彷徨靡宁，弗敢违命。壬申，遇旱，渝州人来言，涪陵数月不雨，不孝忧心如焚，念我先府君弥切，乃遣使赍金特禀书，诣膝前问安，拟以次年起文会试，此省亲。先府君发书喜曰：会试之行，深合我意，我父子相会有期矣。今岁癸酉正月，不孝胞弟衍珣到署，言老父康健如常，只望吾兄今岁回家不啻云霓耳。至元宵后，家人刘兴忽来，得先府君手谕，曰：自珣儿行后，吾一病几不能起，今幸稍痊，但羸弱非前日之比，望汝今岁托会试回家，只恐我衰不能待也。汝当令珣儿先回。不孝阅书惊骇悲痛，令珣弟即日回涪。犹拟我父子天年未艾，调理病症，或得平复，骨肉重会在指顾间也。讵意珣弟归家，甫两月余而先府君遂于四月十二即世。不孝衍均于五月初二日乃得闻讣。呜乎痛哉，不孝往年江干泣送即为永别之期，今岁会试省亲竟同蕉鹿之梦，悔乞休之不蚤，致色笑之难逢，追想劬劳，徒倾泪雨，况柩犹在庭，灵魂未妥。不孝此时尤不能不仰呼昊天，肝肠寸裂也。先府君生于故明万历三十八年五月初九寅时，卒于康熙三十二年四月十二日申时，享年八十有四，易篑之日老母问先府君所欲言，答曰均儿回时只教他异日忠君爱民，琼儿、珣儿俱要为善，余无所嘱。遂卒。呜乎，忆我父生平履仁蹈义，慎独存诚，历险难而不渝，甘穷约而无悔，温恭称于闾里，信实孚于同人，耄勤不殊卫武之行，临终犹有义方之训。古所谓全受全归者，揆诸我父，洵无愧也。所著有《墨喜堂文集》四卷，脍炙人口。尤工书法，人比之文衡山先生，先府君元配张氏，郡孝廉靖州知州张公讳大业孙女，贡生讳于屏女；继曹氏、继叶氏，子四，长衍林，早逝；次衍均，即不孝，康熙辛酉科举人，成都府儒学教授，娶郡贡生陈公讳用世女，蒙城县知县陈公讳援世、贡生陈公讳□世侄女。次衍琼，业儒，娶文氏，郡贡生任知县文公讳晓女，继张氏，郡人张公讳崑源女。次衍珣，业儒，娶张氏，郡人张公讳元伟女，庚午科举人讳元俊侄女。不孝衍均等俱叶母所生。女一，前母曹氏出，适郡庠生文公讳椒蕃。孙男四人，长昶，业儒，聘郡癸丑科进士文公讳景藩女，衍琼出。次普，幼，未聘，衍珣出；次晏，衍琼出；次昕，不孝出。孙女一，衍珣出，尚幼。不孝荒迷中，语无伦次，兹将星夜回籍，卜葬先府君于祖茔之侧，愿藉志铭垂诸万年之室，伏冀大人先生锡以鸿章，俾勒贞珉，感且不朽。孙子刘衍均泣血稽颡谨述。赐进士第翰林院检讨年眷侄樊泽达顿首填讳。"《民国志》卷二十一《艺文志三·文征三》亦收录有本邑举人王应元的《明贵州威清道布政司参议刘四仙家传》。刘之益还是白鹤梁题名人。

[四]夏道硕：字华仙，岁贡。《同治志》载："夏道硕，明朝岁贡，字华仙。大宁、大竹知县，升兵部武选司主事。工书，能文。献贼陷涪州，被执，断其右臂。后以左书，虽零缣寸楮，人宝之如月珌天犀也。"知县夏道硕墓，在长里麻堆坝。蓝勇主编《稀

见重庆地方文献汇点》（下）第 787 页云："夏道硕，涪州学员。拔贡。"曾为孝子夏正作传。传曰：夏公讳正，号赤溪，居鹤凤滩之滨。岁未周，遭父邦本丧，母陈氏，年甫壮，矢志育之。五龄问母曰：父何在？母语之曰：汝父五年前浴于江，死矣。正即哭，仆地，晕绝。稍甦，复问曰：江何处？母遥指其处。正即腾身赴江所，家人遽抱。止之曰：已探得葬此山之麓也，岂犹在水耶？正遂哭于其麓，卧地不起，亦不肯归，哭不绝声。年益长，读书游泮，娶易氏，偕奉母惟谨，寝食温清，不踰古礼，母有训必跪而受命，或曰：此礼久不复矣。正曰：此常礼耳，何足云孝？但一日不尔，则吾心如有所失，如此心何？其人惭而退。母尝病，医者谓必得鹿血和酒，正日夜告天，鹿不可得。潜自锥其身，沥血和酒以进，母病顿愈。逾月，病复发，正复如前，锥身沥血，病又愈。久之，母稍觉，泣谓曰：汝若再如此，吾死有余恨。正跪曰：儿身未尝痛，然亦遂奉母命止。家拳雏鸡以养母，一日鹰攫其一，正泣拜于地，曰：天乎，此雏以养母非自奉也。须臾，鹰回翔掷雏如其处，嗣又于他处攫鸡而掷之，如是者三，其诚孝所感类如此，载《省志》。子孙多登科第。有《西门关帝像灵显记》《建东璧阁记》等。有《重修碧云亭》诗，诗云："北岩幽处碧云眠，左挹环亭右渺然。龙树不教云出岫，亭成依旧宿亭边。"参见《夏氏宗谱》《同治志》等。又《刘氏宗谱》有《同里夏果园先生讳道硕祝四仙公寿》诗，诗云："忽忽春光到八旬，榴花又见笑芳辰。谈新喜听青云子，话旧多来白发宾。种竹栽花时有兴，换鹅酬米未全贫。虽然蕉叶尚为怯，三万六千也近唇。"又有《夏果园先生游飞泉桥》诗，诗云："偕行晓踏石桥霜，泉落银河声韵长。节性已同山石老，游情任逐水花香。"又有《赵华仙先生讳士昂，即夏果园乙丑天中后四日祝四仙公寿》诗，诗云："玉笋森森天柱三，老人星白就中函。奇峰不尽花边画，炎海任如柳外岚。亭午棋声惊鸟乱，架横书帙妒鱼贪。况完婚冠儿曹事，赢得散翁耳似聃。"《又己巳》诗云："年年自号八旬翁，一瞬谁知今果逢。始信事成由志有，更嘉德盛福兼隆。花间诗句随时放，竹底棋声永日工。莫道期颐为罕事，廿年再阅与今同。"《又庚午》诗云："八旬已过九旬来，深羡达尊堂宴开。明月影三寻旧支，朱霞天半映新杯。红莲绿竹冯栏舞，黄发青山共席排。数到簪缨九世远，方知涪舫贮仙才。"《又壬申》诗云："棋声草阁子丁丁，笑说橘中二老人。今日祝君何所献，满盘三百六旬春。"今余六十有八矣，恐事久弗彰，敬以闻之郡守萧公。公曰：然。吾将勒石以传，是为记。

〔五〕文：指文珂，字奚仲，明代涪州人。

关于文珂的姓名,《康熙志》《乾隆志》《道光志》《同治志》《民国志》、蓝勇主编《稀见重庆地方文献汇点》(下)、[道光]《重庆府志》均作文珂。《彭水县志》同治本、光绪本,《酉阳直隶州总志》《酉阳州志》均作文柯。

关于文柯的学历,《康熙志》称为贡生;《同治志》称为岁贡;蓝勇主编《稀见重庆地方文献汇点》(下)第787页道光《重庆府志》称为拔贡。

文珂曾求学凤山,参见文珂《旧序》及刘蕰《白云书院记》。

文珂曾任彭水教职,但不详何官。见于《彭水县志》(同治本)第251页卷之七《官师志·学官明·文柯》、《彭水县志》(光绪本)第502页卷之三《职官志·教职明·文柯》、《酉阳直隶州总志》第288页、《酉阳州志》第135页。

文珂曾任知县,但不详何地。《同治志》载云:"知县文珂墓。长里花垣坝。"

文珂善诗。飞泉桥为刘秋佩之女钱节妇捐资建,文珂有《题飞泉桥》诗,见于[道光]《重庆府志》《同治志》《刘氏宗谱》。诗云:"父忠女烈傲严霜,人迹平桥客路长。问是何年成砥柱,溪头流出柏舟香。"又有天福桥,文珂亦有题诗。《同治志》云:"天福桥,给谏刘秋佩女钱节妇捐修,明文珂志以诗。"又《刘氏宗谱》收录有文奚仲《癸亥天中后四日祝四仙公寿》,诗云:"年年风雨过君门,此会将开玉历元。莫虑传经已蠹老,须知洗砚有鱼吞。榴红喷火占廷瑞,柳汁染衣认旧痕。秋月春华佐彩舞,刘伶应未计芳尊。"又收录同里文奚仲《祝四仙公寿诗》,诗云:"欲向南山写祝诗,耄耋不惯作支词。记得儿童曾共塾,藏书深处君先知。邺架千厢分甲乙,尺疏但与白云随。青琐孤忠贻燕翼,神羊一绥缕缕丝。君身一人承先后,生来不屑寄人篱。北渡洞中持俎豆,夜月中流苏子期。几番踢碎蜀江锦,峨嵋山月隐潢池。始终为明从六诏,神龙风雨恨未迟。归来渐看凤毛长,笔诀诗词倾橐遗。去年桂发为宁馨,春来又见八砖移。棘闱已见忠魂护,学士青钱更何疑。共看桃花映彩舞,蕉叶连绵竹醉时。"

文珂曾参与康熙年间萧星拱时期涪州志的编纂,今存序1篇,《康熙志》《乾隆志》《道光志》《同治志》《民国志》《涪陵市志》等均有收录。

[六]吴:指吴调元。按:吴调元,江南人。举人。康熙元年(1662)任涪州知州。见于《同治志》、蓝勇主编《稀见重庆地方文献汇点》(下)第602页、[道光]《重庆府志》、《涪陵市志》第930页《涪州清代历任知州名录》等。

[七]朱:指朱麟祯,名羽,荫生,辽东人。曾任涪州知州、彭水县知县。忠州太

守朱世之父，系白鹤梁追述题名人，涪州知州萧星拱师弟。

关于朱麟祯的姓名，《康熙志》《彭水清代方志集成》第 38 页《彭水县志》（康熙本）卷之一《官师志·国朝知县》、《酉阳州志》第 134 页卷之四《彭水县志·官师志·知县·国朝》作"朱麟祯"；《四川通志》卷三十一《皇清职官》、蓝勇主编《稀见重庆地方文献汇点》（下）第 602 页［道光］《重庆府志》作"朱麟贞"；《同治志》卷四《职官志·历代秩官》、《同治志》卷三《建置志·公署》、《民国志》卷九《秩官志·文职》作"正"；《彭水清代方志集成》第 244 页《彭水县志》（同治本）卷之七《官师志·国朝·知县》、第 296 页《彭水县志》（光绪本）卷之三《职官志·国朝·知县》、《酉阳直隶州总志》第 308 页卷十二《职官志一·文秩上·彭水县知县》作"朱麟征"。

康熙三年（1664）任涪州知州，曾修建州署。参见《四川通志》卷二十八《公署》、《四川通志》卷三十一《皇清职官》、《同治志》卷四《历代秩官》、《同治志》卷三《公署》、《民国志》卷九《秩官志·文职》、蓝勇主编《稀见重庆地方文献汇点》（下）第 602 页《道光重庆府志》、《涪陵市志》第 930 页《涪州清代历任知州名录》。

康熙九年（1670）自涪州知州署彭水县事。参见《彭水清代方志集成》第 38 页《彭水县志》（康熙本）卷之一《官师志·国朝知县》、第 244 页《彭水县志》（同治本）卷之七《官师志·国朝·知县》、第 296 页《彭水县志》（光绪本）卷之三《职官志·国朝·知县》、《酉阳直隶州总志》第 308 页卷十二《职官志一·文秩上·彭水县知县》、《酉阳州志》第 134 页卷之四《彭水县志·官师志·知县·国朝》、曾超《白鹤梁题刻元明清涪州牧考述》（《重庆三峡学院学报》，2014 年 5 期）。

［九］孟：指孟时芬，监生，浙江人。康熙三十年（1691）任涪州知州。参见《同治志》、蓝勇主编《稀见重庆地方文献汇点》（下）第 602 页［道光］《重庆府志》等。

［十］杨：指杨应元，吏员，浙江人。康熙四十一年（1702）任涪州知州。参见《同治志》、蓝勇主编《稀见重庆地方文献汇点》（下）第 602 页《道光重庆府志》等。

［十一］徐：指徐烺，监生，奉天人。康熙四十一年（1702 年）任涪州知州。参见《同治志》、蓝勇主编《稀见重庆地方文献汇点》（下）第 602 页［道光］《重庆府志》等。

［十二］董使君，即董维祺。见前注。

［十三］伏生，即伏胜，字子贱。生于周赧王五十五年（前 260），卒于汉文帝后元三年（前 161），享年 100 岁。西汉济南人，曾为秦博士。秦时焚书，于壁中藏《尚书》。

汉初，仅存 29 篇，以教齐鲁之间。文帝时求能治《尚书》者，以年九十余岁老不能行，乃使晁错往受之。今文《尚书》学者，皆出其门。

［十四］董狐：春秋时著名史官，中国古代著名良史。周人辛有东后裔，世袭太史之职，故称史狐。晋灵公十四年（前 607），晋国执政主卿赵盾因避灵公杀害而出走，亡未出境，其族人赵穿杀灵公，并迎接赵盾拥立新君，继续主持国政。董狐乃书之曰："赵盾弑其君。"按：弑指以下犯上、以臣弑君、以子弑父，在古代系重罪，为礼法所不容。若犯弑君之罪者，必蒙万古骂名。故赵盾不服，董狐乃言云：君执掌国政，亡未出境，又未讨贼，故非君弑君而谁？赵盾默然。因其如此，董狐获"良史"之称。"董狐之笔"即良史之笔，即秉笔直书之笔法，系中国史学之优良传统。

［十五］董侯：指董维祺。见前注。

旧序　文珂　郡人

　　《涪志》编自明之世宗朝。荐绅冠山夏公[一]材擅三长，不减君实[二]、永叔[三]之阂通详核也。家藏户习，传之奕祀，开卷昭然。迨甲申（崇祯十七年，1644）一炬，与焦土俱烬，谁从壁中留漆书乎？

　　珂自避乱时，曾负笈于凤山招提，幸存蠹简，藏以待文献之征，取而证之。庚子（顺治十七年，1660）冬，草昧初启，署守赵公[四]雅意维新，建学事竣，旋欲编修郡志，进诸老而问之，即持此旧编以应。乃五日京兆，封篚以行，而《涪志》一帙遂随琴鹤俱去。

　　今我圣上命遍征裨野，且喜《墨》《庄》尚存，皓首确记，谨述旧以备稽考。至于启、祯间事，皆耳而目之，俱为增辑，俾成一郡之全帙也。

注释：

［一］冠山夏公：即夏国孝。

［二］君实：即司马光（1019–1086），字君实，陕州夏县人，世称涑水先生。

［三］永叔：即欧阳修（1007–1072），字永叔，号醉翁、六一居士，江西吉水人。

［四］赵公：即赵廷祯。明末曾任涪州知州。

旧序　刘之益　郡人

　　昔有明曹能始[一]合晋董孤、郭景淳[二]为《一统志》，神宗嘉悦，谓："可与国史、《麟经》并隆重也。"故蜀地甫康，而当事诸君子即以志为首务。会城刻有《全蜀总志》，殆亦酂侯[三]入关先图籍之意哉！但《总志》秘之锦官[四]，而各属例有端刻，不则无以便分阅达户晓也。

　　涪为两江要会，左亘岷、峨、锦水，右及夜郎、牂牁，不必辀轩问俗、职方稽风。如昔之守是邦者：汉有庞[五]、寿[六]诸良牧，唐有姚[七]、南[八]列循守，宋之黄鲁直[九]、程叔子[十]，及有明之邵[十一]、赵[十二]、廖[十三]、方[十四]四君子，迄今千有余载，颂德弗衰。而产是邦者：若谯达微[十五]之以理学著，晏亚夫[十六]之以惠淑名，先大父秋佩公[十七]之节义文章，史不绝书，光争日月，其以维风正俗岂浅鲜哉？他如幅员之绣错、阡陌之腴连；义烈之足为乡范、宦业之足为民表，以至十四篇获售之俦，魁元鹊起、卿辅蝉联，殆炳炳然文物之陬，井络坤维中一太名封也。惜明怀宗甲申（崇祯十七年，1644）后，旧版渝于劫焰。至我国朝庚子（顺治十七年，1660），署州事赵公廷祯来抚吾涪，即访求旧志，犹得一册。益等仅抄录之以遗于后，而旧册又为赵公携去。幸康熙壬子（康熙十年，1671），郡父母朱公麟祯欲为续修。草稿初就，会滇兵起，又未果。兹于述旧志外，添以启、祯时见闻确有据者，勉襄一日雅怀，亦吾涪承前待后之事也。夫事之无裨于地者，君子不以之亵笔；书之无补于时者，哲人直以之覆瓿。志之为书，匪徒纪山川、列方物已也。欲人见品谊则浣彼夙夜，纸上可饮椒兰；睹姓氏则砥兹冰蘖，儿童可识司马。按形胜则知靖此疆圉，何以颖川凤集、河阳花满；阅丁粮则如侠图在眼，何以丰日益玉、荒日益谷。琅琅致镂，庶不灾及梨枣耳，尝怪它邑事志者不识此。如信史，若吴兢[十八]之拒张说[十九]、孙盛[二十]之书桓温[二十一]，与高允[二十二]之弗推崔浩[二十三]，乃为有补。倘挟一己之私，妄着雌黄，究失其前人面目。褒一家显膺，增科置，莫虞他刻可稽，视可经可史之重典，为欲唾欲呕之辋编，则一魏收[二十四]"秽史"矣！

迩者，寇霾已靖，万里河山仍归一统。我圣天子皎日高悬，薄海欣忭。旋得洪都郡萧父母[二十五]乘运而至，释奠崇儒，礼贤课士，人文蔚起，百废俱兴；又荷蒙府祖台孙公[二十六]表率绥理，雅意盛典。异日者，纪名宦岂无如程[二十七]如黄[二十八]其人，语乡贤岂无如晏[二十九]如刘[三十]其人者？余三五老儿，犹欲策杖而观以志之。志夫昔者志今日，更欲即志之，志今日者，志他日也。是为序。

注释：

[一] 曹能始：即曹学佺（1674–1647），字能始，号学佺，福建侯官人。明代著名文学家。万历年间进士，曾任四川右参政、按察使。天启年间官广西参议。因撰《野史纪略》得罪魏忠贤党，被弹劾削职，家居20余年。南明唐王在闽中称帝，授礼部尚书。清军入闽，于山中自缢而死。他著述甚多，尝采四部之书，欲仿佛、道二藏作儒藏，未成。著有《石仓诗文集》；又撰《蜀中广记》；并选辑上古自明代的诗歌，为《石仓十二代诗文选》。

[二] 郭景淳：即郭璞（276–324），字景淳，或字景纯，河东闻喜人。东晋著名文学家、训诂学家。博学，好古文奇字，又喜阴阳卜筮之术。东晋初为著作左郎，后王敦任为记室参军。王敦欲反，命其卜筮，言其必败，为敦所杀。王敦乱平，追赠弘农太守。擅长诗赋，所作《游仙诗》通过对神仙境界的追求，表现出忧生避祸的心境。所作《江赋》也较为有名。所著《尔雅注》《尔雅音》《尔雅图》《尔雅图赞》，集《尔雅》学之大成。今存《尔雅注》3卷，收入《十三经注疏》之中。又有《方言注》，以晋代语词解释古语，可考见汉晋语词的流变。另有《山海经》《穆天子传注》。原有集，已佚。今传《郭弘农集》，系明人所辑。

[三] 酂侯：即萧何（？－前193）。江苏沛县人。"汉初三杰"（萧何、韩信、张良）之一。曾为沛县吏。在秦末农民战争中，佐刘邦起义抗秦。刘邦入关，进入咸阳，萧何先行进入，封府库，收取秦之律令图书，掌握全国的山川险要、郡县户口和当时的生活情况，对刘邦逐鹿中原、定鼎天下起到了极为重要的作用。在楚汉战争中，他以丞相身份留守关中，荐韩信为大将，输送士卒粮饷，支援作战。对刘邦灭项羽、建立西汉可谓是功勋卓著。汉初论功，名列"三杰"，位居丞相之职，封袭酂侯之爵。他定立律令制度，协助高祖刘邦翦灭韩信、英布等异姓诸侯王，对汉家的巩固有重要的作用。所作《九章律》，已佚。他所定下的规章制度得到继任者曹参的大力遵循，故有"萧规

曹随"之誉。

[四]锦官：今四川省会成都别名，又称为天府之国、芙蓉城，简称"蓉"。

[五]庞：即庞宏。[同治]《涪州志》云：庞宏，庞士元子，守涪陵，有善政，崇祀名宦祠。按：庞宏，即庞宏，字巨师，湖北襄阳人。洪适《隶续》有《汉故涪陵太守庞玄神道》作庞玄，[同治]《涪州志》引王象之《涪州碑目·汉涪陵太守庞宏阙》作庞宏。庞宏，出身在世家大族襄阳庞氏书香之家。其父是三国蜀汉先主刘备的重要谋士庞统。据《华阳国志》《三国志》等书记载，庞统随先主刘备入益州，弟庞林为荆州治中从事，乃将庞宏托付于庞林。庞统战殁，"统父庞公悼长子之逝，乃使林抱庞宏至家，亲养之"。庞宏弱冠，"多从荆襄名士学"。刘备定益州，思庞统之功勋，命使迎庞宏入川，先主刘备亲往探视。刘备为汉中王，又使军师将军诸葛亮持符节至庞宏居，进行慰问。蜀汉建兴年间（223–237），后主刘禅征召旧臣后裔，乃起用庞宏，使其承袭庞统关内侯爵位。庞宏"刚简有臧否，甚轻尚书令陈祗，与祗不睦。祗怀恨，乃数进言于后主，时宠祗，乃从其言，渐远之。"延熙十三年（250）五月，涪陵属国大姓徐巨结连大姓数千家并夷民反叛蜀汉，攻杀都尉。蜀汉政府派遣车骑大将军邓芝督诸军讨之，庞宏随军，后庞宏为涪陵太守。"抚夷民，轻赋税，民爱之，德行闻于诸郡，然为祗所抑，终不能迁。"延熙十七年（254），辖境有扰民者，庞宏乃往郡下抚民，一日行舟行于乌江鹿角沱，覆舟溺水而死。后人因名其滩易名庞滩，坡曰嚎丧坡。又今涪陵有庞吏坝，系庞宏昔日故所。参见《涪陵历史人物》第6页《三国涪陵名宦庞宏》。

[六]寿：即寿缉。按：寿缉当为费缉。《同治志》云："费缉，字文平，犍为人。清俭有治干，举秀才，由历城令擢涪陵太守，迁谯内史。惠帝征拜何攀为大司马，兼三州都督，攀表让都职于任熙，费缉不听，见《华阳国志》。崇祀名宦祠。《旧志》误作寿缉。"《彭水清代方志集成》第233页[同治]《彭水县志》卷之七《官师志·西晋涪陵郡守》："费缉。《华阳国志》：犍为人，字文平。清检有治干，举秀才，历城令，涪陵太守，迁谯内史。"《彭水清代方志集成》第488页[光绪]《彭水县志》卷之三《官师志·古职·西晋涪陵郡守》、《酉阳直隶州总志》第279页卷十二《职官志一·文秩上·彭水县》同。诸书均来源于《华阳国志》。刘琳《华阳国志校注》第865–866页卷十一《后贤志》云："寿良，字文淑，蜀郡成都人也。父、祖二世，犍为太守。寿少与犍为张征、费缉并知名。"又云："缉，字文平，清检有治干，举秀才，历城令，涪陵太

守，迁谯内史。"因之，当以费缉为正，寿缉实误。

[七]姚：不知何人。按：《康熙志》收录唐代涪州知州有南承嗣、张濬、韩秀升3人。其中南承嗣、张濬有传。《乾隆志》卷三《官制·州牧》有南承嗣、张濬2人。《同治志》卷四《秩官志》收录有南承嗣、张濬2人。《同治志》卷九《秩官志·名宦》有南承嗣、张濬传。同书卷九《秩官志·文职》记载："权文诞（天水人，涪州刺史）、朱敬则（永城人，涪州刺史）、周利贞（武后世酷吏，初由广州都督以赃贬，后赐死梧州）、裴郇、李绥（长安人，李泌子）、韩君祐（长安人）、杨成器（弘农人）、李续之（太和中，坐李逢吉党，贬）、韩秀升（《通志》作乱伏诛）（以上涪州刺史见《四川通志》）。郑令珪（广德中刺史）。"郁贤晧《唐刺史考全编》（安徽大学出版社，2000年）收录有田世康、孙荣、权文诞、夏侯绚、宋祯、杨思、平贞眘、朱敬则、周利贞、颜谋道、李延光、张胐、郑先进、王纵、吴诜、裴郇、路怂、南承嗣、李绥、宋君平、李续/李续之、杨成器、韩秀升、张濬、尚汝贞、王宗本、韩君祐、杜贤意28人。笔者在《唐代涪州刺史考》（《长江师范学院学报》，2015年3期）考证出唐代涪州刺史有田世康、刘瞻、孙荣、权文诞、夏侯绚、柳宝积、宋祯、杜贤意、李延光、杨思、朱敬则、平贞眘、周利贞、颜谋道、张胐、郑令珪、刘逸、郑先进、王纵、王仙鹤、吴诜、裴郇、路怂、南承嗣、宋君平、李绥、李续（李续之）、张又新、杨成器、韩秀升、张濬、尚汝贞、王宗本、陆弼、韩君祐、宋庭瑜36人。可见，诸家所论，唐代涪州刺史并无姓姚者。或许是将宋代姚涣误认为唐代。据《同治志》云："姚涣，知涪时，宾化夷常犯境。涣抚纳以恩，酋豪争罗拜庭下，涪遂无扰。崇祀名宦祠。"

[八]南：即南承嗣。南承嗣，顿丘人，唐代名将南霁云之子。南霁云，又名南八（排行第八），曾任睢阳郡太守、特进左金吾卫将军。安史之乱间曾与河南节度副使张巡守睢阳城，阻遏叛军南下，苦战殉国。唐宣宗时，与马周、褚遂良、娄师德、张九龄、张柬之、张巡、许远、柳浑等37位名臣名将，图像置于凌烟阁。南承嗣，曾任婺州别驾、施州刺史、涪州刺史、永州刺史等。南承嗣任涪州刺史一事，见于《新唐书》卷一百九十二列传第一百一十七《忠义中·南霁云传》，《古今姓氏书辩证》卷二十南氏，《柳河东集》卷三、卷二十三、卷三十九，《诂训柳先生文集》卷五、卷二十三，《注释音辩柳集》卷三十九奏状，邵经邦《弘简录》卷五十五，王志坚《四六法海》卷五以及康熙、乾隆、同治《涪州志》和民国《涪陵县续修涪州志》等。南承嗣任职涪州刺

史的时间，郁贤皓《唐刺史考全编》定在元和元年（806）。南承嗣秉承家风，以忠烈自许。永贞元年（805），征讨剑南西川刘辟，南承嗣率军征之。[同治]《涪州志》云："南承嗣，为涪陵守，奉命剿蜀，昼夜不释甲，有忠烈碑，见《一统志》。《山堂肆考》：南承嗣，霁云子也，历施、涪二州，为刺史，柳宗元称其服忠思孝，无替负荷，见《张睢阳潮碑》，崇祀名宦祠。"南承嗣率兵殊死作战，"昼不释刃，夜不释甲"，但在叛乱平定后，他却因诬陷而被贬湖南永州，与被贬的时任永州司马的著名诗人、"唐宋八大家"之一的柳宗元成为好友。柳宗元为他写有《为南承嗣请从军状》《为南承嗣上中书门下乞两河效用状》《送南涪州量移澧州序》，还为其父写有《唐故特进赠开府仪同三司扬州大都督南府君睢阳庙碑并序》。关于南承嗣，参见曾超《唐代涪州刺史考》（《长江师范学院学报》，2015年3期）、冉光海主编《涪陵历史人物》第15页《唐代涪州太守南承嗣》等。

　　[九]黄鲁直：即黄庭坚（1045–1105），字鲁直，号山谷道人，晚号涪翁，洪州分宁（江西修水县）人。治平进士。以才能见重于文彦博。哲宗立，召为校书郎、《神宗实录》检讨官。《实录》成，擢起居舍人。绍圣初，新党谓其修史"多诬"，贬涪州别驾，安置黔州等地。徽宗初，羁管宜州卒。他工诗文，擅长行书、草书。是北宋著名书法家、文学家、诗人。贬谪所至，士人从学者甚众。早年以文章诗词受知于苏轼，成为与张耒、晁补之、秦观并称的"苏门四学士"，并与苏轼齐名，世称"苏黄"。其诗以杜甫为宗，讲究修辞造句，强调"无一字无来处"，多写个人日常生活，风格奇崛，开创江西诗派。书法善以侧险取势，纵横奇倔，自成一家，为"宋四家"之一。著作有《山谷集》《山谷琴趣外篇》《山谷精华录》《豫章黄先生文集》《山谷词》等，书迹有《华严疏》《松风阁诗》等。《同治志》卷四《秩官志·历代秩官》："黄庭坚，绍圣中别驾。庭坚崇祀名宦祠。"《民国志》卷九《秩官志·名宦》云："黄庭坚，《宋史·文苑本传》：自鲁直，洪州分宁人，幼颖悟，读书数遍辄成诵，舅李常谓为一日千里，举进士。哲宗立，召为授书郎、《神宗实录》检讨官。绍圣初，章敦、蔡卞与其党论《实录》多诬，贬涪州别驾、黔州安置，言者犹以处善地为骫法，遂移戎州。庭坚泊然不以迁谪介意，蜀士慕从之游，讲学不倦，凡经指授，下笔皆可观。崇祀名宦祀。"涪翁黔涪多遗作，白鹤梁上"元符庚辰，涪翁来"的题刻，即为其一。此外还有"绿荫轩"题刻，在今重庆彭水县，如今已经成为一个著名的人文景观，如"洗墨池"、万卷草堂等。后人于此还

留有"涪翁晚策杖，坐此观江涨，雨后天欲凉"题刻。"钩深堂"题刻，是在白鹤梁对岸北岩点易洞，他看望程颐时所留下的题铭。尺寸为 48cm×80cm。楷书，6 字，正文"钩深堂"，"钩"字大 26cm×21cm，"深"字大 21cm×22cm，"堂"字大 20cm×20cm，落款"山谷书"，"山"字大 3cm×2cm，"谷"字大 5cm×5cm，"书"字大 5cm×6cm。相传此处还有他挥毫泼墨的"洗墨池"，后人据此留下了"涪翁洗墨池"题刻，在大石头东侧下，118cm×53cm，行书"涪翁洗墨池"五字，横写，字大 15cm×15cm，字距 12cm，无年代、作者。黄庭坚在贬官黔州（今重庆彭水）期间，还留下了《定风波》《黔南十绝》《送曹黔南口号》《木兰花令》《踏莎行·茶》《阮郎归·茶》《减字木兰花·黔守席上作》《减字木兰花》《次韵茂宗送别二首》《水调歌头·游览》《赠黔南贾使君》《和答元明黔南赠别》等不少诗作。其在黔州、涪州期间的史迹，往往成为后人吟咏的对象，如查禽《访苏黄遗墨》、李曾伯《过涪州怀伊川涪翁两先生》、栾为栋《黔江》、吴省钦《钩深堂》、陈广文《绿荫轩》、董国坤《涪翁亭》、邵美璠《题黄山谷读书处》、高沛源《我思古人为绿荫轩作》、钱世贵《洗墨池》、刘康蔚《题绿荫轩》、刘龙霖《秋日游绿荫轩极目》、支仲雯《绿荫轩怀古》等。对黄庭坚在黔州、涪州等地的研究，参见《涪陵历史人物》第 24—25 页《黄庭坚与涪陵》、《历代名人与涪陵》第 72—74 页《黄庭坚涪州留墨宝》、《神奇涪陵》第 21—22 页《黄庭坚涪州留墨宝》、《涪陵文史资料选辑》第三辑第 113 页汪长春《涪陵市书画名人录》、胡昌健《涪陵白鹤梁"元符庚辰涪翁来"题刻考》（《四川文物》，2003 年 1 期）、李金荣《涪陵白鹤梁"元符庚辰涪翁来"考辨》（《重庆社会科学》，2006 年 5 期）。

　　〔十〕程叔子：即程颐。蓝勇主编《稀见重庆地方文献汇点》（下）道光《重庆府志》卷之八《人物志·谪宦》第 882 页："程颐，字正叔。年十八，游太学。见胡瑗，处以学职。哲宗初，司马光、吕公著其〔笔者注：当为"共"〕疏其行谊，擢崇政殿说书，出管勾西京国子监。久之，加直秘阁，在上表辞。董敦逸复撼其有怨，望语去官。绍圣中，削籍窜涪州，李清臣、尹洛即日迫遣之。欲入别叔母，亦不许。明日赆以银百两，颐不受。徽宗即位，徒〔笔者注，当为"峡"〕州，俄复其官，又夺于崇宁。卒年七十五。颐于书无所不读，其学本于诚。以《大学》《（论）语》《孟（子）》《中庸》为标指而达于六经，动止语默，一以圣人为师，其不至乎圣人不止也。涪人祀颐于北岩，世称伊川先生。嘉定十三年，赐谥曰正公。淳祐元年，封伊阳伯，从祀孔子庙廷。"参见《涪陵历史人物》第 22—23 页《程颐在涪陵》、《历代名人与涪陵》第 65—66 页《程颐在涪陵》、《神奇涪陵》第 20—21 页《程颐涪州点〈易〉》。

[十一]邵：即邵贤，明宣德年间涪州知州。《同治志》云："宣德中以员外郎出守涪州。筑新城，广民居，修学校，殄巨寇。涪人德之，崇祀名宦祠。"蓝勇主编《稀见重庆地方文献汇点》（下）第 563 页［道光］《重庆府志》载："邵贤，《涪州志》：宣德中以员外郎出守涪州。作新城，广民居，修学校，殄巨寇。涪人德之。祀名宦。"

[十二]赵：即赵廷祯。明末涪州知州。

[十三]廖：即廖森，明代涪州知州。《同治志》云："廖森，为州牧，讲学造士，一时擢科名者十余人，皆出其门。伏阙保留，历任十载。崇祀名宦祠。"蓝勇主编《稀见重庆地方文献汇点》（下）第 563 页［道光］《重庆府志》载："廖森，十载州牧，民歌慈母。祀名宦。"

[十四]方：即方大乐，明代涪州知州。《同治志》云："方大乐，江西进士。守涪六载，虚怀下士，培育人材，狱讼衰息，四境恬熙。崇祀名宦祠。"蓝勇主编《稀见重庆地方文献汇点》（下）第 563 页［道光］《重庆府志》载："方大乐，江西人，由进士守涪州。"

[十五]谯达微：即谯定，字天授，自号涪州居士，又号"涪陵先生"。宋代涪州人。少学佛而归于儒，曾受《易》学于羌中郭载，又到洛阳求教程颐《易》理，得闻精义，造诣颇深。后程颐贬谪来涪，助其讲学北岩，使"程学"得以传播。靖康元年（1126）召为崇政殿说书，辞不就。宋高宗时再召，授官通直郎。逢金兵南进，辗转归蜀，隐居青城山，高一百余岁，不知所终。世人称之为谯夫子，称其隐居处为"谯岩"。著有《易传》一书，又称《谯子易传》。谯定是程朱理学中"涪陵学派"的创始人，其学后传胡宪、刘勉之、冯时行、张九成、朱熹、张浚等。蓝勇主编《稀见重庆地方文献汇点》（下）第 826 页道光《重庆府志》卷之八《人物志·人物宋》云："谯定，《宋史·隐逸》本传：字天授，涪陵人。少喜学佛，析其理归于儒。后学《易》于郭曩氏。定一日至汴，闻伊川程颐讲道于洛，洁衣往见，弃其学而学焉。遂得闻精义，造诣愈至，浩然而归。其后颐贬涪，实定之乡，北山有岩，师友游泳其中，涪人名之曰读易洞。靖康初，吕好问荐之，钦宗召为崇政殿说书，以论弗合，辞不就。高宗即位，定犹在汴，右丞许翰又荐之，诏宗泽津遣诣行在。至维扬，寓邸舍，窭甚，一中贵人偶

与邻，馈之食不受，与之衣亦不受，委金而去，定袖而归之，其自立之操类此。上将用之，会金兵至，定复归蜀。"又第 925 页："《易传》无卷数，谯定撰。"参见《涪陵历史人物》第 20-22 页《宋代易学奇人谯定》、《历代名人与涪陵》第 67-68 页《谯定与"涪学"》、《神奇涪陵》第 43-44 页《"涪陵先生"——谯定》、李胜《涪陵历史文化研究·涪陵学派论纲》等。

[十六]晏亚夫：即晏渊（？ -1250）。字亚夫，号莲荡。南宋涪州人。经学家，平生好学，曾万里寻师，向朱熹学《五经》于考亭，后讲学于涪州北岩书院，任堂长 20 余年，巴蜀弟子多慕名往谒，阳枋、阳岊、阳恪俱得其学，均为蜀中名士。其学说时称"晏学"。著有《孟子注》（已佚）。蓝勇主编《稀见重庆地方文献汇点》（下）第 827 页［道光］《重庆府志》卷之八《人物志·人物宋》云："晏渊，《蜀中著作记》：字亚夫，号莲荡，晋中郎将晏靖之后。世居襄阳，后徙蜀，家长寿之涪坪山。受学于朱文公，尝言：淳熙四年（1177）文公以年四十八注《孟子》，子产听郑国之政章，谓成周改岁首而不改月，则晚年之确论也。尝欲更注，而其书已行于世。以时令考之，涸阴冱寒，当此之时，而以乘舆济民民能免于病，涉乎桥梁道路可以观政。九月成杠，十月成梁，戒事之辞也；十一月徒杠成，十二月舆梁成。序，事之辞也。《国语》有戒备之意，《孟子》就冻极时，言之皆夏时云。"参见朱熹《晦庵集》卷六十三《与晏亚夫书》；度正《性善堂稿》卷五《权夔宪举晏亚夫遗逸奏状》；阳枋《字溪集》卷四《答谊儒佺昂书（二）》、卷八《连荡先生坟亭记》、卷九《涪州北岩秋祀祝文》及《晏连荡祝文》；黎靖德《朱子语类》卷一百一十六《训门人四》训晏渊及附录《语录姓氏》；曹学佺《蜀中广记》卷九十一"宋晏渊《孟子注》"条；朱彝尊《经义考》卷二百三十四"晏氏渊《孟子注》"条；黄宗羲、全祖望《宋元学案》卷六十九《沧州诸儒学案（上）》"晏莲塘先生渊"小传；常明、杨芳灿《四川通志》卷一百四十六"晏渊"条；吕绍衣、王应元《同治志》卷二"晏溪堂"、卷三"晏溪桥"、卷八"晏渊"、卷十"晏亚夫"；王鉴清、施纪云《民国志》卷三"晏子山""四贤楼""晏溪堂"、卷十一"晏渊"、卷十九"《孟子注》"；许肇鼎《宋代蜀人著作存佚录》（巴蜀书社，1986 年，第 228 页）；傅平骧《四川历代文化名人辞典》（四川文艺出版社，1992 年，第 292 页）；徐世群、杨世明《巴蜀文化大典》（四川人民出版社，1998 年，第 122 页）；《涪陵市志》（四川人民出版社，第 3、13、14、864、1408、1529 页）；李胜《涪陵历史文化研究》第 38-59 页《涪陵学派论纲》、第 60-78 页《晏

渊事迹征略》；《涪陵历史人物》第 32-34 页《南宋北岩书院山长夏亚夫》；《历代名人与涪陵》第 67-68 页《南宋经学家夏亚夫》；胡昌健《巴蜀史地与文物研究》第 323-324 页《意气激昂、履行清修的朱熹高弟涪陵布衣夏渊》。

　　［十七］秋佩公，即刘蔇。《同治志》云：刘蔇，宏［弘］治己未（十二年，1499）伦文叙榜。刘蔇，户科都给事中，事具《乡贤》。蓝勇主编《稀见重庆地方文献汇点》（下）第 654 页云："刘蔇，弘治十二年己未（1499）伦文叙榜。涪州人。给事中。"《乾隆志》云："刘蔇，宏［弘］治己未。"按：刘蔇（1470-1524），字惟馨，号秋佩。明代涪州人。明弘治十二年己未科进士。由庶吉士历任户科给事中、长沙知府和江西按察司副使等职。在朝曾上书弹劾尚书吕钟、庆云侯周能、寿宁侯张密等。正德元年（1506），因弹劾太监刘瑾等，被杖午门。复作《劾逆珰刘瑾疏》，再遭廷杖之刑，下狱。后夺官罚款，充军居庸关。王守仁盛赞其德云："骨鲠英风海外知"。正德五年（1510）刘瑾伏诛，秋佩获释，启用金华太守。除恶俗，禁溺女，新生女有"刘女"之称。正德八年（1513），因杖创复发归乡。曾在乡创办白云书院。嘉靖元年（1522），受任长沙知府，后升任江西按察副使。后病卒，世宗遣使谕祭。著有《见闻录》《奏议》等，后人辑为《秋佩先生文集》。秋佩精书法，善文辞。书法今存有"白云书院""宝莲桥""极乐胜境"等题刻。参见《刘氏宗谱》、《涪陵辞典》第 613 页"刘蔇"条、《涪陵历史人物》第 55-57 页《明代刚直大臣刘蔇》、《历代名人与涪陵》第 112-113 页《明代理学家王守仁诗赞刘秋佩》、李胜《涪陵历史文化研究》第 109 页、《涪陵市志》第 1529 页、胡昌健《巴蜀史地与文物研究》第 404-408 页《刘蔇与〈秋佩生墓志铭〉》。附录《秋佩生墓志铭》（黄宗羲《明文海》卷 454《墓文》；胡昌健《巴蜀史地与文物研究》第 404-406 页），文云："古人墓志铭，托之名笔，盖欲附文集以传远，后世憒此义，厚遗名爵以为耀，文浮质灭，识者少之，近世录名臣收人物者多据此，益见其惑也。又有自作挽歌、自作祭文者，事虽不经，情则夷旷，吾有取焉。故自述志铭，期以传信。蔇，字惟馨，号秋佩，别号凤山，生成化之丁亥十二月十一日戌时。曾祖信忠，元末乱，甫七岁，随舅氏自湖广之麻城来徙……祖文隐，草昧。祖妣李氏，无出。邹氏，生父志茂，以蔇贵，赠户科给事中……生，不大慧，亦不大愚，父爱之甚笃，少有过差，不少恕，尝语蔇曰：'吾上世远迁于涪，俱不耀，德积汝祖，吾遵循之，后有兴者，其在子乎？以行、以貌、以心，汝决有官，但吾病且老，恐不及见。'蔇每忆及此言，心痛泣下，奋自勉学。先

妻程没六年，不娶，欲副亲意。弘治戊午、己未，叨联科第，吾父已谢世……吾奔丧时，同乡举人者，客死京师，吾不忍其死，举学尸舆而西者万里，事或难于'以柳易播'者。后服阕，授户科给事中。任仅四载，尸素无所建白，每见时事爽度，忧形于色，妻沈氏曰：'人以官为荣，君以官为惧，何憔悴若此？'吾应之曰：'杞人漆室，何裨于国，亦此心不能已耳。'忝居谏垣，虽无大裨补，不敢怵，时缄默。且如：减灶丁之逃课，昔之鬻子女以代偿者，颇德之。奏屯田之妄增，时之虚丈量以要功者，悉蠲之。论妖言之巫系，所活不止千人。劾盐法之弛禁，所节何啻万计。瑾贼谋逆，首发其奸，张彩恶党，预摘其伏，逆谋既露，以次伏诛，人曰：'子何先见若此？'吾曰：'吕献可首劾安石，苏老泉先论辩奸，岂有幻惑之见，亦论理势之自然耳。'瑾贼因建白中伤杖之于朝，落职家食者七年。两罚饷边三百石，产尽倾。藩臬、牧守，下逮亲朋，咸以义劝，始克毕事。涪州旧有五贤祠，祀编置程伊川、别驾黄山谷、郡贤晏亚夫、地主谯达微。一日，郡守南城黄寿忽易其扁曰：'景贤。'笑谓予曰：'君知所以易扁意乎？'吾曰：'不知。'黄曰：'奏屯田，减盐课，卫贼捍患，先生功德及涪人，吾欲生致公于是，此耆老龚浩辈之公言是也。'蕴力止之，曰：'吾不敢参道教，又不能与诗流，又非地主，滥于斯，是重吾过也。'黄笑而止，扁今尚存。（郡守黄寿）又尝买郡人刘宽显之楼居以处予，予悉拒之。都御史林见素，因流贼乱，为蕴府城买居，予亦请止。所不屑者多类此。后瑾诛，公论力荐，有云'居官能善其国，居家能卫其乡，倡义兵以捍流贼，四境奄然，擐甲胄以先卒，徒阖郡安堵等语，复起金华知府。在任三载，无政裨郡，无德及民，敦风俗，恤民隐，乃拳拳之本心。浙俗侈奁资，生女辄淹没，重法禁之，存活颇多，人称其存曰：刘女。'婺郡多节义，疏旌举者八人……何、王、金、许，婺人也，以道统请于朝。崇祀孔庭，论虽未行，识者是之。处事近迂，心则实，事上类简，心不欺，爱、谄者皆嫉之。吏部五次推升，提学参政等官，事从中沮，亦以瑾故也。瑾党有宦浙者，始以附瑾被劾，将加重典，主国是者曰：'激则反侧不安'，俱从轻谪外任。无何，夤缘复起，适金浙宪，因福御史潘鹏，并力陷蕴，旋复致仕。时浙人云：'死逆瑾能害生，忠臣言路如之何不阻塞，忠睿如之何不解体哉？'八县父老及官属泣照者，旁午于道，蕴钱无取。后鹏果党极刑，浙人称快。蕴致仕又八年，新天子自藩服入嗣大统，甄拔人物，有荐之曰：'古忠臣'者，有曰'古循良'者，名浮实爽，可愧也。公论汲引不已，始得旅进，起守长沙……病痿，未赴任。间复转江西副宪，病势愈增，恐不作，乃写《志铭》以贻子姓，俾没后镌之石……自少及壮且老，不嫉不忮，无刻剥偷惰之行，虽不能为善，亦不敢为恶……菠自反廿三岁以前不可告者亦有一、二事，悔不及也。程明道曰：'中心如自固，外物岂能侵？'菠内讼被侵者尽多。居官不能廉，贪心尚在，然取斗米张纸以自肥，天则我殛；居家不能俭，奢心尚存，然使铢侵两克于匪义，神则我谴……盖棺论定，付之后人，吾不敢自文，今不尽述……以某年某月某日某时卒，上距生年几旬有几，附葬凤凰山祖墓之侧，棺衣饭含之具，屏去华丽，无毫厘金、银、珠玉以殉，亦大明之俗如此，变迁之后，人必无所利，可保无虞也。乃系之以铭曰（略）。"

[十八] 吴兢（670—749）：唐代著名史学家。按：吴兢（670—749），汴州浚仪（今河南开封）人。武周时入史馆，修国史，迁右拾遗内供奉。唐中宗时，改右补阙，累迁起居郎、水部郎中。唐玄宗时，为谏议大夫、修文馆学士、卫尉少卿兼修国史、太子左庶子，曾任台、洪、饶、蕲等州刺史，加银青光禄大夫，迁相州，封长垣县子，后改邺郡太守，回京任恒王傅。他居史馆任职 30 余年，以叙事简练、奋笔直书见称。别撰《梁史》《齐史》《陈史》各 10 卷、《隋史》20 卷。未定稿《唐史》80 余卷，世称"良史"。马怀素奏用元行冲、齐翰、吴兢、韦述等在秘阁详录四部书，开元九年（721）共同编成国家图书总目《群书四部录》200 卷。其家收藏图书甚富，编撰有《吴氏西斋书目》1 卷，著录图书 13468 卷。编著有《乐府古体要解》《唐春秋》《唐书备阙记》《太宗勋史》《睿宗实录》《中宗实录》《贞观政要》《则天实录》《唐高宗实录》（与刘知几合撰）等，有《贞观政要》传于今。

[十九] 张说（667—730）：唐朝政治家、文学家。字道济，一字说之，河南洛阳人。早年参加制科考试，策论为天下第一，历任太子校书、左补阙、右史、内供奉、凤阁舍人，参与编修《三教珠英》，因不肯诬陷魏元忠，被流放钦州。后张说返回朝中，任兵部员外郎，累迁工部侍郎、兵部侍郎、中书侍郎，加弘文馆学士。张说拜相后，因不附太平公主，被贬为尚书左丞。后拜中书令，封燕国公。姚崇拜相，被贬相州刺史，再贬岳州刺史，改任荆州长史。曾担任天兵军大使，持节安抚同罗、拔曳固等部，讨平突厥叛将康待宾，召拜为兵部尚书。后升任中书令，加集贤院学士，并倡议唐玄宗封禅泰山，进封右丞相。开元十八年（730），病逝，追赠太师，谥号文贞。张说前后 3 次为相，执掌文坛 30 年，为开元前期一代文宗，与许国公苏颋齐名，号称"燕

许大手笔"。

[二十]孙盛：东晋中期史学家、名士，字安国，太原中都（今山西平遥）人。出身官宦名门，高祖为曹魏骠骑将军孙资，祖父为西晋冯翊太守孙楚。孙盛年轻时便以博学、善清谈而闻名，先后担任陶侃、庾亮、庾翼、桓温的僚佐，亦曾随桓温灭成汉、北伐收复洛阳，官至长沙太守，封吴昌县侯。晚年官至秘书监、给事中，故被后世称为"孙监"。其著述颇丰，《晋书》称其"笃学不倦，自少至老，手不释卷。"其著作以史学居多，其书"词直而理正"。著《魏氏春秋》20卷、《魏氏春秋异同》8卷、《晋阳秋》32卷，今仅存佚文。

[二十一]桓温（312–373）：东晋政治家、军事家、权臣，字元子，一字符子，谯国龙亢（今安徽怀远）人。谯国桓氏代表人物，东汉名儒桓荣之后，宣城内史桓彝长子，晋明帝驸马，因溯江灭成汉而声名大振，又3次出兵北伐（前秦、羌族姚襄、前燕），战功累累。后独揽朝政10余年，在晚年逼迫朝廷加九锡，因谢安等阻止未能实现。死谥宣武。其子桓玄建立桓楚，追尊为"宣武皇帝"。

[二十二]高允（390–487）：南北朝时期北魏大臣，著名文学家，字伯恭，渤海蓨县（今河北景县）人。少年丧父，大器早成，气度非凡，初为郡功曹。神麚四年（431），为中书博士，迁中书侍郎，参修国记，教导太子。从崔浩修史，"国史之狱"中将受极刑，景穆太子营救获免。文明太后称制，拜中书令，封咸阳公，加号镇东将军。出为散骑常侍、征西将军、怀州刺史。高允历仕5朝，太和十一年（487）去世，享年98岁，追赠侍中、司空公、冀州刺史、将军，谥号文。

[二十三]崔浩（？ –450）：南北朝时期北魏著名军事谋略家，字伯渊，小名桃简，清河郡东武城（今山东武城县），一说清河郡武城（今河北清河县）人。曹魏司空崔林七世孙，北魏司空崔宏长子，其母卢氏为西晋末文学家卢谌孙女。长相如美貌妇人，自比张良，曾仕北魏道武、明元、太武三帝，官至司徒，是太武帝最重要的谋臣之一，对促进北魏统一北方贡献颇大。太平真君十一年（450）被夷灭九族。

[二十四]魏收（507–572）：字伯起，小字佛助。钜鹿郡下曲阳县（今河北晋州）人。南北朝时期史学家、文学家，北魏骠骑大将军魏子建之子。魏收历仕北魏、东魏、北齐3朝，与温子升、邢邵并称"北地三才子"。累官至尚书右仆射，掌诏诰，总议监五礼事，位特进。曾参修律令。天保八年（557）迁太子少傅。武平三年（572），魏收去世。

获赠司空、尚书左仆射,谥号"文贞"。天保二年(551),魏收受命撰魏史,与房延祐、辛元植、刁柔、裴昂之、高孝乾等"博总斟酌",撰成《魏书》130篇,记载鲜卑拓跋部早期至东魏被北齐取代的历史。书成之后,众口喧嚷,指为"秽史",魏收三易其稿,方成定本。另存《魏特进集》辑本。

[二十五]萧父母:指萧星拱。见前注。《刘氏宗谱》第145页收录有《萧公祖字薇翰讳星拱,江西南城人,任涪陵刺史,升渝州太守赠四仙公诗》,诗云:"羡君积德有余光,鲞髦期颐福寿昌。清白源流敦孝弟,子孙繁衍继书香。声闻海内芝兰秀,名播寰区桂萼芳。忠厚相传绵且远,阀阅人家世泽长。"

[二十六]孙公:当即孙于朝。《同治志》云:孙于朝,字龙光,彰明县人。曾任涪州训导。蓝勇主编《稀见重庆地方文献汇点》(下)第604页云:孙于朝,彰明贡生。康熙五十三年(1714)任。《同治志》作康熙五十二年(1713)任涪州训导。

[二十七]程:指程颐。见前注。

[二十八]黄:指黄庭坚。见前注。

[二十九]晏:指晏渊。见前注。

[三十]刘:指刘菠。见前注。

旧志序　夏国孝^[一]　户部员外

涪于两汉尚曰涪陵县，至唐贞观间始升为州，盖周末巴蔓子之裔兄弟流入酉、辰、沅、雄、樠五溪，而道由此而西也。山脉从滇之木容丘雄蟠际而来，至南川金佛，绵亘数千里，巅峦云雾瀴濛。又东北行二百余里，振拓奥衍，始毕于蜀黔两江之汇，而涪出焉。蜀水色红如珠，黔水色绿如碧，两水滂沛瀠回，红绿相错如锦，江心有洲适当其汇，昔人名曰：锦绣，以此也。其毓英钟秀，多磊落不羁；亦复朴直刚正，琼然独立，不屑屑傍寄堑篱；文势勃发，代有骏声。《淮南》^[二]所谓"山气多阳"也。元季明氏父子^[三]据之为用武门户之区。刘诚意^[四]《平蜀表》云："舞旌旆于涪水"是已。恭承我明太祖洪武辛亥（四年，1371）始命汤公和^[五]、廖公永忠^[六]帅师收蜀，而涪由是披霾瞻日，迄今百八十年所，山川效灵，人文蔚起。我叔祖松泉公^[七]曩与余在京邸，每慨叹于涪志之未举，以为阙事。今天子赫然中兴，制作炳煌，如易文庙塑像代以木主，奉孔子为先师，而《敬一》之箴、《平台》之咏与《舆地诗》之和章，倬彼云汉展矣，乾坤虎变，一中天文明之会哉！兹郡大夫领集庠中多士缪以斯志见命，叩荆扉者再，余不能辞。念余昔分部南畿时，有邗江之役，见维扬一蜀山泉，郡中群相矜异。因忆家园山水，形为梦寐。今桑梓可敬，以是暂烦管城子，假之以谱吾涪之胜。岂必以身隐不文之说而拘拘逊谢耶？勉竣厥事，爰书于左，以告后之知我者。

注释：

[一] 夏国孝：《同治志》载："夏国孝，号冠山。嘉靖癸未（二年，1523）姚涞榜。官南京户部员外。辞归终养，行李萧然如寒士。居火风滩，以诗文自娱。纂修《涪志》，著有《文集》。"夏国孝，南京户部员外郎，事具《乡贤》。员外郎夏国孝墓，在长里和凤滩。又，张夏氏，进士夏国孝女，归庠生张诩。年十九，诩卒，无子。豪家谋娶之，割耳截发以誓。坊建西门外。蓝勇主编《稀见重庆地方文献汇点》（下）第 656 页云：夏国孝，号冠山。嘉靖二年癸未（1523）姚涞榜。涪州人。户部员外。第 689 页云：夏

国孝墓，在州治火风滩，官员外郎。第892页：庠生张谪妻夏氏，旧《通志》：涪州人。年十九而寡，无子女，矢志守节。豪强多谋娶，氏毁容以死自誓。第929页云：《涪州志》无卷数，夏国孝撰。涪州人，嘉靖进士，官户部员外。《乾隆志》云：夏国孝，号冠山。嘉靖癸未（二年，1523）。按：夏国孝（1493—1552），号冠山。明代涪州人。明嘉靖元年（1522）举人，次年进士。历任湖广罗田知县、开州知府、江南（南京）户部员外郎，外权税淮安，廉介不染，因得罪权臣，辞官归里，两袖清风如寒士，晚年居火风滩，以诗文自娱，纂修《涪州志》1部，已佚，今存序文1篇。参见《涪陵辞典》第657页"夏国孝"条、李胜《涪陵历史文化研究》第110页、《涪陵历史人物》第59—60页《萧然若寒士的户部员外郎夏国孝》。有《余侯重立知稼亭记》，收录于《夏氏宗谱》《同治志》等。又明嘉靖二十七年（1548）《明阶奉直大夫云南晋宁州刺史张公墓志铭》，赐进士出身南户部员外郎郡人冠山夏国孝书。

　　[二]《淮南》：即《淮南子》，又名《淮南鸿烈》《刘安子》，是西汉皇族淮南王刘安及其门客集体编写的一部哲学著作。该书著录内二十一篇，中八篇，外三十三篇，内篇论道，中篇养生，外篇杂说。以道家思想为指导，吸收诸子百家学说，融会贯通而成，是战国至汉初黄老之学理论体系的代表作。

　　[三]明氏父子：指明玉珍、明昇父子。明玉珍（1329—1366），原名瑞，字玉珍，湖广随州随县（今湖北省随县）人。元末农民起义军领袖。至正十一年（1351），元末农民战争爆发，明玉珍集乡兵1000余人屯青山，结栅自固。至正十三年（1353）冬（一说为至正十二年，1352），参加徐寿辉领导的西系天完红巾军，任元帅。至正二十年（1360）夏，陈友谅杀徐寿辉自立为帝，明玉珍不服，不与相通，自称陇蜀王。之后，受刘桢等人拥立称帝，国号大夏，定都重庆。至正二十六年（1366）春，明玉珍病故，庙号太祖，子明昇继位，后大夏国为朱元璋所灭。

　　[四]刘诚意（1311—1375）：即刘基，字伯温，处州青田（今属浙江温州市文成县）人，故称刘青田。元末明初军事家、政治家、文学家，明朝开国元勋。洪武三年（1370）封诚意伯，故又称刘诚意。武宗正德九年（1514）追赠太师，谥号文成，后人称他刘文成、文成公。元至顺间（1330—1332）举进士。博通经史，尤精象纬之学，时人比之诸葛亮。至正十九年（1359），朱元璋闻刘基及宋濂等名，礼聘而至。上书陈述时务18策，倍受宠信。参与谋划平定张士诚、陈友谅与北伐中原等。至正二十七年（1367）为太史令，

进《戊申大统历》。奏请立法定制，以止滥杀。朱元璋即位后，他奏请设立军卫法，又请肃正纪纲。尝谏止建都于凤阳。洪武四年（1371）赐归。刘基居乡隐形韬迹，惟饮酒弈棋，口不言功。寻以旧憾为左丞相胡惟庸所讦而夺禄。入京谢罪，留京不敢归，以忧愤疾作，胡惟庸曾派医生探视。八年（1375），遣使护归，居一月而卒。刘基精通天文、兵法、数理等，尤以诗文见长。诗文古朴雄放，不乏抨击统治者腐朽、同情民间疾苦之作。著作均收入《诚意伯文集》。刘基佐朱元璋平天下，论天下安危，义形于色，遇急难，勇气奋发，计划立定，人莫能测。朱元璋多次称刘基为："吾之子房也。"在文学史上，刘基与宋濂、高启并称"明初诗文三大家"。中国民间广泛流传着"三分天下诸葛亮，一统江山刘伯温；前朝军师诸葛亮，后朝军师刘伯温"的说法。他以神机妙算、运筹帷幄著称于世。

[五]汤公和（1326-1395）：即汤和。明朝开国功臣，军事将领，字鼎臣，濠州钟离（今安徽凤阳）人。为人谨慎，沉敏多智。元至正十二年（1352），参加郭子兴起义军，授千户。随朱元璋渡长江、占集庆、取镇江诸战，屡破元军，累功升统军元帅。至正十七年（1357），镇守常州，多次击败张士诚部。至正二十七年（1367），为征南将军，在浙东击败方国珍部。尔后率部由海道入福州，俘获延平陈友定。又随徐达率军征今山西、甘肃、宁夏等地。明洪武十一年（1378），封信国公。二十二年（1389），告老还乡，赐第凤阳。二十八年（1395）病逝。追封东瓯王，谥襄武。

[六]廖公永忠（1323-1375）：即廖永忠，巢县（今安徽省巢湖）人。楚国公廖永安之弟，明朝开国将领，爵至德庆侯，明安宗追封庆国公。早年与汤和共讨方国珍，平定浙东；后俘陈友定，平定福建；与朱亮祖攻克广州，平定广东；攻克象州，平定广西；明灭夏之战，充南路军右副将军职，取得夔州之战胜利，为最终消灭夏政权铺平道路。因鄱阳湖之战战功卓著，朱元璋以漆牌书"功超群将，智迈雄师"，并在《平蜀文》书"傅一廖二"之语，盛赞廖永忠功勋。

[七]松泉公：即夏道硕。见前注。

凡　例

一、《涪志》屡经兵燹，远则文献无征，近则真赝莫辨。尚多星漏，后有继者，踵事而损益之，实所望焉。

一、徭赋最关民命。涪自兵燹，居民流移殆尽，近稍鸿集。田土日辟，究非乐郊。今将新编赋役，通刊入志，俾司牧者便览焉。

一、名宦、乡贤为一郡最重，因旧编遗失，不能尽为立传，或于名下櫽括数语以志其贤，盖事有详略不能尽也。

一、志以扬善，亦不隐恶。涪之风俗，今不如昔。故兼今昔美恶直笔书之，以便守土者开卷洞然，知所因革。

一、艺文取其有关涪事者收之以存文献，否则文过于质，亦非适中之道，故不敢滥录也。

一、志书原稿所载者俱仍其旧，无敢增损以滋物议。惟不足者补之，如田赋、疆界、祀典、礼制、武科、兵制等类是也。其于名宦、乡贤、科目、节孝等例应续者悉具载之。

一、《武隆县志》久没，今归并涪州，例无专纪。其中有可纪者，俱附载《州志》。

修志姓氏

康熙癸亥年（二十二年，1683）

纂修：郡人刘之益，字四仙；文珂，字奚仲；夏道硕，字华仙。

编辑：举人何诜虞[一]，字羽圣；陈命世[二]，字杰如；贡生向牖墀[三]，字子亮。

康熙甲午年（五十三年，1714）

重修：涪州知州董维祺，字尔介，号守斋，奉天人。

编辑：郡人冯懋柱，字乔仙。

参阅：儒学学正罗云师[四]，字庆庵，号默仙，遵义人；训导孙于朝[五]，字龙光，彰明县人。

校订：举人夏景宣[六]，字南辉；刘衍均[七]，字树玉；向玺[八]，字对扬；何洪先[九]，字大荒；张元隽[十]，字子千；廖翙[十一]，字凤苞；贡生陈辅世[十二]，字德如；何宪先[十三]，字觐光。

分辑：吏目李文焕[十四]，字尧章，江南常熟人；巡检沈国璋[十五]，字公度，顺天人；生员彭宗舜[十六]，字信之，武林司人。

注释：

[一]何诜虞：字羽圣，涪州人。据《何氏世谱》《同治志》[道光]《重庆府志》等记载，何诜虞，字羽圣。隐逸何以让之孙，南明唐王朱聿键隆武元年乙酉（1645）科举人何仕任第五子。康熙八年己酉（1669）科举人，亚元。曾任湖南湘阴县知县。其长兄何振虞（1614–1663），字文铎，明诰授奉直大夫。崇祯壬午（1642）科拔贡，朝考一等，选授湖南靖州通道县知县，升任贵州镇远府黄平州知州。其次兄何绳虞，明庠生。其四弟何揖虞（1632–1717），字思皇。岁进士。清诰授文林郎。何诜虞曾参与康熙癸亥年（二十二年，1683）涪州志的编纂。娶王氏无出，继娶胡氏生2子，长曰何行先，字退之。康熙辛卯（1711）科解元，内阁中书，任蓬州学正，升嘉定府教授；次曰何知先，字近天，

或近夫。清庠生。

[二]陈命世：字杰如。涪州人。顺治丁酉（十四年，1657）科副榜，参见《同治志》、蓝勇主编《稀见重庆地方文献汇点》（下）第790页《道光重庆府志》。曾参与康熙癸亥年（二十二年，1683）涪州志的编纂。据《同治志》记载，陈命世，赠文林郎。其妻沈氏、郝氏、姚氏，赠孺人。文林郎陈命世墓，在长里曾家坝。

[三]向牖螭：或作牖蝐，字子亮，明天启乙丑（五年，1625）余煌榜进士向鼎之子，岁贡。涪州人。曾任云南曲靖府推官。入祀涪州乡贤祠。《同治志》云："向牖蝐，字子亮，鼎之子，兵燹后家赤贫，隐居琼崖，非公事不至公庭。"曾参与康熙癸亥年（二十二年，1683）涪州志的编纂。与涪陵遗老刘之益有唱和。《刘氏宗谱》收录有向子亮讳牖蝐《祝四仙公寿》，诗云："七叟当年纪胜游（先生令祖葵菴公与先祖瀛台公契交，计好友七人，今江心石鱼间犹有七叟胜游石刻），何修更与罗瑛俦。弧悬每值榴花艳，酒熟偏逢梅雨收。不展纶竿叶梦卜，惟耽枰局老樵樗。虽然素逊刘伶饮，却喜歌钟宴醉侯。"据该诗，向牖蝐之祖当名列白鹤梁石刻。查明天启七年（1627）白鹤梁《七叟胜游》石刻，关于"七叟"题名人，曾超《三峡国宝——白鹤梁题刻汇录与考索》（中国文史出版社，2005年）第194页作刘惠□、刘道；曾彦甲；陈文炜、刘昌祚、夏可洲、罗瑛；《同治志·耆硕寿妇附》作刘志德、刘道、曾彦甲、刘昌祚、陈文常、夏可洲、罗瑛。两相比较，有刘惠□与刘志德、陈文炜与陈文常之异。同时，罗瑛有时也写作罗暎。不过，并无姓向者。据《同治志》记载，乡贤向牖蝐墓，在云里东青驿。

[四]罗云师：《同治志》云：罗云师，字庆庵，号默仙，遵义人。曾任涪州儒学学正。蓝勇主编《稀见重庆地方文献汇点》（下）第604页云：罗云师，遵义举人。康熙五十三年（1714年）任涪州学正。

[五]孙于朝：《同治志》云：孙于朝，字龙光，彰明县人。曾任涪州训导。蓝勇主编《稀见重庆地方文献汇点》（下）第604页云：孙于朝，彰明贡生。康熙五十三年（1714）任涪州训导。《同治志》作康熙五十二年（1713）任涪州训导。本志后有孙于朝所作《涪州志跋》。

[六]夏景宣：字南辉。举人。《同治志》云：夏景宣，字南辉。康熙二十年辛酉（1681）科举人。福建道监察御史。御史夏景宣墓，在云里阳谷坝。蓝勇主编《稀见重庆地方文献汇点》（下）第705页云：夏景宣，涪州人。康熙二十年辛酉科举人。御史。第690页云：

夏景宣墓，在州治阳谷坝，官御史。《同治志》收录其《群猪滩辩》，文云："涪江东北距城三里许有滩焉，怪石林立，色纯黑入豕，有巨者、细者、起者、伏者、蹶蹄蹒者、昂首喷者、庞然而茁壮者、癯瘦欲折失养者，磊落错出，参差万状。盛夏，水势汹涌彭湃声，上接城市，夜听益彻，俗名曰群猪夜吼。为涪陵八景之一，其由来旧矣。昔工部诗有云：白狗斜临北，黄牛更在东。余尝以公车北上，往复于巫山、三峡间，诹得其所谓白狗黄牛者，非实有狗若牛也。凡以水石相遭搏击成声，榜人、舟子上下其间，率厥天真，随意命名，不以象拘，不以形求，一人呼之，千百人继而传之，盖不知几历年所矣。故少陵句中亦仍俗号，未之有改。兹之群猪得无类是，惜乎子美无诗猪之不幸，不若狗牛之幸也。乃有好事者易群为琼，易猪为珠，甚至刻诸岩壁间以矜新而示异意者。荆山石里早自成声，老蚌胎中便能作吼，吾不知于义何居也，抑或谓珠之于猪，有清浊之异，不能无贵贱之分，将欲假一字为山水重乎？夫从来人杰地灵，山川之生色，杂其人不惟其物也，如谓清而贵者之可以假重，而浊且贱者之不足以表异也。则是历山之圣人不与鹿豕同游，而季伦之绿珠始足以照耀千古也。益见其谬也。至谓常有江猪喷吼者，其说尤为谬耶？"参见《夏氏宗谱》《同治志》等。

　　[七] 刘衍均：字树玉，涪州人。涪陵刘氏第十世，岁贡刘之益次子。见于《刘氏宗谱》。康熙二十年辛酉（1681）科举人。参见《同治志》《刘氏宗谱》、蓝勇主编《稀见重庆地方文献汇点》（下）第 705 页 [道光]《重庆府志》。先任成都华阳县教谕，见于《刘氏宗谱》。后任浙江德清县知县。见于《同治志》等。蓝勇主编《稀见重庆地方文献汇点》（下）[道光]《重庆府志》卷之八《人物志·人物国朝涪州》第 852 页："刘衍均，《通志》：康熙辛酉领乡荐，官浙江德清知县。吏治廉明，政先惠爱。会因公罢职，贫不能归，士民醵钱以助。后寿八十余卒。"曾参与康熙甲午年（五十三年，1714）涪州志的编纂。《刘氏宗谱》收录有鲍秀伯《送树玉公北上诗》，诗云："伯起子孙犹强项，更生奕叶好文章。从来圣贤只斯理，做去直堪问彼苍。忆昔君家秋佩公，忠烈慷慨气如虹。攀槛陈言同槐里，披鳞几欲等龙逢。一章疏奏千秋高，九世家声振两朝。君复峥嵘露头角，留鸾旧价启重霄。峨眉天际秋云紫，枳水江头朱霞起。会看词赋动天颜，应撤金莲归院止。且慢投封向玉衡，捧檄须思牵裾情。大椿柯照夕阳晚，忠爱遗将孝子成。"还收录有刘之益《代树玉公祝梅公祖寿古风一首》，诗云："莺花绰约上林枝，道是维祺载咏时。月当建卯龙为蜇，事属生申岳毓奇。衣香昔罩并州迥，圣俞词赋欧

苏等。积厚流光自楚天，三湘誉望崇台鼎。帝心特简尚书郎，骏业鸿标宪万邦。为怜蜀道多凋谢，命公莞钥绍龚黄。清白江来清白吏，驷马桥边熊轼至。清献乘岩旧有声，一片冰心订同志。峨嵋山月万家明，玉垒高风百道清。多士如云资勉勖，狄门桃李正欣荣。并摄龙湖番域勒，天未普传风宪名。伫看凤诏求良弼，赐公生论备阿衡。年年饫饮花朝酒，常调玉烛对长庚。"据《同治志》，知县刘衍均墓，在长里钱家沟。《刘氏宗谱·族谱序》云：兄讳衍均，号树玉，康熙辛酉科举人，后任浙江德清知县，墓在钱家湾。据《刘氏宗谱》：刘衍均三弟衍琮，号叔玉，四仙公第三子。为人崇古道，敦孝友，性嗜吟眺，有泉石膏肓之意，家居灌花酌酒，晏如也。诗人文士尝从之游。生康熙癸卯（1663）年九月十九日，卒雍正乙卯（1735）年二月初六日，墓在麻堆钱家湾宅左。配陈氏，顺治辛丑（1661）年十二月十五日午时生。继钱氏，康熙庚午（1690）年十一月廿八日□时生。四弟衍珣，号季玉，业儒。三姐适庠生文椒蕃。又《刘氏宗谱》第 58 页载，刘衍均，康熙辛酉科举人，成都华阳县教谕，后任浙江德清知县，墓在钱家湾。

[八] 向玺：字对扬。涪州人。康熙甲子（二十三年，1684）科举人，曾任保宁府、顺庆府教授。曾参与康熙甲午年（五十三年，1714）涪州志的编纂。与涪陵遗老刘之益有酬唱。《刘氏宗谱》收录有向对扬讳玺《祝四仙公寿》诗，诗云："弱冠研经友二郎，登科同宫锦蓉乡。遥瞻佳气东南满，蚤识灵椿岁月长。虞轸薰风生客座，汉宫鸠杖引朝堂。峨嵋血水倾三峡，为指山河入寿觞。"据《同治志》，向玺，以孙向岜赠文林郎，其妻冯氏、李氏赠孺人。教谕向玺墓，在长里向家崖。

[九] 何洪先：字大荒，号易岩，涪州人。据《何氏世谱》，何洪先，何仕任之孙，何振虞第四子。生于清顺治十六年（1659）三月二日贵州安化县，卒于雍正七年（1729）九月初一日吉时，葬平西坝对岸马颈子。据蓝勇主编《稀见重庆地方文献汇点》（下）第 706 页《道光重庆府志》《同治志》《何氏世谱》，何洪先，康熙二十六年丁卯（1687）科举人。据《何氏世谱》，曾任卢（笔者注：当为"泸"）县知县。据《同治志》、蓝勇主编《稀见重庆地方文献汇点》（下）第 706 页《道光重庆府志》，曾任广东东安县知县。据《同治志》，知县何洪先墓，在白里小溪。曾参与康熙甲午年（五十三年，1714）涪州志的编纂。据《何氏世谱》，首娶廖氏，生子何鈇，字元鼎；继娶赵氏，生子何铊，字象鼎；三娶赵氏，生二子，长曰何铖，字建鼎；次曰何锐，字铸鼎；四娶伍氏，生子

何镀，字新之；五娶杨氏，生二子，长曰何镡，字枢中；次曰何钿，字桐峰；六娶林氏，生子何钰，字荆山。又其长兄何继先，字肇卉，或肇开，岁进士，曾任汉州训导。二兄何述先，字思大，岁进士。三兄何宪先，字观光，康熙庚午（1690）副榜，曾任蓬溪县、德阳县教谕。

　　[十]张元隽：字子千，涪州人。"隽"，据蓝勇主编《稀见重庆地方文献汇点》（下）第706页《道光重庆府志》记载为"俊"。据《同治志》、蓝勇主编《稀见重庆地方文献汇点》（下）第706页《道光重庆府志》：张元俊，康熙二十九年庚午（1690）科举人。湖北潜江县知县。曾参与康熙甲午年（五十三年，1714）涪州志的编纂。据《同治志》，张元隽，以孙张永载赠文林郎，其妻陈氏，赠孺人。知县张元隽墓，在鹤游坪马蹄穴。

　　[十一]廖翖：字凤苞。曾参与康熙甲午年（五十三年，1714）涪州志的编纂。

　　[十二]陈辅世：字德如。贡生。本志载为贡生；《同治志》载为国朝岁贡、恩贡；蓝勇主编《稀见重庆地方文献汇点》（下）第789页《道光重庆府志》载为国朝恩贡。《同治志》云：恩陈辅世，字德如。已仕。不知已仕何职、出仕何地、是否转官、政绩怎样。曾参与康熙甲午年（五十三年，1714）涪州志的编纂。

　　[十三]何宪先：字观光。涪州人。据《何氏世谱》，何宪先，何仕任之孙，何振虞第三子。生于清顺治十四年（1657）八月八日贵州安化县迎茶园，卒于康熙五十八年（1719）五月二十二日午时德阳学署。据《何氏世谱》、蓝勇主编《稀见重庆地方文献汇点》（下）第790页《道光重庆府志》，何宪先，康熙庚午（二十九年，1690）科副榜。据《何氏世谱》，曾任蓬溪县、德阳县教谕。曾参与康熙甲午年（五十三年，1714）涪州志的编纂。据《何氏世谱》，何宪先娶文氏，生子何馆，字用鼎；继娶杨氏，生子何镣，字奠鼎。又其长兄何继先，字肇卉，或肇开，岁进士，曾任汉州训导。二兄何述先，字思大，岁进士。四弟何洪先，字大荒，号易岩，康熙二十六年丁卯（1687）科举人，曾任广东东安县知县。

　　[十四]李文焕：《同治志》云：李文焕，字尧章，江南常熟人。涪州吏目。蓝勇主编《稀见重庆地方文献汇点》（下）第606页《道光重庆府志》云：李文焕，江南监生，涪州吏目。曾参与康熙甲午年（五十三年，1714）涪州志的编纂。

　　[十五]沈国璋：《同治志》云：沈国璋，字公度，顺天人，吏员。武隆巡检司巡检。蓝勇主编《稀见重庆地方文献汇点》（下）第65页《道光重庆府志》云：沈国璋，顺天

吏员。武隆巡检司巡检。曾参与康熙甲午年（五十三年，1714）涪州志的编纂。

　　［十六］彭宗舜：本志云：彭宗舜，字信之，武林司人。生员。《同治志》云：彭宗舜，庠生。常〔尝〕舍地，作羊角碛义冢。复开两堰，灌田数百亩，不分畛域。州牧张公表其宅曰：好义之门。此"州牧张公"当指涪州知州张师范。蓝勇主编《稀见重庆地方文献汇点》（下）第 876 页道光《重庆府志》卷之八《人物志·行谊国朝》云："彭宗舜，《涪州志》：宗舜，性慷慨，乾隆中，尝割己产作义冢，子孙三世皆然。又于业内凿两堰，引源水溉邻人田八百余亩。"曾参与康熙甲午年（五十三年，1714）涪州志的编纂。

重庆府涪州志　目录

重庆府涪州志　图考

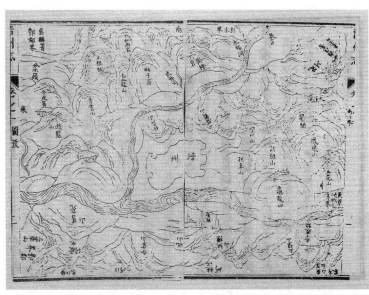

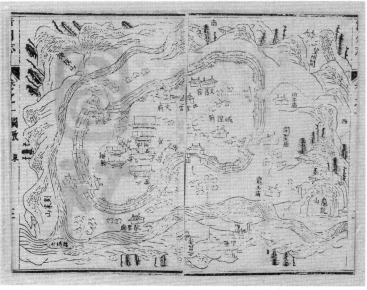

右图考

涪治，环山带水，四境穷岩峻岭，巨壑危滩，山水险奇，甲于全蜀。爰镌尺幅，绘列全图，庶令览观了如指掌。

重庆府涪州志卷之一

星　野

自轩黄受《河图》，见日月星辰之象。命鬼臾蓲[一]占星，始有星官之书。历代史官，靡不悉载，简册不可得而枚举也。按象而求之，其为祥为妖，为吉凶、水旱、丰荒，历历不爽。则分星辨野，断非无稽之说耳。作《星野志》。

注释：

[一]鬼臾蓲：又作鬼容区，号大鸿。传说上古医家，黄帝臣。曾佐黄帝发明五行，详论脉经，于难经究尽其义理，以为经论。《史记·孝武本纪》云："黄帝得宝鼎宛朐，问于鬼臾区。"

巴蜀分[一]井[二]、鬼[三]、参[四]。又云：觜觿[五]。参主益州。出《汉书》。

注释：

[一]分：即分野。中国古代地学、天文学术语。指与星次相对应的地域。古人依据星纪、玄枵、娵訾、降娄、大梁、实沈、鹑首、鹑火、鹑尾、寿星、大火、析木等12星次的位置划分地面上州、国的位置与之相对应。就天文说，称为分星；就地面说，称为分野。参见《周礼·春官·保章氏》注。

[二]井：又称东井，即中国古代二十八宿中的井宿。《乾隆志》专门引有《步天歌》之井宿歌。文云：井：八星横列河中静，一星名钺井边定，两河各三南北正。天樽三星井上头，樽上横列五诸侯。侯上北河西积水，欲览积薪东畔是。钺下四星名水府，水位东边四星序。四渎横列南河里，南河下头是军市。军市团圆十三星，中有一个野鸡精。孙子丈人市下列，各立两星从东说。阙邱二个南河东，止下一狼光蒙茸。左畔九个弯

弧弓，一矢拟射顽狼胸。有个老人南极中，春秋出入寿无穷。

　　[三]鬼：又称舆鬼，即中国古代二十八宿中的鬼宿。《乾隆志》专门引有《步天歌》之鬼宿歌。文云：鬼：四星册方似木匮，中央白者积尸气。鬼上四星是爟位，天狗七星鬼下是，外厨六间柳星次。天社六个弧束倚，社束一星是天纪。

　　[四]参：一作参伐，中国古代二十八宿中的参宿。《晋书·天文志上》云："参十星，一日参伐。"

　　[五]觜觿：即中国古代二十八宿中的觜宿。古人认为益州之地（即《禹贡》梁州之域）上应觜、参二宿。《史记·天官书》云："觜觿、参，益州。"又《艺文类聚》卷六引《春秋元命苞》云："觜、参流为益州。"又曰："参伐流为益。"又曰："仰稟参伐。"

　　益、梓、利、夔四路[一]分井、鬼。又东井、舆鬼[二]，鹑首也。尽巴、蜀、汉中地。
出《宋书》。

　　注释：

　　[一]益、梓、利、夔四路：宋代巴蜀地区行政建制，今"四川"之得名于此相关。宋咸平四年（1001）分西川路、峡路为益州、梓州、利州、夔州四路，总称"川峡四路"，后简称"四川"。南宋设有四川宣抚、制置、总领等职，统辖四路军赋。元合四路置四川行中书省，后世逐渐演变为四川省。1997 年，四川省一分为二，即四川省、重庆市（直辖）。

　　[二]东井、舆鬼：《华阳国志》卷一《巴志》云："华阳之壤，梁岷之域，是其一囿，囿中之国则巴、蜀矣。其分野：舆鬼、东井。"按：关于益州东分野，古人有不同的说法。《史记·天官书》："觜觿、参，益州。东井、舆鬼，雍州。"《汉志》则云："秦地于天官，东井、舆鬼之分野也……南有巴、蜀、广汉、犍为、武都……又西南牂牁、越巂、益州，皆宜属矣。"视益州分野为东井、舆鬼。常璩《华阳国志》则兼采二说。

　　天文次舍井、鬼之次，入参三度。

建置沿革

唐因山川形便分十五道[一]，宋分州军增至二十六路，境域代剖，属隶各别。明置南北畿，布政司十三[二]，而蜀则天府之国也。涪陵形胜甲于他州，国朝治化翔洽，士绅奋励，固已争雄诸剧邑也。其城池署宇，例得并记以待考览云耳，作《建置沿革志》。

注释：

[一]十五道：唐贞观元年（627），依据自然形势分全国为关内、河南、河东、河北、山南、陇右、淮南、江南、剑南、岭南等10道。开元以前，曾先后设置10道存抚、巡察、按察等使，皆不久即罢。开元二十年（732）设置10道采访处置使，始成为常制。开元二十一年（733）又分关内道置京畿道，分河南道置都畿道，分山南道为山南东、山南西二道，分江南道为江南东、江南西和黔中道三道，合原有河东、陇右、淮南、剑南、岭南共15道，各道置采访处置使，并有固定治所。乾元元年（758）废除。此后，"十道""十五道"演变为地理区划名，一直沿用到五代。

[二]布政司十三：明初袭元制，在全国分设若干行中书省。洪武九年（1376）改行中书省为承宣布政使司，习惯上仍称为省。明宣德三年（1428）后，全国各府、州分统于两京（即南北畿）和十三布政使司。十三布政使司，俗称十三省，即山东、山西、河南、陕西、四川、湖广、浙江、江西、福建、广东、广西、云南、贵州。

《禹贡》梁州之域，周为巴子属国。秦属巴郡，汉为涪陵，属江州。又曰：骆蜀后州徙治汉平县，唐置涪州，宋以温山县省入，后移治三台山。元复旧治，寻并涪陵、温乐[乐温]二县。明因之，仍曰涪州，属重庆府。国朝因之，原属县二：一彭水，一武隆。

城　池

明宣德年州守邵贤[一]创制。成化初，乃砌石作城，高一丈八尺，周围四里。门有五，东曰迎恩，南曰怀德，西曰镇武，北曰潮宗[二]，东北曰永安[三]。城东北角，其形如鼓，名曰鼓儿城。临江边，旧谓"五溪第一洞"是其处也。

注释：

[一] 邵贤：《同治志》云："邵贤，宣德中以员外郎出守涪州。筑新城，广民居，修学校，殄巨寇。涪人德之，崇祀名宦祠。"蓝勇主编《稀见重庆地方文献汇点》（下）第 563 页："邵贤，《涪州志》：宣德中以员外郎出守涪州。作新城，广民居，修学校，殄巨寇。涪人德之。祀名宦。"

[二] 潮宗：《同治志》作"朝宗"。从中国古代命名用语看，当为"朝宗"。

[三] 关于五门之北门和东北门的名称及其位序，涪州地志记载有异。在《康熙志》中，北门为潮宗，东北门为永安；在《同治志》中，北门为永安，东北门为朝宗。

公　署

州治[一]，在城中。大堂五楹，额曰："絜矩堂"。后堂三楹，额曰："执虚如盈"。仪门三楹，牌楼一座，额曰："学道爱人"。鼓楼三楹。康熙二十二年（1683）知州萧星拱修建，左为吏目衙舍，三楹；土地祠，三楹。右为迎宾馆，三楹。

注释：

[一] 州治：《同治志》云："州署，国朝康熙七年（1668）州牧朱公麟正建，二十二年（1683）萧公星拱重修。正堂五楹，二堂五间，后堂五间。右为客堂，左为书室。左右翼书吏房九，正中为戒石坊。仪门三楹，鼓楼一。右监禁，左萧曹祠、灵官祠。头门三楹，照墙一，东西辕门。"蓝勇主编《稀见重庆地方文献汇点》（下）第 443 页记载："涪州知州署，康熙七年（1668）知州朱麟正建，二十二年（1683），知州萧星拱重修。"

常平仓，三间。知州萧星拱修建。
分守上下川东道署一所，在治西。今已倾圮。
演武厅，治西孩阜山。今毁。

养济院，今废。

邮　传

涪陵水驿^[一]，治西，立站应差。

注释：

［一］涪陵水驿：《同治志》云："涪陵驿，在州治东。滨江水驿也。"

东青驿^[一]，治东北六十里。今裁。

注释：

［一］东青驿：《同治志》有东青驿，又有青水驿。

蔺市驿^[一]，治西六十里。今裁。

注释：

［一］蔺市驿：《同治志》云："蔺市驿，州西六十里。开庆元年（1259）蒙古主蒙哥攻合州，命其将造浮桥于涪州之蔺市以杜援兵。今为蔺市水驿。"蓝勇主编《稀见重庆地方文献汇点》（下）第469页："蔺市，州西六十里。宋开庆元年元兵攻合州，其将耨㙢造浮桥于涪州蔺市，以杜援兵，即此。明置蔺市驿，今裁。"

祠　庙

社稷坛^[一]，治西五里。

注释：

［一］社稷坛：《同治志》云："社稷坛，在大东门外，小江西岸盐店嘴。"

风云雷雨山川坛^[一]，治东一里。

注释：

［一］风云雷雨山川坛：《同治志》云："风云雷雨坛，在东门外。"参见《涪陵地名

文化》第 92–93 页《山川坛》。

郡厉坛[一]，治西二里。

注释：

［一］郡厉坛:《同治志》云："邑厉坛，在西门外一里。"

城隍庙[一]，治西。

注释：

［一］城隍庙:《同治志》云："城隍庙，在北门内考棚左。咸丰二年（1852）重建。"

文昌宫[一]，治南。

注释：

［一］文昌宫:《同治志》云："文昌庙，在城内学坝。同治六年（1867）重建。"

四贤祠[一]，治南。

注释：

［一］四贤祠:《同治志》云："四贤祠，在西庑侧，所祀见《人物志》。"四贤即程颐、黄庭坚、尹焞、谯定。

关帝庙[一]，治西。

注释：

［一］关帝庙:《同治志》云："关帝庙，旧在西关外。明季邑人夏道硕有《西门关帝像灵应记》，载《艺文》。同治元年（1862）毁于贼，二年（1863）移建南城学坝，左有碑记。"

崇兴寺[一]，治西。

注释：

［一］崇兴寺：蓝勇主编《稀见重庆地方文献汇点》（下）第 469 页："崇兴寺，州西

关外。"

天庆宫，治东。

天子殿，治西十里。

土主庙，治北七十里。

萧公庙，治西李渡镇。

龙王庙，治西。

白衣庵[一]，治东。

注释：

[一]白衣庵：蓝勇主编《稀见重庆地方文献汇点》（下）第468页："白衣庵，州东二里。"

歇圣庙[一]，治北。即张桓侯庙。

注释：

[一]歇圣庙：《同治志》云："歇圣庙，今名桓侯宫。"

石龙寺，治北。

琴台寺[一]，治西三十里。

注释：

[一]琴台寺：《同治志》云："琴台寺，有古迹。"蓝勇主编《稀见重庆地方文献汇点》（下）第469页：琴台寺，"州西四十里，明何以让庐墓处。"

村　镇

明一十三里[一]：白石、黑石、通济、罗回[二]、李渡、石龙、韩市、长滩、在郭、罗云、芋池、谢石、蔺市。

注释：

[一]《涪陵辞典》第7—8页有"涪州十三里"词条。文云："涪州十三里，明代涪

州直属地区内分为 13 里:白石、黑石、通济、螺回、李渡、石龙、韩市、蔺市、谢石、长滩、在郭、罗云、芋池。"至清代初年,涪州人烟稀少,里甲缩编为 3 里:长滩里、罗云里、白石里。清康熙七年(1668),武隆县并入涪州,以其地设东、西 2 里,涪州合计五个里。至清末,涪州各里辖地的大致范围是:长滩里,简称长里,领 30 场,辖地除小部分在乌江以东和长江以北外,其余均在长江以南、乌江以西。白石里,简称白里,领 16 场,辖地包括原涪陵县李渡区、垫江县鹤游区及坪山区大部、长寿县云集区。罗云里,简称云里,领 12 场,辖地包括原涪陵县清溪、珍溪区及罗云乡,垫江县坪山区一小部分。东、西 2 里,领 41 场,辖地约今武隆县芙蓉江以西、鸭江以东和原涪陵县焦石、白涛区各一部分。参见《涪陵辞典》第 8 页"涪州五里"条。

〔二〕罗回:《同治志》为"螺回"。

国朝定鼎,编户三里:白石里、长滩里、罗云里。

塘　铺

凉水铺[一],治东二十里。

注释:

〔一〕凉水铺:《同治志》陆塘有凉水铺,铺司亦有凉水铺。蓝勇主编《稀见重庆地方文献汇点》(下)第 639 页之〔道光〕《重庆府志·塘铺》无载。

麻溪铺[一],治东四十里。

注释:

〔一〕麻溪铺:《同治志》陆塘、铺司均无麻溪铺。蓝勇主编《稀见重庆地方文献汇点》(下)第 639 页之〔道光〕《重庆府志·塘铺》无载。

灯盏铺[一],治南七十里。

注释:

〔一〕灯盏铺:《同治志》陆塘有灯盏铺,铺司亦有灯盏铺。蓝勇主编《稀见重庆地方文献汇点》（下）第 639 页云："灯盏铺，东一百三十里。"

南沱镇[一]，治东六十里。

注释：

[一]南沱镇：参见《涪陵地名文化》第 215–216 页《南沱》。

北背镇，治东六十里。

冷水关[一]，州南一百里。

注释：

[一]冷水关：《同治志》陆塘、铺司均无冷水关。蓝勇主编《稀见重庆地方文献汇点》（下）第 469 页云："冷水关，州南百三十里，接南川县界。"

谢石坝[一]，治西五十里。

注释：

[一]谢石坝：《同治志》陆塘有谢石坝。

武隆县　附

汉置涪陵地，唐并入涪州，宋复置，元隶夔州路，明改隶涪州，属重庆府。编户二里。国朝定鼎，编户四甲。康熙七年（1668），归并涪州，改为武林司，县署改为巡检衙舍。

塘　铺

木根铺[一]，县北二十里。

注释：

[一]木根铺：蓝勇主编《稀见重庆地方文献汇点》（下）第 639 页云："木根铺，东一百九十里。"

阆天铺[一]，县东十里。

注释：

[一]阆天铺：《同治志》陆塘有阆天铺，铺司亦有阆天铺。蓝勇主编《稀见重庆地方文献汇点》（下）第 639 页作闻天铺，云："闻天铺，东二百三十里。"

白果铺[一]，县东三十里。

注释：

[一]白果铺：《同治志》陆塘有白果铺，铺司亦有白果铺。蓝勇主编《稀见重庆地方文献汇点》（下）第 639 页云："白果铺，东二百七十里。"

火炉铺[一]，县东五十里。

注释：

[一]火炉铺：《同治志》陆塘有火炉铺，铺司亦有火炉铺。蓝勇主编《稀见重庆地方文献汇点》（下）第 639 页云："火炉铺，东三百一十里。"

形　胜

《书》载禹封山濬川，弼成五服，而九州之土以分。益州雄据江汉上游，为西南之阨隘，而涪枕两江，带五溪，其间绣壤相错，嵚崎险阻，类非弹丸之区比也。作《形胜志》。

东距封陵，西抵乐温，南连金佛，北接垫江，会川蜀之众汇，控瞿塘之上流。

东西广一百五十里，南北袤二百里。

疆界　附

东九十里至三华山，抵丰都县界。

南一百六十里至冷水关，抵南川县界。

东南八十里至牛皮菁分水岭，抵武林司界。

西南一百五十里至铁瓦寺，抵巴县界。

西六十里至黄草山，抵长寿县界。

北一百里至沙河徐家渡，抵垫江县界。

西达府治四百五十里，达四川省一千六百里，达京师八千一百五十里。

武隆县　附

康熙七年（1668）归并州治，设武林司。

东一百三十里至木棕河，抵彭水县界。

东北九十里至鱼鳞箐分水岭，抵丰都县界。

西北八十里至牛皮箐分水岭，抵涪州界。

南七十里至蒲溪镇，抵真安州界。

西南一百五十里至高坎，抵南川县界。

武隆距州南一百七十里。

山 川

　　山川光乎岳渎，诗书所载于以会阴阳，和风雨，奚止辨物知方已耶！涪陵为西南名郡，灵秀所钟，人文辈出，盖风气开先之说，信不诬也。作《山川志》。

　　北岩山[一]，州大江之北，宋程伊川夫子注《易》处。

　　注释：

　　[一]北岩山：蓝勇主编《稀见重庆地方文献汇点》（下）第469页记载："北岩山，大江之北，即伊川夫子注《易》处。宋陆游诗：'舣船涪州岸，携儿北岩游。摇楫横大江，褰裳蹑高楼。雨昏山半失，江涨地欲浮。老矣宁再来，为作竟日留。乌帽程丈人，闭户本好修。骇机一朝发，议罪至窜投。党禁久不解，胡尘暗神州。修怨以稔祸，哀哉谁始谋。小人无远略，所怀在私仇。后来其鉴兹，赋诗识岩幽。'"

　　白岩山[一]，州小江之南。昔王真人修炼于此。岩如壁立，上有二洞，人迹罕到。

　　注释：

　　[一]白岩山：《同治志》云："白岩山，涪陵江南。相传王真人修炼于此。白壁万寻，石洞窍山腰，人鸟迹绝。"蓝勇主编《稀见重庆地方文献汇点》（下）第468页记载："白岩山，小江之南。王真人修炼处。上有二洞，人迹罕到。"

　　合掌山[一]，治西北五十里。二山对，合如掌。下有毛家泉，一日三潮，祷雨辄应。

　　注释：

　　[一]合掌山：《同治志》云："合掌山，在城西北五十里。二山相对，合如掌。下有毛家泉，日三潮。"蓝勇主编《稀见重庆地方文献汇点》（下）第469页记载："合掌山，州西北五十里。二山相对合如掌。下有毛家泉，一日三潮，祷雨辄应。"

　　龟龙山[一]，治西十里。上有天子殿，土人名曰：赛丰都。

注释：

［一］龟龙山：蓝勇主编《稀见重庆地方文献汇点》（下）第 469 页记载："龟龙山，州西十里。上有东岳庙。"

铁柜山^{［一］}，治北五里。形如铁柜，昔诸葛武侯^{［二］}屯兵处。

注释：

［一］铁柜山：《同治志》云："铁柜山，治北五里。横亘江北，与州治相望，俯临长江，屹立如柜。相传诸葛武侯曾屯兵于此。旧城犹存，一名石瓮碛，一名吴君山。山下为北岩，即程伊川先生注《易》之所。"蓝勇主编《稀见重庆地方文献汇点》（下）第 469 页记载："铁柜山，州北四里。相传诸葛武侯屯兵于此。"又："铁柜山，州北五里。形如铁柜，与涪陵旧县相对。一名吴君山，绵亘江北。相传武侯屯兵于此。"

［二］诸葛武侯，即诸葛亮（181–234），字孔明，三国蜀汉琅琊郡阳都（今山东沂水）人。诸葛亮在涪陵的事迹，民间多有传闻。传说当年诸葛亮带兵入川，路过今涪陵百胜乡境内，与强敌遭遇，无法前行，战至黄昏，双方鸣鼓收兵。诸葛亮自知寡不敌众，遂略施小计，从当地牧民中借来羊群，令将士们在羊角上挂灯笼，"以人赶羊疾行，照亮山野，敌方见此阵容，自退几十里"。故至今涪陵百胜镇仍有"葛亮山"地名、"葛亮村"村名。诸葛亮智退敌军后，乘胜前进，一举攻下涪陵城。在后续部队抵达后，一部分分屯铁柜山（今涪陵北山坪），其余则屯驻李渡、镇安一带。南宋王象之《舆地记胜》记载，"吴君山，一名铁柜山，横亘江北，与涪陵城相望，雄压诸山，俯临大江，屹立如柜。相传武侯屯兵于此"。诸葛亮派大将屯兵铁柜山，修建城堡，以拒东吴。其后，"铁柜樵歌"演变成为"涪陵十大景观"之一。常璩《华阳国志》记载："延熙二年（239），马忠定越西，置赤甲军，常取涪陵之民，蜀丞相诸葛亮亦发劲卒三千人为连弩士"。在李渡、镇安屯驻的军队则招兵买马，扩充兵源，训练赤甲军，选炼精锐为连弩士。因训练之地在涪陵、长寿交界处的黄草山、赤甲山一带，故名赤甲军，亦称赤甲戍，清代涪陵学者傅炳墀《李渡》一诗仍有"赤甲山前占戍屯"之句。另外，涪陵李渡平垣村的"军田坝"、镇安临江村的"军田坝"等均因诸葛亮当年训练赤甲军而得名。参见《涪陵历史人物》第 4–5 页《诸葛亮与涪陵》、巴声等《历代名人与涪陵》第 24–26 页《一代名相诸葛亮屯兵涪州》。

五花山[一]，治西二十里。五山排列如花，故名。

注释：

[一]五花山：《同治志》云："五花山，城西二十里。五山排列如花。"蓝勇主编《稀见重庆地方文献汇点》（下）第469页记载："五花山，治西三十里。五山排列。"

鹰舞山[一]，治南五十里。每年三月，有群鹰数百翔舞其上，其年鹰多则岁丰，上有古刹碑记。

注释：

[一]鹰舞山：《同治志》云："鹰舞山，治南五十里。每春三月，有群鹰翔舞其上，土人以鹰多少卜岁丰歉。《重修山寺引》载《艺文》。"

游蓝山[一]，治东南七十里。昔蓝真人修炼于此，故名。

注释：

[一]游蓝山：蓝勇主编《稀见重庆地方文献汇点》（下）第468页记载："游蓝山，州东南七十里。《舆地纪胜》：在涪陵县高松乡，地名罗云，蓝真人修炼之处。"《涪陵辞典》第7页云："高松乡，唐代涪陵县以下政区名。[宋]王象之《舆地纪胜·涪州》：'高松乡有游兰山，遥见丰都，西见重庆，地名罗云，兰真人修炼之处。'罗云即今罗云乡，乡境有游兰山；兰（一作'蓝'）真人，唐代涪州三大道人之一。唐以500户为乡，713–741年（开元年间）涪州有26乡，806–820年（元和年间）有21乡。为目前涪陵区境仅知的一个唐代乡名。"

舌璧山[一]，治西五十里。

注释：

[一]舌璧山：《同治志》云："舌璧山，城西五十里。《记》载《艺文》。"

三华山，治东九十里。

凤凰山，治南七十里。上有龙泉，形如凤冠。

许雄山[一]，治南。

注释：

［一］许雄山：《同治志》云："许雄山，治南七里。誓虎碑在许雄山下，广汉县令神道。俗传为誓虎山，近碑仆，虎入城，县官设祭，复立，虎遂止。宋马提干诗：许雄山共峻，马援坝相连。"蓝勇主编《稀见重庆地方文献汇点》（下）第469页记载："许雄山，州南七里。"同治《重修涪州志》云："许雄山，州南七里，见马提干《涪州十韵》诗，载《艺文志》。"马提干《涪州十韵》云："许雄山共峻"即是咏赞"许雄山"。许雄山以"许雄"而名，现为涪陵城南大梁子山中一座山头的名字。许雄，西晋著名将领。据司马光《资治通鉴》记载，"西晋惠帝太安二年（303）三月，罗尚遣督护何冲、常深攻李流，涪陵民药绅亦起兵攻流""朝廷遣侍中刘沈假节统罗尚、许雄等军讨李流。""永兴元年（304），罗尚逃到江阳，遣使表状：诏尚权统巴东、巴郡、涪陵以供军赋。"参见《涪陵历史人物》第7–8页《西晋名将许雄》，巴声、黄秀陵《历代名人与涪陵·西晋将领许雄名留涪州》（中国文史出版社，2005年，第29–30页）。

孩阜山，治南。

黄草峡[一]，治西六十里。

注释：

［一］黄草峡：《同治志》云："黄草峡，城西九十里。杜工部有诗，见《艺文》。"参见《涪陵地名文化》第242–243页《黄草峡》。

分水岭，治南八十里。

岷江，发源岷山，经嘉、叙、泸，过巴县，合嘉陵江，至涪合黔江，至忠、万、夔、归出峡。

黔江，发源黔省之黔州，流经沿河司、酉阳司龚滩、彭水、武隆，至涪城东，与岷江合流。

铁江河，治北一百里，流出长寿界。

渔溪河，治西六十里。

飞水洞[一]，治西六里。

注释：

［一］飞水洞：《同治志》卷十五《艺文志》收录有李天鹏《飞水洞》诗。

白龙洞[一]，治南五十里。

注释：

［一］白龙洞：据《同治志》，有白龙桥在白龙洞岩口上。蓝勇主编《稀见重庆地方文献汇点》（下）第 471 页记载："白龙洞，州北五十里。三洞阔数十丈，水日三潮，旱祷立应。"

望州关[一]，治南七里。

注释：

［一］望州关：蓝勇主编《稀见重庆地方文献汇点》（下）第 469 页记载："望州关，州南十里。明曾英御献贼于此。"参见《涪陵地名文化》第 161-162 页《白鹤森林公园·望州关》。

白云关，治西南七十里。上有乌豆禅师[一]遗迹。

注释：

［一］乌豆禅师：《同治志》云："乌豆禅师，成化间住白云观。不火食数十年，惟日掘生乌豆食之。严冬常单衣，赤足，行雪中。山多虎患，师入山，寝其穴，虎避之。日有白云覆其上，积久不散。时刘秋佩喜其人，与之交。后坐化，体不毁，龛以石塔。碑尚存。"蓝勇主编《稀见重庆地方文献汇点》（下）第 886 页道光《重庆府志》卷之八《人物志·仙释明》云："乌豆禅师，《涪州志》：成化间住涪州白云观，数十余年不火食，惟荷锄掘生乌头啖之。天寒雪冻，赤足单衣栖于岩穴。山多虎，乡人患之。师往寝其穴，虎弭尾而去。炎暑烈日中有白云覆其顶，刘忠谏尝与之交。遗蜕不坏，迄今尚存石龛间。"

横石滩[一]，治西。后汉岑彭[二]破公孙述[三]将侯丹于黄石，即此。俗云：二石。

注释：

［一］横石滩：《同治志》云："横石滩，《方隅［舆］纪要》：在州西大江中，水名黄

石滩。《后汉记［纪］》：岑彭破侯丹于黄石。章怀太子贤曰：即黄石滩也。杜佑曰：今谓横石滩，亦谓之石梁。《水经注》：江水自涪陵东出百里而屈于黄石，今黄石在涪陵西。"蓝勇主编《稀见重庆地方文献汇点》（下）第 469 页记载："横石滩，在州西。俗名二石滩。《寰宇记》：在郡北。后汉建武十一年，岑彭破公孙述将侯丹于黄石。章怀太子曰：即横石滩。"参见《涪陵地名文化》第 62-63 页《横石滩·灌口》。

［二］岑彭（？ -35）：字君然，东汉南阳棘阳（河南新野）人。新莽时为本县长，继降绿林军，属刘缤。再归刘秀，任刺奸大将军，从其转战河北。刘秀即位后，任为廷尉，行大将军事，封舞阴侯。曾镇压荆州等地的农民军，屠戮民众极多。后率军进攻公孙述，进至成都附近，为公孙述所派刺客刺杀。

［三］公孙述（？ -36）：字子阳，东汉初扶风茂陵（陕西兴平）人。新莽时为导江卒正（蜀郡太守）。后起兵，据益州称帝，号成家。建武十二年（36）为汉军所破，被杀。

　　铜柱滩[一]，涪陵江。《寰宇记》云：马援[二]始欲铸铜柱于此。又云：昔人维舟，见底有铜柱。又名白鹤滩[三]。

注释：

［一］铜柱滩：《同治志》云："铜柱滩，治东。《寰宇记》：马援始欲铸铜柱于此。又云：昔人于此维舟，见水底有铜柱，故名。"蓝勇主编《稀见重庆地方文献汇点》（下）第 470 页记载："铜柱滩，《寰宇记》《周地图记》云：涪陵江中有铜柱滩，昔人于此维舟，见水底有铜柱，故名。滩最峻急，俗传马援始铸柱于此，误。"

［二］马援（前 14-49）：字文渊，扶风茂陵（今陕西兴平）人。东汉著名军事家。因功累官伏波将军，封新息侯。建武二十四年（48），武陵五溪蛮（即雄溪、樠溪、酉溪、沅溪、辰溪）反叛朝廷，东汉政府遂派武威将军刘尚前去征剿，因冒进深入，结果全军覆没。马援虽然年已 62 岁，毅然请命南征，光武帝刘秀遂派马援率领中郎将马武、耿舒、刘匡、孙永等人率 4 万人远征武陵。在征战中，马援屯兵涪陵马援坝，其地在今涪陵望州关一带。为纪念南征胜利，马援在长江、乌江交汇处的"锦绣州"立铜柱以为汉夷边界。对此，涪陵方志多有记载。清［乾隆］《涪州志·古迹》云："马援坝，州南五里，一坝平衍，昔马伏波入五溪住此，故名"。清［同治］《续修涪州志·古迹》说得

更为详细，"马援坝，治南五里。《后汉书》：马援讨五溪蛮，有两道可入；从壶头（山名）则路近而水险，从充（县名）则途夷而运远。不如进壶头扼其咽喉，弃贼自破。遂由涪（陵）进壶头，贼乘高守隘，水逆不得上。会暑盛，士卒多疫死，援亦中病，因穿两岸崖为室，以避炎气。"马援南征五溪，屯兵涪陵，进军壶头，历代诗家多有诗作。马提干《涪陵十韵》就称："许雄山共峻，马援坝相联。"参见《涪陵历史人物》第2-3页《东汉著名军事家马援与涪陵》、巴声等《历代名人与涪陵》第20-22页《东汉名将马援名留涪州》、《涪陵地名文化》第158-159页《马援坝》。

　　［三］白鹤滩：《同治志》云："白鹤梁，尔朱真人浮江而下，渔人有白石者，举网得之，击磬方醒。遂于梁前修炼，后乘白鹤仙去，故名。"蓝勇主编《稀见重庆地方文献汇点》（下）第469页记载："白鹤滩，州西一里。旧《通志》：尔朱真人浮江而下，渔人有白石者举网得之，击磬方醒，遂于涪西滩前修炼，后乘白鹤仙去，因以名滩。"

　　歇神滩[一]，治北。相传汉张桓侯[二]被刺，其首流注至此，歇一宿去，至今蝇蚋不生，后人塑像，庙祀之。

注释：

　　［一］歇神滩：《同治志》云："歇圣滩，城北关外。蜀汉张桓侯收川镇阆时，常往来于此。大观中于祠前掘地，得三印，佩钩、刁斗上刻侯名。仍沉之，以镇滩险。"蓝勇主编《稀见重庆地方文献汇点》（下）第470页记载："歇神滩，在州北。相传汉张桓侯被刺，其首流注至此，歇一宿去，至今蝇蚋不生，后人塑像，庙祀之。宋大观中，邑人于庙前得三印及珮钩、刁斗，上镌桓侯名。张士环诗：天下英雄只豫州，阿瞒不共载天仇。山河割据三分国，宇庙威名丈八矛。江山祠堂严剑佩，人间刁斗见银钩。空余诸葛秦川表，左袒何人复为刘。"参见《涪陵地名文化》第61-62页《张爷滩·桓侯滩·歇圣滩》。

　　［二］张桓侯：即张飞（？-221），字益德，一字翼德，涿郡涿县（今河北涿县）人。汉献帝建安十九年（214），刘备令诸葛亮、张飞、赵云率兵由荆州西上，进攻益州（今四川成都），一路争战，直达江州（今重庆）。其间关卡林立，张飞当年曾经鏖战巴郡阳关，并遗留下实物"桓侯刁斗铭"。南宋王象之《舆地记胜》记载，北宋大观元年（1107），当地农民在涪州神山（今涪陵黄草山）南麓大江边掘地发现刁斗、带钩、箭镞

等古物，刁斗上有隶书 10 字"汉骠骑将军张飞字益德"。因张飞曾被封为新桓侯，故称为"桓侯刁斗铭"。张飞善书法。明代卓尔昌《画髓元诠》载："张飞喜画美人，擅草书。""桓侯刁斗铭"即其书法遗物。明代的《丹铅总录》载："涪陵有张飞刁斗铭，其方案甚工，飞所书也。张士环诗云：'天下英雄只豫州，阿瞒不共戴天仇。山河割据三分国，宇庙威名丈八矛。江山祠堂严剑佩，人间刁斗见银钩。空余诸葛秦川表，左袒何人复为刘！'"该诗后为清［同治］《续修涪州志》所收录。另外，涪陵城还有"张爷滩"地名，位于乌江、长江交汇处的麻柳嘴。这里原是一大片石滩，传说张飞为替兄长关羽报仇而被害，其首级漂流至涪州停留数日，因之，该滩遂被称之为"张爷滩"，又名"歇圣滩"。明清于此建有"桓侯官"，又名"歇圣庙""张爷庙"，用以祭祀张飞。清［同治］《续修涪州志》云："歇圣滩，城北关外，蜀汉张桓侯收川镇阆时，常往来于此。大观（1107—1110）中于祠前掘地，得三印，佩钩、刁斗上刻侯名。仍沉之，以镇滩险"。参见《涪陵历史人物》第 5—6 页《张飞在涪陵》、巴声等《历代名人与涪陵》第 26—28 页《三国蜀将张飞首级漂歇涪州》、《涪陵地名文化》第 211—212 页《群猪滩》。

群猪滩[一]，治东北十里。常有江猪喷吼，故名。又云：水溅如珠，名琼珠。

注释：

［一］群猪滩：《同治志》云："群猪滩，《方舆纪要》：州东十里。水落见群石如猪。按：夏初江水半涨，雪浪潵湃，盘涡犬牙交错，非练习水性者不能棹，涨盛盘涡无数，险恶，极不可行矣。滩声若雷，深夜尤澈。设有救生船。"蓝勇主编《稀见重庆地方文献汇点》（下）第 470 页记载："群猪滩，州东北十里。水落群石如猪，水涨喷溅最险。"群猪滩，是川江涪陵段著名急流险滩之一，在涪陵城东 5000 米。南岸和尚滩凸近河心，与北岸郭家嘴石梁、群猪陡崖下乱石交相对峙，重庆水尺 9 米以下成滩，水乱急流。古时船工有谚云："群猪抖岩，高挂灵牌，有事才去，无事莫来。"江边怪石林立，错落参差，色黑如猪状，江水过此，汹涌有声，夜间声传数里，故名。宋马提干《涪州十韵》云："滩急群猪沸"即是对群猪滩的咏赞。"群猪夜吼"为古代"涪州八景"之一，前人咏赞极多。参见《涪陵辞典》第 29—30 页"群猪滩"。

百汧滩[一]，治东五十里。

注释:

[一] 百汧滩:《同治志》云:"白牵滩,治东五十里。江半涨益险。设有救生船。按:《方舆纪胜》:以舟行至此,牵挽维艰也。"蓝勇主编《稀见重庆地方文献汇点》(下)第 470 页记载:"石汧滩,州东五十里。一名百牵滩,中水最险。"百汧滩,又名百牵滩、百纤滩。在涪陵城东三堆子以下,花滩自南岸凸近河心,与北岸牛脑壳、纤台角及石牵等石盘交相对峙,阻水成滩,历来是川江著名急流险滩之一。牵,拉上水船的缆绳;百牵即百丈之牵。因此地岸阔,非很长的缆绳不可,古时以巨竹四破绞连而成。参见《涪陵辞典》第 30 页"百牵滩"。

罗云溪,治东九十里。

石鼓溪^[一],治西五里。

注释:

[一] 石鼓溪:据《同治志》,在石鼓溪有侍郎白勉墓、文林郎熊希衮墓、举人熊德芸墓。参见《涪陵地名文化》第 77–78 页《石鼓溪·青龙嘴》。

梨乡溪^[一],治西六十里。

注释:

[一] 梨乡溪:蓝勇主编《稀见重庆地方文献汇点》(下)第 469 页记载:"梨乡溪,州西六十里。北流入岷江。"《涪陵辞典》第 29 页云:《涪陵辞典》第 29 页云:"黎乡,汉代枳县以下政区名。[北魏]郦道元《水经注》:'江水又左迳明月峡,东至梨乡,历鸡鸣峡江之南岸,有枳县治。'清代《蜀水经》作者李调元认为,'梨乡'应为'黎乡'。汉代枳县六大姓中有黎姓,黎氏大姓曾居此,故名。今蔺市镇西有梨香溪。黎乡即今梨香溪流域一带地区。"

锦绣洲^[一],铜柱滩下,水落则见。

注释:

[一] 锦绣洲:《同治志》云:"锦绣洲,两江合流处。《一统志》:在铜柱滩下。《九域志》:名锦绣湖,谚名珠子坝,水落则见。土人能织锦属,因名。城中昔有锦绣阁。"蓝勇主编《稀见重庆地方文献汇点》(下)第 470 页记载:"锦绣洲,在铜柱滩下,水落则出。

《寰宇记》、《周地图记》: 铜柱之东有锦绣洲, 巴人盛以此洲人能织锦屬, 故名。"《涪陵辞典》第 29 页云:"锦绣洲, 位于涪陵城乌江口, 今名金盘碛, 枯水期长 500 米, 宽 180 米, 高出江面 5-6 米的卵石河漫滩。20 世纪 50 年代以前与长 600 米、宽 180 米的萝卜市碛相连。其后开凿灌口人工航道而分成两个部分。两个原来相连东碛坝, 古代称锦绣洲。[宋] 乐史《太平寰宇记·涪州》引北周《涪陵地图记》云:'铜柱滩东, 有锦绣洲, 巴人盛以此洲人能织锦屬, 故以名之。'"参见《涪陵地名文化》第 58-59 页《锦绣洲》。

龙王沱[一], 治下二里。又名鉴湖。

注释:

[一] 龙王沱:《同治志》云:"龙王沱, 城西门外。大江回旋盛涨, 江心盘涡三, 连缀而东, 大容数间屋。每岁夏秋, 官司示禁重载。设有救生船。"蓝勇主编《稀见重庆地方文献汇点》(下) 第 469 页记载:"龙王沱, 州西北一里。又名鉴湖。水涨三漩最险。"参见《涪陵地名文化》第 65-67 页《龙王沱·龙王嘴》。

瑞麟桥[一], 治西十里。

注释:

[一] 瑞麟桥:《同治志》云:"瑞麟桥, 西关外。"蓝勇主编《稀见重庆地方文献汇点》(下) 第 470 页记载:"瑞麟桥, 西关外。"参见《涪陵地名文化》第 108-109 页《瑞麟桥》。

永安桥[一], 治西三里。

注释:

[一] 永安桥:《同治志》云:"永安桥, 州西二里。"

会同桥[一], 治北十里。

注释:

[一] 会同桥:《同治志》云:"会同桥, 州西三里。"

通仙桥[一], 治西。昔有乘白鹤者过此。

注释:

[一]通仙桥:《同治志》云:"通仙桥,昔有乘鹤者过此,故名。"蓝勇主编《稀见重庆地方文献汇点》(下)第 470 页记载:"通仙桥,昔有乘鹤者过此,故名。"参见《涪陵地名文化》第 107–108 页《通仙桥》。

八景　附

荔圃春风,唐天宝中贵妃[一]取荔枝于此园,今已荒废无存。

注释:

[一]贵妃:即杨贵妃。参见巴声等《历代名人与涪陵》第 44–46 页《杨贵妃嗜鲜荔取自涪陵》。

桂楼秋月,学侧明伦堂后,有楼高百尺,今圮毁。

铁柜樵歌,高敞轩豁,樵歌之声达入城市。

鉴湖渔笛,治西龙王祠下,江清如鉴,渔舟群集,矶边弄篴之声清达。

群猪夜吼,治东北有积石横江,洪涛震耳。夏间,水势愈盛,声达城市,夜听益彻。

白鹤时鸣,治西有石梁横江,集鹤无数。昔仙子尔珠[一]者常乘鹤至此,声彻九皋。

注释:

[一]尔珠:即尔朱仙,复姓尔朱,名通微,自号归元子。巴渝大地一位非常有名的道教神仙。《神仙通鉴》云:"尔朱仙,名通微,道号归元子,乃魏尔朱荣族弟。见荣不轨,弃家隐去。"关于尔朱仙的时代属性问题,因尔朱仙系道教神仙,故对其记载颇异,主要有 3 种说法。第一种说他系北魏时人,见于郦道元《水经注》《神仙通鉴》等。第二种说他是唐代人,见于《南楚新闻》《重庆府志》等。第三种说他是五代时人,见于《五代史补》《续博物志》。尔朱仙作为道教神仙,行迹古怪,曾"日游三都,夜宿金鸡"、寓居南充、"寓居合州,天价售丹""寓居夔州,受知城隍""寓居涪州多留迹,乘鹤飞升得仙道"。郦道元《水经注》说:"白鹤滩,尔朱真人修炼于此,乘鹤仙去。"南宋祝穆《方舆胜览》记载:"州(即涪州,今重庆涪陵区)西一里,白鹤滩,尔朱真人冲举之处。《志》云:尔朱既浮江而下,渔人有白石者,举网得之,击磬方醒。遂于

涪西滩前修炼，后乘白鹤仙去，因以名滩。"清［同治］版《重修涪州志》"白鹤梁"条注云："尔朱真人浮江而下，渔人有白石者举网得之，击磬方醒，遂于梁前修炼，后乘白鹤仙去，故名"。民国版《涪陵县续修涪州志》亦注称："白鹤梁石鱼，在城西江心，《旧志》：尔朱真人浮江而下，渔人有石姓者击磬方醒，遂于梁前修炼，后乘鹤仙去，故名。"尔朱仙飞升白鹤梁，成为白鹤梁题刻和涪州诗歌咏赞的对象。清光绪壬午年（八年，1882）《蒋荐题记》言："彼尔朱之仙人，尚不可（考）（者）"。《同汉志》及《民国志》载马提干《涪州十韵》："岩标山谷字，观塑尔朱仙。"除白鹤梁外，尔朱仙在涪州还有不少遗迹。《蜀中名胜记》卷十九引《方舆胜览》载："尔朱真人种松，山在州东二里。种时，松影映石，石皆有松纹。至今呼松屏石。采者祷于先生，乃得佳，不烦人力，自然成文。"又"种松山"条云："种松山，州城东二里，《舆地纪胜》：州产松屏石出山间，相传尔朱先生种松于此，映山之石，皆有松纹。"据涪州志记载，尔朱仙还作有《还丹歌》。清同治版《重修涪州志》载尔朱先生《还丹歌》（《全唐诗话》有胡二郎者，常见一道士醉卧通衢，二郎怜之，辄取石支其首，道士醒，感之，因劝修道，且歌以讽之，二郎问为何人？曰：我尔朱先生也，二郎后亦得仙。）云：欲究丹砂诀，幽玄无处寻。不离铅与汞，无出水中金。金欲制时须得水，水遇土兮终不起。但知火候不参差，自得还丹微妙理。人世分明知有死，刚只留心恋朱紫。岂知光景几时闲，将为人生长似此。何不回心师至道，□逐年光空自老。卧樽只觉醉醺酣，对镜不知渐枯槁。二郎二郎听我语，仙乡咫尺无寒暑。与君说尽只如斯，莫恋骄奢不肯去。感君恩义言方苦，火急回心求出路。咏成数句赠君诗，不觉便成今与古。参见《涪陵历史人物》第11—12页《巴渝著名道教大仙尔朱仙》、巴声等《历代名人与涪陵》第26—28页《尔朱先生在涪州吟〈还丹歌〉》。

松屏列翠，治北岸山上，有苍松屏列。又云：北郭外有巨石如屏，上有天然松纹，如墨汁图绘，今却未见。

黔水澄清，治左岷江，右黔江。岷水色赤，黔水色碧，两水合处，赤碧不混，秋冬亦然。

武隆县 附

龙桥山[一]，县东五十里。形如龙，下有空洞。

注释：

[一] 龙桥山：《同治志》云："武隆山，《寰宇记》：唐武隆县以山名。《一统志》：谓之龙桥山，在武隆东五十里，山形如龙。下有洞，逶迤修迥。"

钻天山，县北三十五里。

七龛山[一]，县北二里。上有七穴。

注释：

[一] 七龛山：《同治志》云："七龛山，《舆地记胜》：在武隆司北十五里。《旧志》：石山壁间有七孔得名。"蓝勇主编《稀见重庆地方文献汇点》（下）第468页记载："七龛山，在州东。《舆地纪胜》：在武隆县北十五里。旧《通志》：山有七窍，故名。"

青云山，县东北五里。

石尖山，县北十一里。

笔架山[一]，县东二里。势排列如笔架，故名。

注释：

[一] 笔架山：蓝勇主编《稀见重庆地方文献汇点》（下）第469页记载："笔架山，在州东，武隆县南二里。山势排列如笔架。"

登春山[一]，县北七十里。

注释：

[一] 登春山：蓝勇主编《稀见重庆地方文献汇点》（下）第469页记载："登春山，在州东，武隆县西七十里。"

狮子岩[一]，县北二里。

注释：

[一]狮子岩：《同治志》云："狮子岩，形如踞狮。其下怪石窈窕，古木葱蒨。四时之气，变态百出。"

关滩[一]，县东五里。两山排立，中多巨石，飞湍激怒，声震如雷。

注释：

[一]关滩：《同治志》云："关滩，在县东五里，两山排列，中多巨石，江经其间，飞湍激怒，声震如雷。《旧志》：县前有蜀江门滩，即关滩矣。今有关滩公馆。"蓝勇主编《稀见重庆地方文献汇点》（下）第470页记载："关滩，《州志》：在武隆司东五里。两山排立，中多巨石，飞湍激怒，声震如雷。宋范成大诗：'黄沙翻浪攻排亭，浮淖百尺呀成坑。坳洼眩转久乃平，一涡熨帖千涡生。篙师绝叫驱川灵，鸣铙飞度如奔霆。水从峨来如浊泾，夜榜黔江聊濯缨。玻璃彻底镜面平，忽思短棹中流横，钓丝随风浮月明。'"

石床镇[一]，县西五里。

注释：

[一]石床镇：蓝勇主编《稀见重庆地方文献汇点》（下）第470页记载："石床滩，《州志》：在武隆司西五里。"

白马滩[一]，一在忠州西一十里。一在武隆西三十里，滩石形如白马，故名。

注释：

[一]白马滩：蓝勇主编《稀见重庆地方文献汇点》（下）第470页记载："白马滩，《州志》：在武隆司西三十里，滩石形如白马，故名。"

通济桥[一]，县东五十步许。

注释：

[一]通济桥：《同治志》云："通济桥，治南六十五里。"蓝勇主编《稀见重庆地方文献汇点》（下）第470页记载："通济桥，在武隆司。"

清溪桥[一]，县治五里。

注释：

[一] 清溪桥：《同治志》有清溪桥。蓝勇主编《稀见重庆地方文献汇点》（下）第470 页记载："清溪桥，在武隆司。"

古　迹

　　昔司马迁适鲁，观仲尼庙堂、车服、礼器，低徊不能去。适长沙，观屈平所自沉渊，未尝不垂涕，想见其为人。信乎故迹之感人，良有以也。涪陵，蜀之名州，其英辟硕辅，游宴览眺，山光水涛，杰阁雄台，青冢白杨，当不相远。叠遭兵燹毁残，虽荒烟蔓草中而仆碑断碣，尚辨其姓氏，则夫胜场犹在延寿[一]之赋灵光，今昔将无同耶。作《古迹志》。

注释：

　　[一]延寿，即王延寿（约140–约165），字文考，一字子山，南郡宜城（今湖北襄阳宜城）人，东汉辞赋家。文学家、楚辞学家王逸之子。曾周游鲁国，作《鲁灵光殿赋》，叙述汉代建筑及壁画等。后渡湘水溺死，年仅20余岁。

　　马援坝[一]，治南五里。一坝平衍，昔马伏波[二]入五溪住此，因名。

注释：

　　[一]马援坝：《同治志》云："马援坝，治南五里。《后汉书》：马援讨五溪蛮，有两道可入；从壶头则路近而水险，从充则途夷而运远。不如进壶头扼其咽喉，充贼自破。遂由涪进壶头，贼乘高守隘，水逆不得上。会暑盛，士卒多疫死，援亦中病。因穿两岸崖为室，以避炎气。"蓝勇主编《稀见重庆地方文献汇点》（下）第468–469页记载："马援坝，《州志》：州南五里。一坝平衍，昔马伏波入五溪住此，故名。又州西五十里有马武垭，亦云马武屯兵处。按：建武二十五年，马援讨五陵蛮，军次下隽，进营壶头，贼乘高守险，水疾船不得上。会暑，士卒多疫，援亦中病。穿崖为室，以避炎气。旋卒。考武陵蛮在今湖南辰、沅间，下隽，今辰州府沅陵县，壶头山在府东百三十里，连武陵桃源界。《水经注》：山高百里，广园三百连。山下水际有新息侯停车处，山径曲，多险。其中纤折千滩，到不经涪。马武虽从征五溪，亦无由屯兵，州西所谓援坝、武垭，或音同而傅会尔。"

　　[二]马伏波：即马援。见前注。

马武[一]（亚）[垭][二]，治西五十里。汉马武曾屯兵处。

注释：

[一] 马武（前15-61）：字子张，南阳（今河南南阳）湖阳人，是昆阳大战中浴血奋战的"十三太保"之一，位列东汉"云台二十八将"，被封为杨虚侯。东汉建武二十五年（39），马武受命率兵征讨武陵蛮，途经枳县（今重庆涪陵区），屯兵马武垭，涪陵地名"马武坝"因此得名，现为马武镇政府所在地。相传马武在枳地行军，路过今涪陵小溪，一匹战马掉落溪中，该溪因名"落马溪"，溪旁一个山洞，又被命名为"落马洞"。对此，清 [同治]《续修涪州志》记载："马武坝，在（涪州）治西南六十里，相传汉马武曾屯兵于此……（落马洞在）马武垭南，嵌岩直下数千尺，路缘岩唇，其下水声轰怒，闻数十里，行人奢慄"。早在南宋时代，"落马洞"就已演变成为"涪陵十大景观"之一，惜今已不存。马提干《涪陵十韵》云："滩急群猪沸，崖高落马悬。"这里，"落马"即指涪陵马武坝南的"落马洞"。参见《涪陵历史人物》第3页《东汉名将马武与涪陵》、巴声等《历代名人与涪陵》第23页《东汉大将马武枳地留名》。

[二] 亚：当为"垭"。按：马武垭，《同治志》云："马武垭，治西南六十里。相传汉马武曾屯兵于此。"

诸葛亮山[一]，治北四里。汉诸葛武侯屯兵于此。

注释：

[一] 诸葛亮山：《同治志》作"铁柜山"。《同治志》云："铁柜山，治北五里。横亘江北，与州治相望，俯临长江，屹立如柜。相传诸葛武侯曾屯兵于此。旧城犹存，一名石瓮碛，一名吴君山。山下为北岩，即程伊川先生注《易》之所。"参见《涪陵地名文化》第250-251页《葛亮山·军田坝·铁柜城》。

荔枝园[一]，治西三里。唐杨贵妃取荔枝于此。今毁，无。

注释：

[一] 荔枝园：《同治志》云："荔枝园，《方舆纪胜》：妃子园在涪州之西，去城十五里。唐时，以驿递驰载，七日七夜至京，人马毙于路者甚众。《方舆胜览》：蜀中荔枝，泸、叙之品为上，涪州次之，合州又次之。蔡君谟《荔谱》曰：贵妃嗜涪州荔枝，岁命

驿致，时之词人多所称咏。张九龄赋之以托意，白居易刺忠州，既形于诗，又图而序之。苏东坡诗云：天宝岁贡取之涪。当时南海与涪州并进也。咸丰十年（1860）州牧姚公兰坡倡捐建亭榭，树荔枝以存旧迹。"蓝勇主编《稀见重庆地方文献汇点》（下）第469页记载："荔枝园，州西十五里。昔杨妃嗜荔枝，当事以马递驰，载七日夜至京。"参见《涪陵地名文化》第78-80页《荔枝园》。

李渡^[一]，治西三十里。昔唐李青莲过此入夜郎，因名。

注释：

[一]李渡：蓝勇主编《稀见重庆地方文献汇点》（下）第469页记载："李渡，州西三十里。青莲流夜郎渡此，故名。"《同治志》云："李渡，治西三十里。相传李白曾过此，因名。"参见《涪陵地名文化》第232-235页《李渡》。关于李渡之得名，参见《李渡镇志》第18-19页第三章《建置沿革》第一节《李渡释名》。

点易洞^[一]，北岩石壁有洞，宋程伊川夫子注《易》于内。

注释：

[一]点易洞：《同治志》云："点易洞，北岩石壁有洞，宋程伊川注《易》于此。石彦恬题有'伊洛渊源'四字，刻洞壁。"蓝勇主编《稀见重庆地方文献汇点》（下）第471页记载："程子点易洞，在岩半。"参见《涪陵地名文化》第257-259页《北岩·点易洞》。

钩深堂^[一]，程伊川夫子谪涪时注《易》于此，即普净院。辟堂，黄山谷题其堂曰：钩深。宋嘉定间州守范仲武^[二]塑像祀之。前牧萧星拱重修，迄今多历年所，殿宇三楹，倾圮无存。州牧董维祺于康熙癸巳（五十二年，1713）菊月^[三]捐建，仍颜原额，敬置伊川夫子木主于其中，俾后人崇奉弗替焉。

注释：

[一]钩深堂：《同治志》云："钩深堂，程伊川谪涪，即旧普净院辟堂，黄山谷为题'钩深堂'三字。宋嘉定间州守范仲武塑像祀之。"蓝勇主编《稀见重庆地方文献汇点》（下）第469页记载："钩深堂，《方舆考》：堂在北岩，即普净寺。程颐谪涪时，辟堂注《易》。黄庭坚扁曰：钩深。《旧志》：在涪州北。嘉定丁丑，范仲武请为北岩书院。又有

洞曰点易洞，旧传伊川先生遗迹。"

[二]范仲武：即范冲，举人。南宋苏州吴县人。嘉定年间（1208-1217）任涪州知州。在任期间，重文教，培葺北岩名胜，塑伊川先生程颐像于钩深堂以供祭祀，并建致远、碧云二亭；嘉定十年（1217）将程颐讲学之地建为北岩书院。仲武精于理学，能文善书，书近怀素，纵横奇绝，苍劲入古。今存北岩"点易洞""北岩书院"等手书题刻。在点易洞内有其楷书对联题刻：伊洛溯渊源，正意诚心，一代宗师推北宋；涪江汇薮泽，承先启后，千秋俎豆焕西川。参见《涪陵辞典》第 640 页"范仲武"条、《历代名人与涪陵》第 91 页《南宋涪州知州范仲武在北岩的遗迹》。

[三]菊月：农历九月的别称。

致远亭[一]，宋嘉定间州守范仲武建亭于点易洞侧。

注释：

[一]致远亭：《同治志》云："致远亭，三畏斋右侧。宋嘉定间州守范仲武建。"蓝勇主编《稀见重庆地方文献汇点》（下）第 471 页记载："致远亭，宋范仲武建。"又 469 页云："致远亭，《旧志》：在州北点易洞侧，宋守范仲武建。"

碧云亭[一]，治东三里。宋州守范仲武建。每岁春，州守率僚佐、耆老劝农于此。

注释：

[一]碧云亭：《同治志》云："碧云亭，点易洞侧。宋州守范仲武建。每岁春，率僚佐、耆老劝农于此。"蓝勇主编《稀见重庆地方文献汇点》（下）第 471 页记载："碧云亭，宋范仲武建。"

洗墨桥[一]，治西五里，俗名黄舣沱[二]。昔宋黄山谷题咏于此，因名。

注释：

[一]洗墨桥：参见《涪陵地名文化》第 73-74 页《黄舣沱·洗墨溪·洗墨桥·红光桥》。

[二]黄舣沱：《同治志》云："黄舣沱，治西五里。黄山谷舣舟于此。"蓝勇主编《稀见重庆地方文献汇点》（下）第 469 页记载："黄舣沱，《州志》：在州西五里。宋黄山谷

尝舣舟于此，因名。"参见《涪陵地名文化》第 73-74 页《黄舣沱·洗墨溪·洗墨桥·红光桥》。

　　四贤祠[一]，文庙侧。守道丁公建，碑记尚存。四贤谓程颐、黄庭坚、谯定、尹焞[二]。后增晏亚夫为五贤。

注释：

　　[一]四贤祠：《同治志》云："晏亚夫，性恬淡，博学嗜古，不乐仕进，郡人称其贤。配享伊川、山谷、和靖，号四贤祠。"蓝勇主编《稀见重庆地方文献汇点》（下）第 469 页有四贤楼："在北岩西，四贤谓：程伊川、黄庭坚、尹焞、谯定也。"

　　[二]尹焞：（1072-1142），字彦明，洛阳人。北宋建中靖国元年（1101）始在洛师事程颐，是程颐晚年所得二士之一，直守护至程颐卒。靖康元年（1126）应荐至京师，不愿为官，遂赐号"和靖处士"。同年，金军攻陷洛阳，尹焞全家被害，他本人重伤复苏后辗转逃至蜀中。至阆州，得程颐所著《易传十卦》。绍兴四年（1134），止于涪州，寓居北岩，研习、传播"程学"。绍兴六年（1136），因范冲举荐，离开涪州，后官至礼部侍郎兼侍讲。尹焞一生力主抗金，终因秦桧排挤而辞官，晚年隐居平江。著有《论语解》《孟子解》《门人问答》《和靖集》。《宋史》有传。尹焞对涪陵历史文化影响很大，被尊为"涪州四贤"之一。其《和靖集》多有宋代涪州之记事；白鹤梁题名人冯忠恕《涪陵纪善录》即记程颐、尹焞等之语录与善迹；白鹤梁还有其婿刑纯的题名，见于南宋绍兴丙辰（1136）《宋艾等题记》。《涪陵辞典》第 602 页有传。参见《涪陵历代人物》第 25-26 页《终身不应举的程氏门人尹焞》、《历代名人与涪陵》第 76 页《尹焞在涪州传播"程学"》。

　　废乐温县，治西北一百一十里。唐初置，属南陵州，后属涪州。
　　赤甲戍[一]，汉末为赤甲兵所聚，事见《寰宇记》。

注释：

　　[一]赤甲戍：《同治志》云："赤甲戍，治西。《旧志》：汉末为赤甲兵所聚。"

　　江心石鱼[一]，州鉴湖[二]上流，有石梁，上刻双鱼，皆三十六鳞，一唧芝草，一唧莲花，旁一秤一斗，现则年丰。

注释：

［一］江心石鱼：蓝勇主编《稀见重庆地方文献汇点》（下）第 469 页记载："江心石鱼，《州志》：鉴湖上流，有石刻双鱼，皆三十六鳞，一衔芝草，一衔莲花，旁有石秤石斗，现则年丰。"

［二］鉴湖：参见《涪陵地名文化》第 69-71 页《白鹤梁·鉴湖》。

吴公堂[一]，宋太守吴光辅[二]疏城南溪，其孙信仲仍守是邦，临溪建堂。后晏亚夫居此，又名晏溪。

注释：

［一］吴公堂：《同治志》云："吴公堂，宋太守吴光辅疏城南溪水，后其孙信仲仍守涪陵，乃临溪建堂。明晏亚夫居此，遂名晏溪。"蓝勇主编《稀见重庆地方文献汇点》（下）第 470 页有晏溪桥："州东关外，宋太守吴光辅疏南城溪，后其孙信仲仍守是邦，遂临溪建堂，名吴公堂。迨晏亚夫居此，更名晏溪。"参见《涪陵地名文化》第 94-95 页《灌溪沟·大桥·小桥》。

［二］吴光辅：《同治志》云："吴光辅，涪南水泛，多淹民居。光辅疏之，民免其患，号吴公溪。崇祀名宦祠。"

贡　赋

古取民之法，因田作供，按丁给役，近总括为条编，厥制简易。顾立制便民，后乃征徭繁杂，实浚吾民以生也。涪当几经兵燹之余，土满人稀，民贫且惫矣。当事者念邦本而重甦其困，殆庶几乎。作《贡赋志》。

明原额税粮一万五千七百四十七石八斗六合八勺三抄。

原额人丁一万四百七十七丁。

夏　税

起运布政司广济库荒丝米，本库地亩绵花、麦、豆价银各项共征银八十两八分六厘四毫一丝五忽一微三尘，遇闰加荒丝米银二两九分一厘一毫四丝六忽。

秋　粮

起运工部料米，加增脚价，加增金价；松潘仓米，外加脚价；成都府广丰仓折色米，蕈席银；黔江广盈仓折色米。

拨运本府广济仓米；永昌库地亩绵花；贵州丰济库米折艮［银］，外加脚价；石阡府沅州四囤目兵米折艮［银］；成都府广丰仓本色米；黔江广盈仓本色米。

存留本州仓米、儒学仓米各项共征银九千七百五十三两八钱六分九厘六毫一忽八尘，遇闰加本州仓米、儒学仓米折银四十八两五钱三分九厘。

户　口

起运布政司。

存留本州二项，共征银二十九两九钱八分八厘，遇闰加银四两五钱三分。

驿　传

起运布政司。

拨运本府二项，共征银二千三十四两二钱八分八厘四毫六丝九忽，遇闰加银一十二两九钱四分一厘三毫。

丁粮额办。

均　徭

起运布政司甲丁二库料银；南京麂皮银、毂实银、黄蜡价银、白蜡价银；黔江千户所军需银；举人牌坊银；进士牌坊银；芽茶价银。

拨运本府库子二名、禁子一名、弓兵二名工食银，修理哨舡银，加增本府教官马草银，代编西阳司斋夫银。

存留本州表笺银；春秋祭祀银；乡饮酒礼银；岁贡盘费银；本州柴薪一十名、马夫四名、门子五名、弓兵皂隶二十二名、禁子八名工食银；应朝水手银；预备仓斗级仓房纸扎工食银；儒学斋夫、膳夫、门子、庙夫工食银；加增教官马匹银；分守道看司一名、川东督木二道看司二名、府馆看司一名、州门、葛树、河溪、李渡、火峰、石柱凉水等三十一名铺铺司兵四十六名，李渡、黄溪、小河口、北倍渡夫七名等项工食银；举人盘缠会试、水手二项银；科举生员盘缠银各项共征银一千八百三十一两八钱三分三厘八毫九丝七忽七微六尘，遇闰各项照例加征。

民　壮

拨运本府民兵二名。

存留本州操兵二百二十名、民兵一百六十三名、刷印裱褙匠二名、攒造军民黄册书手四名等项工食银共征银二千八百八两，遇闰照例加征。

夫　马

拨运分守道灯水夫三名工食银。

存留本州应役夫八十八名、灯笼夫九名等项工食银；应递轮船十只修船银；水夫十名工食银；应递马二十九匹，每匹鞍辔、雨具、人夫、草料银，各项共征银一千二百八十三两四钱，遇闰照例加征。

公　费

拨运本府灯、棹、衣、学舍等银。

存留本州公费各项共征银四百七十五两五钱。

杂办课程

盐课，原额征银一百七十一两六钱四分九厘四毫。

鱼课银，一两二分二厘五毫，遇闰加银八分四厘九毫四丝。

鱼油、鳂鳔加增，共银十四两三钱四分，遇闰加银二两一钱九分五厘；水脚银一两七钱二分八厘，闰银二钱七分一厘二毫四丝。

商税银，七两六钱五分八厘，遇闰加银六钱三分九厘。

李渡商税银，一百八两。后详豁免。

带征重庆卫屯粮，内除清查老弱、首退、冒军、扶种军田等项外，应存官员职田、舍人正余军田，共屯租粮四百二十七石四斗九升。

国朝《起课则例》：每粮一石征大粮银七钱四分九厘三毫二丝五忽四微五尘二织九沙一渺，征条银二钱四分四厘一毫四丝七忽九微九尘八沙四渺。

每粮一石五斗三合八抄三撮五圭九粒五粟四末。载丁一丁，每丁征银二钱四分四厘一毫四丝七忽九微九尘八沙四渺。

每上田一亩载粮六合二勺，征粮银四厘六毫四丝五忽八微一尘七织八沙一渺，征条银一厘五毛一丝三忽七微一尘七织五沙四渺。

人丁四毫一丝二忽，征丁银一厘五忽八微八尘九织七沙二渺。共征丁粮条银七厘一毫六丝五忽四微二尘五织七渺。

每中田一亩载粮五合三勺，征粮银三厘九毫七丝一忽四微二尘四织九沙。征条银一厘二毛九丝三忽九微八尘四织三沙五渺。

人丁三毫五丝二忽，征丁银八毫五丝九忽四微九沙二渺。共征丁粮条银六厘一毛二丝四忽八微一尘一沙七渺。

每下田一亩载粮四合四勺一抄，征粮银三厘三毫四忽五微二尘五织二沙，征条银一厘七丝六忽六微九尘二织六沙。

人丁二毫九丝三忽，征丁银七毫一丝五忽三微五尘三织六沙。共征丁（条粮）[粮条]银五厘九丝六忽五微七尘一织。

每中地一亩载粮二合一抄二撮三圭，征粮银一厘五毫七忽八微六尘七织六沙，征条银四毫九丝一忽二微九尘八织九沙。

人丁一毫三丝三忽，征丁银三毫二丝四忽七微一尘六织八沙。共征丁粮条银二厘三毫二丝三忽八微八尘三沙五忽。

每下地一亩载粮一合七勺二抄四撮七圭，征粮银一厘二毫九丝二忽三微六尘一织，征条银四毫二丝一忽八微二尘三沙九渺。

人丁一毫一丝四忽，征丁银二毫七丝八忽三微二尘八织七沙。共征丁粮条银一厘九毫九丝二忽五微一尘二沙九渺。

自康熙六年（1667）起至康熙二十五年（1686）止，知州朱麟祯任内共清出起科上中下田地共一百五十二顷六十九亩六分五厘，共载粮七十一石七升九合三抄四撮七圭九粒一粟。人丁四十七丁二分八厘八毫七丝八忽，共征丁粮条银八十二两一钱六分五毫九丝四忽八尘七织。

康熙二十五年（1686）起至康熙三十年（1691）止，知州萧星拱任内共劝垦上田一百二顷八十三亩五分，载粮六十三石七斗五升七合二勺；中田六十一顷十二亩五分，载粮三十一石八斗六升六合二勺五抄；下田三十二顷五十六亩，载粮十四石三斗五升八合九勺六抄；中地三十一顷二十七亩三分，载粮六石二斗九升三合六抄五撮七圭九粒；下地三十一顷六十五亩，载粮五石四斗五升八合六勺七抄五撮五圭；上中下田地共二百五十八顷四十四亩三分，载粮一百二十一石七斗三升四合六勺五抄一撮二圭九粒。

征粮银九十一两二钱一分八厘八毫七丝二忽七微一尘三织，征条银二十九两七钱二分一厘二毫七丝五微二尘八织；人丁八十丁九分八厘九毫九丝四忽，征丁银十九两七钱七分三厘五毫三丝一忽一微二尘九织。共征丁粮条银一百四十两七钱一分三厘六毫七丝四忽三微七尘。

　　康熙三十年（1691）起至康熙三十九年（1700）止，知州孟时芬任内共劝垦上田二百九十九顷七十五亩二分一毫，载粮一百八十五石八斗四升六合四勺三抄二撮二圭；中田五百一十六顷二十四亩九厘八毫，载粮二百七十三石六斗七合七勺一抄四撮四圭；下田九百六十六顷八十五亩一分三厘一毫，载粮四百二十七石三斗六升三合四勺二抄七撮七圭一粒；中地二百二十顷四分九厘五毫，载粮四十四石二斗七升一合五勺九抄六撮八圭八粒；下地四十六顷五亩三分五厘八毫，载粮七十六石九斗三升八勺六抄九圭四粒二粟；上中下田地共二千三百五十顷九十亩三分一厘三毫，载粮一千七石九斗二升三抄六撮三圭四粒。征粮银七百五十五两二钱六分一毫三丝七忽七微二尘七织，征条银二百四十六两八分一厘六毫五丝一忽九微九尘九织；人丁六百七十丁四分九厘七毫八丝七忽，征丁银一百六十三两七钱一分七厘八毫七丝一忽四微二尘。共征丁粮条银一千一百六十五两五分九厘六毫六丝九微五尘二织。

　　康熙四十一年（1702）起至康熙四十三年（1704）止，知州徐焴任内共劝垦上中下田地共五十一顷一十四亩六分七厘，载粮二十二石三斗六合七勺四抄八撮七圭五粒三粟，征粮银一十六两七钱一分五厘一毫九丝八微四尘四织，征条银五两四钱四分六厘一毫四丝七忽八微九尘；人丁一十四丁八分四厘五毫六丝五忽，征丁银三两六钱二分四厘五毫三丝四忽六微二尘，共征丁粮条银二十五两七钱八分六厘六毫一忽五微五尘八织。

　　康熙四十三年（1704）起至康熙五十三年（1714）止，知州董维祺任内共劝垦上田一百四十顷七亩六分，载粮九十一石三斗五升七合一勺二抄；中田二百二十一顷二十一亩，载粮一百二十六石七斗八升一合三勺；下田三百一十二顷五十八亩五分，载粮一百四十七石三斗四升三合九勺五抄五撮；上地一顷九十四亩，载粮四斗四升六合二勺；中地八十九顷四十一亩，载粮十七石九斗九升一合九勺七抄四撮三圭；下地九十一顷一十亩，载粮十五石七斗一升二合五抄七撮；上中下田地共八百五十六顷三十二亩一分，载粮四百四石一斗三升九合二勺九抄六撮三圭。征粮银三百二两八钱三分七厘三毫五丝九忽七微八织，征条银九十八两六钱六分八厘三毫三丝二忽五微六织；人丁二百六十六丁三分二厘七毫九丝五忽五微，征丁银六十五两六钱四分四厘八毫七丝九忽二微四尘二织，共征丁粮条银四百六十六两九钱五分五毫七丝一忽四微五尘六织。

新旧劝垦共上中下田地二千六百六十九顷九十亩九分八厘八毫，共载粮一千六百二十七石一斗七升三合七勺六抄八撮，人丁一千八十三丁二分三厘一毫二丝六忽四微。以上共实征丁粮条银一千八百八十两六钱七分一厘三毫二忽四微一尘三织。外学租中下田地共六亩五分四厘八毫，征纳租谷三石六斗七升六合二勺，征租银一钱一分二厘一毫。

课　税

征鱼课银一钱二厘二毫五丝。

征鱼油、鳎鳔银八钱一分三厘九毫五丝。

康熙五十一年（1712）奉文颁发契尾，按年征收田房税银，尽征尽解。

常平仓四座，一案为重农积粟等事，自康熙二十一年（1682）起至三十四年（1695）止，劝官绅士民共捐仓斗谷六百九十八石三斗一升五合。一案为钦奉上谕事，自康熙三十一年（1692）起至三十四年（1695）止，各官绅士民共捐仓斗谷三十八石三斗。一案为积贮天下本计等事，行令各省官加级俊秀捐纳，监生每名纳谷四百石，共捐监生八名。自康熙二十九年（1690）起至三十四年（1695）止，共捐仓斗谷三千四百四十石。以上三案内共捐贮仓斗谷四千一百七十六石六斗一升五合。

武隆县归并州治

明原额税粮八百一十六石六斗三升三合八勺六抄八撮四圭。原额人丁八百三十一丁。

秋　粮

起运工部料米、荒丝价银、物料米脚价。

拨运本府永昌库地亩绵花。

存留本县仓米、儒学仓米各项共征银四百九十六两二分三厘二毫四丝六忽三微八尘，遇闰加儒学仓米银一十八两二分五厘。

户　口

起运布政司。

存留本县二项共征银八两三钱，遇闰加起运银六钱六分九厘一毫六丝七忽。

驿　传

拨运本府协济东溪、安稳二驿夫马银四两二分七厘二毫，遇闰加银三钱八分二厘八毫。

丁粮额办。

均　徭

起运布政司毂实银、黄蜡价银、白蜡价银、芽茶价银。

存留本县春秋祭祀、乡饮酒礼、岁贡盘缠、本县柴薪、应朝水手、本县门子三名、皂隶一十四名、库子一名、禁子四名等项工食银；预备仓斗级仓吏纸扎工食银；儒学门子、庙夫、斋夫工食银；教官马匹银；分司看司一名、县门旋风、龙桥、虎落、沙台、界头、停惠、牛蹄等铺司兵一十七名工食银。各项共征银四百五十六两五钱四厘八毫。

民　壮

存留本县民壮五十名、刷印裱褙匠二名，共征银三百六十七两二钱。

夫　马

存留本县应役夫三十名、灯笼夫三名、红船水手四名等项工食银、修船银；应递马八匹，每匹鞍辔、雨具、人夫、草料银各项。共征银三百一两七钱八分。

公　费

拨运分守道油烛等银、本府表笺等银、巴县帮贴募夫银。

存留本县公费各项共征银一百二十两五钱七分。

杂办课程

盐课银，四十三两八钱于均徭银内征解。

商税银，八钱一分五厘，遇闰加银六分三厘九毫二丝。

芽茶银，四十三两四钱七分。

国朝《起科则例》：每粮一石征大粮银六钱二分二厘一毫六丝四忽二微九尘三织五沙，征条银七钱六分六厘五毫八丝七忽五尘八织一沙。

每粮九斗八升二合七勺一抄二撮二圭三粒六粟三末。载丁一丁，每丁征银七钱六分六厘五毫八丝七忽五尘八织一沙。

每上田一亩载粮七合四勺六抄，征粮银四厘六毫四丝一忽三微四尘五织，征条银五厘七毫一丝八忽七微三尘九织。人丁七毫五丝九忽，征丁银五厘八毫一丝九忽一微六尘二织，共征丁粮条银一分六厘一毫七丝九忽二微四尘六织。

每中田一亩载粮六合五勺二抄八撮二圭，征粮银四厘六丝一忽六微一尘三织。征条银五厘四忽四微三尘三织。人丁六毫六丝四忽，征丁银五厘九丝一微四尘八织。共征丁粮条银一分四厘一毫五丝六忽一微九尘四织。

每下田一亩载粮五合五勺九抄六撮一圭，征粮银三厘四毫八丝一忽六微九尘三织，征条银四厘二毫八丝九忽九微六尘四织。人丁五毫六丝九忽，征丁银四厘三毫六丝一忽八微八尘。共征丁粮条银一分二厘一毫三丝三忽五微三尘七织。

每上地一亩载粮二合三勺，征粮银一厘四毫三丝九微七尘八织，征条银一厘七毫六丝三忽一微五尘。人丁二毫三丝四忽，征丁银一厘七毫九丝三忽八微一尘四织。共征丁粮条银四厘九毫八丝七忽九微四尘二织。

每中地一亩载粮二合一抄二撮三圭，征粮银一厘二毫五丝一忽九微八尘一织，征条银一厘五毫四丝二忽六尘三织。人丁二毫五忽，征丁银一厘五毫七丝一忽五微三织。共征丁粮条银四厘三毫六丝六忽八尘七织。

每下地一亩载粮一合七勺二抄四撮七圭，征粮银一厘七丝三忽四尘七织，征条银一厘三毫二丝二忽一微三尘二织。

人丁一毫七丝五忽，征丁银一厘三毫四丝一忽五微二尘七织。共征丁粮条银三厘七毫三丝六忽七微六织。

自康熙六年（1667）起至二十五年（1686）止，知州朱麟祯清出起科上中下田地共四顷九亩四分九厘，载粮二石三合八勺一抄九撮三圭四粒九粟。人丁二丁三厘九毫九忽，共征丁粮条银四两三钱四分五厘九毫七丝四忽六微八织。

康熙二十五年（1686）起至三十年（1691）止，知州萧星拱共劝垦上中下田地共四顷八十七亩五分，载粮二石五斗七合四勺六抄八撮九圭八粒。人丁二丁五分五厘一毫五丝八忽，共征丁粮条银五两四钱三分八厘二毫五丝九忽一微三尘九织。

康熙三十年（1691）起至三十九年（1700）止，知州孟时芬共劝垦上中下田地共八十四顷八十四亩九分八厘，载粮四十三石八斗九升一抄九撮一圭三粒九粟。人丁四十四丁四分九厘三毫四丝六忽，共征丁粮条银九十五两二钱三分七厘八忽一尘二织。

康熙四十一年（1702）起至四十三年（1704）止，知州徐烺共劝垦上中下田地共八顷七十七亩，载粮三石五斗七升二合三勺七抄一撮三圭七粒。征粮银二两二钱二分二厘六毫一忽九微九织，征条银二两七钱三分八厘五毫三丝三忽六微五尘九织；人丁三丁六分三厘五毫二丝四忽，征丁银二两七钱八分六厘七毫二丝四忽七微三尘一织。共征丁粮条银七两七钱四分七厘八毫四丝五微一尘一织。

康熙四十三年（1704）起至五十三年（1714）止，知州董维祺共劝垦上田二顷四十九亩，载粮一石八斗五升七合五勺四抄；中田五顷三亩，载粮四石一斗八升四合六勺八抄三撮六圭；下田七顷六十四亩，载粮四石二斗八升四合四勺二抄四圭；上地二十九亩，载粮六升六合七勺；中地八十一亩，载粮七升四勺三抄六圭；下地一顷二亩，载粮一斗七升五合九勺一抄九撮四圭；上中下田地共十八顷十八亩，载粮九石八斗二升二合二勺六抄七圭。征粮银六两一钱一分一厘五丝九忽八微八尘九织，征条银七两五钱二分九厘六毫一丝五忽九微三尘二织；人丁七丁九分九厘五毫四忽，征丁银七两六钱六分二厘六丝八忽二微三织。共征丁粮条银二十一两三钱二厘七毫四丝四忽二尘四织。

新旧劝垦共上中下田地一百二十顷七十七亩四分二厘，载粮六十一石七斗九升六合三抄五撮二圭，人丁六十丁七分一厘四毫三丝七忽。以上共实征丁粮条银一百三十四两七分一厘八毫二丝六忽三微九织。

风　俗

　　先进非野纯俭可从，顾土风谣俗为辎轩所必采者，务期一道同风之盛也。涪之先如刘氏之忠烈，文氏之孝友，皆出其地，是亦礼义之区也。自兵燹之余，俗不近古，或亦教化有未及耶。转移倡导之功，诚良牧之责也。作《风俗志》。

　　俗有夏、巴、蛮、彝［夷］，山峻水险，健讼好巫。其间忠朴聪颖之士固多，而机变猥巧者亦不少。大抵良楛并育，亦造化自然之理也。

　　涪地多山石林木，谚云"七分石头三分土"是也。土薄而瘠，故居民皆贫。三冬止服单衣，不衣绵者甚众。昔人有诗云："地煖［暖］冬无雪，人贫岁不绵"，是其验也。

　　涪俗旧多节孝之妇，凡有石坊所在，俱是旌表节孝者，城市乡村皆有之。即今民间守节者亦不少，此涪俗之美也。

　　婚姻纳采、问名俱如常礼。但礼仪中必用香烛盒酒为重典，谓其为祀先具也。

　　丧礼惟称家有无，贫者丧不久停，或二三日内即葬，谓之乘吉。柩在家时，必延请邻亲相守，款以酒食，谓之坐夜。葬后设灵，必延僧作斋事，近则谓之荐七，远则谓之超荐。人在生时，亦喜作醮事，谓之填还寄库。绅士家初葬，亦行家礼。及至百日期年亦延请僧道诵经，盖由地近峨眉，又邻西域，故信佛教者众也。

　　涪俗，凡人疾病不专于延医，必延道侣，设供神像，鸣金鼓，吹角，诵经，禳解于焚符火焰中以卜其吉凶。病愈则延巫师演阳戏以酬之。

　　俗多供坛神，名元坛罗公之神。用纸书其位，贴于堂之西北隅，离地尺许。前设石墩一座，其名曰坛。岁暮则割牲，延巫师吹锡角，鸣锣鼓，赛之。用五色纸条缚于竹竿上，约二三尺长，插于墩侧，名曰坛枪。巫师持斧，自破其首，以血洒滴纸上，贴于坛侧，名曰染红衫，以卜一岁之吉凶。是日，必延请亲友邻里相聚而观，餍之以酒肉，巫师作歌舞态，复以通草花散递在观之妇女，名曰散花盘。抚军姚公闻之刻榜严禁，终不能屏除。考《炎徼纪闻》曰：罗罗本卢鹿而讹为罗罗，有二种，居水西十二营，宁谷、马场、曹溪者为黑罗罗，曰乌蛮。居慕役者为白罗罗，曰白蛮。罗俗尚鬼，故曰罗鬼。迄今市井及田舍相延祀之不衰。

　　涪人凡生涯求财，必用牲醴、香帛祷祝。酉溪招财四路之神，设位于中堂之左。

盖因自爨后土著无几，大半皆小江之民。所谓西溪乃五溪之一，即今酉阳司也。

涪俗凡有不平辄赴神庙，屠鸡狗以白其心，名曰砍鸡狗。

涪俗用筒酒，名曰咂酒。稻、粟、粱、黍皆可酿，成熟时以滚汤灌坛中，用细竹筒通节入坛内，咂饮之，咂去一杯以一杯热汤添之。坛口是水，酒不上浮，至味淡乃止。考《蜀志》：郫县有一井，井边有竹。截竹为筒，以汲井水，即变为酒。杜子美有诗曰："酒忆郫筒不用沽"，今之咂酒盖仿郫筒遗意焉。

时　序 附

正月元日，绅士民厥明兴列香烛拜祷于天地君亲师，令司户、田祖、井灶之神，洒扫祠宇，设牲醴，陈果品，以祀其祖考。男女以次拜于尊长，次出拜其宗族，亲朋拜贺，主人欸宾。先设果酒，继用鸡豚杂品，会于碗内。每宾一器，着酒于中而食之，谓之酼酥。后置酒食，迭相邀饮，曰春酒。

立春前一日，具彩亭，和水土为春牛，迎之东郊，曰迎春。

立春日，州守祀于勾芒之神，礼毕以一人善口辨者奔走陈说吉庆，语曰：说春。以彩鞭鞭牛，碎乃已，曰打春。将牛首留之库内，以贮丰余。

上元日食粉团，户张彩灯，鸣金鼓，以童子扮饰演习歌舞，曰闹元宵。

是月，村民治农器。

二月上丁日，州守斋宿供事于文庙，并祭文昌宫、四贤祠。次日，祀山川、社稷、关帝庙、城隍、土地神祇，绅士俟州守祀礼毕，即从宗子以祀其祖考。

惊蛰后农人以水浸稻三日，沥水覆草，又三日孚折成芽，撒之田中，曰下秧。

三月清明日，州守祭厉坛。士民以香烛、牲醴拜扫坟茔，男妇亲邻偕往，饮食于墓侧，至暮乃还，曰拜坟。

四月，秧长五六寸，乡人通工栽插，集众数十人，择二人为众信服者，分司钲鼓，鸣鼓击钲以督众，曰打闹。

是月，插秧毕，犁山土，种菽、粟、麻、蜀。

五月五日，插菖蒲、艾药，以朱砂符帖于中堂，食角黍，饮雄黄酒，观竞渡。

是月，刈麦。

六月，农人耨秧，去稗，锄草，以养佳禾。

是月二十四日，涪人祭川主之神，其神名李冰，乃昔时蜀郡太守也，兴水利以惠民，逝而为神，蜀人建祠祀之迄今，村落中皆有石庙。二十四日，乃诞辰也，故祭之。每遇旱年，祷雨立应。

七月七日，孩稚以凤仙花染指，少女结伴对月穿针，曰乞巧。

中元日，祀先，荐亡。寺观建盂兰会，州守祭厉坛，与清明同。

是月，谷始熟，家选吉辰以荐新。田祖及祖考曰新。

八月上丁，祭祀如二月礼。

是月，获稻。

中秋夜，士民设香烛，供月饼，鸣金鼓以达旦，曰赏中秋。

九月九日，士民佩茱萸，食米糕，饮菊酒，登高。

是月，获晚稻，刈菽、粟、麻、蜀。

十月朔日，州守祭厉坛，士民以香祀其祖考。

是月，刈获告成。登场廪，或露积陇上。农事毕，放牛于山野。

是月种麦。

十一月，剪茅覆屋。

十二月八日，杂果蔬、辛物入米同煮糜，曰腊八粥。

二十四日，祀灶，用糖、饼、果、食。

除夕，插松柏枝以辟邪，夜围炉坐，谓之守岁。

除夕前，家治果饼，相送遗，曰馈岁。

除夕日，换桃符，放爆竹以被除不祥。列户挂五色彩钱，插楮钱于先人之墓，设牲醴以祀祖考。治椒酒，家宴。少者□□□□拜尊长，曰辞岁。仍治椒酒，贮瓶中，挂于井内，俟元旦拜年毕，即出门，往井内提回家中，从卑幼先饮起，以至尊长，取不空回、源源之意云。

物　产 _附

谷类

稻、秫、黄豆、绿豆、脂麻。

果类

桃、李、梅、黄柑、栗、梨、枇杷、橘。

木类

松、柏、槐、柳、黄葛、慈竹、苦竹、水竹。

花卉类

芍药、兰、海棠、芙蓉、桂、紫薇、梅、葵、桃、李、梨、月季、栀子、美人蕉、仙人掌。

蔬类

黄瓜、扁豆、韭、葱、茼蒿、马齿苋、萝葡、笋、木耳、茄、芹、南瓜、系瓜。

药物类

益母草、夏梏草、金银花、紫苏、车前子、艾、薄荷、金樱子、苦练子、香附子。

畜类

牛、马、驴、羊、豕、犬、鸡、鸭、鹅。

禽类

雉、鹊、鸽、鸠、慈鸟、杜鹃、白鹇、鹧鸪、鹭、鸤鹊。

兽类

虎、豹、麂、鹿、獐、九节狸[一]。

注释：

［一］蓝勇主编《稀见重庆地方文献汇点》（下）［道光］《重庆府志》卷之三《食货志》第 520 页《物产》云："九节狸，长寿、涪州出。"

水族类

鲤鱼、青鱼、鳊鱼、白甲鱼、鳝。

［特产］

［麸金］[一]

注释：

［一］蓝勇主编《稀见重庆地方文献汇点》（下）［道光］《重庆府志》卷之三《食货志》第 519 页《物产》云："麸金，《元和志》：涪州贡麸金。"

［铁］[一]

注释：

［一］蓝勇主编《稀见重庆地方文献汇点》（下）［道光］《重庆府志》卷之三《食货志》第 519 页《物产》云："铁，《寰宇记》：涪州出金文铁。"

［丹砂］[一]

注释：

［一］蓝勇主编《稀见重庆地方文献汇点》（下）［道光］《重庆府志》卷之三《食货志》第 519 页《物产》云："丹砂，《后汉书·郡国志》：涪陵出丹。《华阳国志》：涪陵丹舆（笔者注："舆"当为"兴"字）县出丹砂。"《华阳国志校注》（巴蜀书社 1984 年版，下同）第 25 页卷一《巴志》注云：丹主要产于涪陵郡。

［松屏］^{［一］}

注释：

［一］蓝勇主编《稀见重庆地方文献汇点》（下）［道光］《重庆府志》卷之三《食货志》第519页《物产》云："松屏，出涪州山石间，不加人力，天然成文。"

［文铁刀］^{［一］}

注释：

［一］蓝勇主编《稀见重庆地方文献汇点》（下）［道光］《重庆府志》卷之三《食货志》第519页《物产》云："文铁刀，《元和志》：涪州贡。《新唐志》：忠州、涪州贡文刀。"

［绸绢］^{［一］}

注释：

［一］蓝勇主编《稀见重庆地方文献汇点》（下）［道光］《重庆府志》卷之三《食货志》第519页《物产》云："绸绢，《九域志》：南平军、涪州贡绢。"

［布］^{［一］}

注释：

［一］蓝勇主编《稀见重庆地方文献汇点》（下）［道光］《重庆府志》卷之三《食货志》第519页《物产》云："布，《元和志》：涪州贡布。《新唐志》：涪州贡獠布。《寰宇记》：涪州贡连头獠布。"

［酋耳］^{［一］}

注释：

［一］蓝勇主编《稀见重庆地方文献汇点》（下）［道光］《重庆府志》卷之三《食货志》第520页《物产》云："酋耳，张鹭《耳目记》：周永昌中，涪州多虎暴，有一虎似虎而绝大，噬杀之，奏检《瑞应图》，乃酋耳也，不食生物，有虎则杀之。"

［大龟］^{［一］}

注释：

［一］蓝勇主编《稀见重庆地方文献汇点》（下）［道光］《重庆府志》卷之三《食货志》第520页《物产》云："大龟，谯周《巴蜀异物志》：涪陵多大龟，其甲可以卜，其缘中又似玳瑁，俗名曰：灵叉。《华阳国志》：涪陵山有大龟，其甲可卜，其缘可钗世，号'灵钗'。"

［岩鲤］[一]

注释：

［一］蓝勇主编《稀见重庆地方文献汇点》（下）［道光］《重庆府志》卷之三《食货志》第520页《物产》云："岩鲤，巴县、涪州俱出。"

［茶］[一]

注释：

［一］蓝勇主编《稀见重庆地方文献汇点》（下）［道光］《重庆府志》卷之三《食货志》第520页《物产》云："茶，《锦里新闻》：涪州出三般，茶宾花（笔者注："花"，当为"化"字）最上，制于早春；其次白马；最下涪陵。"《华阳国志校注》第25页卷一《巴志》注云：茶主要产于涪陵郡。

［荔枝］[一]

注释：

［一］蓝勇主编《稀见重庆地方文献汇点》（下）［道光］《重庆府志》卷之三《食货志》第521页《物产》云："荔枝，《寰宇记》：乐温县产荔枝，其味犹胜诸岭。涪州城西五十里，唐时有妃子园，中有荔枝百余株，颗肥，为杨妃所喜，当时以马驰载，七日夜至京，人马多毙。然荔枝叙、泸之品为上，涪州次之，合州又次之。"《华阳国志》第26页卷一《巴志》云："荔支，产于江州（今重庆）、垫江（今合川）、枳县（今涪陵）等地，质量较泸州、宜宾所产者稍次。"

［相思竹］[一]

注释:

[一]《同治志》云:"相思岩、相思竹,杨升菴［庵]《谭苑醍醐》:《扶竹解》,武林山西尚有双竹,院中所产修篁嫩葆,皆对抽并胤。王子敬《竹谱》所谓扶竹譬犹海上之桑,两两相比,谓之扶桑。竹之笋,名曰合欢。按:《律书注》:伶伦,嶰谷之竹。阳律亦取雄竹吹之,阴吕亦取雌竹吹之。蜀涪州有相思岩,昔有童子、仙女,相悦交赠。今竹有桃钗之形,亦有柔丽之异。岩名相思岩,竹名相思竹。孟郊诗云:竹婵娟,笼晓烟。指此竹也。"蓝勇主编《稀见重庆地方文献汇点》(下)道光《重庆府志》卷之三《食货志》第 521 页《物产》云:"相思竹,巴县缙云山出,形如桃钗。《长寿县志》:黄草峡出。"按:《涪州志》多次提到相思竹,当为涪州特产。

[土降香]^[一]

注释:

[一]蓝勇主编《稀见重庆地方文献汇点》(下)[道光]《重庆府志》卷之三《食货志》第 521 页《物产》云:"土降香,黔江、涪水俱出。"

[蒟酱]^[一]

注释:

[一]蓝勇主编《稀见重庆地方文献汇点》(下)[道光]《重庆府志》卷之三《食货志》第 522 页《物产》云:"蒟酱,《元和志》:涪州贡。"《华阳国志校注》第 26 页卷一《巴志》注云:"辛蒟,胡椒科植物,又名扶留藤。实似桑椹,古人和盐、蜜渍为酱而食之,味辛香,这就是著名的蒟酱。"《元和志》卷三十一载涪州(今涪陵)贡品有蒟酱。

[苏薰席]^[一]

注释:

[一]蓝勇主编《稀见重庆地方文献汇点》(下)[道光]《重庆府志》卷之三《食货志》第 522 页《物产》云:"苏薰席,《寰宇记》:涪州产席。"

[扇]^[一]

注释：

[一] 蓝勇主编《稀见重庆地方文献汇点》（下）[道光]《重庆府志》卷之三《食货志》第 522 页《物产》云："扇，《寰宇记》：蜀涪州出，为时所贡。"

［灵寿杖］[一]

注释：

[一] 蓝勇主编《稀见重庆地方文献汇点》（下）[道光]《重庆府志》卷之三《食货志》第 522 页《物产》云："灵寿杖，涪州出，《汉书》：孔光年老，赐灵寿杖。颜师古注云：木似竹有节，长不过八九尺，围三四寸，自然有合杖制。不须削理，作杖令人延年益寿。"

［蜡］[一]

注释：

[一] 蓝勇主编《稀见重庆地方文献汇点》（下）[道光]《重庆府志》卷之三《食货志》第 522 页《物产》云："蜡，《华阳国志》：涪陵出蜜蜡。《元和志》：溱州、黔州贡黄蜡，涪州贡白蜜。《新唐志》：涪州贡黄蜡。"

［漆］[一]

注释：

[一]《华阳国志校注》第 25 页卷一《巴志》注云：漆主要产于涪陵郡。

［蜜］[一]

注释：

[一]《华阳国志校注》第 25 页卷一《巴志》注云：蜜主要产于涪陵郡。

［麻］[一]

注释：

[一]《华阳国志校注》第 25 页卷一《巴志》注云：麻盖产于涪陵郡。

［纻］[一]

注释：

［一］《华阳国志校注》第 25 页卷一《巴志》注云：纻盖产于涪陵郡。

重庆府涪州志卷之二

官　制

羲轩昊顼之间，龙官鸟纪。唐虞十六，夏商倍之，周过三百，是为大备。秦汉而下设官分职，代有增减。国朝翊运奋兴，建官之制，视前古更为得宜，或因地为繁简，或因时为损益，久任以固民心，重禄以养廉耻，吏胥诸役，亦不滥设，均得节用裕民之意，诚一代之良法也。作《官制志》。

分巡下川东兵备道一员。驻扎涪州，奉裁。

知州一员，额设，俸银八十两。

吏房司吏一名，奉裁。典吏一名。经制。

户房司吏一名，奉裁。典吏一名。经制。

礼房司吏一名，奉裁。典吏一名。旧裁。康熙五十三年（1714）复设。

兵房司吏一名，奉裁。典吏一名。旧裁。康熙五十三年复设。

刑房司吏一名，奉裁。典吏一名。经制。

工房司吏一名，奉裁。典吏一名。旧裁。康熙五十三年复设。

广盈库典吏一名。奉裁。

架阁库典吏一名。奉裁。

承发房典吏一名。旧裁。康熙五十三年（1714）复设。

邮驿房典吏一名。奉裁。

预备仓典吏一名。奉裁。

门子二名，额设。工食银一十二两。今除扣荒，实支银二两三钱。

皂隶八名，额设。工食银四十八两。今除扣荒，实支银九两二钱。

步快十六名，额设。工食银九十六两。今除扣荒，实支银一十八两四钱。

马快十二名，额设。工食银七十二两。今以除扣荒，全裁。

轿、伞、扇夫七名，额设。工食银四十二两。今除扣荒，实支银八两。

库子二名，奉裁。斗级二名，奉裁。灯笼夫四名，奉裁。城门夫五名，奉裁。州判一员，奉裁。

吏目一员，额设。俸银三十一两五钱二分。

攒典一名。旧裁。复设。

书识四名。招设。

门子一名，额设。工食银六两。今除扣荒，实支银一两一钱五分。

皂隶四名，额设。工食银二十四两。今除扣荒，实支银四两六钱。

步快八名，额设。工食银四十八两。今以除扣荒，全裁。

马夫一名，额设。工食银六两。今除扣荒，实支银一两一钱五分。

武林司巡检一员，额设。俸银三十一两五钱二分。

攒典一名。经制。

书识二名。招设。

门子一名，额设。工食银六两。今除扣荒，实支银一两一钱五分。

皂隶四名，额设。工食银二十四两。今扣荒，全裁。

弓兵八名，额设。工食银四十八两。今扣荒，全裁。

马夫一名，额设。工食银六两。今除扣荒，实支银一两一钱五分。

儒学学正一员，额设。半俸银一十五两七钱五分。

攒典一名。经制。

书识二名。招设。

门斗二名，额设。半工食银六两。今除扣荒，实支银一两一钱五分。

斋夫二名，额设。半工食银六两。今除扣荒，实支银一两一钱五分。

儒学训导一员，额设。半俸银一十五两七钱五分。

门斗二名，额设。半工食银六两。今除扣荒，实支银一两一钱五分。

斋夫二名，额设。半工食银六两。今除扣荒，实支银一两一钱五分。

各坛庙■■二名，额设■四十八两。今除扣荒，实支银一十六两。

会试文武■■，额设。■■银五十六两。今解归。

岁贡廷试，额设。盘费银三十三两七钱五分。今扣荒，全裁。

涪陵水驿，旧设站船七只，每只水手二名，桡夫六名。于康熙元年（1662）奉文裁汰四只，仅存三只。又于康熙四十八年（1709）奉裁一只，实存二只在站应差。额设工食银一百六两六钱七分。具领赴臬库支给。

武隆县小江旧设站舡五只，今奉裁，雇募应差。

官　籍

　　闻之建官惟贤，位事惟能，故周官以六计，蔽群吏，总不外贤能以为用，后世循良之绩，莫盛于汉。而唐宋以下，亦必选台阁名臣为之。我国朝建官必严诠选之法，虽因革不同，而惟贤惟能之意，千载有同揆矣。作《官籍志》。

知州

汉
庞肱[一]

注释：

[一]庞肱：《同治志》云："庞肱，庞士元子，守涪陵，有善政。崇祀名宦祠。"见前注。

[晋]
[张寅][一]

注释：

[一]张寅：《彭水清代方志集成》第233页《彭水县志》（同治本）卷之七《官师志》云："张寅，《华阳国志》：为涪陵太守，以安乐公淫暴无道，寅为书谏责。"《彭水清代方志集成》第488页《彭水县志》（光绪本）卷之三《职官志》同。

[任蕃][一]

注释：

[一]任蕃：《同治志》云："任蕃，成都人，字宪祖。由新都令、西夷司马任涪陵太守。多治绩，民怀其德。崇祀名宦祠。见《华阳国志》。"《彭水清代方志集成》第233页《彭水县志》（同治本）卷之七《官师志》云："任蕃，《华阳国志》：蕃，成都人，字宪祖，给事中，任熙之子。举孝廉，新都令，西夷司马，涪陵太守。"《彭水清代方

志集成》第 488 页《彭水县志》（光绪本）卷之三《职官志》同。《涪陵历史人物》第 7
页《西晋涪陵名宦任蕃》云："任蕃，字宪祖，成都（今四川成都）人。其父任熙，曾
任给事中。任蕃，有'德行'。由新都令，西夷司马任涪陵太守，多治绩，民怀其德，
崇祀名宦祠。参见《华阳国志》、[同治]《涪州志》。"

[杜良]^[一]
注释：
[一]杜良：《彭水清代方志集成》第 233 页《彭水县志》（同治本）卷之七《官师
志》云：杜良，"《华阳国志》：蜀郡成都人，杜轸少弟，字幼伦，亦有当世局分。举秀才，
茶陵、新都令，国王郎中令，迁涪陵、建宁太守。"《彭水清代方志集成》第 488 页《彭
水县志》（光绪本）卷之三《职官志》同。

[费缉]^[一]
注释：
[一]费缉：《彭水清代方志集成》第 233 页《彭水县志》（同治本）卷之七《官师志》
云："费缉，《华阳国志》：犍为人，字文平。清检有治干，举秀才，历城令，涪陵太守，
迁谯内史。"《彭水清代方志集成》第 488 页《彭水县志》（光绪本）卷之三《职官志》同。

[向沈]^[一]
注释：
[一]向沈：《彭水清代方志集成》第 233 页《彭水县志》（同治本）卷之七《官师志》
云："向沈，《华阳国志》：永嘉六年，犍为、广汉、巴郡三府文武共表涪陵太守，义阳
向沈行西夷校尉，吏民南入涪陵。"《彭水清代方志集成》第 488 页《彭水县志》（光绪本）
卷之三《职官志》同。

[谢恕]^[一]
注释：
[一]谢恕：《彭水清代方志集成》第 234 页《彭水县志》（同治本）卷之七《官师志》

云："谢恕，毋敛人。《华阳国志·侯馥传》：馥字世明，江阳人，避地入牂牁。宁州刺史王逊镇平西将军，馥为参军。逊议欲迁牂牁太守谢恕为涪陵太守，出屯巴郡之把口，表馥为江阳太守。预白逊请军，移恕俱出涪陵。"《彭水清代方志集成》第489页《彭水县志》（光绪本）卷之三《职官志》同。

［赵弼］[一]

注释：

［一］赵弼：《彭水清代方志集成》第234页《彭水县志》（同治本）卷之七《官师志》云："赵弼，巴西人，涪陵太守。"《彭水清代方志集成》第489页《彭水县志》（光绪本）卷之三《职官志》同。

［谢俊］[一]

注释：

［一］谢俊：《彭水清代方志集成》第234页《彭水县志》（同治本）卷之七《官师志》云："谢俊，永昌人，官涪陵太守。"《彭水清代方志集成》第489页《彭水县志》（光绪本）卷之三《职官志》同。

［文猛］[一]

注释：

［一］文猛：《彭水清代方志集成》第234页《彭水县志》（同治本）卷之七《官师志》云："文猛，牂牁人，官涪陵太守。《华阳国志》：时李雄众寇所获，涪陵太守巴西赵弼，永昌谢俊，牂牁文猛，皆区区稽颡，无如侯馥者。"《彭水清代方志集成》第489页《彭水县志》（光绪本）卷之三《职官志》同。

［文处茂］[一]

注释：

［一］文处茂：蓝勇主编《稀见重庆地方文献汇点》（下）第541页云："文处茂，《通志》：永和中涪陵移治枳县。任涪陵太守。"

［毛德祖］[一]

注释：

［一］毛德祖：蓝勇主编《稀见重庆地方文献汇点》（下）第 541 页云："毛德祖，《通志》：元嘉九年，闻贼破涪城，弃郡走。任涪陵太守。"

［怡思和］[一]

注释：

［一］怡思和：《同治志》云："怡思和，陇西人。元熙元年（419）为涪陵太守。"

［南朝宋］

［阮惠］[一]

注释：

［一］阮惠：蓝勇主编《稀见重庆地方文献汇点》（下）第 541 页云："阮惠，《通志》：璩之宗人。任涪陵太守。"

［北周］

［蔺休祖］[一]

注释：

［一］蔺休祖：蓝勇主编《稀见重庆地方文献汇点》（下）第 541 页云："蔺休祖，《通志》：以郡叛，陆腾讨破之。任涪陵太守。"

唐

南承嗣[一]

注释：

［一］南承嗣：《同治志》云："南承嗣，为涪陵守，奉命剿蜀，昼夜不释甲，有忠烈誉，见《一统志》。《山堂肆考》：南承嗣，霁云子也。历施、涪二州，为刺史。柳宗［元］称其服忠思孝，无替负荷，见《张睢阳潮碑》。崇祀名宦祠。"见前注。参见《涪陵地名文化》第 133—135 页《忠烈宫·东岳庙》。

张濬[一]

注释：

[一] 张濬：《同治志》云："张濬，光启中为涪陵刺史。郡城旧乏井泉，濬求山谷得水源，导之使注不竭，民利赖之。崇祀名宦祠。"蓝勇主编《稀见重庆地方文献汇点》（下）第 542 页："张濬，《通志》：光启中为涪陵刺史。郡故乏井，濬寻山谷之源，以竹导其流，民赖其利。为刻《引水碑》记之。"《涪陵历史人物》第 17 页"唐代涪州名宦张濬"云：张濬（？ -903），字禹川，郡望河间，实宿州符离人。张濬祖张仲素，累官位至中书舍人。父镣，官卑，家寓宿州。光启二年（886）任涪州刺史。时涪州城水井较少，他亲自考察，寻找山泉，用竹筧导流入城供居民饮用。曾超"唐代涪州刺史考"（《长江师范学院学报》，2015 年 1 期）云：张濬，字禹川，郡望河间，实宿州符离人。祖张仲素，累官至中书舍人。父张镣，官卑，家寓宿州。张濬，太常博士，曾任度支员外郎、兵部郎中、谏议大夫、都统判官、户部侍郎、平章事、判度支、河东行营兵马都招讨宣慰使等职。有三子，其二子张格仕于王建，三子仕于杨行密。张濬与诗僧贯休多有交往。《全唐诗》卷八百三十七有贯休《绣州张相公见访》，诗云："德符唐德瑞通天，曾叱谗演玉座前。"又卷八百三十一有贯休《晚春寄张侍郎》，诗云："退想涪陵岸，山花半已残。人心何以遣，天步正艰难。"张濬任涪州刺史，《旧唐书》《新唐书》均未言及。历代涪州方志均收录有涪州刺史张濬。又《舆地碑记目》卷四《涪州碑记》有《唐千福院水泉记》，注："光启中，太守张濬撰"。又同治《涪州志》云："《唐千福院水泉记》，光启中太守张濬撰。"郁贤皓《唐刺史考全编》据《碑目》将其任职时间定在光启年间。参见《历代名人与涪陵》第 54-55 页《唐末涪州刺史张濬为民找饮水》。

韩秀昇[一]

注释：

[一] 韩秀昇：曾任涪州刺史，受邛州阡能起义影响，起兵反唐，兵败被俘杀。事见欧阳修《新唐书》卷一百八十九列传第一百一十四《高仁厚传》、郭允蹈《蜀鉴》卷七、司马光《资治通鉴考异》卷二十四、严衍《资治通鉴补》卷二百五十五唐纪七十一、邵经邦《弘简录》卷六十四、民国《涪州志》卷九《秩官志·文职》引《四川通志》等。

《涪陵辞典》有传。韩秀昇任涪州刺史，郁贤皓《唐刺史考全编》将其定在中和二年
（882）。

［田世康］[一]

注释：

　　[一] 田世康：亦名田惟康，黔东北土家族田姓始祖田宗显之子。武德元年（618），
田世康归附于唐，唐高祖敕封为黔州刺史。武德四年（621），李靖平灭萧铣，田世康
助战。时李孝恭为夔州总管，李靖为行军总管，自夔州（今重庆奉节东）顺江东下。
又庐江王李瑗出襄州（今湖北襄阳），黔州刺史田世康出辰州（今湖南沅陵），黄州总
管周法明出夏口（今湖北汉口）。关于田世康征萧铣一事，《贵州通志》卷一载："命黔
州刺史田惟康征萧铣"，"武德四年九月，诏黔州刺史田世康出辰州道，击萧铣"；明嘉
靖《思南府志》亦载："命黔州刺史田惟康由辰州路趋江陵，征萧铣。"《资治通鉴》卷
一百九十云武德六年（623）九月，"张大智侵涪州，刺史田世康等讨之，大智以众降"。
贞观元年（627），田世康率军南进，开拓乌江流域，占据盛产水银、朱砂的务州（今
贵州务川）；贞观十三年（639）田世康令十大姓中以杨氏为主体的汉军，沿洪渡河溯乌
江而上占领罗蒙之地，将罗蒙改名为播州（今贵州遵义）。关于田世康任涪州刺史一事，
郁贤皓《唐刺史考全编》定其在武德六年，其依据是《资治通鉴》。但细品《资治通鉴》
原文"武德六年九月，渝州人张大智反，渝州刺史薛敬仁弃城走，大智侵涪州，黔州
刺史田世康讨之，大智以众降"，田世康似乎未任涪州刺史。参见曾超《唐代涪州刺史
考》（《长江师范学院学报》，2015 年 3 期）。

［刘瞻］[一]

注释：

　　[一] 刘瞻：系李渊晋阳起兵建立大将军府的重要成员之一，担任西河郡守。《资
治通鉴》卷一百八十四云：大业十三年（617）六月癸巳，"建大将军府，以裴寂为长
史，刘文静为司马，唐俭及前长安尉温大雅为记室，大雅仍与其弟大有共掌机密，武
士彟为铠曹，刘政会及武城崔善为、太原张道源为户曹，晋阳长上邽姜谟为司功参军，
太谷长殷开山为府掾，长孙顺德、刘弘基、窦琮及鹰扬郎将高平王长谐、天水姜宝谊、

阳屯为左、右统军。又以世子建成为陇西公、左领军大都督，左三统军隶焉；（李）世民为敦煌公，右领军大都督，右三统军隶焉；各置官署。以柴绍为右领军府长史；咨议谯人刘瞻为西河通守"。刘瞻，任涪州刺史，《全唐文》卷三唐高祖《劳涪州刺史刘瞻书》云："涪州之全，卿之力也。功绩垂成，念自勖励。富贵之事，非卿而谁。"《册府元龟》卷一百三十三亦云："刘瞻为涪州刺史。时刘武周连年为寇，邻城多陷，贼数攻之，辄为瞻所败。帝下书劳之曰：涪州之全，卿之力也。功绩垂成，念自勖励，富贵之事，非卿而谁。"刘瞻任涪州刺史事，《旧唐书》《新唐书》及历代涪州方志均无载，郁贤皓《唐刺史考全编》亦未收录。不过，玩味《册府元龟》文义，考虑到涪州与刘武周据地并不相连，这里的涪州，可能系"浩州"之误，"浩"与"涪"当因形近而误。又浩州西河郡，不仅与刘武周据地相接，而且与刘瞻任职西河通守相一致。参见曾超《唐代涪州刺史考》（《长江师范学院学报》，2015 年 3 期）。

[孙荣][一]

注释：

[一] 孙荣：乐安人。远祖孙权，汉末三国东吴政权的建立者。据李志暕《兴圣寺主尼法澄塔铭（并序）》，法澄法师的传承世系是：远祖孙权；祖孙荣，涪州刺史；父孙同，同州冯翊县令。法澄法师为孙同次女。孙荣为涪州刺史，《旧唐书》《新唐书》及历代涪州方志均无载。其任职依据是李志暕《兴圣寺主尼法澄塔铭（并序）》，该墓志见于《全唐文》卷一百、王昶《金石萃编》卷七十八、洪颐煊《平津读碑记》卷五。郁贤皓《唐刺史考全编》据此，将孙荣的任职时间定在贞观年间（627–649）。参见曾超《唐代涪州刺史考》（《长江师范学院学报》，2015 年 3 期）。

[权文诞][一]

注释：

[一] 权文诞：天水略阳人。关于权文诞家族的世系，《全唐文》载有权德舆不少文章可以考论。据《全唐文》卷五〇一《唐故东京安国寺契微和尚塔铭（并序）》，契微和尚的世系是：十代祖安邱敬公权翼，前秦仆射；曾祖权文诞，唐银青光禄大夫、涪常二州刺史、荆州都督府长史、平凉郡开国公。祖权崇本，唐朝散大夫、渭州匡城县令；

伯祖权崇基，户部郎中；伯祖权崇先，水部员外郎；父权同光，进士，唐河南县尉、长安县丞、翰林详定学士；伯兄权无侍，进士，益州成都县尉；仲兄权若讷，进士，歙、桂、梓三州刺史。据《全唐文》卷五〇三《叔父故朝散郎华州司士参军府君墓志铭（并序）》，权隼，字子鸷。其世系为：十二代祖安邱敬公权翼，前秦司徒；四代祖权文诞，历开府仪同三司，涪、常二州刺史，封平凉公。曾祖权崇本，滑州匡城县令；祖权无侍，益州成都县令；父权□，许州临颍县令。权隼，权□子，曾试守河西尉、鄢陵丞、楚州宝应丞、宋州宋城县丞、福昌丞、华州司士等。夫人陈郡殷氏，唐曹州司法、丽正殿学士殷践猷之孙女，清河尉殷寅之女，给事中、杭州刺史殷亮之妹，侍御史、郴州刺史殷永之姐。有子5人：长子殷少成，桐庐尉；次子殷少清，经术甲科。有女5人：长女适安福尉刘公范；次女适常州司仓齐畅。据《全唐文》卷五〇三《再从叔故试大理评事兼徐州蕲县令府君墓志铭（并序）》，权有方的世系是：曾祖权崇本，唐朝散大夫、滑州匡城县令；祖权若讷，唐右补阙，起居郎，桂、歙、梓三州刺史；父权仿，唐杭州紫溪县令；权有方，曾任左清道率府兵曹参军、太子通事舍人、陈州司法参军、亳州司士参军、以大理评事兼徐州蕲县令；夫人河间刘氏，乐城公刘仁轨之元孙。子权长儒，举进士甲科。据《全唐文》卷五〇四《再从叔故京兆府咸阳县丞府君墓志铭（并序）》，权达世系为：十二代祖前秦安邱敬公，即权翼；四代祖平凉公，即权文诞；曾祖权崇本，唐朝散大夫、滑州匡城县令；祖权若讷，唐通议大夫，桂、歙、梓三州刺史；父权僎，唐深州安平县令；权达，曾任家令寺主簿、同州冯翊县尉、河南府登封主簿、京兆府咸阳县丞等；夫人南阳张氏，有子权垧。据《全唐文》卷五〇四《唐睦州桐庐县丞柳君故夫人天水权氏墓志铭（并序）》，权氏世系为：十二代祖权翼，前秦仆射，安邱敬公；曾祖权崇本，滑州匡城县令；祖权无侍，益州成都县尉；父权□，许州临颍县令；权氏适睦州桐庐丞河东柳君。据郁贤皓《唐刺史考全编》引《新唐书·表五下》权氏："文诞，涪、常二州刺史。"称权文诞乃隋代仪同、鄜城公权荣之子。关于权文诞任职涪州刺史的时间，郁贤皓《唐刺史考全编》据《全唐文》卷五〇一《唐故东京安国寺契微和尚塔铭（并序）》："曾祖文诞，皇银青光禄大夫、涪常二州刺史、荆州都督府长史、平凉郡开国公。祖崇本，皇朝散大夫、滑州匡城县令，与兄户部郎中崇基、水部员外郎崇先，皆以文学政事，显名于贞观（627–649）、永徽（650–655）之际。"定其任职时间在贞观年间。又民国《涪州志》卷九《秩官志·文职》引《四川通志》有涪州刺史权文诞。参见曾超《唐代涪州刺史考》(《长江师范学院学报》，2015 年 3 期)。

[夏侯绚][一]

注释:

[一]夏侯绚:沛国谯人。据《大唐故使持节睦州诸军事睦州刺史夏侯府君之墓志铭并序》，祖夏侯裕，周使持节车骑大将军，开府仪同三司，中书侍郎，郜、邵、梁、贝四州诸军事四州刺史，广阿县开国公，食邑二千户。夏侯绚，曾任秦府左一军司马、宜君[郡]土门县令、河东县令、郎州刺史、利州刺史、涪州刺史、蜀王府长史、使持节睦州诸军事睦州刺史，永徽五年(654)卒，享年 60 岁。夏侯绚任涪州刺史，《旧唐书》《新唐书》及历代涪州方志均无载。郁贤皓《唐刺史考全编》据墓志将其任职时间定在永徽元年至三年(650-652)。关于夏侯绚在涪州的治绩，墓志评价是"跨孕玉之荆岑，居然镇静;临濯逯郑煲猿吻滩□训天人，妙简良士。攀小山之(偃)桂，藉长坂之崇兰。继踵贾生，比肩董相。元僚之任，岂易其才"。参见曾超《唐代涪州刺史考》(《长江师范学院学报》，2015 年 3 期)。

[柳宝积][一]

注释:

[一]柳宝积:名积，字宝积，河东解东人。据《大唐故使持节颍涪二州刺史上柱国柳府君墓志铭并序》，祖柳道茂，周河北郡太守，赠陕州刺史、怀公;父柳孝斌，隋淮南郡霍丘县令;柳宝积曾诏举贤良，对策甲科。曾任城门郎、仪同、凤州黄花县令、尚书职方员外郎、雍州栎阳县令、汴州别驾、朝散大夫、守纪王府谘议参军、西州道行军长史、岐州别驾、上护军、柱国、怀州长史、上柱国、涪州刺史。龙朔元年(661)薨于涪州刺史任。另，柳宝积，《新唐书·宰相世系表》《元和姓纂》有载。据《元和姓纂》，柳宝积有二子，一曰明逸，刑部员外;一曰明肃，度支郎中。《全唐文补遗》第七辑收录有《柳明逸墓志》。柳宝积在任职西州道行军长史期间，曾参加唐王朝的征焉耆之战。柳宝积在任职颍州刺史期间，曾修建椒陂塘。《新唐书·地理志二》颍州汝阴县注:"南三十五里有椒陂塘，引润水溉田二百顷，永徽(650-655)中，刺史柳宝积修。"柳宝积任职涪州刺史，《旧唐书》《新唐书》及历代涪州方志均无载。郁贤皓《唐刺史

考全编》亦未收录。据《大唐故使持节颍涪二州刺史上柱国柳府君墓志铭并序》，明言其任涪州刺史，且薨于任。其任职时间，杨晓等定在显庆（656-660）中至龙朔元年（661）。参见曾超《唐代涪州刺史考》（《长江师范学院学报》，2015 年 3 期）。

［宋祯］[一]

注释：

［一］宋祯：字麟福，广平人。宋祯，《〈偃师杏园唐墓〉的科举史料价值》一文作宋桢。据《大唐故正议大夫使持节延州诸军事延州刺史上柱国宋府君墓志铭并序》，宋祯的世系为：曾祖宋虔，隋莱州司功参军事。祖宋公弼，唐蒲州长史，渠、蔚二州刺史。父宋大师，洛州司法参军事、密县令。宋祯好尚必奇，曾参加武举，授上柱国。曾任昭武校尉、利州嘉川府左果毅都尉；游击将军、幽州昌平府左果毅都尉；宁远将军、忻州秀容府折冲都尉；朝议大夫，涪州刺史；大中大夫，平狄军大使，兼朔州刺史；庆州刺史；正议大夫，延州刺史。有兄宋扬，字去伐，曾参加科举，射策甲第。曾任幽州安次县丞、滑州韦城县丞、潞州黎城县令、亳州城父县令、朝散大夫等。参见《大周故朝散大夫行亳州城父县令宋府君墓志铭并序》。宋祯任涪州刺史，《旧唐书》《新唐书》及历代涪州方志均无载。郁贤皓《唐刺史考全编》据宋祯墓志所言时序将其任职时间定在天授年间（690-692）。关于宋祯在涪州刺史任的治绩，《大唐故正议大夫使持节延州诸军事延州刺史上柱国宋府君墓志铭并序》评价说："属戎渝梗版，忠、万流亡。君殄灭逋丑，招抚离散，策勋叙效，王命是加。"参见曾超《唐代涪州刺史考》（《长江师范学院学报》，2015 年 3 期）。

［杜贤意］[一]

注释：

［一］杜贤意：《元和姓纂》卷六陕郡杜氏云："贤意，涪州刺史。"杜贤意，有兄杜善贤为长安令，面黑，为刘行敏作诗《嘲李叔慎、贺兰僧伽、杜善贤（善贤长安令，三人皆黑）》所嘲，其诗云："叔慎骑乌马，僧伽把漆弓，唤取长安令，共猎北山熊。"参见《太平广记》卷二百五十四《刘行敏》引《启颜录》。杜贤意任涪州刺史，郁贤皓《唐刺史考全编》列入"待考录"，未言具体时代。参见曾超《唐代涪州刺史考》（《长江师

范学院学报》，2015 年 3 期）。

［李延光］[一]

注释：

［一］李延光：陇西成纪人。祖父李志廉，唐上开府、陕东道行台、度支郎中，赠使持节卫州刺史。李延光任涪州刺史，《新唐书》《旧唐书》及历代涪州方志均无载。见于《唐故中散大夫涪州刺史上柱国李府君墓志并序》。志文第 15 行云："寻除使持节，涪州诸军事，守涪州刺史。"关于李延光任职涪州刺史的时间，郁贤皓《唐刺史考全编》定在开元七年（719），估计有误，开元七年实为李延光卒年。贺忠辉将其任职定在武周圣历二年（699），并云："郁贤皓《唐刺史考》卷 221'涪州（涪陵郡）'失记。有误。"参见曾超《唐代涪州刺史考》（《长江师范学院学报》，2015 年 3 期）。

［杨思］[一]

注释：

［一］杨思：杨思任涪州刺史，《旧唐书》《新唐书》及历代涪州方志均无载。见于《银青光禄大夫使持节涪州诸军事行涪州刺史武当郡开国公杨府君墓志之铭》。郁贤皓《唐刺史考全编》将其任职时间定于神龙元年至二年（705-706）。参见曾超《唐代涪州刺史考》（《长江师范学院学报》，2015 年 3 期）。

［朱敬则］[一]

注释：

［一］朱敬则：字少连，亳州永城（今河南永城）人。唐朝著名政治家、史学家。祖朱憎宁，字子须，隋濉州太守；父朱操，字道濡，唐开府仪同；母亲赵氏；兄朱仁轨，字德容，官太子洗马；弟朱玑，官著作郎、礼部尚书；弟朱璟，官太子典膳；妻戈氏；有子朱光顺、朱光迪，有孙朱守温、朱守同、朱守和、朱守滔。朱敬则家族以孝义被世人称扬，从北周到唐朝，三代旌表。朱敬则，潇洒倜傥，很重节义，年轻时以辞赋知名。咸亨年间，唐高宗召见，拟重用，因中书舍人李敬玄贬毁，授洹水县尉。后任

右补阙。武则天称制，广开密告之门，罗织诬陷，诛杀大臣。长安三年（703），朱敬则进谏，武后提升其为正谏大夫兼修国史，代理宰相一职。他每以用人为先。桂州蛮叛，他荐裴怀古；凤阁舍人缺，他荐魏知古；右史缺，他荐张思敬，武则天认为他知人识才。神龙元年（705）调任郑州刺史。二年，因侍御史冉祖雍一向与朱敬则不和，诬告他与王同皎亲善，贬为庐州刺史。景云三年（712）病逝。《旧唐书》《新唐书》均有传。对于朱敬则，《旧唐书》评价说："朱敬则文学有称，节行无愧，谏诤果决，推择精真，苟非洞鉴古今，深识王霸，何由立其高论哉？惜乎相不得时矣！""雄文高节，少连为绝。守道安贫，怀远当仁。"朱敬则任涪州刺史，在其调任郑州刺史之后，出任庐州刺史之前。《新唐书·朱敬则传》云："出为郑州刺史，遂致仕。侍御史冉祖雍诬奏与王同皎善，贬涪州刺史。既明其非罪，改庐州。"又见《册府元龟》卷五百二十二、李贽《藏书》卷一《大臣传》、邵经邦《弘简录》卷三十七、董诰《全唐文》卷一百七十、民国〈涪州志〉卷九《秩官志·文职》引《四川通志》等。不过，《旧唐书·朱敬则传》云："神龙元年（705），出为郑州刺史，寻以老致仕。二年（706），侍御史冉祖雍素与敬则不协，乃诬奏云与王同皎清善，贬授庐州刺史。"并未言及其任涪州刺史一事。朱敬则任涪州刺史，郁贤皓《唐刺史考全编》定在神龙二年（706），但未到任。参见曾超《唐代涪州刺史考》（《长江师范学院学报》，2015 年 3 期）。

[平贞旵][一]

注释：

[一]平贞旵：字密，一字间从；燕国蓟人。据《全唐文》卷二百二十九张说《常州刺史平君神道碑》，平贞旵的世系为：北齐司空公平鉴之曾孙，秘书郎平子敬之季孙，偃师令平直容之叔子。平贞旵，司成馆进士。曾任卢州慎县尉、冀州大都督府曲沃县尉、晋州洪洞县主簿、雍州新丰县尉、检点判官、监察御史里行、奉使黔中监选、监察御史、右台监察御史、右肃政殿中侍御史、司勋员外郎、温州固安令、鸿州栎阳令、括州员外司仓、吉州司马、司门郎中兼卫王司马、正除卫王司马、太子左庶子、涪州刺史、庐州司马、左谕德兼荣文馆学士、摄詹事东都留守、常州刺史等。著有《淳孝传》《友悌传》各 1 篇，《先君亲友传》10 卷，《家谱》《家志》各 10 卷，《河南巡察记》10 卷。有《文集》10 卷。平贞旵任职涪州，其原因是"以节愍之祸，出为涪州刺史"，但"未

往"。郁贤皓《唐刺史考全编》据此，定其任职时间是神龙年间（705-707），但未就任。
参见曾超《唐代涪州刺史考》(《长江师范学院学报》，2015 年 3 期）。

　　[周利贞]^[一]

注释：

　　[一]周利贞：字正，汝南郡庐江县（今安徽庐江）人。唐代著名酷吏。初以门荫进
入国子监，明经科擢第，解褐钱塘尉。后历蜀县丞、大理寺主簿、太府寺丞、右台御史、
司勋员外郎、大理正、御史中丞、广府都督兼委按察使、邕州长史。历任刺史、都督、
都督别驾 15 州，长史、司马 7 州，前后总 28 政。封巢县开国男，食邑三百户。周利贞，
《旧唐书》《新唐书》有传。参见《唐故正议大夫上柱国巢县开国男邕府长史周君墓志铭
并序》。关于周利贞任涪州刺史一事，《旧唐书·周利贞传》未有言及。欧阳修《新唐书》
卷二○九列传第一百三十四《酷吏》云："先天（712-713）初，为广州都督……颛事剥割，
夷獠苦其残虐，皆起为寇，诏监察御史李全交按问，得赃状，贬涪州刺史。开元（713-741）
初，诏：'利贞及滑州刺史裴谈……皆酷吏，宜终身勿齿。'寻复授珍州司马。"《全唐文》
卷一百五十二有《二月戊子敕》曰："涪州刺史周利贞……等十三人皆为酷吏……并宜放
归草泽，终身勿齿。"该事还见于司马光《资治通鉴》卷二百一十一唐纪二十七开元二年
（714）二月、朱熹《通鉴纲目》卷四十三上、彭大翼《山堂肆考》卷一百一十八《性行》、
徐元太《全史吏鉴》卷七、严衍《资治通鉴补》卷二百一十一唐纪二十七、朱瞻基《五
伦书》卷十八《君道十七》、民国《涪州志》卷九《秩官志·文职》引《四川通志》等。
周利贞任涪州刺史，郁贤皓《唐刺史考全编》定在先天年间（712-713）。参见曾超《唐
代涪州刺史考》(《长江师范学院学报》，2015 年 3 期）。

　　[颜谋道]^[一]

注释：

　　[一]颜谋道：颜谋道任涪州刺史，《旧唐书》《新唐书》及历代涪州方志均无载。
见于《千唐志斋藏志·唐故银青光禄大夫和州刺史上柱国琅邪开国伯颜府君墓志铭》。
郁贤皓《唐刺史考全编》将其任职时间约定在开元五年至六年（717-718）。参见曾超《唐
代涪州刺史考》(《长江师范学院学报》，2015 年 3 期）。

［张朏］^[一]

注释:

［一］张朏:先世范阳人,因中原战乱,"马渡丹阳,龙战河洛,烟尘北拥,冠冕南迁",成为襄阳人。曾祖张则,隋□阳县令;祖父张弼,唐益州功曹参军,赠安州都督;父张晦之,桂坊正字、左率府兵曹参军;伯父张柬之,中书令,汉阳郡王,赠越州都督,扶危宗社,勋庸太常,系唐代名相、政治家。其太夫人韦氏,安府户曹玄宝之女,封冯翊县太君。夫人陇西李氏,陇西郡君,刑部尚书李乾□之孙,相州尧城县令李昭礼之女,中书令李昭德之侄女。张朏之父早亡,受养于张柬之。曾先后任荆州参军、抚州参军、太子通事舍人、将作监主簿、太仆寺丞、太子文学、定州司马、邢州长史、朝散大夫、泾州别驾、渠州刺史、涪陵郡太守、零陵郡太守、临川郡太守、新定郡太守。天宝十年(751)病逝。参见《唐文拾遗》卷十九张回《唐故太中大夫守新定郡太守张公墓志铭(并序)》。张朏任涪州刺史一事,郁贤皓《唐刺史考全编》定在天宝(742-756)初年。关于张朏任职涪州等郡的治绩,墓志有"蜀山云平,非无吚驭;湖水天浸,岂惮洪波? 江南听采菱之词,成中和之曲;新安逢江水见底,比清镜岂如",其中,"蜀山云平,非无吚驭"当系其任职渠州、涪州的评价。参见曾超《唐代涪州刺史考》(《长江师范学院学报》,2015 年 3 期)。

［郑令珪］^[一]

注释:

［一］郑令珪:生卒年不详。清同治《重修涪州志》卷四《秩官志·历代秩官》云:郑令珪,广德(763-764)中刺史。民国《涪州志》卷九《秩官志·文职》有郑令珪。白鹤梁题刻《谢昌瑜题记》为:刺史、(涪)州团练使郑令珪。《向仲卿等题记》题衔为:刺史郑令珪。《卢棠题记》有郑使君石刻。郑令珪首创白鹤梁题刻。郑令珪题刻是现在所知白鹤梁上最早的题刻。《涪陵市志》第 12 页《大事记》云:广德二年(764)二月,长江水位退至白鹤梁梁上土人所镌石鱼以下四尺。当地故老传言:"石鱼见,即年丰稔。"涪州刺史郑令珪在石鱼附近刻石记载此事,后谓"广德题记",为涪州白鹤梁题刻之始。郑令珪镌刻石鱼,主要为一对雌雄鲤鱼,每鱼鱼身有 36 个鳞片,一前一后,一含芝草,一含莲花,分别称为芝草鱼和莲花鱼,二鱼作溯江翔游状,这就是所

谓的"唐鱼"。这是白鹤梁石鱼题刻中最早的鱼刻，它价值极高，经实测，唐鱼鱼眼所处高程为137.91米，与长江涪陵水尺零点水位十分接近，不仅是白鹤梁石鱼题刻众多石鱼中唯一起着"石鱼水标"作用的石鱼，而且是长江中唯一保存完好的连续使用1000年以上的枯水位观测水标。郑令珏石鱼因岁久模糊而在清代被当时涪州牧萧星拱重镌，故真正的"唐鱼"今已不存。郑令珏所刻石鱼问世以后，对后世影响极大，所刻双鱼、三十六鳞、七十二鳞往往成为其后人们吟咏的对象，如北宋皇祐元年（1049）《刘忠顺等唱和诗》称："七十二鳞波底镌，一含芝草一含莲。出来非自贪芳饵，奏去因同报稔年。"南宋绍兴戊辰年（1148）《何宪、盛辛唱和诗并序》说："职课农桑表勤惰，信传三十六鳞中。""须知显晦将千载，往哲摽名岁大中。"清康熙十一年（1672）《陈廷璠书王士禛诗》称："涪陵水落见双鱼，北望乡园万里余；三十六鳞空自在，乘潮不寄一封书。"1937年至山老人刘镕经《游白鹤梁》云："两三鸣鹤摩天渐，卅六鳞鱼兆岁丰。"另，郑令珏在白鹤梁还刻有一幅"秤斗图"。参见曾超《唐代涪州刺史考》（《长江师范学院学报》，2015年3期）、《涪陵历史人物》第14-15页《涪陵白鹤梁题刻之祖郑令珏》。

［刘逸］[一]

注释：

［一］刘逸：曾任涪州刺史。《旧唐书》《新唐书》及历代涪州方志均无载。郁贤皓《唐刺史考全编》亦未收录。《大唐西市博物馆藏墓志》328《刘斌墓志》云："公讳斌……公曾门皇任汴州刺史。王父讳矞，皇任朝散大夫、黄州别驾。叔祖秦，皇任中散大夫、太常寺丞。烈考讳适，皇任邠州长史。叔父讳逸，皇任银青光禄大夫、涪州刺史。"黄楼据墓志将刘逸任职涪州刺史的时间约定在肃、代时期。参见曾超《唐代涪州刺史考》（《长江师范学院学报》，2015年3期）。

［郑先进］[一]

注释：

［一］郑先进：曾任涪州刺史。《旧唐书》《新唐书》及历代涪州方志均无载。其任职见于《大唐故朝散大夫试酒（？）州司马荣阳郡郑（溥）府君墓志铭并序》，志文第

5 行称郑溥"曾祖先进，皇涪州刺史"。郑先进任职涪州刺史的时间，郁贤皓《唐刺史考全编》据墓志定在肃宗、代宗年间。贺忠辉据墓志定在大历年间（766–779）。参见曾超《唐代涪州刺史考》（《长江师范学院学报》，2015 年 3 期）。

[王纵][一]

注释：

[一] 王纵：曾任涪州刺史。戴叔伦有《渐至涪州先寄王员外使君纵》诗，诗云："文教通夷俗，均输问火田。江分巴字水，树入夜郎烟。毒瘴含秋气，阴崖蔽曙天。路难空计日，身老不由年。将命宁知远，归心讵可传。星郎复何意，出守五溪边。"王纵任涪州刺史一事，《旧唐书》《新唐书》及历代涪州方志均无载。郁贤皓《唐刺史考全编》加以收录，定其任职在大历年间。参见曾超《唐代涪州刺史考》（《长江师范学院学报》，2015 年 3 期）。

[王仙鹤][一]

注释：

[一] 王仙鹤：字劲，太原人。据《唐故万州刺史太原王府君（仙鹤）墓志铭并序》，王仙鹤的世系是：曾祖王千石，性仁孝，《法苑珠林》第四十九卷《感应缘》有王千石有坟墓之感。唐、绥、慈三州刺史，有《议沙门不应拜俗状》。祖王仁嗣，果州刺史；父王元佑，延安郡太守。王仙鹤，累迁南、涪、万三州刺史。还曾任赵王府谘议参军、道州长史等。据《大唐故抚州刺史兼使御史王君（沼）墓志》，王沼的世系为：曾祖王仁嗣，夔、果二州刺史；祖王元佑，延安郡太守；父王仙鹤，涪、万二州刺史。王沼曾任抚州刺史等。王仙鹤任职涪州刺史，《旧唐书》《新唐书》及历代涪州方志均无载，郁贤皓《唐刺史考全编》亦未收录。毛阳光据《大唐故抚州刺史兼使御史王君（沼）墓志》将其任职时间定在代宗、德宗年间。关于王仙鹤在涪州刺史任的治绩，《唐故万州刺史太原王府君（仙鹤）墓志铭并序》评价云："累迁南、涪、万三州刺史。各因其俗，咸便于人。涪陵贼帅康朝等，聚徒甚众，作害已深。公下车驰檄，面缚请罪。"参见曾超《唐代涪州刺史考》（《长江师范学院学报》，2015 年 3 期）。

[吴诜]^[一]

注释：

[一]吴诜：唐代军将。安史乱间，李晟收复长安之战，吴诜为副元帅、兵马使。据《旧唐书·德宗本纪》《人物志》，贞元三年（787）任福建都团练观察处置使。贞元四年（788）因福建军士为乱，吴诜被贬为涪州刺史。司马光《资治通鉴》卷二百三十三唐纪四十九贞元四年（788）四月云："福建观察使吴诜轻其军士脆弱，苦役之。军士作乱……辛未，以太子宾客吴凑为福建观察使，贬吴诜为涪州刺史。"该事亦见于《册府元龟》卷一百五十三、邵经邦《弘简录》卷六、严衍《资治通鉴补》卷二百三十三唐纪四十九、郁贤皓《唐刺史考全编》。参见曾超《唐代涪州刺史考》（《长江师范学院学报》，2015年3期）。

[裴郇]^[一]

注释：

[一]裴郇：据《新唐书》卷七十一《宰相世系表一上》中眷（河东闻喜）裴氏，祖裴安期，父裴后己，后己生有裴郁、裴邠、裴郇、裴鄩、裴郜五子。裴郇，曾为涪州刺史。关于裴郇任涪州刺史一事，《旧唐书》《新唐书》及康熙、乾隆、同治《涪州志》无载。民国《涪州志》卷九《秩官志·文职》引《四川通志》有涪州刺史裴郇。郁贤皓《唐刺史考全编》将其任职定在贞元（785-804）年间。裴郇在涪州任内，治绩无考。但裴郇与唐代著名诗人元稹为亲家，从而留下了一些咏赞涪州的诗作。元和十一年（816），元稹续娶涪州刺史裴郧之女裴淑为妻。裴淑，字柔之。约生活于唐顺宗永贞（805-806）至文宗太和（827-835）年间。河东闻喜人。出身士族，有才思，工于诗。因裴淑心思涪州，故元稹先后写诗劝慰。其《寒食日》诗云："今年寒食好风流，此日一家同出游。碧水青山无限思，莫将心道是涪州。"又《黄草峡听柔之琴二首》诗云："胡笳夜奏塞声寒，是我乡音听渐难。料得小来辛苦学，又因知向峡中弹。别鹤凄清觉露寒，离声渐咽命雏难。怜君伴我涪州宿，犹有心情彻夜弹。"元稹抒情怀，视涪州为故乡，情深意切。裴淑现存《答微之》诗作1首。诗云："侯门初拥节，御苑柳丝新。不是悲殊命，唯愁别近亲。黄莺迁古木，朱履从清尘。想到千山外，沧江正暮春。"参见曾超《唐代涪州刺史考》（《长江师范学院学报》，2015年3期）。

［路怤］^{〔一〕}

注释：

〔一〕路怤：贞元年间（785-804）曾任岳州刺史。贞元十四年（798）任涪州刺史，《旧唐书》《新唐书》及历代涪州方志无载。王钦若《册府元龟》卷七百云：路怤为涪州刺史，贞元十四年，以赃追夺两官，仍勿齿三五年。郁贤皓《唐刺史考全编》亦将其任职定位在贞元十四年（798）。从《册府元龟》的记载来看，路怤为贪官，其治理涪州可想而知。参见曾超《唐代涪州刺史考》（《长江师范学院学报》，2015年3期）。

［宋君平］^{〔一〕}

注释：

〔一〕宋君平：其父曾任崇文判官、武陟尉等职，后因武成节度使高崇文为报私仇而被杀。参见《唐语林》。宋君平，曾任涪州刺史。王钦若《册府元龟》卷七百云："宋君平为涪州刺史，元和十五年（820）坐赃，削官一任。"郁贤皓《唐刺史考全编》据此定其任职时间是元和十五年。从《册府元龟》的记载看，宋君平为贪官，其治涪可想而知。参见曾超《唐代涪州刺史考》（《长江师范学院学报》，2015年3期）。

［李绂］^{〔一〕}

注释：

〔一〕李绂：京兆人，祖籍辽东襄平。七世祖李弼，西魏八柱国之一；祖李承休，吴房县令，藏书家。父李泌（722-789），字长源，唐代宰相，著名政治家。贞元（785-804）中，拜中书侍郎平章事，封邺侯。有《文集》20卷。李泌有子5人：李□，高陵尉；李繁，和州刺史，著有《邺侯家传》；李□，咸阳尉；李绂，涪州刺史；李绚，华州文学。李绂任涪州刺史，《旧唐书》《新唐书》及康熙、乾隆、同治《涪州志》无载。其任职参见《新唐书·表二上》辽东李氏、邓名世《古今姓氏书辩证》卷二十一、民国《涪州志》卷九《秩官志·文职》引《四川通志》（作李绖）。其任职时间，郁贤皓《唐刺史考全编》定在元和年间（806-820），但具体任职时间不详。参见曾超《唐代涪州刺史考》（《长江师范学院学报》，2015年3期）。

[李续／李续之][一]

注释：

[一] 李续／李续之：《中国名人志》第五卷云："曾官拾遗，阿附宰相李逢吉，与张又新等号'八关十六子'。唐敬宗时，屡迁度支、吏部员外郎，金部郎中。后贬涪州刺史。李训用事，召为尚书郎。李训败，复贬。"李续任涪州刺史，见于劳格《唐尚书省郎官石柱题名考》卷四、沈炳震《唐书合钞》卷十七本纪十七及卷二百一十八列传第一百一十八、刘昫《旧唐书》卷十七上本纪第十七上、欧阳修《新唐书》卷一百七十四列传第九十九等。李续之为涪州刺史，见于刘昫《旧唐书》卷一百四十九列传第九十九《张又新传》、沈炳震《唐书合钞》卷二百列传第一百、董诰《全唐文》卷七十、[民国]《涪州志》卷九《秩官志·文职》引《四川通志》等。《全唐文》卷七十《贬张又新李续之诏》云："朕在亿兆人之上，不令而人化，不言而人信者，法也。法行则君主重，法废则朝廷轻。田伾常挂亡命之章，偷请养贤之禄，迹在搜捕，公行人间。而更冒选吏曹，显拟郡佐，及黄枢覆验，乌府追擒，证逮皆明，奸状尽得，三移宪牒，一无申陈，众状满前，群议溢耳。终则步健不至，银铛空来，蔑视纪纲，颇同侮谑。顾兹参画，负我上台，阅视连名，伊尔二子。又新可汀州刺史，续之可涪州刺史。"李续／李续之任涪州刺史，郁贤皓《唐刺史考全编》将其定于大和元年（827）。参见曾超《唐代涪州刺史考》（《长江师范学院学报》，2015 年 3 期）。

[张又新][一]

注释：

[一] 张又新：字孔昭，深州陆泽（今河北深县）人。曾祖张鷟（约 660-740），字文成，自号浮休子，人称"青钱学士"。唐代小说家。曾任岐王府参军、长安县尉、鸿胪丞、御史等职。著有《朝野金载》。父张荐（744-804），字孝举。曾任史馆修撰，官至工部侍郎。卒，谥宪。著有《文集》30 卷、《灵怪集》2 卷。张又新，曾举博学鸿词科第一。元和九年（814）状元，三元及第，时号"张三头"。历官左右补阙，依附李逢吉，成为"八关十六子"之一，被荐为司马。李逢吉败，贬江州（今江西九江）刺史。依附李训，迁刑部郎中。李训败，贬申州刺史。张又新好美人，誓娶靓妻，曾说："我少年有美名，志不在任官，惟得美妻，平生足矣。"又有诗"牡丹一朵值千金，将谓从来色最深"。嗜饮茶，常品尝各地名泉，

著有《煎茶水记》1卷。张又新曾任涪州刺史,《旧唐书》《新唐书》及历代涪州方志均无载。郁贤皓《唐刺史考全编》亦未收录。陈振孙《直斋书录解题》卷十四云:"《煎茶水记》一卷,唐涪州刺史张又新撰。"元好问《元遗山诗集笺注》卷十、马端临《文献通考》卷二百一十八《经籍考四十五》同。张又新与李续之为同时代人,故定在大和(827–835)年间。参见曾超《唐代涪州刺史考》(《长江师范学院学报》,2015年3期)。

[杨成器]^[一]

注释:

[一]杨成器:弘农(治今河南灵宝)人。《新唐书·表一下》杨氏越公房:"成器,涪州刺史。"民国《涪州志》卷九《秩官志·文职》引《四川通志》有涪州刺史杨成器。杨成器与杨於陵为从兄弟行。杨成器任涪州刺史,郁贤皓《唐刺史考全编》将其定在大和年间。参见曾超《唐代涪州刺史考》(《长江师范学院学报》,2015年3期)。

[尚汝贞]^[一]

注释:

[一]尚汝贞:曾任涪州刺史。《旧唐书》《新唐书》及历代涪州方志均无载。《全唐文》卷九〇三李磎《授尚汝贞涪州刺史朱塘恩州刺史婺州刺史蒋瑰检校仆射等制》云:"敕。朕思报功臣以郡事,念远人以司牧。惟是二者,瘝瘝疢怀。具官尚汝贞,在先皇帝时,扈銮驾功高,建隼□布政,非时见代,可为愍然。具官朱塘,将兵之材,号为严肃。劳绩声著,罢免岁深。惟涪与恩,远郡之沃饶者也。资人以优尔,亦资尔以救人。且以元武之尊,夏官之长,各从官叙,以宠荣之。具官蒋瑰,婺人言有政化,恳乞增秩。端右之命,以徇其请。各坚尔志,无或变渝。可依前件。"该制又见于李昉《文苑英华》卷四百一十一。关于尚汝贞任涪州刺史的时间,郁贤皓《唐刺史考全编》定在昭宗初年。参见曾超《唐代涪州刺史考》(《长江师范学院学报》,2015年3期)。

[王宗本]^[一]

注释:

[一]王宗本:本名谢从本。初事陈敬瑄为资、简都制置应援使。后降附蜀高祖王建,

改姓名，蜀高祖录为假子。历渝州刺史，开、道都指挥使。出兵荆南，定四州，迁武泰军留后。王宗本任涪州刺史，《旧唐书》《新唐书》及历代涪州方志均无载。《资治通鉴》天复三年（903）十月，"（王）建以（王）宗本为武泰留后，武泰军旧治黔州，宗本以其地多瘴疠，请徙治涪州，建许之"。郁贤皓《唐刺史考全编》据此将其任职时间定在天复三年至天祐四年（903—907）。参见曾超《唐代涪州刺史考》（《长江师范学院学报》，2015 年 3 期）。

[陆弼][一]

注释：

[一]陆弼：曾任职泸州，见于清康熙二十五年（1686）王帝臣纂修十二卷本《泸州志》，参见《泸州市历代旧志提要》。陆弼，曾任涪州刺史，《旧唐书》《新唐书》及历代涪州方志均无载。郁贤皓《唐刺史考全编》亦未收录。马端临《文献通考》卷九十《郊社考二十三》云："灵济公庙在梓州射洪县白崖山下。唐中书舍人陆弼贬涪州刺史，卒葬山侧，土人立庙，水旱祷之必应。伪蜀封洪济王。大中祥符六年（1013），诏封公号。"参见曾超《唐代涪州刺史考》（《长江师范学院学报》，2015 年 3 期）。

[韩君祐][一]

注释：

[一]韩君祐：曾任涪州刺史。《新唐书·表三上》韩氏："君祐，涪州刺史。"又民国《涪州志》卷九《秩官志·文职》引《四川通志》有涪州刺史韩君祐。韩君祐系卫尉少卿韩华之子。关于韩君祐任涪州刺史的时间，郁贤皓《唐刺史考全编》列入"待考录"，未言具体时代。参见曾超《唐代涪州刺史考》（《长江师范学院学报》，2015 年 3 期）。

宋

姚涣[一]

注释：

[一]姚涣：《同治志》云："姚涣，知涪时，宾化夷常犯境。涣抚纳以恩，酋豪争

罗拜庭下，涪遂无扰。崇祀名宦祠。"蓝勇主编《稀见重庆地方文献汇点》（下）第542页云："姚涣，《通志》：知涪州。"按：姚涣，字虚舟。北宋晋州人。熙宁年间任涪州知州时，宾化县僚族人常入境骚扰。他不用武力，施以恩信感化，僚族首领心悦诚服，使边境得以较长期保持安定。参见《涪陵辞典》第655页"姚涣"条。

吴光辅[一]

注释：

［一］吴光辅：《同治志》云："吴光辅，涪南水泛，多淹民居。光辅疏之，民免其患，号吴公溪。崇祀名宦祠。"

赵汝廪[一]

注释：

［一］赵汝廪（1215-1276）：河南开封人。《水下碑林——白鹤梁》、曾超《三峡国宝——白鹤梁题刻汇录与考索》、《同治志》卷四《秩官志·历代秩官》、民国《涪州志》卷九《秩官志·名宦》作赵汝廪，陆增祥《八琼室金石补正》、姚觐元《涪州石鱼文字所见录》作赵以廪。皇室贵胄，系属玉牒，进士。涪州惠民入名宦。淳祐年间为州牧。《赵汝廪观石鱼诗》题衔为"郡守"，《八琼室金石补正》卷八十三云：理宗淳祐庚戌知涪州。《水下碑林——白鹤梁》注其"淳祐九年任涪陵郡守"，误。《同治志》卷四《秩官志·历代秩官》：赵汝廪，轸念民瘼，歉则贷公，丰则收贮义仓，劝农兴学，民为立生祠，崇祀名宦祠。民国《涪州志》卷九《秩官志·名宦》云："赵汝廪，知涪州，岁歉则贷公庚，年丰则贮义仓，劝农兴学，民为立生祠于学官以配程（颐）黄（庭坚）尹（焞）谯（定）。"旧《四川通志》谓崇祀名宦祠。李贤等《明一统志》卷六十九、《四川通志》卷六《名宦》亦有载。刊刻《易》著普易学。《涪陵市志·涪陵大事记》云："淳祐十年（1250）知州赵汝廪于涪州主持刊刻《易学启蒙》一书。南宋淳祐庚戌年，郡守赵汝廪观石鱼，作题记一则，即《赵汝廪观石鱼诗》。诗云：'预喜今穰验石鳞，未能免俗且怡神。晓行鲸背占前梦，瑞纪龟陵知几春？拂石已无题字处，观鱼皆是愿丰人。片云不为催诗黑，欲雨知予志在民。'"参见曾超、张正武《西南地区白鹤梁题刻唐宋涪州牧考述》（《长江师范学院学报》，2013年1期）、《涪陵历史人物》第43页《南宋涪州名宦赵汝廪》、李胜《涪陵

历史文化研究》第 175 页。

王仙^[一]

注释：

[一] 王仙：《同治志》云："王仙，祥兴中守涪州，元兵攻围日急，坚守孤城。宋亡一年，城始破。仙自刎，断吭不死，以手扼其颈绝。崇祀名宦祠。"蓝勇主编《稀见重庆地方文献汇点》（下）第 542 页："王仙，《宋史·忠义本传》：蜀都统也，守涪州，北兵攻围无虚日，势孤援绝。宋亡之二年，城始破。仙自刎，断其吭不死，以两手自摘其首，坠死。"参见《神奇涪陵》第 23—25 页《王仙壮烈殉国》。

［王公□］

注释：

[一] 王公□：《同治志》云："王□□，名缺，琅琊人。端拱元年（988）郡守。"按：王公□，宋代端拱年间为涪州牧。白鹤梁题刻《朱昂题诗记》作"知（涪陵）郡（事）"；《同治志》卷四《秩官志·历代秩官》和《民国志》卷九《秩官志·文职》称："王□□，名缺，琅琊人，端拱元年郡守。"端拱元年，王公□向库部员外郎、峡路诸州水陆计度转运使朱昂介绍白鹤梁石鱼出水情况，朱昂作《朱昂题诗记》，并题诗一首。诗云："欲识丰年兆，扬馨势渐浮。只应同在藻，无复畏吞钩。去水非居辙，为祥胜跃舟。须知明圣代，涵泳杳难俦。"参见曾超、张正武《西南地区白鹤梁题刻唐宋涪州牧考述》（《长江师范学院学报》，2013 年 1 期）。

［张迪］^[一]

注释：

[一] 张迪：《同治志》云："迪，大梁人，张载父也。宋仁宗时为殿中丞，出知涪州。身端洁，多善政。卒于官，贫不能归，葬凤翔郿县，子孙遂为郿人。配享崇圣祠，见《文庙·史典》。"参见《涪陵历史人物》第 19—20 页《张迪、张载父子在涪陵》、《历代名人与涪陵》第 63—65 页《生于涪州的北宋哲学家张载》。

［张□□］[一]

注释：

［一］张□□：《同治志》云："张□□（原缺），名缺，治平年太守。"

［杨□□］[一]

注释：

［一］杨□□：《同治志》云："杨□□（原缺），名缺，熙宁元年（1068）太守。"

［邹霖］[一]

注释：

［一］邹霖（？－1054）：字仲说，常州人。天禧进士，见于李胜《涪陵历史文化研究》。历任筠州推官、尚书都官、涪州、鼎州知州，见于李胜《涪陵历史文化研究》。皇祐年间为涪州牧。《毗陵邹氏宗谱》云邹霖曾官涪州知州。白鹤梁题刻《刘忠顺等唱和诗》云：宋皇祐元年为知涪州军州事。《民国志》卷九《秩官志·文职》云："邹霖，字仲说，仁宗时知涪州，见《邹道卿集·年谱》。"皇祐元年，邹霖与转运使、尚书主客郎中刘忠顺，尚书屯田员外郎、知梁山军水邱无逸，安州云梦县令恭士燮同游白鹤梁，刘忠顺、水丘无逸各赋诗一首，是为《刘忠顺等唱和诗》，知涪州军州事邹霖"命工刻石"于白鹤梁。光绪十一年（1885）显忠堂藏版《毗陵邹氏宗谱》卷十六云："第四世霖，宋代宦游至武进，卜居德泽乡之赵墅里，为始迁祖。"他迁居常州后，子孙遍及城乡，一门科第不绝。邹家后裔为纪念其迁常始祖邹霖，故名其所居之地为十子街，数百年相传沿用至今。参见曾超、张正武《西南地区白鹤梁题刻唐宋涪州牧考述》（《长江师范学院学报》，2013年1期）、王晓晖《北宋涪州知州考略》（《长江师范学院学报》，2012年9期）。

［武陶］[一]

注释：

［一］武陶：字熙古。曾任大理寺丞、宁化军通判，为人"勤干"，见于《欧阳修集》卷一百一十六《河东奉使奏草下·条列文武官材能札子》。北宋嘉祐年间任涪州牧。白鹤梁题刻《武陶等游石鱼题名记》题衔为"尚书虞曹外郎、知郡事武陶熙古"。姚觐元

《涪州石鱼文字所见录·武陶等题记》按语云：嘉祐二年（1057）知涪州。北宋嘉祐二年，尚书虞曹外郎、知郡事武陶熙古与涪忠州巡检、殿直侍其璀纯甫，郡从事傅颜希圣共游白鹤梁，作"游石鱼题名记"，是为《武陶等游石鱼题名记》。参见曾超、张正武《西南地区白鹤梁题刻唐宋涪州牧考述》（《长江师范学院学报》，2013 年 1 期）、王晓晖《北宋涪州知州考略》（《长江师范学院学报》，2012 年 9 期）、李胜《涪陵历史文化研究》第 154 页。

　　[郑颛]^[一]

注释：

[一] 郑颛：《同治志》云："郑颛，字愿叟，朝请大夫。元丰九年（元祐元年，1086）权知涪州。"按：郑颛，字愿叟，河南荥阳人。历官屯田员外郎、都官员外郎，见于苏颂《苏魏公文集》卷三十。任官岭南节度副使，见于金鉷等《广西通志》卷五十《秩官》。北宋元丰年间，为涪州牧。元丰乙丑年《郑颛题记》云"知郡事郑颛愿叟"。同年《吴缜题记》作"权知涪州、朝请大夫郑颛愿叟"。《民国志》卷九《秩官志·文职》云："郑颛，字愿叟，朝请大夫，元丰九年权知涪州。"元丰九年，郑颛携四子知□、知□、知常、知荣游白鹤梁，作题记一则，是为《郑颛题记》。同年，权知涪州、朝请大夫郑颛愿叟，权判官石谅信道，权通判黔州、朝奉郎吴缜廷珍同观石鱼，见载于《吴缜题记》。参见曾超、张正武《西南地区白鹤梁题刻唐宋涪州牧考述》（《长江师范学院学报》，2013 年 1 期）、王晓晖《北宋涪州知州考略》（《长江师范学院学报》，2012 年 9 期）、李胜《涪陵历史文化研究》第 156 页。

　　[（吴缜）]^[一]

注释：

[一] 吴缜：《同治志》云："吴缜，字廷珍。朝奉郎。元丰九年（元祐元年，1086）权通判黔州。"不过，吴缜是"权通判黔州"，并非涪州职官，收录不当。《民国志》卷九《秩官志》未有收录。又李胜《涪陵历史文化研究》第 156 页云："吴缜……后以朝请大夫出知蜀州成都、通判黔州，历典数郡，皆有惠政。"

[杨嘉言]^[一]

注释:

[一]杨嘉言:字令绪,北宋元祐年间为涪州牧。《杨嘉言等题记》为"朝奉郎、知军州事";《同治志》卷二《舆地志碑目·杨军州题名》同;《同治志》卷四《秩官志·历代秩官》:"杨嘉言,字令绪,元祐六年知军州事。"《民国志》卷九《秩官志·文职》同。北宋元祐六年,朝奉郎、知军州事杨嘉言令绪率判官钱宗奇、涪陵县令史诠默师、主簿张微明仲、县尉蒲昌龄寿朋,"观广德鱼刻,并大和题记",作题记一则,即《杨嘉言等题记》。杨嘉言曾任处州牧,建丽水烟雨楼。《漳州市志》表载:绍圣四年(1097),杨嘉言以朝散郎任知州事。《读史方舆纪要》卷九十四云:崇宁三年(1104)为处州守。《丽水县志》卷之六《古迹》云:"烟雨楼,郡守杨嘉言建,范成大书榜。"烟雨楼座落在万象山,郡守杨嘉言建,范成大书榜。比嘉兴烟雨楼还早100余年,抗战时被日机炸毁。1984年重建烟雨楼离原址约200米,原址在烈士纪念碑处。陈曦震《水下碑林——白鹤梁》云:杨嘉言善诗工书,尤钟楷体。参见曾超、张正武《西南地区白鹤梁题刻唐宋涪州牧考述》(《长江师范学院学报》,2013年1期)、王晓晖《北宋涪州知州考略》(《长江师范学院学报》,2012年9期)、李胜《涪陵历史文化研究》第156-157页。

[姚珏]^[一]

注释:

[一]姚珏:元祐年间为涪州牧。《姚珏等题记》作"(涪陵)郡守姚珏"。《同治志》卷二《舆地志碑目·郡守姚班题记》作"(涪陵)郡守";《同治志》卷四《秩官志·历代秩官》云:"姚班,元祐八年郡守。"《民国志》卷九《秩官志·文职》同。班,据白鹤梁题刻当为"珏"。北宋元祐癸酉年(八年,1093),涪陵郡守姚珏率幕宾钱宗奇、涪陵县令杜致明、涪陵县主簿张微、涪陵县尉蒲昌龄、武龙令袁天倪游览白鹤梁,作题记一则,即《姚珏等题记》。参见曾超、张正武《西南地区白鹤梁题刻唐宋涪州牧考述》(《长江师范学院学报》,2013年1期)、王晓晖《北宋涪州知州考略》(《长江师范学院学报》,2012年9期)、李胜《涪陵历史文化研究》第157页。

[杨公] [一]

注释:

[一] 杨公:崇宁元年（1102）（涪州）太守。按:杨公疑即杨元永。《太守杨公留
题》之"杨公"有职有姓,无名无字。"杨公"当为《贺致中题记》之杨元永刚中。第
一,《太守杨公留题》与《贺致中题记》两刻时间相同,均为北宋崇宁元年（1102）；能
表明"贺致中"身份者,还有《符直夫等题记》,其时间也在北宋崇宁元年,故太守杨
公留题时间与符直夫等题记、贺致中题记所言时间完全吻合。第二,《太守杨公留题》
所称杨公官职为涪州太守,按照古代对郡（州）级官的称谓,也可作"涪陵郡守""涪
州牧""知涪陵郡事""知涪州事""知涪陵军州事""知涪州军州事",其简称就是"郡
守""州牧""知郡事""知州事""知军州事"等,这些称谓在白鹤梁题刻中都能见到。
《贺致中题记》所记为"知郡事弘农杨元永刚中"。第三,《太守杨公留题》未言其名字,
但姓氏可以肯定,而《贺致中题记》则姓氏、名字俱全。两刻时间相同,两刻姓氏（杨
姓）完全一致,两刻职官（太守或知郡事）相互吻合,故"太守杨公"即杨元永刚中。
北宋崇宁元年,太守杨公游观石鱼,作题刻1则,题诗1首,即《太守杨公留题》。诗云:
"邀客西津上,观鱼出水初。长江多巨石,此地近仙居。所记皆名笔,为祥旧春书。丰
年知有验,遗秉利将舒。戏草春波静,双鳞乐意徐。不才叨郡寄,燕喜愧萧疏。"参见
曾超、张正武《西南地区白鹤梁题刻唐宋涪州牧考述》（《长江师范学院学报》,2013年
1期）、王晓晖《北宋涪州知州考略》（《长江师范学院学报》,2012年9期）。

[杨元永] [一]

注释:

[一] 杨元永:字刚中（《贺致中题记》）,弘农（今河南灵宝）人（据《唐鲁郡颜
文忠公新庙记》）。实即《太守杨公留题》之"杨公"。见"杨公"考证。曾任官右通直郎、
知沂州费县事,吕陶《净德集》卷九云:杨元永曾任右通直郎,《唐鲁郡颜文忠公新庙记》
所言"职衔"亦云"右通直郎、知沂州费县事杨元永"。吕陶《净德集》卷九《右通直
郎杨元永故父任给事中充天章阁待制佐可赠右正议大夫制》（亦见《全宋文》第三七册
卷一千五百九十有吕陶二有《右通直郎杨元永故父任给事中充天章阁待制佐可赠右正
议大夫制》）。在任官费县时,重建鲁公庙,请好友左承议郎、尚书职方员外郎曹辅撰

文立碑，即《唐鲁郡颜文忠公新庙记》。杨元永，崇宁年间为涪州牧。《太守杨公留题》作"太守"；《贺致中题记》作"知郡事弘农（今河南灵宝）杨元永刚中"；然《同治志》卷四《秩官志·历代秩官》和《民国志》卷九《秩官志·文职》未有收录。北宋崇宁元年，杨元永刚中与奉议郎河□□□□叔、从事江陵孙曦叟敦卿、太原王正卿良弼、涪陵令云安符正中直夫、录参颍川蔡忱节信、乐温县令会稽贺致中慎发、理掾祥符杨纬文叔、民掾京兆田子良汉杰、涪陵薄翼阳张延年希逸、尉赵郡宇文湛深之游观白鹤梁，见于《贺致中题记》。仇远有《送杨刚中赴淮安教授》，诗云："西蜀杨君子，才为博士优。儒官清似水，学舍不于舟。吴地仍多潦，淮田薄有收。虽非温饱计，足解友朋忧。"又《净德集》卷九有《杨元永故母高阳郡君张氏可赠谯郡太君制》。

［庞恭孙］[一]

注释：

［一］庞恭孙：字德孺，李胜《涪陵历史文化研究》作武城（今属山东）人。贵州省博物馆藏清拓片临299《庞恭孙等题名》作单州（今山东单县等地）武成人。祖庞籍（988-1063），《宋史》有传，庞恭孙即附其后。以祖庞籍功荫补通判施州（今湖北恩施），见于《宋史·庞籍传》《水下碑林——白鹤梁》、知施南府事王协梦监修《施南府志》卷十九《官师志·职官表》、卷二十二《官师志·名宦》、李胜《涪陵历史文化研究》。大观年间，为涪州牧。白鹤梁题刻《庞恭孙题记》为"朝奉大夫、知涪州军州事庞恭孙"。《同治志》卷二《舆地志碑目·庞恭孙题名》同。《宋史·庞籍传》云："崇宁（1102-1106）中，部蛮向文强叛，诏转运使王蘧领州事致讨，恭孙说降文强而斩之。蘧上其功，进三秩，知涪州。"《同治志》卷四《秩官志·历代秩官》云：庞恭孙，大观（1107-1110）中知涪州军州事。民国《民国志》卷九《秩官志·文职》云："庞恭孙，大观中知州。"庞恭孙在任官涪陵期间，以开边为己任。《宋史·庞籍传》云："遂以开边为己任。诱珍州骆文贵、承州骆世华纳土，费不赀。转运判官朱师古劾恭孙生事，诏黜师古而以恭孙代，于是溱、播、溪、思、费等州相继降。"顾祖禹《读史方舆纪要》卷七十《四川五》云："宋大观二年（1108），复置珍州亦曰乐源郡。时涪州守庞恭孙诱属夷内附置。"北宋徽宗大观元年（1107），庞恭孙与左班殿直兵马监押王正卿良弼、将仕郎州学教授李贲、通仕郎录事参军杜咸宁、通仕郎涪陵县令权签

判张永年、将仕郎司理参军黄希说、将仕郎涪陵县主簿向修、将仕郎涪陵县尉胡施、进士韩翱游白鹤梁，作题记1则，即《庞恭孙题记》。恭孙待制徽猷阁。庞恭孙后曾任徽猷阁待制，见于《宋史·庞籍传》、洪迈《容斋随笔》卷十五《蔡京轻用官职》。知成都，见于《宋史》列传蛮夷四、《宋史·庞籍传》《蜀中广记·边防记第二·川西二》《北宋经抚年表》。《翟忠惠集》（《四库全书》本）有翟汝文《徽猷阁待制庞恭孙知成都府制》。知陈州，帅泸州，见于《宋史》席旦传、《宋史·庞籍传》。庞恭孙以拓地受上赏，见于《宋史》王祖道列传、《续资治通鉴·宋纪九十》大观元年。庞恭孙拓夔州遭吴执中非议，见于《宋史》吴执中列传。庞恭孙开边为蜀人病，见于《宋史·庞籍传》。南宋绍兴十一年（1141）"柘皋之战"，这是南宋初年宋军抗金战争中的一场重要战役，金军惨败而逃，一直北逃到紫金山，被迫退出庐州。柘皋大战的捷报让宋朝军民欣喜若狂。庞恭孙当即作《闻房人败于柘皋作口号十首》诗，愤怒控诉南侵金兵罪行，热情歌颂抗金英雄战绩，无情嘲讽投降乞和派。庞恭孙作诗还有《无题二首》《闻房酋被戕淮南渐平喜而作诗》《题渡水罗汉画》《使房遇汴京作》《日暮》《绝句三首》《绝句》《郊居九日》《还至呈兴春事已过绿阴木森然小圃可爱摘青梅》《古诗四首呈刘行简给事丈》《古诗》《答何中丞伯寿》《表侄赵文鼎监税传才拙所定九品杜诗说正宗作》等。参见曾超、张正武《西南地区白鹤梁题刻唐宋涪州牧考述》（《长江师范学院学报》，2013年1期）、王晓晖《北宋涪州知州考略》（《长江师范学院学报》，2012年9期）、李胜《涪陵历史文化研究》第159页。

[司马机][一]

注释：

[一]司马机：字才孺。政和年间为涪州牧（摄）。《王蕃诗并序》作"司马机才孺为涪陵督邮，实摄郡事"，然《同治志》卷四《秩官志》和《民国志》卷九《秩官志·文职》未有收录。北宋政和二年，司马机"拉（王蕃）观石鱼"，王蕃赋诗1首，作题记1则，即《王蕃诗并序》。王蕃诗为："冬旱江成渚，维鱼记石棱。滋濡春遂足，狼泪岁将盈。"参见曾超、张正武《西南地区白鹤梁题刻唐宋涪州牧考述》（《长江师范学院学报》，2013年1期）。

［吴革］^{［一］}

注释：

［一］吴革：《同治志》云："吴革，宣和四年（1122）朝奉郎，权知涪州军州事。"按：吴革，字义夫，华州华阳人，一说华阴人（《涪州石鱼文字所见录·吴革题记》按语）。宋初勋臣吴延祚七世孙。少好学，喜谈兵。再试礼部不中，乃从泾原军镇守西北，以秉义郎干办经略司公事。宣和年间，吴革为涪州牧。白鹤梁题刻《吴革题记》题衔为"朝奉郎、权知涪州军州事"。《同治志》卷二《舆地志碑目·吴军州纪事》题衔同。《民国志》卷九《秩官志·文职》云："吴革，宣德四年朝奉郎，权知军州事。""宣德"有误，当为"宣和"。北宋宣和四年，朝奉郎、权知涪州军州事吴革与朝散大夫、通判军州事常彦，奉议郎、前通判达州权司录事李全，修武郎、兵马都监曹绾，宣教郎、权司士曹事王拱，迪功郎、涪陵县尉张时行同游白鹤梁，作题记1则，即《吴革题记》。金人南牧，曾率部解辽州之围。使粘罕军庭，揖而不拜，责其贪利败约，词直气劲，坚贞忠烈。后被叛臣党羽抓捕就义。《宋史》卷四百五十二有传。参见曾超、张正武《西南地区白鹤梁题刻唐宋涪州牧考述》（《长江师范学院学报》，2013年1期）、王晓晖《南宋涪州知州考略》（《长江师范学院学报》，2013年1期）、王晓晖《白鹤梁题刻所见涪州知州吴革考辨》（《三峡大学学报》，2014年1期）、李胜《涪陵历史文化研究》第160页。

［徐与卿］^{［一］}

注释：

［一］徐与卿：《同治志》云："徐与卿，建炎三年（1129）太守。"

［李瞻］^{［一］}

注释：

［一］李瞻：字景嗣，又字绍祖，古汴（今河南开封）人。绍兴年间，李景嗣为涪州牧。《李景嗣等题记》《李景嗣等再题》以及白鹤梁题刻考古新发现《晁公溯题记》均不见李景嗣题衔。白鹤梁《水下碑林——白鹤梁》云：南宋绍兴五年涪州太守。《和靖先生文集·和靖处士洛阳尹公生祠记》有"郡太守李瞻"。《同治志》卷四《秩官志·历代秩官》云：李瞻，绍兴五年郡守。《民国志》卷九《秩官志·文职》云：李瞻，绍兴

五年郡守。《同治志》卷十四《艺文志》载曹彦时《伊川先生祠堂记》云：绍兴五年，李公瞻来守兹土。立祠北岩祀名贤。李景嗣曾立伊川先生祠于北岩，见《同治志》卷十四《艺文志》载曹彦时《伊川先生祠堂记》。曾立尹焞祠于北岩，见于《和靖先生文集·和靖处士洛阳尹公生祠记》。南宋绍兴十三年（1143），古汴李景旻（嗣）、邓褒、赵子澄、赵公蒙同游白鹤梁，作题记1则，即《李景嗣等题记》。南宋绍兴甲子年（1144），李景嗣、邓褒、赵子澄、冉彬同游白鹤梁，作题记一则，即《李景嗣等再题》。李景嗣知夔州，见于《宋会要辑稿·职官》七二之二一；直秘阁，见于《宋会要辑稿·职官》六二之二二、《宋会要辑稿·职官》七二之三〇、《宋史·列传第一百四十四·萧燧》；通判宁江，晁公溯《嵩山集》卷十二有《送李绍祖通判宁江》，诗云："此去夔州气倍增，白盐赤甲两峻嶒。喜看司隶李校尉，往事高人王右丞。若使主公登紫殿，亦归郎省卧青绫。老夫只拟安田亩，他日烝民颂中兴。"参见曾超、张正武《西南地区白鹤梁题刻唐宋涪州牧考述》（《长江师范学院学报》，2013年1期）、王晓晖《南宋涪州知州考略》（《长江师范学院学报》，2013年1期）。

［张振孙］[一]

注释：

［一］张振孙：《同治志》云："张振孙，洛阳人。绍兴五年（1135）右承德郎、涪州军州事。"此来源于曹彦时《伊川先生祠堂记》，文云："昔韩文公谪潮阳，潮人祠之。俎豆之事，岁时不绝，盖重其道则尊其人也。伊川先生程公颐，蚤［早］以道鸣，传孔孟之业于百世之下，毅然特立于一时。在熙宁、元丰间，隐于伊洛，杜门不求仕。虽退而处穷，确守所学，不循时以变。延祐初，温、申二公立朝，思得一代之真儒，如《甘盘》之敩、傅说之诲以启迪重学。乃从天下之望，交章荐先生于朝。上累趋召辞，不获命。起自布衣，入侍讲筵。先生以尧舜事其君，倦倦敷纳忠言正论，日以警悟天聪，天子礼之，是崇是信。绍圣中指为元祐党，乃谪于涪，因寓北岩之梵宇。先生身虽穷，而道益通矣。乃以平日自得于易者为《传》。豫章黄公庭坚榜其堂曰：钩深，迨今凡四十年矣。巴峡地连西蜀，文物风化，岂潮阳荒陋之比？然四十年间，寂无追奉先生而祠之者。峡之俗，尚鬼而多淫祀，独于事前贤往哲之礼阙而不讲，官于此者亦未尝过而问焉。乌［呜］乎！异哉！绍兴五年，李公瞻来守兹土，尊道贵德，以崇名教，励风俗为先。因访先生遗迹，悯古风之沦替，悼

后学之茫昧，乃审厥象以置祠于钩深堂之上。俭而不侈，质而不华，俾学者瞻仰德容，洋洋乎如在其上。诵其遗书，佩其遗训，知前言往行，所以扶翼先圣万世之教者，实在于此。先生不犹愈于以有若似圣人而事之乎？工既毕，乃择季冬某日，以礼寅奉而安之，庶无愧于潮人之事韩公也。命彦时记其略。以载岁月，其何敢辞？绍兴五年（1135）十二月十五日荥阳曹彦时记，河汾王冠朝书，右承直郎涪州军事判官雒［洛］阳张振孙立石，右宣教郎奏差知涪陵县事□主管劝农公事阆中陈萃篆盖。"

[王拱]^[一]

注释：

［一］王拱：字应辰（白鹤梁题刻《陈似题记》），大昌县人（李胜《涪陵历史文化研究》）。绍熙进士（见《通志》、《四川通志》卷三十三《选举》）。宣和任官涪州为宣教郎、权司士曹事。建炎年间为州牧。白鹤梁题刻《吴革题记》题衔为"宣教郎、权司士曹事"。《同治志》卷二《舆地志碑目·吴军州纪事》题衔同。《同治志》卷四《秩官志·历代秩官》："王拱，宣和四年宣教郎、权司士曹事。"白鹤梁题刻《陈似题记》职衔为："摄（涪陵）郡事王拱应辰"。《民国志》卷九《秩官志·文职》云："王拱，宣和四年宣教郎、权知军州事。建炎年间，为涪州牧（摄）。"李胜《涪陵历史文化研究》第 161 页云："王拱，字应辰，大昌（今重庆巫山）人。光宗绍熙进士（《四川通志》卷三三《选举》），摄涪陵郡事。"北宋宣和四年（1122），宣教郎、权司士曹事王拱，与朝奉郎、权知涪州军州事吴革，朝散大夫、通判军州事常彦，奉议郎、前通判达州权司录事李全，修武郎、兵马都监曹绾，迪功郎、涪陵县尉张时行同游白鹤梁，见于《吴革题记》。宋建炎己酉年（三年，1129），王拱应辰与宪属陈似龚卿、摄郡事王拱应辰、周祉受卿、刘纯常大全、孙之才伯达、林琪子美同游白鹤梁，见于《陈似题记》。参见曾超、张正武《西南地区白鹤梁题刻唐宋涪州牧考述》（《长江师范学院学报》，2013 年 1 期）、王晓晖《南宋涪州知州考略》（《长江师范学院学报》，2013 年 1 期）。

[刘意]^[一]

注释：

［一］刘意：《同治志》云："刘意（彦），绍兴中郡守。"按：刘意，字彦至（《种慎

思题记》《李宜仲等题记》),《同治志》卷十四《艺文志》载郡守种慎思《游北岩还观石鱼记》作"刘意彦王"。"王"字误,当为"至"。任官涪州为州牧。南宋绍兴年间为涪州牧。《种慎思题记》和《李宜仲等题记》不见刘意"职衔"。《同治志》卷四《秩官志·历代秩官》"刘意彦(笔者注:《志》断句有误),绍兴中郡守。"《民国志》卷九《秩官志·文职》同。南宋绍兴二年,刘意彦至、豹林种佚慎思、江西李尚义宜仲、种法平叔同游并再游白鹤梁,分见于《种慎思题记》《李宜仲等题记》。刘意存诗有1首。刘意有《刘待诏老子出关图卷》,诗云:"不驰骏马驾青牛,西度函关紫气浮。文字五千传道德,仅同释教让儒流。"当系《式古堂书画汇考》卷四四所记刘意之诗。参见曾超、张正武《西南地区白鹤梁题刻唐宋涪州牧考述》(《长江师范学院学报》,2013年1期)、王晓晖《南宋涪州知州考略》(《长江师范学院学报》,2013年1期)、李胜《涪陵历史文化研究》第161-162页。

[种慎思][一]

注释:

[一]种慎思:《同治志》云:[种]慎思,绍兴壬子(二年,1132)州守。种慎思,疑系种放之后,见于李胜《涪陵历史文化研究》第188页。绍兴年间涪州牧。《种慎思题记》《李宜仲等题记》《同治志》卷十四《艺文志》载郡守种慎思《游北岩还观石鱼记》均无种慎思"题衔"。《同治志》卷四《秩官志·历代秩官》:"慎思(笔者注:《志》未记其"姓"),绍兴壬子州守。"《民国志》卷九《秩官志·文职》同。南宋绍兴二年,豹林种佚慎思与刘意彦至、江西李尚义宜仲、种法平叔同游白鹤梁,作题记1则,即《种慎思题记》。参见曾超、张正武《西南地区白鹤梁题刻唐宋涪州牧考述》(《长江师范学院学报》,2013年1期)、王晓晖《南宋涪州知州考略》(《长江师范学院学报》,2013年1期)、《涪陵文史资料》第三辑113页汪长春《涪陵市书画名人录·种佚》。

[王择仁][一]

注释:

[一]王择仁:《同治志》云:"王择仁,字智甫。"按:王择仁(1099-1170),字智甫,平阳人(《蔡惇题记》、李胜《涪陵历史文化研究》、《水下碑林——白鹤梁》)。建炎三

年（1129）进士，见于《水下碑林——白鹤梁》注。王择仁曾为经制司僚属，见于《宋史》、《涪州石鱼文字所见录》按语、李胜《涪陵历史文化研究》。任官河东制置使。王择仁为御营司参议官权河东制置使，见于李胜《涪陵历史文化研究》、《三朝北盟会编》卷一百四十八。绍兴年间王择仁为涪州牧。《蔡惇题记》题衔为"涪陵郡守平阳（今山西临汾）王择仁智甫"，《同治志》卷十四《艺文志》蔡惇《观石鱼记》与《同治志》卷二《舆地志碑目·绍兴石鱼记十七》题衔同。《同治志》卷四《秩官志·历代秩官》云："王择仁，字智甫，绍兴二十八年（1158）郡守。"《民国志》卷九《秩官志·文职》同。可题刻是绍兴二年为郡守。南宋绍兴二年（1132）涪陵郡守平阳（今山西临汾）王择仁智甫、云台奉祠夷门李敏能成之、郡丞开封李置元辅、太平散吏东莱（今山东东莱）蔡惇元道同游白鹤梁，见于《蔡惇题记》。王择仁举荐林宋卿，见于《仙溪志》。王择仁善诗工书。《水下碑林——白鹤梁》云："王择仁善诗工书，各体书法俱佳。"巴声、黄秀陵编著《历代名人与涪陵》有王择仁《白鹤梁题记》书法介绍。参见曾超、张正武《西南地区白鹤梁题刻唐宋涪州牧考述》（《长江师范学院学报》，2013年1期）、王晓晖《南宋涪州知州考略》（《长江师范学院学报》，2013年1期）、《涪陵文史资料》第三辑114页汪长春《涪陵市书画名人录·王择仁》。

[贾思诚]^[一]

注释：

[一]贾思诚：字彦孚（《贾思诚等题记》《贾思诚题记》），澶渊人（《贾思诚题记》）。绍兴年间，贾思诚为涪州牧。《贾思诚等题记》无题衔。《贾思诚题记》题衔为右朝散郎、知军州事澶渊贾思诚彦孚。同治、民国涪陵方志均未收录。南宋绍兴丁巳年（七年，1137），右朝散郎、知军州事澶渊贾思诚彦孚、别乘贾公杰千之、田景哲希贤、赵子仪景温、张振孙厚之、王庚子钦同游白鹤梁，作题记1则，即《贾思诚题记》。曾为左朝请郎、荆湖北路提举茶盐公事，见于李心传《建炎以来系年要录》卷一百三十三、《涪州石鱼文字所见录》按语。曾为左朝散大夫、夔州路转运判官都大主管川陕茶马监牧公事，见于李心传《建炎以来系年要录》卷一百四十五、《涪州石鱼文字所见录》按语、《水下碑林——白鹤梁》注。参见曾超、张正武《西南地区白鹤梁题刻唐宋涪州牧考述》（《长江师范学院学报》，2013年1期）、王晓晖《南宋涪州知州考略》（《长江师范学

学报》，2013 年 1 期)。

［孙仁宅］[一]

注释:

　　［一］孙仁宅:《同治志》云:"孙仁宅，绍兴十二年（1142）郡守。"按:孙仁宅，曾养亲昭德晁氏，见晁公溯《嵩山集》、曾超《宋代晁氏家族与三峡文化的建构》(《重庆三峡学院学报》，2012 年 2 期)。绍兴年间，任官涪陵为郡守。《孙仁宅题记》题衔为"郡守孙仁宅"。喻汝砺《晁具茨先生诗集序》云"涪陵太守孙仁宅"。《同治志》卷四《秩官志·历代秩官》云:"孙仁宅，绍兴十二年郡守。"《民国志》卷九《秩官志·文职》同。高宗绍兴庚申年（十年,1140),（涪陵）郡守孙仁宅与倅林琪来观，从游者八人:张仲通、高邦仪、晁公武、姚邦孚，孙仁宅之子允寿，晁公武之弟晁公退、晁公适，高邦仪之子宁祖。作题刻 1 则，即《孙仁宅题记》。孙仁宅曾镌晁叔用诗于丰都观。见于刘克庄《后村先生大全集·晁叔用》载喻汝砺《晁具茨先生诗集序》、钱保塘《涪州石鱼文字所见录》注。参见曾超、张正武《西南地区白鹤梁题刻唐宋涪州牧考述》(《长江师范学院学报》,2013 年 1 期)、王晓晖《南宋涪州知州考略》(《长江师范学院学报》,2013 年 1 期)。

［杜肇］[一]

注释:

　　［一］杜肇:《同治志》云:"杜肇，绍兴二十六年（1156）太守。"按:杜肇，北宋宣和七年（1125）曾为金汤城监押，有延安府牒本路第七将冯武□为从义郎男李适状论金汤城监押杜肇不公等事。曾为阶州统领，见于《宋史》卷二十六《本纪第二十六》、徐乾学《资治通鉴后编》卷一〇八。绍兴年间，杜肇为涪州牧，《杜肇等题记》无杜肇题衔;《同治志》卷四《秩官志·历代秩官》云:"杜肇，绍兴二十六年太守。"《民国志》卷九《秩官志》未收录。南宋绍兴十四年（1144），杜肇、任卿宏、张文遇、张势、庞价孺、杜建、邓褒同游白鹤梁，作题记 1 则，即《杜肇等题记》。参见曾超、张正武《西南地区白鹤梁题刻唐宋涪州牧考述》(《长江师范学院学报》,2013 年 1 期)、王晓晖《南宋涪州知州考略》(《长江师范学院学报》,2013 年 1 期)。

[何宪]^[一]

注释：

[一] 何宪：字子应（王十朋《梅溪后集》卷八）。绍兴年间为涪州牧，《何宪、盛辛唱和诗并序》题衔云"知涪州军州事何宪"。《水下碑林——白鹤梁》云："绍兴十八年知涪州军州事。"《同治志》卷四《秩官志·历代秩官》云："何宪，绍兴中知涪州军州事。"《民国志》卷九《秩官志·文职》同。绍兴十八年，知涪州军州事何宪、权通判涪州军州事盛辛、县令王之古，判官庞价孺等同游白鹤梁，作题记1则，题诗1首，即《何宪、盛辛唱和诗并序》。诗云："何年天匠巧磨龙，巨尾横梁了莫穷。不是江鱼时隐见，要知田稼岁凶丰。四灵效瑞非臣力，一水安行属帝功。职课农桑表勤惰，信传三十六鳞中。"何宪与王十朋有交往，事见《八琼室金石补正》卷八十三。王十朋有《次韵何宪子应喜雨》诗："亢阳谁谓不为灾，饥饿连年甑有埃。旱魃忽随冤狱散，雨师遥逐使车来。平反尽欲归中典，调燮端宜位上台。更喜诗如杜陵老，江流坐稳兴悠哉。"善诗工书。陈曦震《水下碑林——白鹤梁》云："何宪，善诗，工书。"参见曾超、张正武《西南地区白鹤梁题刻唐宋涪州牧考述》（《长江师范学院学报》，2013年1期）、王晓晖《南宋涪州知州考略》（《长江师范学院学报》，2013年1期）、李胜《涪陵历史文化研究》第168-169页。

[盛芹]^[一]

注释：

[一] 盛芹：《同治志》卷四《秩官志·历代秩官》云："盛景献，襄阳人，绍兴二十九年太守。"《民国志》卷九《秩官志·文职》同。按：盛芹（1118-1189），字景献，襄阳人。绍兴二十六年（1156）涪陵郡守。《水下碑林——白鹤梁》云："绍兴二十六年涪陵郡守。"南宋绍兴二十六年，盛芹率张适、游蒙、张逊同来，子侄德、公孝，胄兴宗侍，作题记1则，即《盛芹等题记》。绍兴乙亥年（二十五年，1155），盛景献与河南张景南、河内游正父、游希尹、雷泽孟虞卿泛舟江南，折梅赋诗，游白鹤梁，作题记一则，即《盛景献题记》。《水下碑林——白鹤梁》云：善诗工书，书宗颜体，自成一家。参见曾超、张正武《西南地区白鹤梁题刻唐宋涪州牧考述》（《长江师范学院学报》，2013年1期）、王晓晖《南宋涪州知州考略》（《长江师范学院学报》，2013年1期）、李

胜《涪陵历史文化研究》第 169 页。

[王宏甫]^[一]

注释：

［一］王宏甫：合阳（今山西安泽）人。乾道年间为涪州牧，《王桂老题记》题衔为：
"权通判涪州军州事"。《同治志》卷四《秩官志·历代秩官》和《民国志》卷九《秩官志》
未收录。南宋乾道三年（1167），权通判涪州军州事王宏甫携孙王桂老游白鹤梁，见于《王
桂老题记》。参见曾超、张正武《西南地区白鹤梁题刻唐宋涪州牧考述》（《长江师范学
院学报》,2013 年 1 期）、王晓晖《南宋涪州知州考略》（《长江师范学院学报》,2013 年 1 期）。

[齐砺]^[一]

注释：

［一］齐砺：绍定年间为涪州牧，《齐砺等题记》题衔为"（涪陵）郡太守"。《同治志》
卷四《秩官志·历代秩官》和《同治志》卷九《秩官志》未收录。南宋理宗绍定己丑
年（二年，1229），（涪陵）郡太守齐砺拉别驾龚儒崇、山阳倚赵伸夫、本路帅属章斯才
同游白鹤梁。有题记 1 则，即《齐砺等题记》。参见曾超、张正武《西南地区白鹤梁题
刻唐宋涪州牧考述》（《长江师范学院学报》,2013 年 1 期）、王晓晖《南宋涪州知州考略》
（《长江师范学院学报》, 2013 年 1 期）。

[张霁]^[一]

注释：

［一］张霁：字明父（《水下碑林——白鹤梁》《世界第一古代水文站——白鹤梁》、
曾超《三峡国宝——白鹤梁题刻汇录与考索》等作明父，《同治志》卷四《秩官志·历代
秩官》作季父，误），山西人，《张霁题记》称"山西张霁明父"，即《王季和等题记》之"山
西张侯"。淳祐年间为涪州牧。《张霁题记》题衔为"（涪陵）郡太守山西张霁明父"，《王
季和等题记》称"山西张侯来镇是邦"。《同治志》卷四《秩官志·历代秩官》云："张霁,
字季父，淳祐四年（1244）郡太守。"《民国志》卷九《秩官志·文职》同。南宋淳祐三
年（1243），（涪陵）郡太守山西张霁明父率同僚通判开封李拱辰居中、教授古通王枏均卿、

判官古黔邓季寅东叔、录参长沙赵万春伯寿、司理凤集孙泽润之、司户□□赵与扔仲器、监酒潼川李震发子华、□安□应午子西、监税资中张应有嗣行、涪陵县令武信赵广僖公叔、主簿合阳李因夏卿、县尉合阳冯申龙季英、忠州（今重庆忠县）南宾簿尉开汉王季和和父、节干成都周仪可义父、节属益昌张申之西卿、郡斋奉节王建极中可同游白鹤梁，有题记1则，即《张霁题记》。《水下碑林——白鹤梁》云："张霁，少时喜读书，讲气节，善诗工书。其字秀丽严谨，颇臻微妙。"参见曾超、张正武《西南地区白鹤梁题刻唐宋涪州牧考述》（《长江师范学院学报》，2013年1期）、王晓晖《南宋涪州知州考略》（《长江师范学院学报》，2013年1期）、李胜《涪陵历史文化研究》第173-174页。

［赵彦球］[一]

注释：

［一］赵彦球：皇室贵胄，系属玉牒，见于《涪州石鱼文字所见录》按语。河南开封人。乾道年间为涪州牧，《赵彦球题记》题衔为"玉牒赵彦球摄守是邦"。《同治志》卷四《秩官志·历代秩官》和《民国志》卷九《秩官志》未收录。南宋乾道三年（1167），玉牒赵彦球摄守是邦，合阳王如慈、古渝何肃、眉山宋中和、玉牒赵伯□、赵□□、御前□□□□□冯翊王浩同游白鹤梁，作题记1则，即《赵彦球题记》。参见曾超、张正武《西南地区白鹤梁题刻唐宋涪州牧考述》（《长江师范学院学报》，2013年1期）、王晓晖《南宋涪州知州考略》（《长江师范学院学报》，2013年1期）。

［冯和叔］[一]

注释：

［一］冯和叔：《同治志》卷四《秩官志·历代秩官》云："冯和叔，字季成，淳熙六年（1179）郡守。"《民国志》卷九《秩官志·文职》同。按：冯和叔（1234-？），字季成，剑蒲人。工书，尤钟隶书。曾为右承事郎、上元县令，见于周应合《景定建康志》卷二十七《官守志四》。淳熙年间为涪州牧，《冯和叔题记》题衔为："（涪陵）郡守"。白鹤梁《水下碑林——白鹤梁》云："南宋淳熙五年（1178）涪陵郡守。"南宋淳熙五年，（涪陵）郡守剑蒲冯和叔季成、（涪陵）郡丞开封李拱德辅，率前忠州守河内向士价邦辅、涪陵（县）令武信胥挺绍祖、（涪陵）郡幕东平刘甲师文来观

石鱼，作题记 1 则，即《冯和叔题记》。参见曾超、张正武《西南地区白鹤梁题刻唐宋涪州牧考述》（《长江师范学院学报》，2013 年 1 期）、王晓晖《南宋涪州知州考略》（《长江师范学院学报》，2013 年 1 期）、李胜《涪陵历史文化研究》第 170 页。

［朱永裔］[一]

注释：

［一］朱永裔：《同治志》卷四《秩官志·历代秩官》云："朱永裔，阆中人，淳熙七年（1180）郡守。"《同治志》卷十四《艺文志》载《石鱼记》称"郡守朱永裔"。《民国志》卷九《秩官志·文职》云：朱永裔，阆中人，淳熙七年假守。按：朱永裔（1127-？），字光叔，小名信哥，小字冠先，阆中（今四川阆中）人（《朱永裔题记》），或作阆州阆中县新安里人（李胜《涪陵历史文化研究》），或作南部县人（《四川通志》卷三三《选举》）。故左迪功郎朱骥之子。朱永裔，绍兴进士，见于《绍兴十八年同年小录》。淳熙年间为涪州牧，《朱永裔题记》《水下碑林——白鹤梁》题衔为"尉守"；《世界第一古代水文站——白鹤梁》、曾超《三峡国宝——白鹤梁题刻汇录与考索》题衔为"假守"。南宋淳熙六年（1179），假守阆中朱永裔与教官相台李衍，郡幕七闽曾稷、秋官武信、胥挺、武龙薄东平刘甲师文来观石鱼，作题记 1 则，即《朱永裔题记》。参见曾超、张正武《西南地区白鹤梁题刻唐宋涪州牧考述》（《长江师范学院学报》，2013 年 1 期）、王晓晖《南宋涪州知州考略》（《长江师范学院学报》，2013 年 1 期）、李胜《涪陵历史文化研究》第 171 页。

［夏敏］[一]

注释：

［一］夏敏：《长江三峡工程水库水文题刻文物图集》《夏敏等题记》作夏敏，《水下碑林——白鹤梁》、曾超《三峡国宝——白鹤梁题刻汇录与考索》作夏敏，字彦博，眉山人。淳熙年间为涪州牧，《夏敏等题记》题衔为"（涪陵）郡守"。《同治志》卷四《秩官志·历代秩官》和《民国志》卷九《秩官志》未收录。南宋淳熙十一年（1184），郡守眉山夏敏彦博、文学掾荆州董天常可久同游白鹤梁，见于《夏敏等题记》。参见曾超、张正武《西南地区白鹤梁题刻唐宋涪州牧考述》（《长江师范学院学报》，2013 年 1 期）、

王晓晖《南宋涪州知州考略》（《长江师范学院学报》，2013 年 1 期）。

［李瑞］[一]

注释：

［一］李瑞：《同治志》卷四《秩官志·历代秩官》云：李瑞，字玉新，宝庆二年（1226）太守。《民国志》卷九《秩官志·文职》同。按：李瑞，字公玉，《李公玉"瑞鳞古迹"题记》《水下碑林——白鹤梁》、曾超《三峡国宝——白鹤梁题刻汇录与考索》作李瑞公玉，黄秀陵《宋代科学家秦九韶与白鹤梁的水文科学》一文作李瑀公玉，《同治志》卷二《舆地志碑目》之《李玉新题名记》作"郡守李瑞公玉新"。曾超《三峡国宝——白鹤梁题刻汇录与考索》《李公玉题记》作"郡太守唐安李公玉"，清代陆增祥《八琼室金石补正》、姚觐元《涪州石鱼文字所见录》作李瑀公玉。宝庆年间为涪州牧，《水下碑林——白鹤梁》、曾超《三峡国宝——白鹤梁题刻汇录与考索》作"郡守李瑞公玉""涪州太守"。黄秀陵《宋代科学家秦九韶与白鹤梁的水文科学》一文作"郡守李瑀公玉"。《同治志》卷二《舆地志碑目》之《李玉新题名记》作"郡守李瑞公玉新""涪州太守"。从题刻看，李瑞字为公玉，而非玉新。南宋宝庆二年，郡守李瑞公玉、新潼川守秦季槱宏文、郡纠曹掾何昌宗季文，季槱之子九韶道古，瑞之子泽民志可同来游，作题刻 1 则，即《李公玉"瑞鳞古迹"题记》。南宋宝庆丙戌年，（涪陵）郡太守唐安（今四川崇庆）李公玉喜其为丰季之兆，挈男泽民、□民、觉民载酒来游，□□□叔咏、眉山（今四川眉山）□□□、□□白子才、张□□、□□□。作题记 1 则，即《李公玉题记》。参见曾超、张正武《西南地区白鹤梁题刻唐宋涪州牧考述》（《长江师范学院学报》，2013 年 1 期）、王晓晖《南宋涪州知州考略》（《长江师范学院学报》，2013 年 1 期）。

［谢兴甫］[一]

注释：

［一］谢兴甫：《同治志》卷四《秩官志·历代秩官》：谢兴，绍定二年（1229）太守。《民国志》卷九《秩官志·文职》同。按：谢兴应为谢兴甫，字起□，长沙人。曾超《三峡国宝——白鹤梁题刻汇录与考索》、《水下碑林——白鹤梁》作"长沙谢兴甫起□"，贵州省博物馆藏有清拓品临 301《谢兴甫等题名》作"长沙谢兴甫起□□"，多一"□"字，

《同治志》卷九《舆地志碑目·谢兴题名》云："长沙谢兴"。《同治志》卷四《秩官志·历代秩官》和《民国志》卷九《秩官志》记其名字有误。谢兴甫，进士及第，授从事郎全州州学教授。卫泾《后乐集》卷十二《奏举萧遵施楫姜注谢孙复谢兴甫郗梦祥乞加录用状》和杨士奇等《历代名臣奏议》卷一百四十九记载：谢兴甫，文行华美，气质粹和，谨重好修，学术甚正，以殿试第五名及第，授从事郎全州州学教授。绍定年间为涪州牧，《谢兴甫等题记》无职衔，魏了翁《鹤山集》卷四十八有《涪州太守题名石记》。南宋绍定三年（1230），长沙谢兴甫起□、资中杨坤之夷叔、郡人虞会和叔同游白鹤梁，有题记 1 则，即《谢兴甫等题记》。谢兴甫著有《中庸大学讲义》，《宋史》卷二〇二《艺文志第一百五十五》收录有谢兴甫《中庸大学讲义》3 卷。参见曾超、张正武《西南地区白鹤梁题刻唐宋涪州牧考述》（《长江师范学院学报》，2013 年 1 期）、王晓晖《南宋涪州知州考略》（《长江师范学院学报》，2013 年 1 期）、李胜《涪陵历史文化研究》第 173 页。

［邓刚］[一]

注释：

［一］邓刚：《同治志》卷四《秩官志·历代秩官》云："邓刚，字季中，庐陵人，淳祐九年（1249）太守。"《民国志》卷九《秩官志·文职》同。按：邓刚，字季中，庐陵（今江西吉安）人，一说吉水人。嘉定进士，见于谢旻等《江西通志》卷五十《选举宋二》。淳祐年间为涪州牧，《邓刚题记》题衔为"（涪陵）郡守"。南宋淳祐戊申年（八年，1248），郡守庐陵邓刚季中率通判江阳何行可元达同观石鱼，作题记 1 则，即《邓刚题记》。《水下碑林——白鹤梁》云：邓刚品行端正，善书画，钟楷书，其字飘逸潇洒，颇具大家风范。参见曾超、张正武《西南地区白鹤梁题刻唐宋涪州牧考述》（《长江师范学院学报》，2013 年 1 期）、王晓晖《南宋涪州知州考略》（《长江师范学院学报》，2013 年 1 期）、李胜《涪陵历史文化研究》第 174 页。

［刘君举］[一]

注释：

［一］刘君举：《同治志》卷四《秩官志·历代秩官》云："刘君举，字叔子，宝祐二

年（1254）郡守。"《民国志》卷九《秩官志·文职》同。阳枋《谢涪陵刘君举使君见委北岩堂长诗》称刘君举为"使君"（州牧之称）。按：刘君举，字叔子，长宁人。刘叔子知重庆府事，见于民国《巴县志》。宝祐二年为涪州牧，《刘叔子诗并序》题衔为"郡假守"，《蹇材望和刘叔子诗并序》称"长宁刘公叔子镇是邦"。《同治志》卷十四《艺文志》载《嗣韵石鱼诗序》作"郡守刘叔子"。南宋宝祐二年，郡假守长宁刘叔子君举偕别驾蹇材望君厚观石鱼，作题记1则，即《刘叔子诗并序》。阳枋有《谢涪陵刘君举使君见委北岩堂长诗》，诗云："雪片冬深玩易编，正公和气理尤浑。八分写就龙蛇走，岩藤涧树常蜒蜿。莲荡飘裾紫阳学，归来拂拭莓苔痕。岩前世事几兴废，道无今古终长存。新来五马栽桃李，生平伊洛期穷源。下车一笑抚江阁，片心飞度苍崖根。生香动荡满幽谷，秋丛濯雨抽兰荪。露华滴晴舞夜鹤，云叶卷霁吟朝猿。衰翁白首野人服，不爱市井怜山村。太守招来说好语，翠萝有路犹堪扪。听终不敢谢疲苶，瘦筇强拄岩檐门。遗书欲傍梅花读，只恐使人昭昭己昏昏。"参见曾超、张正武《西南地区白鹤梁题刻唐宋涪州牧考述》（《长江师范学院学报》，2013年1期）、王晓晖《南宋涪州知州考略》（《长江师范学院学报》，2013年1期）。

[王明]

注释：

[一]王明：《同治志》云："王明，祥兴（1278–1279）中，涪州守将，事见《忠烈》。"

[龚儒崇]

注释：

[一]龚儒崇：任官涪陵郡别驾。《齐砺等题记》题衔为"（涪陵郡）别驾龚儒崇"。同治、民国涪陵方志未载。南宋理宗绍定己丑（二年，1229），（涪陵）郡太守齐砺拉（涪陵郡）别驾龚儒崇、山阳倚赵伸夫、本路帅属章斯才同游白鹤梁，见于《齐砺等题记》。参见曾超、张正武《西南地区白鹤梁题刻唐宋涪州牧考述》（《长江师范学院学报》，2013年1期）、王晓晖《南宋涪州知州考略》（《长江师范学院学报》，2013年1期）。

［卢棠］[一]

注释：

［一］卢棠：任官涪州为州牧。《卢棠题记》题衔为"摄涪陵（郡事）"。《水下碑林——白鹤梁》云："卢棠，乾道六年（1170）知涪州。"《同治志》卷四《秩官志·历代秩官》和《民国志》卷九《秩官志》未收录。南宋乾道七年（1171），摄涪陵古汴（今河南开封）卢棠、学官忠南谭深之、录参温陵曾稷、酒正汲阳高昱、邑尉汉嘉邓椿同游白鹤梁，作题记1则，即《卢棠题记》。参见曾超、张正武《西南地区白鹤梁题刻唐宋涪州牧考述》(《长江师范学院学报》,2013年1期)、王晓晖《南宋涪州知州考略》(《长江师范学院学报》，2013年1期)。

［吴信中］[一]

注释：

［一］吴信中：《同治志》云："吴信中，光辅孙，继守涪州，建堂于吴公溪之上。"

［范仲武］[一]

注释：

［一］范仲武：《同治志》云："范仲武，嘉定元年（1208）知涪州，塑程伊川像于钩深堂以祀之。并建致远、碧云二亭。"参见《涪陵历史人物》第28–29页《北岩书院的创建人范仲武》、《历代名人与涪陵》第91页《南宋涪州知州范仲武在北岩的遗迹》、《涪陵文史资料选辑》第三辑第114页汪长春《涪陵市书画名人录》。

［谢宋卿］[一]

注释：

［一］谢宋卿：《同治志》云："谢宋卿，嘉定三年（1210）太守。"

［周念华］[一]

注释：

［一］周念华：蓝勇主编《稀见重庆地方文献汇点》（下）第542页涪州知州有周

念华。

［薛胄］^[一]

注释:

［一］薛胄:蓝勇主编《稀见重庆地方文献汇点》(下)第543页涪州知州有薛胄,云:"薛胄,《通志》:汾阴人。"

［敬长瑜］^[一]

注释:

［一］敬长瑜:蓝勇主编《稀见重庆地方文献汇点》(下)第543页涪州知州有敬长瑜,云:"敬长瑜,《通志》:河东人。"

［令狐休］^[一]

注释:

［一］令狐休:蓝勇主编《稀见重庆地方文献汇点》(下)第543页涪州知州有令狐休,云:"令狐休,《通志》:敦煌人。"

元

僧嘉闾^[一]

注释:

［一］僧嘉闾,元至正年间(1341-1368)涪州太守。《同治志》云:"僧嘉闾,至正十三年(1353)太守。"僧嘉闾任官来源于贾元《学宫碑亭记》。

［咬寻进义］^[一]

注释:

［一］咬寻进义:《同治志》卷四《秩官志·历代秩官》:"咬寻进义,至顺三年(1332)忠翊校尉、同知涪州事。"《民国志》卷九《秩官志·文职》云:"咬寻通义,至顺三年忠翊校尉同知涪州事。"《同治志》《民国志》记时有误,当为至大四年(1311)。按:咬

寻进义，至大年间（1308-1311）为涪州牧，《聂文焕题记》题衔为"忠翊校尉、同知涪州事咬寻进义"。元至大辛亥年，奉训大夫、夔路万州知州兼管本州诸军奥鲁、劝农事安固，偕忠翊校尉、同知涪州事咬寻进义，副尉、涪州判官杨辉敬谒伊川先生祠因观石鱼，见于《聂文焕题记》。

[杨辉][一]

注释：

[一] 杨辉：《同治志》云："至顺三年（1332）副尉、涪州判官。"记时有误，当为至大四年（1311）。《民国志》未有收录。至大辛亥年，奉训大夫、夔路万州知州兼管本州诸军奥鲁、劝农事安固，偕忠翊校尉、同知涪州事咬寻进义，（忠翊）副尉、涪州判官杨辉敬谒伊川先生祠因观石鱼，见于《聂文焕题记》。

[张八歹][一]

注释：

[一] 张八歹：《同治志》卷四《秩官志·历代秩官》："张八歹，奉议大夫，至顺癸酉（1333）太守。"《民国志》卷九《秩官志·文职》同。张八歹（1302-1375），又名张琡，元代蒲板人。张八歹，《中国长江三峡大辞典》、《同治志》卷二《舆地志·碑目》、《同治志》卷四《秩官志·历代秩官》作张八歹。《水下碑林——白鹤梁》《中国长江三峡大辞典》《历代名人与涪陵》等均云：进士。至顺年间为涪州牧，《张八歹木鱼记》题衔为"奉议大夫、涪守"。张八歹镌刻石鱼。《世界第一古代水文站——白鹤梁》注释说：元元统元年（1333），鱼长46cm×18cm。该鱼模拟木刻技法，其雕刻精细，强调写实，栩栩如生。游梁观鱼作题刻。元至顺癸酉年，奉议大夫涪守张八歹、蒲板张琳、吏庞嗣荣游白鹤梁，作题记1则，即《张八歹木鱼记》。张八歹传记留名。《中国长江三峡大辞典》云："张八歹，又名张琡，生于1302年，卒于1375年，元代蒲板（今山西永济）人。进士。至顺癸酉年为奉议大夫、涪州太守。工书法，动笔如飞，一挥而就。在白鹤梁题刻中，张八歹刻有石鱼一尾，作有题记1则。85字，精隽超群，错落有致，脱于颜柳，自成一体。"参见曾超《元明清涪州牧考述》（《重庆三峡学院学报》，2014年5期）、《历代名人与涪陵》第103-104页《元代涪守张八歹白鹤梁仿刻

木鱼记》。

明

邵贤[一]，宣德年任，江南宜兴人。

注释：

［一］邵贤：《同治志》云："邵贤，宣德中以员外郎出守涪州。筑新城，广民居，修学校，殄巨寇。涪人德之，崇祀名宦祠。"蓝勇主编《稀见重庆地方文献汇点》（下）第563页云："邵贤，《涪州志》：宣德中以员外郎出守涪州。作新城，广民居，修学校，殄巨寇。涪人德之。祀名宦。"

方大乐[一]，江西人，进士。

注释：

［一］方大乐：《同治志》云："方大乐，江西进士。守涪六载，虚怀下士，培育人材，狱讼衰息，四境恬熙。崇祀名宦祠。"蓝勇主编《稀见重庆地方文献汇点》（下）第563页云："方大乐，江西人，由进士守涪州。"

廖森[一]

注释：

［一］廖森：《同治志》云："廖森，为州牧，讲学造士，一时擢科名者十余人，皆出其门。伏阙保留，历任十载。崇祀名宦祠。"蓝勇主编《稀见重庆地方文献汇点》（下）第563页云："廖森，十载州牧，民歌慈母。祀名宦。"参见《刘氏宗谱》第102-104页收录之《凌云公北岩伐游记》。

余光[一]

注释：

［一］余光：《同治志》云："余光，万历间任知州。"蓝勇主编《稀见重庆地方文献汇点》（下）第563页云："余光，万历间任。"

王育仁[一]，万历年任。江西太和人，进士。

注释：

[一] 王育仁：《同治志》云："王育仁，进士，江西泰和人。万历间任知州。"蓝勇主编《稀见重庆地方文献汇点》（下）第563页云："王青仁，进士，江西泰和人。"诸书有"育""青"之别。

张时迪[一]，万历年任，举人。

注释：

[一] 张时迪：《同治志》云："张时迪，举人。万历间任知州。"蓝勇主编《稀见重庆地方文献汇点》（下）第563页云："张时迪，举人。"

李陶成[一]，万历年任，举人。

注释：

[一] 李陶成：《同治志》云："李陶成，举人。万历间任知州。"蓝勇主编《稀见重庆地方文献汇点》（下）第564页云："李陶成，举人。万历间任。"

刘曰彩[一]，万历年任，江西南昌人，举人。

注释：

[一] 刘曰彩：《同治志》云："刘曰彩，举人。万历间任知州。"蓝勇主编《稀见重庆地方文献汇点》（下）第564页云："刘曰彩，举人。万历间任。"

朱家民[一]，万历年任，云南人，进士。

注释：

[一] 朱家民：《同治志》云："朱家民，云南进士。万历中守道陈大道修学官，赞助速成，更置学田以养士类。后升贵阳方伯。崇祀名宦祠。"蓝勇主编《稀见重庆地方文献汇点》（下）第564页云："朱家民，举人。万历间任。"据夏道硕《建东壁阁记》，朱家民，别号任宇。进士，云南曲靖人。

郭维藩^[一]，万历年任，举人。

注释：

［一］郭维藩：《同治志》云："郭维藩，举人。万历间任知州。"蓝勇主编《稀见重庆地方文献汇点》（下）第 564 页："郭维藩，举人。万历间任。"

黄寿^[一]，万历年任，江西南城人，进士。

注释：

［一］黄寿：《同治志》云："黄寿，字纯仁，号松崖。进士，江西南城人。万历中由黄州判以异政擢涪守，尚俭革弊，期年而六事孔修，朝暮焚香危坐，凡百念虑动处事，皆符应，世因号为神官云。"蓝勇主编《稀见重庆地方文献汇点》（下）第 564 页："黄寿，进士，江西南城人。万历间任。"按：黄寿（1464-1534），字纯仁，号松崖，江右南城人。明弘治二年进士。由黄州判以异政，擢升涪州太守。善诗、工书。其书疏朗多姿，平直茂密，文笔颖秀。《联句和黄寿诗记》云："黄公博学六经，尤精术书。登京榜筮仕判黄州，以异政擢为涪守"。曾书《阎守信墓志》。《阎守信墓志》，罗玘撰，黄寿书并篆盖（额）。明弘治十二年（1499）十一月乙酉日葬。抚州南城出土。正书。86cm×45cm×4cm。黄寿治涪号神官。《联句和黄寿诗记》云："黄公……以异政擢为涪守，尚俭革弊，暮年而六事孔修，庚午元日渡江拜伊川先生祠舟次还江心，观石鱼留题。盖以岁之丰歉不关术，石鱼之出没惟系术，国用之俭奢，其辅相天道，收束人心之美意，不其茂哉。时璘等侍行，庸是续貂，相誓晋用众宙，崇黄公之俭德而不敢倡丰亨豫大之说也。……公名寿字纯仁，号松崖，江右南城人。朝暮焚香危坐，凡百念虑，动处应事，□符应世，因号为神官云"。白鹤梁有《黄寿题诗》，诗云："时乎鸾凤见，石没亦是丰。时乎鸱鸮见，石出亦是凶。丰凶良有自，奚关水石踪。节用爱人心，胡为有不同。"亦有和黄寿诗。涪陵张楫有《张楫拜和诗》，诗云："石鱼随出没，民安即是丰。一州蒙作福，百姓免遭凶。张弛谁能测，奸横自敛踪。天工奇造化，屈指几人同。"张璘等有《联句和黄寿诗记》，诗云："鱼出不节用（张璘），年丰难为丰（刘用良）。鱼没知节用（文行），年凶未必凶（文羽夏）。造化存乎人（蒋建辰），丰凶岂无踪（刘寔）。神官俭且廉（吴崇夔），小子心当同（张儒臣）。"参见曾超《元明清涪州牧考述》（《重庆三峡学院学报》，2014 年 5 期）、李胜《涪陵历史文化研究》第 175–176 页。

朱毅臣^[一]，<small>天启年任，江西进贤人，举人。</small>

注释：

[一]朱毅臣：《同治志云》："朱毅臣，江西举人。天启间任知州。"蓝勇主编《稀见重庆地方文献汇点》（下）第 564 页云："朱毅臣，举人。天启间任。"

韩邦哲^[一]，<small>天启年任，湖广黄州人，举人。</small>

注释：

[一]韩邦哲：《同治志》云："韩邦哲，湖北黄州举人。天启间任知州。"蓝勇主编《稀见重庆地方文献汇点》（下）第 564 页云："韩邦哲，举人。天启间任。"

张应爵^[一]，<small>崇祯年任，浙江山阴人，举人。</small>

注释：

[一]张应爵：《同治志》云："张应爵，浙江山阴举人。天启间任知州。"蓝勇主编《稀见重庆地方文献汇点》（下）第 564 页云："张应爵，举人，浙江山阴人。天启间任。"

王嗣奭^[一]，<small>崇祯年任，浙江人，举人。</small>

注释：

[一]王嗣奭：《同治志》云："王嗣奭，浙江举人。崇正［祯］间任知州。"蓝勇主编《稀见重庆地方文献汇点》（下）第 564 页云："王嗣奭，浙江举人。"

夏云鼎^[一]，<small>崇祯年任，湖广石首人，举人。</small>

注释：

[一]夏云鼎：《同治志》云："夏云鼎，湖广石首举人。崇正［祯］间任知州。"蓝勇主编《稀见重庆地方文献汇点》（下）第 564 页云："夏云鼎，举人，湖广石首人。"《刘氏宗谱》第 148 页收录有州守夏公讳云鼎赠涪陵刘氏州城南旧第对联，联云："三卷奏章标太史，一门忠直著彤廷。"

黄应祥^[一]，<small>崇祯年任，贵州龙里卫人，举人。</small>

注释：

［一］黄应祥：《同治志》云："黄应祥，举人，贵州龙里卫人。崇正［祯］间任知州。"
蓝勇主编《稀见重庆地方文献汇点》（下）第 564 页云："黄应祥，举人，贵州龙里卫人。"

冯良谟［一］，崇祯癸未（十六年，1643）任，江南六合人，举人。到任未几，值献贼入川，民多屠戮，四野废耕。公多方赈救抚恤，遗民稍存。迄今涪人德之。

注释：

［一］冯良谟：《同治志》云："冯良谟，江南六合举人。崇正［祯］癸未摄涪篆，值献贼入川，屠戮遍野。公赈恤招徕，遗民赖以稍复。"蓝勇主编《稀见重庆地方文献汇点》（下）第 564 页云："冯良谟，江南六合举人。崇祯癸未摄篆。值献贼入川，民多屠戮，四野废耕。谟多方救赈，遗民稍存。迄今涪人德之。"陈观察《预考吴江沈近事业残载》："陈良谟，字范卿，吴江人，万历壬午举人。知涪州，有循吏声，江中石鱼出见三。有记，见《涪州志》。"

［刘冲霄］［一］

注释：

［一］刘冲霄：《同治志》卷四《秩官志·历代秩官》云："刘冲霄，洪武十七年（1384）奉训大夫、知州。"《民国志》卷九《秩官志·文职》云："刘冲霄，洪武十七年奉训大夫、知州事。"按：刘冲霄，四川内江人。举人，见于李胜《涪陵历史文化研究》。曾任松溪知县，见于郝玉麟等《福建通志》卷二十五《职官六》。曾任南阳府同知，见于王士俊等《河南通志》卷三十二《职官三》。洪武年间为涪州牧，《刘冲霄诗并序》题衔为"奉训大夫、涪州知州"。明洪武十七年，奉训大夫、涪州知州刘冲霄，承务郎、涪州同知李希尹，从仕郎、涪州判官范庄，吏目颜亮、学正黄思诚、训导张敬先、驿丞王青同游白鹤梁，作题记 1 则，题诗 1 首即《刘冲霄诗并序》。诗云："石鱼见处便丰年，自我居官亦有缘。愿得从今常献瑞，四民乐业永安然。"参见曾超《元明清涪州牧考述》（《重庆三峡学院学报》，2014 年 5 期）、李胜《涪陵历史文化研究》第 175 页。

［沈定］[一]

注释：

［一］沈定：《同治志》云："沈定，永乐中知涪州。兴学校，课农桑，孜孜不能，胥吏畏威，而民乐其业。见《一统志》。"蓝勇主编《稀见重庆地方文献汇点》（下）第563页云："沈定，《府志》：永乐中知涪州。廉能有为，兴学校，课农桑，吏胥畏威，民乐其业。"

［（斐）［裴］连］[一]

注释：

［一］裴连："裴"，《同治志》作"斐"，云："斐连，监利人。宣德中以工部侍郎谪守涪州。练达治体，仁惠及民，功绩懋著。"蓝勇主编《稀见重庆地方文献汇点》（下）第563页："裴连，监利人。宣德中以工部侍郎谪守涪州。"

［张黻］[一]

注释：

［一］张黻，《同治志》云："张黻，成化中知涪州。清介公明，爱民如子。见《一统志》。"蓝勇主编《稀见重庆地方文献汇点》（下）第563页："张黻，《明史·林俊传》：'吉水人，成化八年进士。历知涪州、宿州，介特不避权贵。弘治中，俊蒙显擢，而黻老不用，王恕为之请，特予诰命。"

［袁宗夔］[一]

注释：

［一］袁宗夔：《同治志》卷四《秩官志·历代秩官》云："袁宗夔，正德元年州守。"《民国志》卷九《秩官志·文职》云："袁宗奎，正德元年州守。"袁宗夔任官来源于明正德元年（1506）白鹤梁题刻《李宽观石鱼记》。是年，四川按察司佥事德安李宽、（涪州）州守袁宗夔、叙州府同知陈旦，保宁府同知郭岱、（保宁）府通判盛应明、德阳县知县吴琏、新繁县知县祁璘，江安县知县徐崧同游白鹤梁观石鱼。参见曾超《元明清涪州牧考述》（《重庆三峡学院学报》，2014年5期）。

[陈大道]^[一]

注释：

[一]陈大道：《同治志》云："陈大道，万历二十二年（1594）守道，后官蒲参。"

[雷懿]^[一]

注释：

[一]雷懿：雷懿（1369-1434），字运通，古邕（今广西邕宁）人。"懿"，《水下碑林——白鹤梁》第114页释文作"谷"，《世界第一古代水文站——白鹤梁》第85页释文作"穀"，《长江三峡工程水库水文题刻文物图集》该题刻名为《雷穀题记》，则是将其释读为"穀"字。陆增祥《八琼室金石补正》作"穀"字。永乐年间为涪州牧，《刘冲霄诗并序》题衔为"奉训大夫、涪陵守古邕雷懿运通"。《同治志》卷四《秩官志·历代秩官》和《民国志》卷九《秩官志》亦未收录。明永乐三年（1405），奉训大夫、涪陵守古邕雷懿运通同僚友征仕郎陈子仲致中、从仕郎荀仕能复览、朝使江右晏孟宣、涪州学正古邵欧阳士鳞、训导西陵易巽、义陵张致和、古邰成礼、生员万琳等同游白鹤梁，作题记1则，即《雷懿题记》。善书工诗留旧迹。雷懿善书，工诗，其字点画不拘，纵横有致。见于《水下碑林——白鹤梁》注。参见曾超《元明清涪州牧考述》（《重庆三峡学院学报》，2014年5期）。

[龙公]^[一]

注释：

[一]龙公：成化年间涪州牧，《抄写古文诗记》题衔为"涪州太守"。《同治志》卷四《秩官志·历代秩官》和《民国志》卷九《秩官志》未收录。明成化七年（1471），涪州太守龙公遣属吏张本仁、王□抄写古文诗记。有题记1则，即《抄写古文诗记》。参见曾超《元明清涪州牧考述》（《重庆三峡学院学报》，2014年5期）。

国朝

吴调元^[一]，康熙元年（1662）任，江南人，举人。

注释：

[一]吴调元：《同治志》云："吴调元，江南举人。康熙元年任。"蓝勇主编《稀见

重庆地方文献汇点》（下）第 602 页云："吴调元，江南举人。康熙元年任。"

朱麟祯^[一]，康熙三年（1664）任，辽东人，荫生。

注释：

[一]朱麟祯：蓝勇主编《稀见重庆地方文献汇点》（下）第 602 页云："朱麟贞，辽东荫生。康熙三年任。"按：朱羽，字麟祯，或麟正。辽东人。白鹤梁题刻追叙人名。康熙年间为涪州牧，《萧星拱观石鱼记》称："朱羽公讳麟祯者，初官于涪，士民德之。"未有具体职衔。《四川通志》（四库全书本，史部第 560 册第 671 页）卷三十一《皇清职官》记载："朱麟贞（祯），辽东荫生，康熙三年任涪州知州。"《同治志》卷四《职官志·历代秩官》云："朱麟正，荫生，辽东人，康熙三年任，建修州署。"《民国志》卷九《秩官志·文职》同。《四川通志》卷二十八《公署》记载：朱羽，康熙六年（1667）修建州署。《同治志》卷三《建置志·公署》云："州署，国朝康熙七年州牧朱公麟正建。"参见曾超《元明清涪州牧考述》（《重庆三峡学院学报》，2014 年 5 期）。

萧星拱^[一]，康熙十九年（1680）任，江西人，保举。

注释：

[一]萧星拱：《同治志》云："萧星拱，江西人。康熙十九年任。重修学官，补修州署。"蓝勇主编《稀见重庆地方文献汇点》（下）第 602 页："萧星拱，江西人。康熙十九年任。"第 569 页："萧星拱，江西人，康熙三十年任起府知府云。"康熙十九年、二十三年、康熙乙丑年（1685）涪州牧。按：萧星拱，江西盱江人。第进士。三任涪州牧。《萧星拱观石鱼记》题衔为"（涪陵）郡守盱江萧星拱"，《萧星拱重镌双鱼记》题衔为"涪州牧盱江萧星拱薇翰氏"。《四川通志》卷三十一《皇清职官》云："萧星拱，江西吏员，康熙十九年、二十三年二任涪州知州。"《民国志》卷九《秩官志·文职》云："萧星拱，江西人，康熙十九年知州军，修学官，补修州属。"李胜《涪陵历史文化研究》云："萧星拱，康熙十九年涪陵郡守，重修学官，补修州署。二十二年，复知涪州，复建州署。"《同治志》卷四《秩官志·历代秩官》云："萧星拱，江西人，康熙十九年任，重修学官，补修州属。"清康熙二十三年，知忠州事三韩商玉朱之礴、浙江慈溪寅凡周御奇、郡守盱江萧星拱等同游白鹤梁，萧星拱作《萧星拱观石鱼记》。清康熙乙丑年，涪

州牧盱江萧星拱薇翰氏、旧黔令云间杜同春梅川、州佐四明王运亨元公、盱江吴天衡高伦、何谦文奇、西陵高应乾侣叔，郡人刘之益四仙、文珂奚仲同游白鹤梁，作题记 1则，是为《萧星拱重镌双鱼记》。镌刻双鱼价值高。据《萧星拱重镌双鱼记》，萧星拱鉴于唐代郑令珪所刻石鱼"岁久剥落，形质模糊，几不可问，遂命石工刻而新之，俾不至湮没无传"。萧星拱所刻石鱼，其位置在原郑令珪所刻唐代石鱼之上，完全系仿刻。萧星拱所刻石鱼简称"清鱼"或"萧鱼"。现存双鱼，题刻拓片见《水下碑林——白鹤梁》第 133 页，前鱼长 100 厘米，高 28 厘米，36 鳞，含莲花，其背鳍较高，后背较扁窄，系雄鱼；后鱼长 105 厘米，高 27 厘米，37 鳞，含芝草，其背鳍较矮，后腹较饱满，系雌鱼。双鱼一前一后作溯江翔游状。重刻双鱼图与原刻唐鱼略有不同：一是形体尺寸增大；二是后鱼因刻工疏忽而多一鳞片；三是鱼鳞的变化，原刻雄鱼含芝草，变成含莲花，原刻雌鱼含莲花，变成含芝草。萧星拱所刻石鱼，价值极高，它取代唐鱼成为"石鱼水标"。《长江三峡工程水库水文题刻文物图集》注释说："双鱼中部为唐代所见鱼，也是石刻中最早的一尾石鱼，上部有篆体'石鱼'二字。"萧星拱移知忠州。《四川通志》（黄廷桂、张晋生等纂修，四库全书本，史部第 560 册）卷三十一《皇清职官》云："萧星拱，江西吏员，康熙二十一年（1682）任忠州知州。"李胜《涪陵历史文化研究》云："萧星拱，康熙二十一年移知忠州。"萧星拱知重庆府。李胜《涪陵历史文化研究》云："萧星拱，康熙三十年，知重庆府。"《四川通志》（黄廷桂、张晋生等纂修，四库全书本，史部第 560 册）卷三一《皇清职官》云："萧星拱，江西吏员，康熙三十年任重庆府知府。"萧星拱知东川府。《钦定大清一统志》（和珅等撰，四库全书本，史部第 483 册第 65 页）卷三百七十五《东川府·名宦》："本朝萧星拱，南城人，康熙四十一年（1702）任知东川府，勤于政事，整顿地方。以东川土地空旷难守，乃于东门截筑土城，约退三十余丈，捍卫赖之。"参见曾超《元明清涪州牧考述》（《重庆三峡学院学报》，2014 年 5 期）。

孟时芬[一]，康熙三十一（1692）任，浙江人，监生。

注释：

[一] 孟时芬：《同治志》云："孟时芬，监生，浙江人。康熙三十年（1691）任涪州知州。"蓝勇主编《稀见重庆地方文献汇点》（下）第 602 页："孟时芬，浙江监生。康熙三十年任涪州知州。"

杨应元[一]，康熙三十九年（1700）任，浙江人，吏员。

注释:

[一] 杨应元:《同治志》云:"杨应元，吏员，浙江人。康熙四十一年（1702）任涪州知州。"蓝勇主编《稀见重庆地方文献汇点》（下）第602页:"杨应元，吏员，浙江人。康熙四十一年任涪州知州。"

徐烺[一]，康熙四十一年（1702）任，奉天人，监生。

注释:

[一] 徐烺:《同治志》云:"徐烺，监生，奉天人。康熙四十一年任涪州知州。"蓝勇主编《稀见重庆地方文献汇点》（下）第602页:"徐烺，奉天监生。康熙四十一年任涪州知州。"

董维祺[一]，康熙康熙四十二年（1703）任，奉天人，官监。

注释:

[一] 董维祺:《同治志》云:"董维祺，奉天人。康熙四十二年（1703）任。留心教养，续修《涪志》。"蓝勇主编《稀见重庆地方文献汇点》（下）第602页:"董维祺，镶白旗监生。康熙四十二年任。"按:董维祺（1671-1739），字尔介，满族，千山人，一说直隶奉天人。镶白旗监生。任官涪州为州牧。清康熙丙戌年（四十五年，1706），董维祺游白鹤梁，题记1则，即《董维祺题记》。《同治志》收录有董维祺咏赞涪陵的"涪州八景"诗。有《松屏列翠》《桂楼秋月》《荔圃春风》《鉴湖鱼笛》《群猪夜吼》《白鹤时鸣》。其中《白鹤时鸣》《群猪夜吼》2诗还收录进《乌江古代诗词译注》。参见曾超《元明清涪州牧考述》（《重庆三峡学院学报》，2014年5期）。

州判

[唐]

[宋庭瑜][一]

注释:

[一] 宋庭瑜:曾任司农少卿、涪州别驾（相当于州牧副贰），庆州都督、广州都督

等职。刘昫《旧唐书》卷一百九十三列传第一百四十三《列女》云:"宋庭瑜妻魏氏,定州鼓城人,隋著作郎彦泉之后也,世为山东士族。父克己,有词学,则天时为天官侍郎。魏氏善属文。先天(712–713)中,庭瑜自司农少卿左迁涪州别驾。魏氏随夫之任,中路作《南征赋》以叙志,词甚典美。开元(713–741)中,庭瑜累迁庆州都督。初,中书令张说年少时为克己所重,魏氏恨其夫为外职,乃作书与说,叙亡父畴昔之事,并为庭瑜申理,乃录《南征赋》寄说。说叹曰:'曹大家《东征》之流也。'庭瑜寻转广州都督,道病卒。魏氏旬日亦殒,时人莫不伤之。"清张纶英有《楷书宋庭瑜妻立轴》。

宋

曹叔达[一]

注释:

[一]曹叔达:《同治志》云:"曹叔达,字器远,瑞安人。绍圣元年(1094)进士。判涪州,有善政。后徙遂宁。时营卒变,势张甚,闻曹至即戒其党,毋肆暴,曰:此江南好官也。历官侍郎。谥文肃。崇祀名宦祠。"蓝勇主编《稀见重庆地方文献汇点》(下)第542页作曹叔远,云:"曹叔远,《通志》:瑞安人。绍熙间通判涪州。"

李维清[一]

注释:

[一]李维清:《同治志》云:"李维清,政和(1111–1118)(笔者注:"政和"有误)中判官。时蜀尚淫祀,病不服药,听命巫觋。惟清擒大巫棰之,民以为必及于祸。他日,清又箠之,竟无祸。民始知巫不神,然后教以医药,习俗顿变。崇祀名宦祠。"蓝勇主编《稀见重庆地方文献汇点》(下)第542页云:"李维清,《宋史》本传:字直臣,下邑人。开宝中以三史解褐涪陵尉。知涪州。民尚淫祀,病不疗治,听于巫觋。惟清擒大巫笞之,民以为及祸。他日又加笞焉,民知不神,然后教以医药,稍变习俗。时遣宦官督输造船木,纵恣不法,惟清奏杀之,由是知名。秩满,迁大理寺丞。"《涪陵历史人物》第18页《北宋涪州名宦李维清》云:"李维清(942–998),字直臣,山东章丘人,一作河南夏邑人。涪州名宦。李维清在涪陵任上,重政治涪,去巫俗,变民风,声名大震。《宋史》云:(李)惟清,开宝(968–976)中,以三史解褐涪陵尉。蜀民尚淫祀,病不疗治,

听于巫觋，惟清擒大巫笞之，民以为及祸。他日又加棰焉，民知不神。然后教以医药，稍变风俗。时遣宦官督输造船木，纵恣不法，惟清奏杀之，由是知名。"参见《历代名人与涪陵》第 60 页《勇于移风易俗的北宋涪陵县尉李维清》。

［石谅］[一]

注释：

［一］石谅：字信道。元丰九年（元祐元年，1086）权判官。《民国志》卷九《秩官志·文职》亦有收录。石谅任官来源于《吴缜题记》。题刻原文为："元丰九年岁次丙寅二月七日，江水至此鱼下五尺。权知涪州、朝请大夫郑颙［愿叟］，权判官石谅［信道］同观，权通判黔州、朝奉郎吴缜［廷珍］题。"又，元丰无九年，实即元祐元年。乃因改元诏书未达之故，故沿用元丰纪年。又，李胜《涪陵历史文化研究》第 156 页云："石谅，字信道，鹿泉（今河北获鹿）人。黄山谷子相岳丈，数学家。哲宗元祐初为涪州判官，徽宗建中靖国元年（1101）任泸州江安令。撰有《钤经》，是中国版线性代数天元术的先驱。"

［常彦］[一]

注释：

［一］常彦：《同治志》卷四《秩官志·历代秩官》云："常彦，宣和四年（1122）朝散大夫、通判军州事。"《民国志》卷九《秩官志·文职》同。按：常彦，云安人（李胜《涪陵历史文化研究》）。任官忠州为司理参军，见于《蜀中广记》卷十九名胜记第十九忠州（今重庆忠县）忠贞祠左阙阙阴镌文。宣和年间为涪州牧（副）。白鹤梁题刻《吴革题记》题衔为"朝散大夫、通判涪州军州事"。《同治志》卷二《舆地志碑目·吴军州纪事》题衔同。北宋宣和四年，朝散大夫、通判涪州军州事与朝奉郎、权知涪州军州事吴革，奉议郎、前通判达州权司录事李全，修武郎、兵马都监曹绾，宣教郎、权司士曹事王拱，迪功郎、涪陵县尉张时行同游白鹤梁，见于《吴革题记》。常彦还曾为朝奉大夫，见于《宋会要辑稿》。参见曾超、张正武《西南地区白鹤梁题刻唐宋涪州牧考述》（《长江师范学院学报》，2013 年 1 期）、李胜《涪陵历史文化研究》第 160 页。

　［林琪］^{［一］}

注释：

　［一］林琪：《同治志》云："林琪，建炎三年（1129）郡倅。"参见曾超、张正武《西南地区白鹤梁题刻唐宋涪州牧考述》（《长江师范学院学报》，2013年1期）。

　［盛辛］^{［一］}

注释：

　［一］盛辛：《同治志》卷四《秩官志·历代秩官》云："盛辛，绍兴（1131–1162）中权通判军州事。"《民国志》卷九《秩官志·文职》同。绍兴年间为涪州牧，《何宪、盛辛唱和诗并序》题衔云："权通判涪州军州事"。《水下碑林——白鹤梁》云：南宋绍兴十八年（1148）权通判涪州军州事。《八琼室金石补正》云：绍兴十八年，权涪州通判。绍兴十八年，知涪州军州事何宪、权通判涪州军州事盛辛、县令王之古，判官庞仔孺等同游白鹤梁，见于《何宪、盛辛唱和诗并序》。有唱和何宪诗1首，诗云："巨浸浮空无路通，双鳞继瑞杳难穷。昔人刊石留山趾，今日呈祥表岁丰。众喜有年歌善政，独惭无补助成功。须知显晦将千载，往哲摽名岁大中。"参见曾超、张正武《西南地区白鹤梁题刻唐宋涪州牧考述》（《长江师范学院学报》，2013年1期）、李胜《涪陵历史文化研究》第168页。

　［李拱辰］^{［一］}

注释：

　［一］李拱辰：《同治志》卷四《秩官志·历代秩官》云："李拱辰，字居中，开封人，淳祐四年通判。"《民国志》卷九《秩官志·文职》同。按：李拱辰，字居中，开封人。中，《水下碑林——白鹤梁》作"申"，误。白鹤梁题刻、曾超《三峡国宝——白鹤梁题刻汇录与考索》、姚觐元《涪州石鱼文字所见录》、《同治志》卷四《秩官志·历代秩官》作"中"。淳祐年间（1241–1252）为涪州牧，《张霁题记》题衔为"通判"。南宋淳祐三年（1243），郡太守山西张霁明父率同僚通判开封李拱辰居中、教授古通王櫄均卿、判官古黔邓季寅东叔、录参长沙赵万春伯寿、司理凤集孙泽润之、司户□□赵与扨仲器、监酒潼川李震发子华、□安□应午子西、监税资中张应有嗣行、涪陵县令武信赵广僖公叔、主簿合阳李因夏卿、县尉合阳冯申龙季英、忠州（今重庆忠县）南宾簿尉开汉

王季和和父、节干成都周仪可义父、节属益昌张申之西卿、郡斋奉节王建极中可同游白鹤梁，见于《张霁题记》。参见曾超、张正武《西南地区白鹤梁题刻唐宋涪州牧考述》（《长江师范学院学报》，2013 年 1 期）。

［何行可］[一]

注释：

［一］何行可：《同治志》卷四《秩官志·历代秩官》云："何行可，字元达，江阳人，淳祐九年（1249）通判。"《民国志》卷九《秩官志·文职》同。按：何行可，字元达，江阳人。淳祐年间为涪州牧，《邓刚题记》题衔为"通判"。南宋淳祐戊申年（八年，1248），郡守庐陵邓刚季中率通判江阳何行可元达同观石鱼，见于《邓刚题记》。参见曾超、张正武《西南地区白鹤梁题刻唐宋涪州牧考述》（《长江师范学院学报》，2013 年 1 期）

［黄庭坚］

注释：

［一］黄庭坚：见前注。参见曾超、张正武《西南地区白鹤梁题刻唐宋涪州牧考述》（《长江师范学院学报》，2013 年 1 期）。

［蹇材望］[一]

注释：

［一］蹇材望：《同治志》卷四《秩官志·历代秩官》云："蹇材望，字君厚，宝祐二年（1254）别驾。"《民国志》卷九《秩官志·文职》有蹇材望。按：蹇材望，字君厚，潼川人。任官涪陵为别驾。《刘叔子诗并序》题衔为"别驾蹇材望君厚"，《蹇材望和刘叔子诗并序》题衔为"别驾潼川蹇材望"。南宋宝祐二年，郡假守长宁刘叔子君举偕别驾蹇材望君厚观石鱼，见于《刘叔子诗并序》。蹇材望有和诗 1 首，诗云："何代潜鳞翠琰镌，双双依藻更依莲。梦符端报屡丰兆，物盛宜歌大有年。玉烛调和从可卜，金刀题咏文开先。浑如泼刺波心跃，感召还知太守贤。"左藏东库言边事。《宋史》卷四十五本纪第四十五云："左藏东库蹇材望上书言边事大可忧者七，急当为者五。不报。"

《续资治通鉴卷》第一百八十宋纪一百八十亦载是事。通判湖州被诟病。周密《癸辛杂识》续集卷上载："蹇材望，蜀人，为湖州倅。北兵之将至也，蹇毅然自誓必死。乃作大锡牌，镌其上曰：'大宋忠臣蹇材望。'且以银二笏凿窍，并书其上曰：'有人获吾尸者，望为埋葬，仍见祀，题云：大宋忠臣蹇材望。此银所以为埋瘗之费也。'日系牌与银腰间，只伺北军临城，则自投水中，且遍祝乡人及常所往来者。人皆怜之。丙子正月旦日，北军入城，蹇已莫知所之，人皆谓之溺死。既而北装乘骑而归，则知先一日出城迎拜矣。遂得本州同知。"《八琼室金石补正》卷八十三亦载是事。参见曾超、张正武《西南地区白鹤梁题刻唐宋涪州牧考述》(《长江师范学院学报》，2013 年 1 期)、李胜《涪陵历史文化研究》第 174–175 页。

[龚儒崇][一]

注释：

[一]龚儒崇：任官涪陵郡别驾。《齐砺等题记》题衔为"(涪陵郡)别驾龚儒崇"。同治、民国涪陵方志未载。南宋理宗绍定己丑(二年，1229)，(涪陵)郡太守齐砺拉(涪陵郡)别驾龚儒崇、山阳倚赵伸夫、本路帅属章斯才同游白鹤梁，见于《齐砺等题记》。参见曾超、张正武《西南地区白鹤梁题刻唐宋涪州牧考述》(《长江师范学院学报》，2013 年 1 期)。

[明]

[江全永][一]

注释：

[一]江全永：任官涪州为别驾。《罗奎诗并序》题衔为"别驾"。同治、民国涪陵方志未载。明万历十七年(1589)，罗奎偕江全永别驾往观石鱼，见于《罗奎诗并序》。参见曾超《元明清涪州牧考述》(《重庆三峡学院学报》，2014 年 5 期)。

[江应晓][一]

注释：

[一]江应晓：参见曾超《元明清涪州牧考述》(《重庆三峡学院学报》，2014 年

5 期）。

[金国祥]^[一]

注释：

[一] 金国祥：参见曾超《元明清涪州牧考述》（《重庆三峡学院学报》，2014 年
5 期）。

学正

[元]

[张安]^[一]

注释：

[一] 张安，《同治志》云："张安，至正十三年（1353）学正。"张安任官来源于贾
元《重修学宫碑亭记》。

[明]

[黄思诚]^[一]

注释：

[一] 黄思诚：《同治志》云："洪武十七年（1384）学正。"《民国志》亦有收录。此
来源于洪武十七年白鹤梁题刻《刘冲霄诗并序》。又陈曦震《水下碑林——白鹤梁》第
112 页注云："黄思诚，生卒不详，明洪武十七年学正。"李胜《涪陵历史文化研究》第
175 页云："黄思诚，徽州休宁人，贡生。历官海盐训导（郝玉麟《福建通志》卷三九）、
潮州府通判（郝玉麟等《广东通志》卷二十七）。洪武十七年涪州学正。"

[张敬先]^[一]

注释：

[一] 张敬先：《同治志》云："洪武十七年（1384）训导。"《民国志》亦有收录。此
来源于洪武十七年白鹤梁题刻《刘冲霄诗并序》。

国朝

卢世选^[一]，遵义人，举人。

注释:

[一]卢世选:《同治志》云:"卢世选,遵义举人。"蓝勇主编《稀见重庆地方文献汇点》(下)第604页云:"卢世选,遵义举人。"

万恪^[一]，富顺^[二]人，举人。

注释:

[一]万恪:《同治志》云:"万恪,抚顺举人。"蓝勇主编《稀见重庆地方文献汇点》(下)第604页云:"万恪,富顺举人。"

[二]富顺:《同治志》作"抚顺"。

曾光祖^[一]，遵义人，举人。

注释:

[一]曾光祖:《同治志》云:"曾光祖,遵义举人,涪州学正。"蓝勇主编《稀见重庆地方文献汇点》(下)第604页云:"曾光祖,遵义举人。第572页载:曾光祖,遵义举人。康熙四十九年(1710)任(重庆府学教授)。《巴县志》:课士诚勤,无智愚乐与游。升去,士人思慕,每新任至,辄曰视曾先生何如。曾光祖,字子谦。"《刘氏宗谱》第123-125页收录有《曾子谦学搏赠四仙公墨喜堂册页诗文跋》。

段朝伟^[一]，简州人，贡生。

注释:

[一]段朝伟:《同治志》云:"段朝伟,简州贡生。"蓝勇主编《稀见重庆地方文献汇点》(下)第604页云:"段朝伟,简州贡生。"

邹正元^[一]，洪雅人，举人。

注释:

[一]邹正元:《同治志》云:"邹正元,洪雅举人。"蓝勇主编《稀见重庆地方文献

汇点》（下）第 604 页云："邹正元，洪雅举人。"

罗云师^[一]，遵义人，举人。

注释：

［一］罗云师：《同治志》云："罗云师，遵义举人。字庆菴，号默仙。康熙五十三年（1714）同修《涪志》。"蓝勇主编《稀见重庆地方文献汇点》（下）第 604 页云："罗云师，遵义举人。康熙五十三年任。"

训导

国朝

苟若荀^[一]，南充人，贡生。

注释：

［一］苟若荀：《同治志》云："苟若荀，南充贡生。"蓝勇主编《稀见重庆地方文献汇点》（下）第 604 页云："苟若荀，南充贡生。"

王绳武^[一]，遂宁人，贡生。

注释：

［一］王绳武：《同治志》云："王绳武，遂宁贡生。"蓝勇主编《稀见重庆地方文献汇点》（下）第 604 页云："王绳武，遂宁贡生。"

孙于朝^[一]，绵州^[二]人，贡生。

注释：

［一］王绳武：《同治志》云："孙于朝，彰明贡生。字龙光。康熙五十二年（1713）任。"蓝勇主编《稀见重庆地方文献汇点》（下）第 604 页云："孙于朝，彰明贡生。康熙五十三年（1714）任。"

［二］关于孙于朝的籍贯，本志作"绵州"；《同治志》作"彰明"。

吏目

国朝

王运亨[一]，<small>浙江人，吏员。</small>

注释：

[一] 王运亨：《同治志》云："王运亨，吏员，浙江人。"蓝勇主编《稀见重庆地方文献汇点》（下）云："王运亨，浙江吏员。"康熙年间（1662–1722），萧星拱鼎新涪州学官，王运亨实有力焉。参见《刘氏宗谱》第110–112页刘之益《重修学官碑记》。文称："时赞政州幕王公讳运亨，于修学佐理，咸与有力"。

张以平[一]，<small>浙江人，吏员。</small>

注释：

[一] 张以平：《同治志》云："张以平，吏员，浙江人。"蓝勇主编《稀见重庆地方文献汇点》（下）："张以平，浙江吏员。"

郭汶[一]，<small>山东人，吏员。</small>

注释：

[一] 郭汶：汶，《同治志》作"文"。《同治志》云："郭文，吏员，山东人。"蓝勇主编《稀见重庆地方文献汇点》（下）第606页云："郭汶，山东吏员。"

陈启谟[一]，<small>顺天人，监生。</small>

注释：

[一] 陈启谟：《同治志》云："陈启谟，监生。康熙四十八年（1709）任。办事勤敏，缉捕严密。在任十三年，涪人称之。"蓝勇主编《稀见重庆地方文献汇点》（下）第606页云："陈启谟，顺天大兴监生。康熙四十八年任。莅涪十三载，办事勤敏，捕缉严密，士爱民服，涪人至今思之。"

李文焕[一]，<small>江南人，例监[一]。</small>

注释：

[一] 李文焕：《同治志》云："李文焕，监生，江南人。"蓝勇主编《稀见重庆地方文献汇点》（下）第 606 页："李文焕，江南监生。"

[二] 关于李文焕的学历，《康熙志》作"例监"；《同治志》作"监生"。

[其他]

汉

[谢本][一]

注释：

[一] 谢本：《彭水清代方志集成》第 232 页《彭水县志》（同治本）卷之七《官师志》云："谢本，《华阳国志》：建安六年，涪陵谢本求以丹兴、汉发二县为郡。《方舆纪要》引志作涪陵令谢本。"《彭水清代方志集成》第 487 页《彭水县志》（光绪本）卷之三《职官志》同。

[邓芝][一]

注释：

[一] 邓芝：（？ –251），字伯苗，义阳新野（今河南新野）人。据《水经注》记载："江水东迳阳关巴子梁。江之两岸，犹有梁处，巴之三关，斯为一也。延熙（238–257）中，车骑将军邓芝，为江州都督治此"。阳关，即涪陵城西龟龙关，又名鬼门关。据《华阳国志》记载："延熙十三年（250），大姓徐巨反，车骑将军邓芝讨平之……乃移其豪徐、蔺、谢、范五千家于蜀，为射猎官，分羸弱配督将韩、蒋，名为助郡军，遂世掌部曲，为大姓。"邓芝带兵征战涪陵（今重庆彭水），由阳关经过枳县，溯乌江而上，进军彭水，讨伐徐巨之乱。至今，在涪陵、彭水、武隆等地还有不少关于邓芝将军征战涪陵的传说和故事。参见《涪陵历史人物》第 6 页《三国蜀汉名将邓芝在涪陵》、《历代名人与涪陵》第 28–29 页《三国蜀汉车骑将军邓芝治阳关》、《涪陵地名文化》第 165–167 页《天子殿·鸡鸣峡·龟龙关》。

晋

[毋雅]^[一]

注释:

[一] 毋雅:《同治志》云:"毋雅,巴郡江州人。官涪陵郡汉平令,忠义素著,廷无私谒。后西南夷有异志,擢夜郎太守。化行殊俗,夷民帖然。致仕归。见《一统志》。"

[罗尚]^[一]

注释:

[一] 罗尚:《同治志》云:"罗尚,襄阳人。元兴元年(402)诏权统巴东、巴郡、涪陵三郡,供其军赋。是年春正月,尚至江阳,军司马辛宝诣表状,故有是诏。"

齐

[宝卷]^[一]

注释:

[一] 萧宝卷:同治《涪州志》云:"齐涪陵王邸,治西枳县故城。齐中兴元年(501),宝融即位于江陵,遥废齐主宝卷为涪陵王,盖郡王也。未至邸,遇弑,追废为东昏侯。"又云:"东昏侯墓,在州西枳县故城。"又云:"(萧)宝卷,涪陵王,中兴元年冬十二月,齐人弑涪陵王宝卷,萧衍入建康,以太后令追废为东昏侯。"按:萧宝卷(483-501):字智藏,南齐明帝萧鸾第二子,南朝齐第六位皇帝。萧宝卷,生母刘惠端早亡,由潘妃抚养。年少不喜读书,以捕鼠为乐。建武元年(494)明帝萧鸾因萧宝义残疾,册立萧宝卷为皇太子。永泰元年(498)七月,齐明帝萧鸾去世,萧宝卷继位,成为南朝齐第六位皇帝。萧宝卷即位后,荒淫无度,封潘妃之侄女潘玉奴为贵妃。萧宝卷厌接臣僚,喜欢出游。其出游,拆毁民居、驱逐居民,甚至"入富室取物,无不荡尽",结果道无行人,铺存空屋,"工商莫不废业"。还曾在宫苑之中设立市场,让太监杀猪宰羊,宫女沽酒卖肉。潘妃充当市令,自己担任潘妃的副手,遇有急执,即交付潘妃裁决。又奢侈腐靡,新造仙华、神仙、玉寿等豪华宫殿,并且大量赏赐臣下,造成国家财政困难。萧宝卷禀承父训,宰辅大臣,稍不如意,立即加以诛杀,逼得文官告退,武将造反,京城几度岌岌可危。萧宝卷先后诛杀顾命大臣右

仆射江佑、司空徐孝嗣、右将军萧坦之、领军将军刘喧、镇军司马曹虎、表兄弟江祏、江汜等人。萧宝卷视百姓如草芥，对文武大臣大开杀戒，大臣"人人自危"，纷纷起兵反叛。永元元年（499）十一月，齐太尉陈显达在寻阳（今江西九江）起兵，进军采石（今安徽马鞍山长江东岸）；次年三月，平西将军崔景慧叛变，与徐、兖二州刺史江夏王萧宝玄联合起兵围建康。同年十一月，雍州刺史萧衍与吕僧珍等率领一万将士在襄阳（今湖北襄樊一带）起兵，在江陵拥立南康王萧宝融，发兵进攻金陵（今江苏南京）。萧宝卷玩火自焚。萧子显《南齐书》云："东昏侯亡德横流，道归拯乱，躬当翦戮，实启太平。推阉竖之名字，亦天意也。"《南史》称："东昏慢道，匹癸方辛。乃瀸典则，乃弃彝伦，玩习兵火，终用焚身。"永元三年（501）十月，萧宝卷被近臣所害，后萧衍授意宣德太后褫夺萧宝卷帝号，将其贬号为东昏侯，谥号炀，后追废为涪陵王。参见《涪陵历史人物》第10—11页《南齐君主东昏侯萧宝卷》、《历代名人与涪陵》第33—35页《南朝齐皇帝萧宝卷葬涪州》。

唐

[魏元忠][一]

注释：

[一]魏元忠：《同治志》云："魏元忠，嗣圣元年（684）。周武氏如意元年（692）贬中丞魏元忠为涪陵县令，十四年九月复召为肃政中丞。"

[蹇□][一]

注释：

[一]蹇□：唐代武龙令。《同治志》卷四《秩官志·历代秩官》和《民国志》卷九《秩官志》均未收录。据唐大中十二年（858）《黔州刺史蹇夫人西河蔺氏墓志》（重庆武隆县文管所藏，1994年12月，武隆县江口镇罗州坝出土，38cm×38cm）补。墓志全文为："公讳修行，涪州武龙人。祖□，武龙令。父逸，涪州司，赐绯鱼袋。夫人年十六适蹇氏，孕育男女各七人，长适郭氏，再期而夫殁，终于家。其□□曰楚朋，曰汉朋，越、亚、汝、燕、尧等，皆以朋为名……事父母舅姑，以孝敬谨慎闻于……中外称誉，无愧于心……享年五十有四，以大中十年九月七日□江陵府渚宫乡九思里之私第，权窆松滋别业。十二年戊寅岁十月十二日改卜□黔州信宁县□□，十五日壬

寅祔于夫□□□茔，时蹇公刺□□□秩。未几，自初□□□，孀□洞然，躬执器，率尽彝□，虽叔先、曹娥□是过也。将行，鬐发卉眼，涕见父□，琅琊惠欢，请□其莫欢。以夫人祢□先，皆丈人行也，不敢有让，乃铭曰……"参见《新中国出土墓志·重庆卷》（文物出版社，2002年）、胡昌健《巴蜀史地与文物研究》（光明日报出版社，2013年，第388页）。

［蹇逸］[一]

注释：

[一]蹇逸：唐代涪州司，赐绯鱼袋。《同治志》卷四《秩官志·历代秩官》和《民国志》卷九《秩官志》均未收录。

［宋］

［秦王廷美］[一]

注释：

[一]赵廷美：《同治志》云："秦王廷美，太平兴国七年（982）五月，贬为涪陵县公。"按：赵廷美（947-984），本名赵匡美，字文化，为避宋太祖讳改光美，太平兴国初又避宋太宗讳，改名廷美。系宋太祖赵匡胤、宋太宗赵光义四弟。其父赵弘殷，母昭宪太后杜氏。开宝九年（976），宋太祖赵匡胤逝世。遵照"金匮之盟"，北宋皇位传承是赵匡胤→赵匡义→赵廷美。故当时民间有"杜太后遗命：先传光义，再传光美"的传闻。但赵匡义登基后，隐匿"金匮之盟"的内容。同时，魏王赵廷美一向专横骄恣，曾多次遭到宋太宗斥责，得知有"金匮之盟"一事，乃对赵匡义甚为不满，故暗中谋划，阴谋篡夺皇位。赵廷美本为齐王，任开封府尹兼中书令。太平兴国四年（979）改为秦王。太平兴国六年（981）九月，如京使柴禹锡控告赵廷美骄恣，赵普又指使知开封府事李符，诬告赵廷美"不悔过，怨望，乞徙远郡，以防他变"。太平兴国七年赵廷美谪任西京留守，可暗中与兵部尚书卢多逊勾结。事败，罢留守。降为涪陵县公。[同治]《涪州志》云：秦王廷美，太平兴国七年五月，贬为涪陵县公。该事史称"涪陵之狱"。宋太宗雍熙元年（984），赵廷美举家迁至房州，不久就忧愤成疾，吐血而终，年仅38岁。敕封涪王，谥悼。后宋真宗恢复赵廷美秦王爵位，宋徽宗追封赵廷美为魏王。参见《涪

陵历史人物》第 18 页《北宋涪陵县公赵廷美》。

　　［朱昂］[一]

　　注释：

　　［一］朱昂：端拱元年（988）朝请大夫、行尚书户部员外郎、峡路诸州水陆计度转运使。又，朱昂任官，实来源于白鹤梁题刻宋太宗端拱元年《朱昂题诗记》，所题职衔为：朝请大夫、行尚书库部员外郎、峡路诸州水陆计度转运使。故《同治志》抄录有误，"户部"当为"库部"。又，朱昂任官与涪州有关者，为峡路诸州水陆计度转运使。巴声等《历代名人与涪陵》第 62 页《北宋翰林学士朱昂白鹤梁题咏》称朱昂"开宝（968-975）间，朝奉郎权知涪州诸军事"不知何据。又，朱昂，字举之，号正裕，又号退叟。据李胜《涪陵历史文化研究》、巴声等《历代名人与涪陵》，生于 925 年，卒于 1007 年；据陈曦震《水下碑林——白鹤梁》，活动于 973-1015 年间。据李胜《涪陵历史文化研究》，荆南人，先世渼陂〔笔者注，渼陂，当为漾陂〕（今陕西户县〔笔者注：户县，当为鄠县〕），其父于唐末南渡，寓潭州（今湖南长沙）。据陈曦震《水下碑林——白鹤梁》，先世漾陂（今陕西鄠县——笔者注：鄠县，当为鄠县）人。据巴声等《历代名人与涪陵》，先世京兆（今陕西西安）人，后迁至潭州（今湖南长沙）。遂家于衡（今湖南湘潭）。少好学，善诗，工书，北宋著名藏书家，与宗人"朱万卷"遵度齐名，有"小万卷"之称。先仕后周，宋初为宜城令。太祖开宝六年（973）知蓬州，徙知广安军，参见《续资治通鉴长编》卷十四，再知泗州，迁监察御史。太宗太平兴国二年（977）知鄂州。真宗即位，迁知制诰，判史馆，与杨亿、梁周翰同在禁苑。咸平二年（999）为翰林学士。四年以工部侍郎致仕。参见《续资治通鉴长编》卷四八。有《资理论》3 卷，论时政赏罚得失，参见《续资治通鉴长编》卷五十。景德四年卒，享年 83 岁。门人私谥云正裕先生。尝撰《莫节妇传》，大见人伦之劝，参见《玉壶清话》卷五。有集，已佚。曾巩《隆平集》卷十三、《宋史》卷四百三十九有传。其事迹见于陆友仁《研北杂志》卷上、《明一统志》卷六十二及六十八、《大清一统志》卷二百六十九、李胜《涪陵历史文化研究》第 153 页、巴声等《历代名人与涪陵》第 62-63 页、陈曦震《水下碑林——白鹤梁》第 21 页等。参见《历代名人与涪陵》第 62-63 页《北宋翰林学士朱昂白鹤梁题咏》。

[刘忠顺]^[一]

注释:

[一]刘忠顺:《民国志》卷九《秩官志·文职》亦载。此来源于皇祐元年(1049)白鹤梁题刻《刘忠顺等唱和诗》。又,据《卫尉少卿刘公(忠顺)墓志铭》:曾大父刘宗鲁,仕江南(南唐)李氏为宣州观察推官。大父刘晟。刘忠顺,字某,赠刑部侍郎,讳刘简之子。娶长安县君张氏,子男刘凤,故江宁府溧水薄。刘凯,漳州漳浦薄。刘纯,忠州丰都薄。刘统,虔州信丰薄。长女早逝。次适都官员外郎臧论道。次适南康军星子令李宾王。次在室。刘忠顺,以明经赐第。为潭州攸县尉、江宁句容尉,改知江州德安,通判袁州,历知建昌、解、坊、邢等州军。入为度支判官,出为夔州路转运使,徙两浙路,迁知蔡州、泉州、福州。仁宗嘉祐六年(1061)卒,享年75岁。参见郑獬《郧溪集》卷二十一《刘公墓志铭》、《续资治通鉴长编》卷一百五十六"仁宗庆历五年"、郝玉麟等《福建通志》卷二十二职官三及卷三十三职官四、李胜《涪陵历史文化研究》第153—154页。又,皇祐元年,刘忠顺与尚书屯田员外郎、知梁山军水丘无逸、知涪州军州事邹霖、安州云梦县令恭士燮同游白鹤梁。刘作诗1首,诗云:"七十二鳞波底镌,一含芝蕙一含莲。出来非共贪芳饵,奏去因同报稔年。方客远书徒自得,牧人嘉梦合相先。前知上瑞宜频见,帝念民饥刺史贤。"水丘和诗1首,诗云:"谁将江石作鱼镌,奋鬐扬鬐似戏莲。今报丰登当此日,昔模性状自何季。雪因呈瑞争高下,星以分宫较后先。八使经财念康阜,寄诗褒激守臣贤。邹命工刻石,恭士燮书之于刻。"

[王安民]^[一]

注释:

[一]王安民:此来源于熙宁元年(1068)白鹤梁题刻《徐庄等题记》,所题职衔为:巡检、供奉。是年,王安民与军事判官徐庄,监税、殿直王令岐,知乐温(今重庆长寿)县钟浚,涪陵县令赵君仪、司理参军李袭同游白鹤梁,观石鱼。

[王令岐]^[一]

注释:

[一]王令岐:此来源于熙宁元年(1068)白鹤梁题刻《徐庄等题记》,所题职衔为:

监税、殿直。又，"令"，《同治志》作"令"，《涪州石鱼文字所见录》（姚觐元、钱保塘撰，上海国粹学报社 1912 年古学汇刊本）、黄海《白鹤梁题刻辑录》作"克"，李胜《涪陵历史文化研究》第 183 页认定为"克"。参见"王安民"条。

[钟浚][一]
注释：
[一] 钟浚：此来源于熙宁元年（1068）白鹤梁题刻《徐庄等题记》，题衔为"知乐温县"。又，"浚"，曾超《三峡国宝——白鹤梁题刻汇录与考索》、黄海《白鹤梁题刻辑录》、陈曦震《水下碑林——白鹤梁》作"浚"，李胜《涪陵历史文化研究》作"濬"。又，据李胜《涪陵历史文化研究》第 155 页，钟浚熙宁元年知涪州乐温县，熙宁三年（1070）以治状考课优等迁秘书省著作佐郎，见《续资治通鉴长编》卷二百一十、苏颂《苏魏公文集》卷三十三。元丰六年（1083）为将作少监，见《续资治通鉴长编》卷一〇九、曾巩《元丰类稿》卷二十一。元祐六年（1091）迁淮南提刑。参见"王安民"条。

[赵君仪][一]
注释：
[一] 赵君仪：涪陵县令，此来源于熙宁元年（1068）白鹤梁题刻《徐庄等题记》。

[徐庄][一]
注释：
[一] 徐庄：涪州军事判官，此来源于熙宁元年（1068）白鹤梁题刻《徐庄等题记》。

[李袭][一]
注释：
[一] 李袭：涪陵司理参军。按：李袭任官，《同治志》《民国志》均未收录。据熙宁元年（1068）白鹤梁题刻《徐庄等题记》补。题刻原文："大宋熙宁元年正月二十日，军事判官徐庄同巡检、供奉王安民，监税、殿直王令歧，知乐温（今重庆长寿）县钟浚，

涪陵县令赵君仪、司理参军李袭观石鱼题名，涪陵尉郑阶平书。二石鱼在江心石梁上，《古记》云：出水四尺，岁必大稔。袁能刻。"又，据李胜《涪陵历史文化研究》第155页，李袭，奉节县人。神宗熙宁元年涪陵县司理参军。徽宗政和进士，见黄廷桂等《四川通志》卷三十三《选举》。按：宋代李裳、李袭、李公京、李公奕和公京子李茂，兄弟子孙三代，两科同举进士，时号"五桂"。《奉节县志》卷二十八《人物》载："李裳，崇祀乡贤。弟袭，子公京、公奕，孙茂，五人相继登进士，时号'五桂'"。[正德]《夔州府志》卷之七《宫室》载："五桂楼，在府学前，宋人李裳及弟袭，裳之子公京，袭之子公奭、公奕，父子叔侄，五人相继登科，因名。"[正德]《夔州府志》卷之九《进士·奉节县》载："宋李裳、李袭、李公京、李公奕（京、奕，裳之子），李茂（公京之子父子叔侄，五人相继登科，时号五桂。）"

［郑阶平］[一]

注释：

[一] 郑阶平：涪陵县尉。按：郑阶平任官，《同治志》《民国志》均未收录。据熙宁元年（1068）白鹤梁题刻《徐庄等题记》补。又，据李胜《涪陵历史文化研究》第155页，郑阶平，治平、熙宁间涪陵县尉。治平乙巳（二年，1065）六月五日，曾与钟濬（笔者注："濬"当为"浚"）同游云阳县下岩古寺（亦名燕子龛），住持僧法能刻石以记。参见"李袭"条。

［孙曦叟］[一]

注释：

[一] 孙曦叟：孙曦叟任官，《同治志》卷四《秩官志·历代秩官》和《民国志》卷九《秩官志》未有收录。据崇宁元年（1102）白鹤梁题刻《贺致中题记》补。参见"贺致中"条。又，孙曦叟，在白鹤梁题刻中凡两见。在《符直夫等题记》中无任官职衔；《贺致中题记》作"从事江陵孙曦叟［敦□］"。又，"曦"字，《符直夫等题记》作"曦"；《贺致中题记》作"羲"。又，关于孙曦叟的籍贯，《贺致中题记》作"江陵"，李胜《涪陵历史文化研究》作"徽州"。又，李胜《涪陵历史文化研究》第158页云："孙羲叟，徽州人。历刑部员外郎、除直秘阁知夔州，见翟汝文《忠惠集》卷二《外制》。

神宗时节制绵茂军，见于《宋史》卷四百九十六列传第二百五十五、《四川通志》卷
七上。政和初由徽猷阁直学士任泸南安抚使，筑城有功，见《宋史》卷一百九十一兵
志第一百四十四、《四川通志》卷二二、《蜀中广记》卷十六《孙羲叟修城记》。徽宗
赐书奖谕，见《四川通志》卷四、卷七上。其事迹见李新《跨鳌集》卷十六《更生阁
记》、李攸《宋朝事实》卷末、李心传《建炎以来朝野杂记》乙集卷十七、马端临《文
献通考》卷一五六《兵考八》等。"

[王正卿][一]

注释：

[一] 王正卿：王正卿任官，《同治志》卷四《秩官志·历代秩官》和《民国志》卷
九《秩官志》未有收录。据崇宁元年（1102）白鹤梁题刻《贺致中题记》补，参见"贺
致中"条。又，王正卿，在白鹤梁题刻中凡两见。一见于《贺致中题记》，一见于北宋
大观戊子（二年，1108）白鹤梁题刻《庞恭孙题记》。关于王正卿的籍贯，《贺致中题记》
为"□原"，《庞恭孙题记》未言籍贯，李胜《涪陵历史文化研究》为"太原"。关于王
正卿的任官，《贺致中题记》未明言，按白鹤梁题刻"承前省"习惯当为"从事"。《庞
恭孙题记》为"左班殿直、兵马监押"。又，李胜《涪陵历史文化研究》第 158 页云："王
正卿，字良弼，太原人，徽宗大观中任左班殿直兵马监押，见于陈曦震《水下碑林——
白鹤梁》编号 22《庞恭孙题记》。儒林郎。李流谦《澹斋集》卷二、卷三、卷八有《题
字文叔昭阅斋斋名予所榜也有王正卿画四时小景》《王正卿为作山水小轴作此促之》《予
客三池王正卿以四绝见寄次其韵》等诗，未知是否其人。"

[符正中][一]

注释：

[一] 符正中：符正中任官，《同治志》卷四《秩官志·历代秩官》和《民国志》卷
九《秩官志》未有收录。据崇宁元年（1102）白鹤梁题刻《贺致中题记》补，参见"贺
致中"条。又，王正卿，在白鹤梁题刻中凡两见。一见于《贺致中题记》，一见于白鹤
梁题刻《符直夫等题记》。又，关于符正中的任官，《符直夫等题记》未明言其任官；《贺
致中题记》作"涪陵令云安符正中 [直夫]"。又陈曦震《水下碑林——白鹤梁》第 34

页注云："符直夫，生卒不详。字正中，云安（今四川云阳县）人。崇宁元年为涪陵令。"

[蔡忱][一]

注释：

[一]蔡忱：蔡忱任官，《同治志》卷四《秩官志·历代秩官》和《民国志》卷九《秩官志》未有收录。据崇宁元年白鹤梁题刻《贺致中题记》补，参见"贺致中"条。据《贺致中题记》，蔡忱，字节信，颖川（今河南临颍）人。崇宁年间任涪州涪陵郡录参。

[贺致中][一]

注释：

[一]贺致中：贺致中任官，《同治志》卷四《秩官志·历代秩官》和《民国志》卷九《秩官志》未有收录。据崇宁元年（1102）白鹤梁题刻《贺致中题记》补，题刻原文为："郡（州）之西津，江□□□□□□□，自唐以前至本□□□□□□兆。大宋崇宁元年□□□□□，考验□刻，悉符人□□□□□□□□，泛舟来观，至者十一人。知涪陵郡事弘农杨元永［刚中］、奉议郎河□□□［□叔］、从事江陵孙曦叟［敦□］、太原王正卿［良弼］、涪陵令云安符正中［直夫］、录参颖川蔡忱［节信］、乐温县令会稽贺致中［慎发］、理掾祥符杨纬［文叔］、民掾京兆田子良［汉杰］、涪陵薄翼阳张延年［希逸］、尉赵郡宇文湛［深之］，是月中澣后一日致中［慎发］命书。"又，贺致中，在白鹤梁题刻中凡两见。在《符直夫等题记》中无任官职衔；《贺致中题记》作"乐温县令会稽（今浙江绍兴）贺致中□发"。又，陈曦震《水下碑林——白鹤梁》第36页注云："贺致中，会稽（今浙江绍兴）人，崇宁年间（1102-1106）为乐温县令。"李胜《涪陵历史文化研究》第157页云："贺致中，字□发，会稽（今浙江绍兴）人，承议郎，见于何薳《春渚纪闻》卷一〇《瓢内出乘成宝》。崇宁年间任乐温县令。"

[杨纬][一]

注释：

[一]杨纬：杨纬任官，《同治志》卷四《秩官志·历代秩官》和《民国志》卷九《秩官志》未有收录。据崇宁元年白鹤梁题刻《贺致中题记》补，参见"贺致中"条。据

《贺致中题记》，杨纬，字文叔，祥符（今河南开封）人。崇宁年间任涪州涪陵郡理掾。
按：宋代名杨纬者颇多，史籍所见就有：杨纬，字文叔，祥符（今河南开封）人。见
于《贺致中题记》。杨纬，字文叔，济州任城（今安徽阜阳）人。见于洪迈《夷坚志·夷
坚丙志》卷十四《忠孝节义判官》、晁补之《鸡肋集》卷六十三《广州推官杨府君墓表》。
杨纬，字号、籍贯不详。见于《福建宋代进士表》宝元元年（1038）吕溱榜。杨纬，
字号、籍贯不详。知彭州。见于《宋会要辑稿》。又，李胜《涪陵历史文化研究》第
158-159页云："杨纬，字文叔，祥符（今河南开封）人，一说济州任城（今安徽阜阳）
人。崇宁年间任乐温理掾（笔者注：当为涪州理掾），皇祐五年（1053）以明经中第，
徙凤州梁泉（今陕西凤县）县令，教民以孝弟历田为先，卓有循声。后累任阆州、果
州等地，皆有能称，见陈傅良《止斋集》卷十八《杨纬引嫌改知阆州》、程公许《沧
州尘缶编》卷十三《送果州使君杨文叔赴召序》。仕至广州观察推官。元祐二年（1087
年）正月以疾卒于官，民为塑像立祠祀之，见刘于义等《陕西通志》卷五十三《名宦
四》引《鸡肋集》、张邦基《墨庄漫录》卷一〇。"

［田子良］[一]

注释：

［一］田子良：田子良任官，《同治志》卷四《秩官志·历代秩官》和《民国志》卷
九《秩官志》未有收录。据崇宁元年（1102）白鹤梁题刻《贺致中题记》补，参见"贺
致中"条。据《贺致中题记》，田子良，字汉杰，京兆（今陕西西安）人。崇宁年间任
涪州涪陵郡民掾。

［张延年］[一]

注释：

［一］张延年：张延年任官，《同治志》卷四《秩官志·历代秩官》和《民国志》
卷九《秩官志》未有收录。据崇宁元年（1102）白鹤梁题刻《贺致中题记》补，参见
"贺致中"条。据《贺致中题记》，张延年，字希逸，翼阳（今属河北）人。崇宁年间
任涪陵薄。

［宇文湛］[一]

注释：

［一］宇文湛：宇文湛任官，《同治志》卷四《秩官志·历代秩官》和《民国志》卷九《秩官志》未有收录。据崇宁元年（1102）白鹤梁题刻《贺致中题记》补，参见"贺致中"条。宇文湛，在白鹤梁题刻中凡两见。一见于《贺致中题记》，一见于《符直夫等题记》。关于宇文湛的籍贯，《符直夫等题记》作临江（今重庆忠县），《贺致中题记》作赵郡（今属山西）。据《贺致中题记》，宇文湛，字深之。崇宁年间任涪陵尉。

［蒲蒙亨］

注释：

［一］蒲蒙亨：政和二年（1112）涪州司理。此来源于白鹤梁题刻《蒲蒙亨题记》。

［周禧］

注释：

［一］周禧：政和二年涪陵县令。此来源于白鹤梁题刻《蒲蒙亨题记》。

［牟天成］

注释：

［一］牟天成：政和二年涪陵县尉。此来源于白鹤梁题刻《蒲蒙亨题记》。

［高祁］[一]

注释：

［一］高祁：字子敏，曾任涪陵郡幕。《同治志》卷四《秩官志·历代秩官》和《民国志》卷九《秩官志·文职》均未有收录。据南宋绍兴二十五年（乙亥，1155）白鹤梁题刻《张绾三题》补，题刻原文为："郡幕高祁［子敏］、令张维［持国］、薄谭询［永叔］、尉蒲□［□之］同来。宋绍兴乙亥□□□五日，张绾［处权］题。"

［谭询］[一]

注释：

［一］谭询：字永叔，曾任涪陵县主簿。《同治志》卷四《秩官志·历代秩官》和《民国志》卷九《秩官志·文职》均未有收录。据南宋绍兴二十五年白鹤梁题刻《张绾三题》补。参见"高祁"条。

［蒲□］[一]

注释：

［一］蒲□：字□之，曾任涪陵县尉。《同治志》卷四《秩官志·历代秩官》和《民国志》卷九《秩官志·文职》均未有收录。据南宋绍兴二十五年（1155）白鹤梁题刻《张绾三题》补。参见"高祁"条。

［曾稷］[一]

注释：

［一］曾稷：《同治志》卷四《秩官志·历代秩官》和《民国志》卷九《秩官志·文职》均未有收录。在白鹤梁题刻中，曾稷凡两见。其一是南宋乾道七年（辛卯1171）《卢棠题记》，题刻原文为："乾道辛卯元日，摄涪陵古汴卢棠、拉学官忠南谭深之、录参温陵曾稷、酒正汲阳高昱、邑尉汉嘉邓椿，读唐郑使君石刻，验广德水齐，预为有年喜；"其二是南宋乾道七年《朱永裔题记》，题刻原文为："诗人以梦鱼为丰年之祥，非比非兴，盖物理有感通者。涪郡石鱼出而有年，验若符契，比岁频见，年示娄（屡）丰。今春出水几四尺，乃以人日躬率同寮。教官相台李衍，郡幕七闽曾稷、秋官武信胥挺、武龙薄东平刘甲［师文］来观，知今岁之复稔也。因识其善云，是岁淳熙己亥（1179）。假守阆中朱永裔书。"关于曾稷的姓名，因断句问题，陈曦震《水下碑林——白鹤梁》、黄海《白鹤梁题刻辑录》在《朱永裔题记》中误将胥挺职官断为曾稷姓名之构成，称之为"曾稷秋"。关于曾稷的籍贯，关于曾稷的任官，在《朱永裔题记》中为"郡幕"，在《卢棠题记》中为"录参"，即录事参军。

［高昱］[一]

注释：

［一］高昱：汲阳人，曾任涪陵郡酒正。《同治志》卷四《秩官志·历代秩官》和《民国志》卷九《秩官志·文职》均未有收录。据南宋乾道七年《卢棠题记》补。参见"曾稷"条。

［邓椿］^{［一］}

注释：

［一］邓椿：汉嘉人，曾任涪陵邑尉。《同治志》卷四《秩官志·历代秩官》和《民国志》卷九《秩官志·文职》均未有收录。据南宋乾道七年《卢棠题记》补。参见"曾稷"条。又，邓椿，字公寿，汉嘉（今四川雅安）人。一作双流人。政和中知枢密院邓洵武之孙，孝宗乾道间进士，官至知州。有《画继》10卷传世。是书以家世闻见缀成，用续唐张彦远《历代名画记》、宋郭若虚《图画见闻志》，故名。书以高雅为宗尚，录熙宁七年至乾道三年这94年间上自帝王下至工技的画家219人，网罗赅备，持论平允。见《四库全书总目》卷一百一十二子部二十二、《金石苑》册四。关于邓椿的研究，参见曾超《〈画继〉之白鹤梁题名人价值稽考》(《重庆三峡学院学报》2016年5期)、《白鹤梁题名人邓椿交际考》(《重庆三峡学院学报》2015年4期)。

［李衍］^{［一］}

注释：

［一］李衍：李衍任官，按《同治志》补。《同治志》云：李衍，淳熙七年（1180）教授。《民国志》卷九《秩官志·文职·学官》亦有载。此来源于南宋淳熙六年（1179）白鹤梁题刻《朱永裔题记》。见于李衍的任官，陈曦震《水下碑林——白鹤梁》题衔为："□官相台李衍"；《世界第一古代水文站——白鹤梁》、曾超《三峡国宝——白鹤梁题刻汇录与考索》题衔为："教官相台李衍"。《同治志》卷四《秩官志·历代秩官》和《民国志》卷九《秩官志·文职·学官》均云：李衍任官为教授。在古代，教官有学正、教授、训导、教辅等不同，故二志所载李衍任官不确。

［董天常］^{［一］}

注释：

[一] 董天常：字可久，荆州（今属湖北）人。曾任涪陵郡学掾。《同治志》卷四《秩官志·历代职官》、《民国志》卷九《秩官志》均未收录。据南宋淳熙十一年（甲辰，1184）白鹤梁题刻《夏敏等题记》，题刻原文为："郡守眉山夏敏[彦博]、文学掾荆州（今属湖北）董天常[可久]，人日□民因观石鱼，庆丰年之祥，淳熙甲辰。"

[禄几复][一]

注释：

[一] 禄几复：涪陵郡判官。此来源于白鹤梁题刻《禄几复等游记》，该题刻原文："判官禄几复、兵官王世昌、赵善暇、知录郝烜、县令杨灼、司理孙震之、司户李国纬、主簿何昕、县尉邓林，岁戊辰（1208年）上元同来。"

[□应午][一]

注释：

[一] □应午：字子西，□安人。承前省任官涪陵酒正。此来源于南宋淳祐三年（1243）白鹤梁题刻《张霁题记》，参见"孙泽"条。

[向大源][一]

注释：

[一] 向大源：字清夫，承前省任官。按：王垓任官理[掾]。《同治志》卷四《秩官志·历代秩官》、《民国志》卷九《秩官志·文职》未有收录。此来源于南宋宝祐戊午（六年，1258）白鹤梁题刻《何震午等题记》，参见"何震午"条。

[王世昌][一]

注释：

[一] 王世昌：涪陵郡兵官，此来源于白鹤梁题刻《禄几复等游记》。据李胜《涪陵历史文化研究》第171-172页："王世昌，度宗咸淳三年（1267）合州监军，与知州张珏、统制史焰等复广安大梁城，见《宋史》卷四十六《本纪第四十六》。后权知泸州安抚使，

元兵迫城，誓死不屈。城破，自经死。见《宋史》卷四百五十一《张珏传》、黄廷桂等《四川通志》卷一百二十一《忠义》。"

［赵善暇］^[一]

注释：

［一］赵善暇：涪陵郡兵官，此来源于白鹤梁题刻《禄几复等游记》。

［郝烜］^[一]

注释：

［一］郝烜：涪陵郡知录，此来源于白鹤梁题刻《禄几复等游记》。《同治志》作"郝烜"，陈曦震《水下碑林——白鹤梁》、曾超《三峡国宝——白鹤梁题刻汇录与考索》、黄海《白鹤梁题刻辑录》等及白鹤梁原刻均作"烜"。

［杨灼］^[一]

注释：

［一］杨灼：涪陵县令，此来源于白鹤梁题刻《禄几复等游记》。黄廷桂等《四川通志》卷三十三《选举》云：杨灼，宁宗庆元（1195-1200）中进士。《涪州石鱼文字所见录·禄几复等题名》按语云：［嘉庆］《四川通志》庆元中进士杨灼，阆中（今四川阆中）人。参见李胜《涪陵历史文化研究》第 172 页。

［孙震之］^[一]

注释：

［一］孙震之：涪陵县司理，此来源于白鹤梁题刻《禄几复等游记》。

［李国纬］^[一]

注释：

［一］李国纬：涪陵县司户，此来源于白鹤梁题刻《禄几复等游记》。纬，《同治志》作"津"，误；陈曦震《水下碑林——白鹤梁》、曾超《三峡国宝——白鹤梁题刻汇录与

考索》、黄海《白鹤梁题刻辑录》等及白鹤梁原刻均作"纬"。又，王象之《舆地碑记目》卷四及周复俊《全蜀艺文志》记载：李国纬编有《夔州（旧）图经》。清刘德铨撰《夔州金石志》亦云：《旧图经》，李国纬编。参见李胜《涪陵历史文化研究》第 172 页。

［何昕］[一]

注释：

［一］何昕：涪陵县主簿，任官来源于白鹤梁题刻《禄几复等游记》。

［邓林］[一]

注释：

［一］邓林：涪陵县尉，任官来源于白鹤梁题刻《禄几复等游记》。

［费琦］[一]

注释：

［一］费琦：字孝琰，熙宁中郡守、屯田员外郎。此来源于熙宁七年（1074）白鹤梁题刻《韩震等题记》，该题刻原文："都官郎中韩震［静翁］、屯田外郎费琦［孝琰］、佺伯叔［景先］、进士冯造［深道］、卢遘［彦通］。暇日，因陪太守、驾部员外郎姜齐颜［亚之］同观石鱼。按《旧记》：大和洎广德年，鱼去水四尺，是岁稔熟。今又过之，其有秋之祥欤，熙宁七年正月二十四日题。"又，李胜《涪陵历史文化研究》第 155-156 页，费琦（1027-1080），字孝琰，四川成都人，仁宗皇祐进士。初仕兴元府户曹参军，迁知合州赤水县、定州安喜县。神宗熙宁中通判蜀州、绵州，官至朝散郎。元丰三年（1080）卒，享年 54 岁。事见《净德集》卷二十四《朝散郎费君墓志铭》、《续资治通鉴长编》卷三百一十四"神宗元丰四年"。《宋史翼》卷十九有传。《宋代蜀诗辑存·成都市》第 23-24 页：费琦（1027-1080），字孝琰，仁宗皇祐（1049-1053）进士。初仕兴元府参军，迁知合州赤水县、定州安喜县。神宗熙宁（1068-1077）中通判蜀州、绵州，官至朝散郎。元丰三年卒，享年 54 岁。《净德集》卷二十四有《费君墓志铭》。《宋史翼》卷十九有传。参见曾超、张正武《西南地区白鹤梁题刻唐宋涪州牧考释》（《长江师范学院学报》，2013 年 1 期）；王晓晖《北宋涪州知州考略》（《长江师范学院学报》，2012 年 9 期）。

[（黄觉）]^[一]

注释：

[一]黄觉：字莘老，通州人。熙宁七年（甲寅,1074）夔[州]奉节县令权幕州事。《民国志》卷九《秩官志·文职》收录云："黄觉，字莘老，通州人，熙宁七年以奉节县令权管州事。"陈曦震《水下碑林——白鹤梁》第28页注云："黄觉，字莘老，通州（今四川达县）人。治平进士，熙宁七年夔州奉节县令，权幕通州事。"李胜《涪陵历史文化研究》第155页云："黄觉，字莘老，通川〔今四川达州〕人，治平进士（《四川通志》卷三十三选举）。熙宁七年以奉节县令权幕夔州事。"关于黄觉之任官，实来源于熙宁甲寅白鹤梁题刻《黄觉等题记》，题刻原文是："夔州奉节县令权幕通川（笔者注：通川，黄海《白鹤梁题刻辑录》等书为"通州"，据拓片当为"通川"）黄觉[莘老]、户掾平原李缓[公敏]、掌狱邺都梁钧佐[衮臣]，熙宁甲寅孟春二十九日，泛轻舟同观石鱼于此。"据此，诸书关于黄觉的任官存在分歧。按白鹤梁题刻题名格式是：职官＋郡望＋姓＋名＋字。如：户掾（职官）＋平原（郡望）＋李（姓）＋缓（名）＋公敏（字）；掌狱（职官）＋邺都（郡望）＋梁（姓）＋钧佐（名）＋衮臣（字），故黄觉题名当为：夔州奉节县令权幕（职官）＋通川（郡望）＋黄（姓）＋觉（名）＋莘老（字）。关于黄觉之任官，白鹤梁题刻原文系"权幕"，《同治志》则增加"州事"二字，成为"权幕州事"；《民国志》又改成"权管州事"，如此，黄觉究竟是"权幕涪州"，还是"权幕夔州事"，还是"权幕通州事"，从多方面考察，当以"权幕夔州事"为确。同时"权幕"与"权管"虽均为"权官"，但身份有差异，"权幕"乃"幕僚"性质，"权管"则有"州牧"的意义。即使黄觉"权幕涪州事"亦当以《同治志》为妥。至于陈曦震《水下碑林——白鹤梁》言黄觉"权幕通州事"则显然有误，因为"通州（笔者注：通州，乃通川郡，故通州、通川可互用）"乃黄觉之郡望，而非任官之地。

[韩震]^[一]

注释：

[一]韩震：字静翁，熙宁七年（1074）涪陵令、都官郎中。白鹤梁题刻《韩震等题记》只言韩震为都官郎中，故韩震任涪陵令，无据。又，据李胜《涪陵历史文化研究》第155页云：韩震，字静翁，井研（今属四川）人，庆历进士。熙宁七年

任涪陵令（《同治志》卷四《秩官志·历代秩官》），后官朝议大夫。其名亦见于《山谷集》（《涪州石鱼文字所见录·韩震等题名》按语）。据陈曦震《水下碑林——白鹤梁》第 29 页注云：韩震，生卒不详。字静翁。熙宁七年任涪陵都官郎中。喜诗工书，尤擅楷书。

　　[李缓][一]

注释：

　　[一] 李绂（[缓]）：字公敏，熙宁七年（1074）户掾。此来源于熙宁甲寅白鹤梁题刻《黄觉等题记》。又，"绂"字，陆增祥《八琼室金石补正》、姚觐元《涪州石鱼文字所见录》、陈曦震《水下碑林——白鹤梁》、曾超《三峡国宝——白鹤梁题刻汇录与考索》、黄海《白鹤梁题刻辑录》等均作"缓"字，据黄海《白鹤梁题刻辑录》第 46 页拓片，当为"缓"字。

　　[梁钧佐][一]

注释：

　　[一] 梁钧佐：字衮臣，邺都人，熙宁七年（甲寅，1074）掌狱。此来源于熙宁甲寅白鹤梁题刻《黄觉等题记》。

　　[黄叔向][一]

注释：

　　[一] 黄叔向：《同治志》云："黄叔向，绍圣中为涪陵尉。字嗣直，山谷弟也。在黔州日，《答泸州安抚王补之书》云：并託渠作数字，附客舟，到涪陵尉舍弟叔向处。又《山谷碑》在涪陵县厅壁，正叔向尉涪陵时书也。山谷《答宋子茂》云：知命前往涪陵，视嗣直舍弟，远方略到家，犹能道碑楼下相从也。又陆游《入蜀记》：县廨有铁盆，铁色光黑如佳漆，字画淳质可爱玩，有石刻黄鲁直作《盆记》，大略言建中靖国元年（1101）予弟叔向嗣直自涪陵来摄县事。"

　　[史诠][一]

注释：

[一] 史诠：字默师，元祐六年（1091）涪陵令。《民国志》卷九《秩官志·文职》
亦有收录。史诠任官来源于元祐五年（1090）白鹤梁题刻《杨嘉言等题记》。题刻原文
为："圣宋元祐六年辛未二月望日，闻江水既下，因率同僚判官钱宗奇［子美］、涪陵县
令史诠［默师］、主簿张微［明仲］、县尉蒲昌龄［寿朋］，至是观广德鱼刻，并大和题记，
朝奉郎、知军州事杨嘉言［令绪］题。"

[张微]^[一]

注释：

[一] 张微：字明仲，元祐六年（1091）主簿。《民国志》卷九《秩官志·文职》未
有收录。又，陆增祥《八琼室金石补正》、姚觐元《涪州石鱼文字所见录》、陈曦震《水
下碑林——白鹤梁》、《世界第一水文站——白鹤梁》、曾超《三峡国宝——白鹤梁题刻
汇录与考索》等均作"张微"，《同治志》卷四《秩官志·历代秩官》误为"张徽"，据
黄海《白鹤梁题刻辑录》第56页拓片，当为"张微"。又，在白鹤梁题刻中张微凡两见。
《杨嘉言等题记》作"主簿张微［明仲］"；《姚珏等题记》作"主簿张微"。又，李胜《涪
陵历史文化研究》第156-157页云：张微，字明仲，湖广竟陵（今湖北天门）人。元祐
六年涪陵县主簿，绍圣四年（1097）临江（今重庆忠县）县令［曹学佺《蜀中广记》卷
十九名胜记引王象之《舆地碑记目》载"汉丁房双石阙"阙阴镌文："绍圣丁丑五月戊午，
知忠州（今重庆忠县）军州事齐国王辟之、军事推官荆南李鉴……临江县令竟陵张微、
司户参军杨安文同司理参军云安常彦……同游"。]

[钱宗奇]^[一]

注释：

[一] 钱宗奇：字子美，元祐六年（1091）判官。《民国志》卷九《秩官志·文职》
亦有收录。又，在白鹤梁题刻中钱宗奇凡两见。在《杨嘉言等题记》称为"判官"，在
元祐五年（1090）白鹤梁题刻《姚珏等题记》中称作"幕宾"。钱宗奇任官当来源于《杨
嘉言等题记》。

［蒲昌龄］^{［一］}

注释：

［一］蒲昌龄：字寿朋，元祐六年（1091）县尉。《民国志》卷九《秩官志》未收录。又，在白鹤梁题刻中蒲昌龄凡两见。在《杨嘉言等题记》称为"县尉蒲昌龄［寿朋］"，在元祐五年（1090）白鹤梁题刻《姚珏等题记》中称作"县尉蒲昌龄"。又，李胜《涪陵历史文化研究》第157页云：蒲昌龄，字寿朋，顺庆（今四川南充）人，元祐进士。见《四川通志》卷三十三、《涪州石鱼文字所见录·杨家言题名》按语。

［杜致明］^{［一］}

注释：

［一］杜致明：元祐八年（1093）涪陵令。《同治志》卷九《秩官志·文职》亦有收录。此来源于元祐五年（1090）白鹤梁题刻《姚珏等题记》，题刻原文为："元祐癸酉正月中浣前一日，郡守姚珏率幕宾钱宗奇、涪陵令杜致明、主簿张微、县尉蒲昌龄、武龙（今重庆武隆）令袁天倪游览。因记岁月，巡检王恩继至。"

［杜咸宁］^{［一］}

注释：

［一］杜咸宁：大观中通仕郎、录事参军。《同治志》卷九《秩官志·武职》亦有载。杜咸宁任官来源于北宋大观元年（1107）白鹤梁题刻《庞恭孙题记》，题刻原文为："大宋大观元年正月壬辰，水去鱼下七尺，是岁夏秋果大稔，如广德大和所纪云。二年正月壬戌，朝奉大夫和涪州军州事庞恭孙记。左班殿直兵马监押王正卿［良弼］、将仕郎州学教授李贲、通仕郎录事参军杜咸宁、通仕郎涪陵县令权签判张永年、将仕郎司理参军黄希说、将仕郎涪陵县主簿向修、将仕郎涪陵县尉胡施、进士韩翱书。"

［张永年］^{［一］}

注释：

［一］张永年：大观中通仕郎、涪陵县令权签判。《民国志》卷九《秩官志·文职》未有收录。张永年任官来源于北宋大观元年（1107）白鹤梁题刻《庞恭孙题记》，参见

"杜咸宁"条。据李胜《涪陵历史文化研究》第 159 页，张永年，字时发，小名念（廿）十一，小字一郎，忠州（今重庆忠县）临江（今重庆忠县）县宜君乡太平里人，父名安民。宣和五年（1123）十一月初五日生，绍兴十八年（1148）王佐榜进士及第，五甲第一百三名，见于宋元间《绍兴十八年同年小录》。大观中曾任涪陵县令权签判。

［黄希说］[一]

注释：

［一］黄希说：大观中将仕郎、司理参军。《民国志》卷九《秩官志·文职》亦有收录。黄希说任官来源于北宋大观元年（1107）白鹤梁题刻《庞恭孙题记》，参见"杜咸宁"条。

［李贲］[一]

注释：

［一］李贲：大观中将仕郎、州学教授。《民国志》卷九《秩官志·文职》亦有收录。李贲任官来源于北宋大观元年（1107）白鹤梁题刻《庞恭孙题记》，参见"杜咸宁"条。据李胜《涪陵历史文化研究》第 159 页，李贲，金堂（今四川金堂）人，大观中将仕郎、涪州州学教授。高宗绍兴进士，见于《四川通志》卷三三《选举》。

［向修］[一]

注释：

［一］向修：大观中将仕郎、涪陵县主簿。《民国志》卷九《秩官志·文职》未有收录。向修任官来源于北宋大观元年（1107）白鹤梁题刻《庞恭孙题记》，参见"杜咸宁"条。

［胡施］[一]

注释：

［一］胡施：大观中将仕郎、涪陵县尉。《民国志》卷九《秩官志·文职》未有收录。胡施任官来源于北宋大观元年（1107）白鹤梁题刻《庞恭孙题记》，参见"杜咸宁"条。

［（李全）］[一]

注释：

[一]李全：宣和四年（1122）奉议郎、前通判达州权司录事。《民国志》无载。此来源于北宋宣和四年白鹤梁题刻《吴革题记》，题刻原文为："易以包无鱼为远民，民故可近不可远。余牧是邦久矣，今岁鱼石呈祥，得以见丰年，知民之不远也。即尘显妙，有开必先，余乐斯二者，遂率宾僚为之游，时宣和四年十二月十五日。朝散大夫、通判军州事常彦，奉议郎、前通判达州权司录事李全，修武郎、兵马都监曹绾，宣教郎、权司士曹事王拱，迪功郎、涪陵县尉张时行。朝奉郎、权知涪州军州事吴革题。"又，据《吴革题记》，吴革"率宾僚为之游"，李全为"奉议郎、前通判达州权司录事"，属于"宾"的范畴，故《同治志》收录不当。又，关于李全的姓名，因断句问题，陈曦震《水下碑林——白鹤梁》、黄海《白鹤梁题刻辑录》、曾超《三峡国宝——白鹤梁题刻汇录与考索》作"李全修"；贵州省博物馆藏清拓片临295《吴革等题名》、《四川通志》卷八及卷三十三、《涪州石鱼文字所见录·吴革题记》按语、李胜《涪陵历史文化研究》均作"李全"。又，李胜《涪陵历史文化研究》第160页云："李全，富顺监（今四川富顺）人，一说郫县人。崇宁五年（1106）进士，见《涪州石鱼文字所见录·吴革题记》按语。任南大理评事、奉议郎通判达州，谦恭慎密，达于政体，断狱平恕，时以正人称之。见《四川通志》卷八、卷三三。"

[曹绾][一]

注释：

[一]曹绾：曹绾，宣和四年（1122）修武郎、兵马都监。《民国志》无载。此来源于北宋宣和四年白鹤梁题刻《吴革题记》，参见"李全"条。关于曹绾的任官，陈曦震《水下碑林——白鹤梁》、黄海《白鹤梁题刻辑录》、曾超《三峡国宝——白鹤梁题刻汇录与考索》作"武郎"，其他诸书多作"修武郎"。

[张时行][一]

注释：

[一]张时行：宣和四年（1122）迪功郎、涪陵县尉。《同治志》卷九《秩官志》未收录。此来源于北宋宣和四年白鹤梁题刻《吴革题记》，参见"李全"条。

［陈萃］[一]

注释：

[一]陈萃：闽中人。绍兴五年（1135）右宣教郎、知涪陵县事。此来源于曹彦时《伊川先生祠堂记》（载《同治志》、《涪陵市志》第1370-1371页、李世权《石刻涪州》第391页）。原文为："昔韩文公谪潮阳，潮人祠之。俎豆之事，岁时不绝，盖重其道则尊其人也。伊川先生程公颐，蚤［早］以道鸣，传孔孟之业于百世之下，毅然特立于一时。在熙宁、元丰间，隐于伊洛，杜门不求仕。虽退而处穷，确守所学，不循时以变。延祐初，温、申二公立朝，思得一代之真儒，如《甘盘》之敩、傅说之诲以启迪重学。乃从天下之望，交章荐先生于朝。上累趣召辞，不获命。起自布衣，入侍讲筵。先生以尧舜事其君，惓惓敷纳忠言正论，日以警悟天聪，天子礼之，是崇是信。绍圣中指为元祐党，乃谪于涪，因寓北岩之梵宇。先生身虽穷，而道益通矣。乃以平日自得于易者为《传》。豫章黄公庭坚榜其堂曰：钩深，迨今凡四十年矣。巴峡地连西蜀，文物风化，岂潮阳荒陋之比？然四十年间，寂无追奉先生而祠之者。峡之俗，尚鬼而多淫祀，独于事前贤往哲之礼阙而不讲，官于此者亦未尝过而问焉。乌乎！异哉！绍兴五年，李公瞻来守兹土，尊道贵德，以崇名教，励风俗为先。因访先生遗迹，悯古风之沦替，悼后学之茫昧，乃审厥象以置祠于钩深堂之上。俭而不侈，质而不华，俾学者瞻仰德容，洋洋乎如在其上。诵其遗书，佩其遗训，知前言往行，所以扶翼先圣万世之教者，实在于此。先生不犹愈于以有若似圣人而事之乎？工既毕，乃择季冬某日，以礼寅奉而安之，庶无愧于潮人之事韩公也。命彦时记其略。以载岁月，其何敢辞？绍兴五年十二月十五日荥阳曹彦时记，河汾王冠朝书，右承直郎涪州军事判官雒［洛］阳张振孙立石，右宣教郎奏差知涪陵县事□主管劝农公事闽中陈萃篆盖。"

［晁公溯］[一]

注释：

[一]晁公溯：字子西，嵩山人。此记载"嵩山人"，"嵩山"实乃晁公溯之号，即嵩山居士。《民国志》亦载。又，白鹤梁有《晁公溯题记》，但无任官。文云："江发岷山，东流入于巴，其下多巨石。霜降潦收，则石呇森然在水上。昔涪之人有即其趾刻二鱼，或考其时，盖唐云。其后始志其出，曰其占有年，可与之至。曾一出，已而岁不宜于稼。

及予至，又出。因与荆南（今属湖南）张度［伯受］、古汴（今河南开封）赵子澄［处度］、（赵）公蒙［景初］、李景嗣［绍祖］、杨侃［和甫］、西蜀（今属四川）张宝［廷镇］、任大受［虚中］往观，既归来，逾月而旱。予怪其不与传者协，亘昔之所为刻者，自为其水之灾而无与于斯耶？抑或其出，适丁民之有年而夸者附之而自神耶？将天以丰凶警于下而象鱼，漏之则惧其不必于政，而必于象鱼，故为是不可测者耶？于是归三十有六日，乃书此以告后之游者。是岁绍兴十五年（1145）正月廿八日也。嵩山晁公溯［子西］。"该题刻在白鹤梁水下考古中被发现，参见吴盛成《白鹤梁题刻水下考古新发现及其历史意义》（涪陵特色文化研究论文辑（第二辑），内部资料，2002 年）。又，"溯"字，各家使用不一，如《同治志》作"溯"，《民国志》作"愬"等。又，晁公溯《嵩山集·程邛州墓志铭》云："某昔仕涪州。"《嵩山集·程氏经史阁记》云："予昔尝为涪州军事判官。"《同治志》卷四《秩官志·历代秩官》云："晁公溯，字子西，嵩山人，绍兴十五年涪陵令。"《民国志》卷九《秩官志·文职》载，"晁公愬，绍兴十五年涪陵令。"《同治志》卷十四《艺文志》收录晁公溯《观石鱼记》，其题衔为"郡守晁公溯"。胡昌健认为当以军事判官为是。关于晁公溯的研究，参见李胜《涪陵历史文化研究》第 166–167 页、胡昌健《恭州集·晁公武、晁公溯在巴蜀行年事略》；刘京臣《晁公溯诗歌探微》，（《兰州教育学院学报》，2011 年 5 期）、《宋代晁氏家族诗歌特色论》（《西北师大学报（社会科学版）》，2009 年 3 期）、《宋代晁氏家族诗歌研究》（鲁东大学，硕士学位论文，2007 年）；李丹博《儒家文化对晁公溯辞赋创作的影响》（《齐鲁文化研究》，2014 年）；李朝军《晁公武兄弟在渝事迹考》（《中华文化论坛》,2007 年 3 期）张剑《晁公溯诗文简论》（《河南教育学院学报》,2005 年 4 期）；王勇《晁公溯诗歌研究》（东北师范大学，2008 年）、《宋代昭德晁氏家族文化传统研究》（《中州学刊》2006 年 1 期）、《涪陵文史资料选辑》第三辑第 114–115 页汪长春《涪陵市书画名人录》等。

［庞价孺］[一]

注释：

［一］庞价孺：绍兴二十六年（1156）僚佐。《民国志》卷九《秩官志》未有收录。南宋绍兴十四年（1144）《杜肇等题记》未有明言庞价孺任官，不知《同治志》何据。

［杜建］^{［一］}

注释：

［一］杜建：绍兴二十六年（1156）僚佐。《民国志》卷九《秩官志》未收录。在白鹤梁题刻中，杜建凡两见，其一是南宋绍兴十八年（1148）《杜与可等题记》，原文为："戊辰春，五马以双鱼出水，率郡僚同观。邦人杜与可、杨彦广、蒲德载、董梦臣继至，因思王仲淹时和岁丰，通受其赐之语，固知燮理阴阳，秉钧当轴者，优为之矣。乃刻石以记岁月焉，绍兴十有八年中春望日。"其二是南宋绍兴十四年（1144）《杜肇等题记》。原文为："杜肇、任卿宏、张文遇、张势、庞价孺、杜建、邓褒，绍兴甲子正月四日俱来。杜肇之子彦攸侍行。"两则题刻均未明言杜建任职问题，《同治志》当系依据《杜与可等题记》文义确定。陈曦震《水下碑林——白鹤梁》第65页注云："杜建，字与可，涪州（今四川涪陵市）人。绍兴十八年为郡僚佐。"

［邓褒］^{［一］}

注释：

［一］邓褒：绍兴二十六年（1156）僚佐。《民国志》卷九《秩官志》未有收录。在白鹤梁题刻中，邓褒凡四见。南宋绍兴十三年（1143），古汴（今河南开封）李景嶅（嗣）、邓褒、赵子澄、赵公蒙同游白鹤梁，见于《李景嗣等题记》。南宋绍兴甲子年（十四年，1144年），李景嗣、邓褒、赵子澄、冉彬同游白鹤梁，见于《李景嗣等再题》。南宋绍兴十四年，杜肇、任卿宏、张文遇、张势、庞价孺、杜建、邓褒同游白鹤梁，见于《杜肇等题记》。南宋绍兴十八年（1148），邓子华、种平叔、赵子经同游白鹤梁，作题记1则，即《邓子华等题记》。诸刻均未明言邓褒任官，不知《同治志》何据。

［李敏能］^{［一］}

注释：

［一］李敏能：字成之，夷门人。绍兴二十八年（1158）云台奉祠。记时有误。《民国志》未有收录。此来源于绍兴二年（1132）《蔡悙题记》，题刻原文为："绍兴壬子开岁十有四日，涪陵郡守平阳（今山西临汾）王择仁［智甫］招云台奉祠夷门（今河南开封）李敏能［成之］、郡丞开封（今河南开封）李真［元辅］、太平散吏东莱（今山

东东莱）蔡惇［元道］，过饮公堂，酒罢，再集江干，泛舟中流，登石梁观瑞鱼。《古记》：邦人以见鱼，为有年之兆。惟侯善政，民已怀之，桑麦之歌，颂声载道，是以隐于数季而见于一日，故惇喜，为之记。"《中国西南地区历代石刻汇编》第一册载有《宋故右奉直大夫李敏能墓志铭》，据该书介绍该墓志铭 1973 年出土于涪陵，现藏重庆市博物馆，据李敏能墓志铭，李敏能卒于南宋绍兴六年（1136），葬于南宋绍兴七年（1137）。该墓志铭石长 64 厘米，高 48 厘米，正书。其铭文为："宋故右奉直大夫、知忠州（今重庆忠县）军州事、赐紫金鱼袋李公，讳敏能，字成之，本贯开封府。绍兴丙辰十二月二十一日疾疫于忠州（今重庆忠县）公宇，正寝，丁巳二月初五日葬于涪陵千福寺吉地七里，铭以纪姓氏云，族叔右从政郎□□出临谨记"。

［李寘］[一]

注释：

［一］李寘：字元辅，开封人。绍兴二十八年（1158）郡守。《民国志》卷九《秩官志》未收录。据绍兴二年（1132）白鹤梁题刻《蔡惇题记》，《同治志》记时、记职有误，李寘任职当在绍兴二年而非绍兴二十八年，李寘任官当为"郡丞"而非"郡守"。

［张维］[一]

注释：

［一］张维：绍兴中涪陵令。《民国志》卷九《秩官志·文职》亦有收录。在白鹤梁题刻中，张维凡三见。绍兴二十五年（乙亥 1155）《张绾题记》云："宋绍兴乙亥人日，前涪陵令张维［持国］，挈家观石鱼。弟绾［处权］谨题。"同年《张绾再题》云："前涪陵令张维同弟绾拉郡人孟彦凯、高永、许万钟重游石鱼，共喜丰年之兆。是日，绾搦毫题石以记岁，时绍兴乙亥戊寅丙辰。"同年《张绾三题》云："郡幕高祁［子敏］、令张维［持国］、薄谭询［永叔］、尉蒲□［□之］同来。宋绍兴乙亥□□□五日，张绾［处权］题。"又，陈曦震《水下碑林——白鹤梁》第 68 页注云："张维，绍兴中涪陵令。"善书。李胜《涪陵历史文化研究》云："张维，字持国，绍兴中涪陵令（《涪州石鱼文字所见录·高祁等题名》）。"

［王之古］[一]

注释:

［一］王之古：绍兴中县令。《民国志》卷九《秩官志·文职》亦有收录。此来源于绍兴十八年（1148）白鹤梁题刻《何宪、盛辛唱和诗并序》，题刻原文为："□□□□□出水三尺余。／通□□□□观，因成拙诗一章，缮写拜。／呈伏□／笑览　知涪州军州事何宪／何年天匠巧磨龙，巨尾横梁了莫穷。不是江鱼时隐见，要知田稼岁凶丰。四灵效瑞非臣力，一水安行属帝功。职课农桑表勤惰，信传三十六鳞中。／岁将大稔，双鱼出见，邦人纵观，以慰维鱼之占也。／戊辰正月二十有八日，鱼出水数尺。／知府学士置酒瑞鳞阁，邀宾佐以乐之。又蒙出示佳篇，以纪其实。辛虽非才，辄继严韵，斐然成章，但深惭恧，伏幸采览。／权通判涪州军州事盛辛／巨浸浮空无路通，双鳞继瑞杳难穷。昔人刊石留山趾，今日呈祥表岁丰。众喜有年歌善政，独惭无补助成功。须知显晦将千载，往哲摽名岁大中（唐宣宗年号也）。／县令王之古谨刻，判官庞仔孺书。"

［庞仔孺］[一]

注释:

［一］庞仔孺：绍兴中判官。《民国志》卷九《秩官志·文职》亦有收录。此来源于绍兴十八年（1148）白鹤梁题刻《何宪、盛辛唱和诗并序》。参见"王之古"条。

［李拱］[一]

注释:

［一］李拱：淳熙六年（1179）郡丞。《民国志》卷九《秩官志》未收录。此来源于淳熙戊辰（1178）白鹤梁题刻《冯和叔题记》，原文为："淳熙戊辰人日，郡守剑蒲冯和叔［季成］、郡丞开封李拱［德辅］，率前忠州守河内向士价［邦辅］、涪陵令武信胥挺［绍祖］、郡幕东平刘甲［师文］来观石鱼，以庆有年之兆。"又，关于李拱的姓名，陈曦震《水下碑林——白鹤梁》、曾超《三峡国宝——白鹤梁题刻汇录与考索》、黄海《白鹤梁题刻辑录》作李拱，《同治志》卷二《舆地志·碑目》作李耘，姚觐元《涪州石鱼文字所见录》作季□，陆增祥《八琼室金石补正》作李栱。关于李拱的任官时间，题刻已言淳熙戊辰任官郡丞，《同治志》言淳熙六年为郡丞，有误。据《冯和叔题记》，

李拱，字德辅，开封人。淳熙戊辰为涪陵郡丞。

[胥挺]^[一]

注释：

[一]胥挺：字绍祖。淳熙六年（1179）涪陵令。《民国志》卷九《秩官志·文职》未有收录。在白鹤梁题刻中，其一是《冯和叔题记》；其二是《朱永裔题记》。在《冯和叔题记》中胥挺的任官为"涪陵令"，在《朱永裔题记》中胥挺的任官为"秋官武信胥挺"。在陈曦震《水下碑林——白鹤梁》、黄海《白鹤梁题刻辑录》之《朱永裔题记》中，关于曾稷、胥挺的姓名、籍贯、任官存在断句错误。李胜《涪陵历史文化研究》第170-171页："胥挺，生卒不详，字绍祖，武信（今四川遂宁）人。乾道五年（1169）进士，见《四川通志》卷三十三、《涪州石鱼文字所见录·冯和叔等题记》按语。曾官涪陵令，见于《水下碑林——白鹤梁题刻》编号76《朱永裔题记》。"

[李衍]^[一]

注释：

[一]李衍：淳熙七年（1180）教授。《民国志》卷九《秩官志·文职·学官》亦有载。此来源于南宋淳熙六年（1179）白鹤梁题刻《朱永裔题记》。关于李衍的任官，陈曦震《水下碑林——白鹤梁》题衔为："□官相台李衍"；《世界第一古代水文站——白鹤梁》、曾超《三峡国宝——白鹤梁题刻汇录与考索》题衔为："教官相台李衍"。《同治志》卷四《秩官志·历代秩官》和《民国志》卷九《秩官志·文职·学官》均云：李衍任官为教授。在古代，教官有学正、教授、训导、教辅等不同，故二志所载李衍任官不确。

[孙泽]^[一]

注释：

[一]孙泽：字润之。淳熙十一年（1184）司理。记时有误。《民国志》卷九《秩官志》未有收录。此来源于南宋淳祐三年（1243）白鹤梁题刻《张霁题记》，题刻原文为："石鱼报稔之瑞，旷岁罕见。淳祐癸卯冬，水落而鱼复出，既又三白呈祥，年丰可占。郡太守山西张霁［明父］率同僚来观，通判开封李拱辰［居中］、教授古通王榩［均卿］、

判官古黔邓季寅［东叔］、录参长沙赵万春［伯寿］、司理凤集孙泽［润之］、司户□□赵与初［仲器］、监酒潼川李震发［子华］、□安□应午［子酉］、监税资中张应有［嗣行］、涪陵县令武信赵广儇［公叔］、主簿合阳李因［夏卿］、县尉合阳冯申龙［季英］、忠州南宾簿尉开汉王季和［和父］、节干成都周仪可［义父］、节属益昌张申之［西卿］、郡斋奉节王建极［中可］与焉。时嘉平既望谨识。"

［赵与扔］[一]

注释：

［一］赵与扔：字仲器。淳熙十一年（1184）司户。记时有误。《民国志》卷九《秩官志》未有收录。此来源于南宋淳祐三年（1243）白鹤梁题刻《张霁题记》，参见"孙泽"条。关于赵与初的姓名，《涪州石鱼文字所见录》、曾超《三峡国宝——白鹤梁题刻汇录与考索》、《世界第一古代水文站——白鹤梁》作"赵与扔［仲器］"，《长江三峡工程水库水文题刻文物图集》、陈曦震《水下碑林——白鹤梁》、贵州省博物馆藏有清拓品临 327《张霁等题名》作"赵与初仲器"。

［李震发］[一]

注释：

［一］李震发：字子华，潼川人。淳熙十一年（1184）监酒。记时有误。《民国志》卷九《秩官志》未有收录。此来源于南宋淳祐三年（1243）白鹤梁题刻《张霁题记》，参见"孙泽"条。

［张应有］[一]

注释：

［一］张应有：字嗣行，资中人。淳熙十一年（1184）监税。记时有误。《民国志》卷九《秩官志》未有收录。此来源于南宋淳祐三年（1243）白鹤梁题刻《张霁题记》，参见"孙泽"条。又，李胜《涪陵历史文化研究》第 174 页云："张应有，字嗣行，资中人（一说绵州人），绍定进士（《四川通志》卷三三），淳佑三年涪陵郡监税。"

[赵广僖]^[一]

注释：

[一]赵广僖：字公叔，武信人。淳熙十一年（1184）涪陵县令。记时有误。《民国志》卷九《秩官志·文职》亦有收录。赵广僖，在白鹤梁题刻中凡两见。其一是南宋淳祐三年白鹤梁题刻《张霁题记》；其二是《赵广僖等题记》，题刻原文为："武信赵广僖［公叔］、冯申龙［季英］、忠州节干成都周仪可，郡斋奉节（今重庆奉节）王建极。"赵广僖任官来源于南宋淳祐三年白鹤梁题刻《张霁题记》，参见"孙泽"条。陈曦震《水下碑林——白鹤梁》第 95 页注云："赵广僖，字公叔，武信（今四川遂宁）人。淳祐三年涪陵县令。"

[李因]^[一]

注释：

[一]李因：字夏卿。淳熙十一年（1184）主簿。记时有误。《民国志》卷九《秩官志·文职》未有收录。此来源于南宋淳祐三年（1243）白鹤梁题刻《张霁题记》，参见"孙泽"条。据《张霁题记》，李因，字夏卿，合阳（今山西安泽）人。曾任涪陵县主簿。

[冯申龙]^[一]

注释：

[一]冯申龙：冯申龙，字季英。淳熙十一年（1184）县尉。记时有误。《民国志》卷九《秩官志·文职》未有收录。此来源于南宋淳祐三年（1243）白鹤梁题刻《张霁题记》，参见"孙泽"条。据《张霁题记》，冯申龙，字季英，合阳（今山西安泽）人。曾任涪陵县县尉。

[（王季和）]^[一]

注释：

[一]王季和：字和父。淳熙十一年（1184）簿尉。记时有误。据南宋淳祐三年白鹤梁题刻《张霁题记》，王季和非涪州任官，《同治志》收录有误，当删。

[（张仪可）]^[一]

注释：

［一］张仪可：字义父。淳熙十一年节干。记时有误。据南宋淳祐三年白鹤梁题刻《张霁题记》，张仪可非涪州任官，《同治志》收录有误，当删。

［（张申之）］[一]

注释：

［一］张申之：字西卿。淳熙十一年节属。记时有误。据南宋淳祐三年白鹤梁题刻《张霁题记》，张申之非涪州任官，《同治志》收录有误，当删。

［谭深之］[一]

注释：

［一］谭深之：淳熙中教授。《民国志》亦有收录。此来源于南宋乾道七年（1171）白鹤梁题刻《卢棠题记》。

［冯愉］[一]

注释：

［一］冯愉：字端和。庆元二年（1196）郡守。《民国志》亦有收录。此来源于南宋庆元四年（1198）白鹤梁题刻《徐嘉言题记》。关于冯愉的姓名，白鹤梁题刻、陈曦震《水下碑林——白鹤梁》、曾超《三峡国宝——白鹤梁题刻汇录与考索》、《同治志》卷二《舆地志·碑目》作“愉”，姚觐元《涪州石鱼文字所见录》作“伦”，误。《世界第一古代水文站——白鹤梁》、曾超《三峡国宝——白鹤梁题刻汇录与考索》、陈曦震《水下碑林——白鹤梁》作“端和”，贵州省博物馆藏有清拓品临330《徐嘉言等题记》作“端□”；关于冯愉的籍贯，《世界第一古代水文站——白鹤梁》、曾超《三峡国宝——白鹤梁题刻汇录与考索》、陈曦震《水下碑林——白鹤梁》作“临汝”，贵州省博物馆藏有清拓品临330《徐嘉言等题记》作“临安”，误。关于冯愉的任官，据《徐嘉言题记》为涪陵县令（涪陵宰），二志误为涪陵郡守。

［张庆延］[一]

注释：

［一］张庆延：字元祚。庆元二年（1196）郡掾［掾］。《民国志》卷九《秩官志》未有收录。此来源于南宋庆元四年（1198）白鹤梁题刻《徐嘉言题记》。关于张庆延的姓名，《世界第一古代水文站——白鹤梁》、曾超《三峡国宝——白鹤梁题刻汇录与考索》、陈曦震《水下碑林——白鹤梁》作"元祚"，贵州省博物馆藏有清拓品临330《徐嘉言等题记》作"元柞"。关于张庆延的任官，《同治志》作"郡援"，误，当为"郡掾"。

［王邦基］^{［一］}

注释：

［一］王邦基：字廷坚。庆元二年（1196）从事。《民国志》卷九《秩官志》未有收录。此来源于南宋庆元四年（1198）白鹤梁题刻《徐嘉言题记》。关于王邦基的姓名和籍贯，《长江三峡工程水库水文题刻文物图集》《世界第一古代水文站——白鹤梁》、曾超《三峡国宝——白鹤梁题刻汇录与考索》、陈曦震《水下碑林——白鹤梁》作"违坚"，颖昌人。贵州省博物馆藏有清拓品临330《徐嘉言等题记》作"颖□"人。

［申驹］^{［一］}

注释：

［一］申驹：字致远。庆元二年（1196）文学［掾］。《民国志》卷九《秩官志》亦有收录。此来源于南宋庆元四年（1198）白鹤梁题刻《徐嘉言题记》。关于申驹的姓名，《长江三峡工程水库水文题刻文物图集》《世界第一古代水文站——白鹤梁》、曾超《三峡国宝——白鹤梁题刻汇录与考索》、陈曦震《水下碑林——白鹤梁》作"致远"；《同治志》卷四《秩官志·历代秩官》作"廷坚"，颖昌人。贵州省博物馆藏有清拓品临330《徐嘉言等题记》作"致□"人。关于申驹的任官，《同治志》作"郡援"，误，当为"郡掾"。

［瞿常］^{［一］}

注释：

［一］瞿常：字明孺。庆元二年（1196）纠曹。《民国志》卷九《秩官志》未有收录。

此来源于南宋庆元四年（1198）白鹤梁题刻《徐嘉言题记》。关于瞿常的任官、籍贯和名字，曾超《三峡国宝——白鹤梁题刻汇录与考索》题衔为"（涪陵郡）纠曹汉嘉瞿常［明孺］"。陈曦震《水下碑林——白鹤梁》题衔为"□守汉嘉瞿常［明孺］"，贵州省博物馆藏有清拓品临330《徐嘉言等题记》题衔为"□汉嘉瞿［常明］"，《世界第一古代水文站——白鹤梁》作"纠曹守汉嘉瞿常［明孺］"。

　　［彭楠］[一]

注释：

　　［一］彭楠：字国材。庆元二年（1196）县佐。《民国志》卷九《秩官志》未有收录。此来源于南宋庆元四年（1198）白鹤梁题刻《徐嘉言题记》。因断句问题，各家不一致，并牵涉到彭楠、左延的姓名与任官问题。曾超《三峡国宝——白鹤梁题刻汇录与考索》、《世界第一古代水文站——白鹤梁》、《长江三峡工程水库水文题刻文物图集》断为"彭楠［字国材］"，陈曦震《水下碑林——白鹤梁》、黄海《白鹤梁题刻辑录》断作彭楠国，贵州省博物馆藏有清拓品临330《徐嘉言等题记》作彭南国［材］。

　　［左延］[一]

注释：

　　［一］左延：字庆椿。庆元二年（1196）征官。《民国志》卷九《秩官志》未有收录。此来源于南宋庆元四年（1198）白鹤梁题刻《徐嘉言题记》。因断句问题，各家不一致，并牵涉到彭楠、左延的姓名与任官问题。曾超《三峡国宝——白鹤梁题刻汇录与考索》、《世界第一古代水文站——白鹤梁》、《长江三峡工程水库水文题刻文物图集》断为"征官上邽左延［庆椿］"，陈曦震《水下碑林——白鹤梁》、黄海《白鹤梁题刻辑录》断作"材征官上邽左延庆椿"，贵州省博物馆藏有清拓品临330《徐嘉言等题记》作"征官上邽左延庆［椿］"。

　　［徐嘉言］[一]

注释：

　　［一］徐嘉言：字公美，庆元二年（1196）郡文学掾。《民国志》卷九《秩官志·文

职·学官》亦有载。此来源于南宋庆元四年（1198）白鹤梁题刻《徐嘉言题记》，题刻原文为："庆元戊午中和节，属吏从尉史君送别新宪使刘开国［运台］临按，自小荔园旋观石鱼，历览前贤留刻，盖自唐迄今五百余载。郡人每以鱼之出，兆年之丰事，既有验于古，可以卜今岁之稔无疑也。涪陵宰临汝冯愉端和，置酒与僚友更贺，从容半日，尽兴而返。同游者八人：前郡掾蕲春张庆延［元祚］、从事颖昌王邦基［违坚］、□□文学掾龟陵申驹［致远］、纠曹汉嘉瞿常［明孺］、县佐汶江彭楠［国材］、征官上邽左延［庆椿］，是郡文学掾南郡徐嘉言［公美］识。"关于徐嘉言东任官时间，题刻在庆元戊午，二志定在庆元二年不知何据。又，陈曦震《水下碑林——白鹤梁》第 85 页注云：徐嘉言，字公美，南郡（今湖北公安县）人。善诗工书。庆元四年任涪州文学掾。

［何昌宗］^{［一］}

注释：

［一］何昌宗：字季文。宝庆二年（1226）郡纠曹［掾］。《民国志》卷九《秩官志》未有收录。此来源于南宋宝庆二年《李公玉"瑞鳞古迹"题记》。关于何昌宗的任官，陈曦震《水下碑林——白鹤梁》、黄海《白鹤梁题刻辑录》作"郡纠曹椽"，误，当为"郡纠曹掾"。

［邓季寅］^{［一］}

注释：

［一］邓季寅：字东叔。淳祐二年（1242）判官。《民国志》卷九《秩官志·文职》亦有收录。此来源于南宋淳祐三年（1243）白鹤梁题刻《张霁题记》，参见"孙泽"条。

［王樞］^{［一］}

注释：

［一］王樞：字钧卿。淳祐四年（1244）教授。《民国志》卷九《秩官志·文职》亦有收录。此来源于南宋淳祐三年（1243）白鹤梁题刻《张霁题记》，参见"孙泽"条。关于王樞的姓名，《长江三峡工程水库水文题刻文物图集》、陈曦震《水下碑林——白鹤梁》、黄海《白鹤梁题刻辑录》作"王栖［均卿］"，白鹤梁题刻、《世界第一古代水

文站——白鹤梁》、曾超《三峡国宝——白鹤梁题刻汇录与考索》、姚觐元《涪州石鱼文字所见录》、《四川通志》卷三十三《选举》、《同治志》卷四《秩官志·历代秩官》、《民国志》卷九《秩官志·文职·学官》作"王橌［均卿］"。

［何震午］[一]

注释：

［一］何震午：字季明，昌元人。宝祐六年（戊午，1258）判官。《民国志》卷九《秩官志·文职》亦有收录。此来源于南宋宝祐戊午白鹤梁题刻《何震午等题记》，原文为："宝祐戊午正月戊寅，军事判官昌元何震午［季明］、知乐温县燕国赵兴珞［思复］、纠曹宕渠袁逢龙［清甫］、涪州理掾古渝杜梦午［南卿］、文安王垓［子经］、汴阳向大源［清夫］。观石鱼之兆丰，拂涪翁之遗迹，亦一时胜游也，濡笔以书。"又，陈曦震《水下碑林——白鹤梁》第101页注云："何震午，字季明，昌元（今四川荣昌县）人，宝祐六年为涪州军事判官。"

［赵兴珞］[一]

注释：

［一］赵兴珞：字思复，燕人。宝祐六年（1258）乐温县令。《民国志》卷九《秩官志·文职》未有收录。此来源于南宋宝祐戊午白鹤梁题刻《何震午等题记》，参见"何震午"条。关于赵兴珞的姓名，贵州省博物馆藏清拓品临312《何震午等题名》作"赵与珞"。

［袁逢龙］[一]

注释：

［一］袁逢龙：字清甫，宕渠人。宝祐六年（戊午，1258）纠曹。《民国志》卷九《秩官志·文职》未有收录。此来源于南宋宝祐戊午白鹤梁题刻《何震午等题记》，参见"何震午"条。

［杜梦午］[一]

注释：

[一] 杜梦午：字南卿，渝州人。宝祐六年理［掾］。《民国志》卷九《秩官志·文职》未有收录。此来源于南宋宝祐戊午白鹤梁题刻《何震午等题记》，参见"何震午"条。关于杜梦午的任官，《世界第一古代水文站——白鹤梁》作"椽"，误。

［王垓］[一]

注释：

[一] 王垓：字子经，文安人。宝祐六年理［掾］。《民国志》卷九《秩官志·文职》未有收录。此来源于南宋宝祐戊午白鹤梁题刻《何震午等题记》，参见"何震午"条。关于王垓的姓名，贵州省博物馆藏清拓品临312《何震午等题名》作"文安王王垓［子经］"，多一"王"字，误。

［元］

［（奥鲁）］[一]

注释：

[一] 奥鲁：《民国志》亦有收录。然奥鲁乃官名，非人名。当删。参见曾超《白鹤梁题刻〈聂文焕题记〉"奥鲁""劝农事"考辨》（《三峡论坛》，2014年6期）。

［安固］[一]

注释：

[一] 安固：《民国志》未有收录。安固的全称职衔是至顺三年（1332）奉训大夫夔路万州知州兼管本州诸军劝农事，参见曾超《白鹤梁题刻〈聂文焕题记〉"奥鲁""劝农事"考辨》（《三峡论坛》，2014年6期）。

［明］

［李希尹］[一]

注释：

[一] 李希尹：洪武十七年（1384）承务郎、州同知。《民国志》亦有收录。此来源于

洪武十七年白鹤梁题刻《刘冲霄诗并序》，该刻原文为："昔大明洪武十有七年岁在甲子正月人日，奉训大夫、涪州知州刘冲霄，承务郎、涪州同知李希尹，从仕郎、涪州判官范庄，吏目颜亮、学正黄思诚、训导张敬先、驿丞王青，因水落石鱼呈瑞，游观遂书于石，以记一时之盛事云。／诗曰：石鱼见处便丰年，自我居官亦有缘。愿得从今常献瑞，四民乐业永安然。"

[范庄]

注释：

［一］范庄：洪武十七年从仕郎、州判官。《民国志》亦有收录。此来源于洪武十七年白鹤梁题刻《刘冲霄诗并序》，参见"李希尹"条。

[颜亮]

注释：

［一］颜亮：洪武十七年吏目。《民国志》亦有收录。此来源于洪武十七年白鹤梁题刻《刘冲霄诗并序》，参见"李希尹"条。

[王青]

注释：

［一］王青：洪武十七年（1384）驿丞。《民国志》亦有收录。此来源于洪武十七年白鹤梁题刻《刘冲霄诗并序》，参见"李希尹"条。

[□□□叔]

注释：

［一］□□：□□任官，《同治志》卷四《秩官志·历代秩官》和《民国志》卷九《秩官志》未有收录。据崇宁元年（1102）白鹤梁题刻《贺致中题记》补。参见"贺致中"条。又据《贺致中题记》，□□，字□叔，河□人，曾为奉议郎，但具体系何职不详。不过，从题刻所列任官来说担任涪州职官无疑。

［宣侯］

［欧阳士麟］[一]

注释:

［一］欧阳士麟:永乐年间曾任涪州学正。《同治志》卷四《秩官志·历代秩官》、《民国志》卷九《秩官志》均未收录。据永乐三年（1405）《雷懿题记》补,该刻原文为:"予知是州视篆,初有告曰:江心石鱼、秤、斗,出则年丰。是岁甲申水涸,率僚属以游观,得睹者鱼,而双秤斗犹渍之水,时果稔输用足。乙酉仲春二日,同僚友征仕郎陈子仲［致中］、从仕郎荀仕能复览,鱼去水五尺,秤、斗不见如昨时。朝使江右晏孟宣、涪州学正古邵欧阳士麟、训导西陵易巽、义陵张致和、古邰成礼同游。生员万琳等侍,奉训大夫、涪陵守古邕雷懿［运通］诗志。"

［易巽］[一]

注释:

［一］易巽:永乐年间曾任涪州训导。《同治志》卷四《秩官志·历代秩官》、《民国志》卷九《秩官志》均未收录。据永乐三年（1405）《雷懿题记》补,参见"欧阳士麟"条。

［张本仁］[一]

注释:

［一］张本仁:成化年间涪州属吏。《同治志》卷四《秩官志·历代秩官》和《民国志》卷九《秩官志》均未收录。据明成化七年（1471）白鹤梁题刻《抄写古文诗记》补。

［王□］[一]

注释:

［一］王□:成化年间涪州属吏。《同治志》卷四《秩官志·历代秩官》和《民国志》卷九《秩官志》均未收录。据明成化七年（1471）白鹤梁题刻《抄写古文诗记》补。

武隆知县

［唐］

［侯敏］[一]

注释：

［一］侯敏：《同治志》云："侯敏，则天朝太仆卿。来俊臣势日盛，侯为上林令附之。妻董氏曰：俊臣，国贼也。势不可久，一朝事坏，奸党先遭。君可敬而远之，敏稍稍而退。俊臣怒，出为涪陵武隆令。敏欲弃官归，氏曰：但去，莫求任。遂行，至州投刺。参州将，错题一纸。州将怒，不放。敏忧闷无已，氏曰：但任，莫求去。停十五日，忠州贼破武隆，杀旧县令家口并尽，敏滞州获全。后俊臣诛，其党流岭南，敏获免。"

［宋］

［袁天倪］[一]

注释：

［一］袁天倪：元祐八年（1093）武龙令。《民国志》卷九《秩官志》未收录。此来源于元祐五年（1090）白鹤梁题刻《姚珏等题记》。

［刘甲］[一]

注释：

［一］刘甲：字师文。淳熙六年（1179）郡幕武龙薄。《民国志》未有收录。在白鹤梁题刻中，刘师文见于《向仲卿题记》《朱永裔题记》《冯和叔题记》。在《冯和叔题记》中，刘甲任官为"郡幕"；在《朱永裔题记》中，刘甲任官为"郡幕武龙簿"；在《向仲卿题记》中未言刘甲任官，文云："涪陵江心石梁刻二鱼，古今相传。水大落，鱼出见，则时和岁丰。自唐广德间，刺史郑令珪已载其事，而鱼之镌刻莫详何代？盖取诗人众维鱼矣，实维丰年之义。淳熙五年（1178）正月三日，刘师文相约同勾晦卿、贾清卿来观。时水落鱼下三尺，邦人舟楫往来，赏玩不绝，因书以识升平瑞庆云，向仲卿题。关于刘甲的"字"，《同治志》作"师甫"，当作"师文"。关于刘甲的任官，巴声、黄秀陵编著《历代名人与涪陵》有第84页《南宋涪州知州刘甲白鹤梁题记》云："刘甲……

历涪州知州、度支郎中、枢密院检详，奉命使金。"刘甲任官"涪州知州"无据。又，李胜《涪陵历史文化研究》第 170 页云："刘甲（1142-1214），字师文，其先永静军东光人，元佑宰相挚之后。父著，为成都漕幕，葬龙游（今四川乐山），因家焉。孝宗淳熙二年（1175）进士。使金还，除知江陵（今湖北江陵）府兼湖北安抚使，移知庐州。迁知兴元府兼利东安抚使，未至镇，金立吴曦为蜀王，上书告变。曦诛，进宝谟阁学士、权四川制置司事。宁宗嘉定七年（1214）卒于官，谥清惠，年七十三。甲幼孤多难，母病，刲股以进。生平常谓：'吾无他长，惟足履实地。'昼所为，夜必书之，名曰'自监'。为文平澹，著有《奏议》10 卷、《蜀人物志》《新潼川志》等，多佚。《宋史》卷三百九十七有传。题记中称'东平（今属山东）刘甲'，乃书其先世所居之地（《涪州石鱼文字所见录·冯和叔等题记》按语）。"陈曦震《水下碑林——白鹤梁》第 81 页注云："刘甲（1141-1214），字师文。龙游（今四川乐山市）人。淳熙二年进士。拜宝谟阁学士，后移知潼川。嘉定七年卒于任内。年少时，喜读书，常至深夜。为官清廉，深得民众敬爱。"《宋代蜀诗辑存·乐山市》第 293 页云：刘甲，字师文，孝宗淳熙二年进士。后拜宝谟阁学士，绍熙（1190-1194）中移知潼川，宁宗嘉定七年卒于官，享年 73 岁，谥清惠，一作谥清忠。《宋史》卷 397 有传。著有《奏议》《蜀人物志》《新潼川志》等，今已佚。"参见《历代名人与涪陵》第 84-85 页《南宋涪州知州刘甲白鹤梁题记》。

明

黄真[一]，山东人。

注释：

[一] 黄直：《同治志》云："黄直，曲阜举人。洪武十年（1377）任。为政廉平，兴利除害，良善获安，豪右屏迹。崇祀名宦祠。"蓝勇主编《稀见重庆地方文献汇点》（下）第 605 页云："黄直，山东曲阜人。洪武中知武隆，为政廉平，兴利除害，良善获安，豪右屏迹，崇祀名宦。"诸书有"真""直"之别。

李良金[一]，云南昆明县人。

注释：

[一] 李良金：《同治志》云："李良金，云南昆明县举人。嘉靖五年（1526）任。刚

方廉洁，善达边情。适报迁官，酋长赂以金不受，单骑去。行李萧然，士民泣送之。崇祀名宦祠。"蓝勇主编《稀见重庆地方文献汇点》（下）第 605 页云："李良金，云南昆明县人。嘉靖间知武隆。刚方廉静，善处边情。适报迁官，酋长赂以金，不受，单骑去。行李萧然，士民泣送之。崇祀名宦。"

［孙道远］[一]

注释：

［一］孙道远：《同治志》云："孙道远，洪武十四年（1381）任。"

［王龄］[一]

注释：

［一］王龄：据《同治志》补。

［高湘］[一]

注释：

［一］高湘：据《同治志》补。

［邓凯］[一]

注释：

［一］邓凯：《同治志》云："邓凯，广东嘉应州监生。"

［宋伏奇］[一]

注释：

［一］宋伏奇：《同治志》云："宋伏奇，云南霑益县监生。"

［易濂］[一]

注释：

［一］易濂：《同治志》云："易濂，湖广蕲州举人。成化年间任。"

［苏奎］^{［一］}

注释：

［一］苏奎：《同治志》云："苏奎，浙江金华县监生。"

［周镜］^{［一］}

注释：

［一］周镜：《同治志》云："周镜，湖广罗田县举人。"

［戴星］^{［一］}

注释：

［一］戴星：《同治志》云："戴星，湖广靖州监生。"

［袁思诚］^{［一］}

注释：

［一］袁思诚：《同治志》云："袁思诚，河南原武县监生。"

［王骏］^{［一］}

注释：

［一］王骏：《同治志》云："王骏，湖广荆门州举人。"

［夏璋］^{［一］}

注释：

［一］夏璋：《同治志》云："夏璋，湖广平江县举人。"

［钟韵］^{［一］}

注释：

［一］钟韵：《同治志》云："钟韵，广东翁源县监生，后调绵竹县知县。"

［丁继］^{［一］}

注释：

［一］丁继：《同治志》云："丁继，河南孟津县监生。"

［成文］^{［一］}

注释：

［一］成文：《同治志》云："成文，山西阳和县举人。"

［刘瀚］^{［一］}

注释：

［一］刘瀚：《同治志》云："刘瀚，陕西岐山县监生。嘉靖十七年（1538）任。"

［李一清］^{［一］}

注释：

［一］李一清：《同治志》云："李一清，广东举人。"

［冯尚德］^{［一］}

注释：

［一］冯尚德：《同治志》云："冯尚德，陕西凤翔县监生。"

［胡文源］^{［一］}

注释：

［一］胡文源：《同治志》云："胡文源，直隶阜城县监生。嘉靖二十四年（1545）任。"

［党崇正］^{［一］}

注释：

［一］党崇正：《同治志》云："党崇正，湖广施南府举人。"

[史载泽]^[一]

注释：

[一]史载泽:《同治志》云:"史载泽，贵州新添卫监生。"

[张钦辰]^[一]

注释：

[一]张钦辰:据《同治志》补。

[赵伟]^[一]

注释：

[一]赵伟:据《同治志》补。

[陶庚]^[一]

注释：

[一]陶庚:《同治志》云:"陶庚，湖广举人。嘉靖四十三年（1564）任。始修《历任题名记》。"

[唐宗元]^[一]

注释：

[一]唐宗元:据《同治志》补。

[王施仁]^[一]

注释：

[一]王施仁:据《同治志》补。

[孟泰皓]^[一]

注释：

[一]孟泰皓:据《同治志》补。

［李廷英］^{〔一〕}

注释:

［一〕李廷英:据《同治志》补。

［林兰］^{〔一〕}

注释:

［一〕林兰:《同治志》云:"林兰,湖广归州举人。万历十二年（1584）任。迁建学宫,现有碑记。"

［陶正学］^{〔一〕}

注释:

［一〕陶正学:据《同治志》补。

［李平山］^{〔一〕}

注释:

［一〕李平山:据《同治志》补。

［况世钦］^{〔一〕}

注释:

［一〕况世钦:据《同治志》补。

［欧汝孚］^{〔一〕}

注释:

［一〕欧汝孚:据《同治志》补。

［陈子道］^{〔一〕}

注释:

［一〕陈子道:《同治志》云:"陈子道,湖广衡州举人。万历二十七年（1599）任。"

［曹芬］^{［一］}

注释：

［一］曹芬：《同治志》云："曹芬，湖广宜兴县监生。万历二十一年（1593）任。"

［杨复乾］^{［一］}

注释：

［一］杨复乾：《同治志》云："杨复乾，云南太和县监生。"

［苗嘉谷］^{［一］}

注释：

［一］苗嘉谷：《同治志》云："苗嘉谷，云南宜良县监生。"

［缪思启］^{［一］}

注释：

［一］缪思启：《同治志》云："缪思启，云南曲靖县举人。天启十四年（1634）任。"

［徐体震］^{［一］}

注释：

［一］徐体震：《同治志》云："徐体震，云南昆明县举人。天启四十七年（1667）任。"

［党应期］^{［一］}

注释：

［一］党应期：《同治志》云："党应期，山西阳曲县举人。崇祯二年（1629）任。"

［詹允吉］^{［一］}

注释：

［一］詹允吉：《同治志》云："詹允吉，福建岁贡生。"

［葛惺］[一]

注释:

［一］葛惺:《同治志》云:"葛惺,山西高平县监生。"

［邱忠］[一]

注释:

［一］邱忠:《同治志》云:"邱忠,甘肃平凉县举人。崇祯十三年（1640）任。"

［钱大用］[一]

注释:

［一］钱大用:《同治志》云:"钱大用,崇祯十五年（1642）任。"

［教谕］

［高溥］[一]

注释:

［一］高溥:《同治志》云:"高浦,嘉靖二十四年（1545）任。"

［何卞］[一]

注释:

［一］何卞:《同治志》云:"何卞,万历十二年（1584）任。"

［赵廷儒］[一]

注释:

［一］赵廷儒:《同治志》云:"赵廷儒,万历三十年（1602）任。"

［训导］

［鲜希伋］[一]

注释：

［一］鲜希伿：《同治志》云："鲜希伿，万历十二年（1584）任。"

［李文英］^{［一］}

注释：

［一］李文英：《同治志》云："李文英，万历三十年（1602）任。"

国朝

张羽兴^{［一］}，辽东人，荫生。

注释：

［一］张羽兴：《同治志》云："张羽兴，荫生辽东人。康熙四年（1665）任。"蓝勇主编《稀见重庆地方文献汇点》（下）第605页云："张羽兴，辽东荫生。"

乔楠^{［一］}，江南江阴人，进士。

注释：

［一］乔楠：《同治志》云："乔楠，江南江阴县进士。康熙六年（1667）任。"蓝勇主编《稀见重庆地方文献汇点》（下）第605页云："乔楠，江南江阴进士。"

武林司巡检：康熙七年（1668）改设。

刘嗣盛^{［一］}，顺天人，吏员。

注释：

［一］刘嗣盛：《同治志》云："刘嗣盛，吏员，直隶顺天人。"蓝勇主编《稀见重庆地方文献汇点》（下）第605页云："刘嗣盛，顺天吏员。"

叶廷机^{［一］}，浙江人，吏员。

注释：

［一］叶廷机：《同治志》云："叶廷机，吏员，浙江人。康熙二十九年（1690）任。"

蓝勇主编《稀见重庆地方文献汇点》（下）第 605 页云："叶廷机，浙江吏员。"

王嘉秩^[一]，<small>山西太平县</small>^[二]<small>人，吏员。</small>

注释：

[一]王嘉秩：《同治志》云："王嘉秩，吏员，山西大同人。康熙三十七年（1698）任。"蓝勇主编《稀见重庆地方文献汇点》（下）第 605 页云："王嘉秩，山西吏员。"

[二]关于王嘉秩的籍贯，本志作"山西太平县"，《同治志》作"山西大同"。

沈国璋^[一]，<small>顺天人，吏员。</small>

注释：

[一]沈国璋：《同治志》云："沈国璋，吏员，顺天人。康熙四十五年（1706）任。"蓝勇主编《稀见重庆地方文献汇点》（下）第 65 页云："沈国璋，顺天吏员。"

邵梦彪^[一]，<small>顺天人，吏员。</small>

注释：

[一]邵梦彪：《同治志》云："邵梦彪，吏员，顺天人。康熙四十五年任。"蓝勇主编《稀见重庆地方文献汇点》（下）第 605 页云："邵梦彪，顺天吏员。"

学　校

士登阙里之堂，睹车服、礼器，辄流连生慨，慕教化之兴，良有以也。涪陵士风彬郁，尊师儒，重文教，亦固其宜第。古制日湮，诸生以时习礼为故事，塾序之法阙焉不讲，此建学明伦，诚为治化之首务也。作《学校志》。

圣庙，在治南。中为大成殿，两翼为庑，各五间。前为戟门三间，为棂星门石坊一座。戟门外为泮池，桥三座。殿西为启圣祠三间。西南为明伦堂三间。戟门东为名宦祠一间。西为乡贤祠一间。棂星门左有东璧阁遗迹，未建。按：文庙自明万历中守道陈大道鼎建，兵燹之后倾圮无存。国朝定鼎，署州牧赵廷祯重建。自康熙甲寅（十三年，1674）岁吴逆[一]变乱，皆倾毁。康熙四十六年（1707）州守董维祺捐俸并绅衿输资鼎新重建。

注释：

[一] 吴逆，即吴三桂。

正殿中悬御书"万世师表"四字扁额。

祭　器

铜爵四十、香炉十六、烛台十六对、笾一百二十、豆一百二十、祝板一。以上各祭器，知州董维祺捐制，交学官收管。

祭　典　附

文庙，春秋举祀。于二月、八月上丁日，州官主祭，学官分祭，儒学生员赞礼。先期省牲。

祭　品

先师，酒三爵，帛二筐，大羹一登，和羹二铏，黍、稷二簠，稻、粮二簋，盐、稿、鱼、枣、栗、榛、芡、菱、鹿脯、鲔、糗饵、糍十二豆，羊一俎，豕一俎。

四配，酒三爵，帛一筐，大羹一登，和羹二铏，黍一簠，稷一簠，盐、枣、栗、鹿脯、菱、稿鱼六笾，青芹、笋、鹿、兔、鱼、醢六豆，羊一函，豕一函

十哲，东五位，酒一爵，帛一筐，和羹一铏，黍一簠，稷一簠，盐、枣、栗、鹿脯四笾，菁芹、兔、鹿四豆，羊一函，豕一函。西五位亦如其数。

两庑，每庑每四位酒一爵，帛一筐，黍一簠，稷一簠，盐、枣、栗、鹿脯四笾，菁芹、鹿兔、盐四豆，羊四亟〔函〕、豕四函。

礼生通赞、引赞、拂拭、陈设监宰、瘗毛血、奉帛、执爵、盥洗、司尊、读祝、彻馔、司香烛、司库、司厨、祭文曰：惟师德配天地，道贯古今，删述六经，垂宪万世。今兹仲春秋，谨以牲、帛、醴、齍、粢盛庶品，式陈明荐云云。

启圣宫祠，祀以先贤颜无繇、曾点、孔鲤、孟氏，先贤程珦、朱松、蔡元定七人配享。

启圣，酒三爵、帛一筐，大羹一登，和羹三铏，黍稷二簠，稻、粱二簋，枣、栗、盐、稿鱼四笾，韭、菁、菹、醓醢四豆，羊一函，豕一函。

礼生通赞、引赞、陈设、监牢、瘗毛血、奉帛、执爵、盥洗、司尊、读祝、彻馔、司香烛、司库、司厨，祭文曰：惟神钟和会粹，诞育圣躬，功德罔极，万世攸崇。今兹仲（春、秋）谨以牲、帛、醴、齍、粢盛庶品，式陈明荐云云。

名宦祠，春秋继文庙而祭之。祭文曰：德音孔嘉，民受其赐，泽流伊长，不啻百世。惟棠有阴，是芟是庇。诏我后人，以瞻以祠。

乡贤祠，春秋与名宦并祭焉。祭文曰：涪山毓秀，涪水钟灵。惟多君子，乃其若人。前贤践履，后学仪型。文物既昌，风化亦淳。

文昌宫，春秋继文庙祭之。四贤祠亦继而祭之。

社稷坛，春秋继上丁出主于坛而祭之。

风云雷雨之神，本州山川之神。

本州城隍之神，春秋继社稷坛出主，请城隍于坛而祭之。

关帝庙、土地祠同日祭之。

本州厉坛，三月清明、七月望、十月朔，牒请城隍之神主，其坛榜无祀鬼神分而祭之。

礼　制

先王治定制礼以辨上下，定民志典至重也。圣人复垂之为经，而三百三千所以纲维乎世者，抑何密欤？国朝厘定旧章，焕乎明备，但民间冠婚丧祭，只各从乎土俗之所宜而不能变，然而表率之权则在有司，故凡礼之系乎朝常，关乎治体者，不可不躬践也。作《礼制志》。

朝　贺

圣诞，知州率僚属，设仪仗，具朝服，先一日习仪于别寺，迎龙亭于州堂，至日黎明行朝贺礼如制。元旦、冬至，礼亦如之。

仪　仗

龙亭一，扇二，伞二，龙幄一，香亭一，戈、戟、刀、镫、仗、斧、立瓜、卧瓜、令旗、清道皆各二。

日月救护

日食、月食，知州率僚属，具朝服，于州堂伐鼓，行礼救护，并集僧道巫觋于堂下，各鸣金鼓乐器，共救之。

乡饮酒礼

岁正月望、十月朔，诣州学，行乡饮酒礼。州官率僚属迓宾于仪门外，既入，行礼。大宾位于西北，介西南，众宾正西。主位于东南，僎东北，僚属正东。司正以教职为之，宾以下序齿，主以下序爵，僎则乡人仕至大夫，助主人而遵法度也。礼生、通赞、引赞工歌击鼓，击钟扬觯，读律读诰。

莅任礼

州官上任礼，先一日致斋于城隍庙。上任日，具公服，祭城隍。毕，诣州衙，拜仪门。至月台，望东北，行谢恩礼。毕，升公座，行参见礼。毕，乃谕僚属。毕，乃署公移。毕，乃飨官属父老。

宾兴礼

应试生员，先期学官起送。毕，州守筮告，行宾兴礼。诸生就州大堂，行参谒礼，以次列坐。饮毕，上仙桥簪花，鼓乐前导，送郊外，州守复置酒，举觞祖饯。

鞭春礼

立春，先一日州官具公服，列仪从，迎于东郊。至日昧爽，州官率僚属行鞭春礼，如制。

名　宦

一代治忽系乎司牧，而保乂斯民，职甚钜也。在昔龚、黄、潘、卓，世有循声，史不绝书。若后之德政去思又成俗滥，至于登诸传乘以传不朽者，则见直道之不容泯也。作《名宦志》。

汉

庞肱，庞士元子，守涪陵，有善政，民甚德之。

寿缉[一]，字文平，成都人。良之弟。举茂才。自历城令，擢涪守。清廉有治声。

注释：

[一]寿缉：当为"费缉"，见前注。

任蕃，号宪祖。举孝廉，由新都令任涪陵太守，民怀其德。

唐

韦皋，字武城，万年人。节度西川，治蜀二十年。历破土番［吐蕃］四十八万，斩首五万余级，善抚士卒，周恤民隐，蜀人德之。图形模［膜］拜，涪民亦祀之。

南承嗣，州守，奉命剿蜀寇，遂昼夜不释甲，有忠烈誉。柳子厚[一]为序送之。

注释：

[一]柳子厚：即柳宗元。

张濬，光启中涪陵刺史。郡旧乏井泉，濬寻山谷之源以导其流，民赖其利，为勒《引水碑记》。

宋

姚涣，知涪时，宾化彝［夷］多犯境。涣施恩倍抚纳，酋豪争相罗拜庭下，后遂无警。

吴光辅，涪南水泛，多湑民居。光辅疏之，民免其害，故号吴公溪。其孙信仲继守是邦，临溪建堂。

黄庭坚，字鲁直，洪州人。谪涪州别驾，旷怀远思，民皆称慕。

程颐，号伊川。谪涪州司户，演《易》北岩，时从游者若尹和靖、朱晦翁、蔡元定、邵康节诸先生皆寓其中，而涪人至今数百年取科第者，必以《易》为专经焉。

赵汝廪，知涪州，歉则贷公庚，丰则收贮义仓。劝农兴学，民立生祠于学宫以配黄、程、尹、谯，祀享焉。

李维清[一]，涪陵尉。蜀尚淫祀，病不医疗，听命巫觋。惟清擒大巫棰之，民以为及祸。他日，又加箠焉。民知不神，然后教以医药，习俗稍变。

注释：

［一］李维清：字直臣。北宋下邑人。宋太祖开宝年间（968–975）任涪陵县尉，在任中力除当地"尚淫祀，病不医疗，听命巫觋"的陋习。有一天，他擒来大巫，当众鞭笞，时人以为必有大祸至。过数日，再笞，均无任何灾祸发生。众释疑。然后教以医药，民俗大变。当时有宦官在涪督运造船木，恣意妄为，残害百姓，李惟清将其上奏朝延，终于处斩。太宗时，升枢密院副使，因其"峻刻强干"，真宗时降为御史中丞，后忧郁而卒。参见《涪陵辞典》第621页"李维清"条、《历代名人与涪陵》第60页《勇于移风易俗东北宋县尉李维清》。

曹叔远，字器远，瑞安人。绍圣元年（1094）进士。判涪州，有善政。后徙遂宁，时营卒相率称乱，势张甚，及至遂宁境，辄戒其徒，毋肆暴，曰：此江南好官也。历官侍郎。谥文肃。

王仙，任涪时，元兵攻围无虚日，势孤援寡。宋亡一年，城始破。竟卒尽节焉。

明

邵贤，宣德中以员外郎出守涪州。作新城，广民居，兴学校，殄巨寇。涪人德之。

方大乐，江右人。由进士守涪六载，狱讼衰息，囹圄空虚；接绅衿如僚友，友爱士类如门徒；村落无夜吠之犬，城市有凫储之乐。

廖森，十载州牧，民歌慈母。时讲艺学宫，衡文泮水，一时涪陵科第十有余人，皆出其门。民伏阙保留，故复任，且再复任焉。

朱家民，云南人。万历中守道陈大道修学宫，家民赞助速成，极为大观，更广置学田以养士类。后历迁贵阳方伯，犹有遗爱及涪士民。虽易数十年，而户祝不倦焉。

黄真[一]，曲阜人。洪武中知武隆。为政廉平，兴利除害，善良获安，豪右屏迹。

注释：

[一]真：《同治志》作"直"。

李良金，昆明人。嘉靖间知武隆。刚方廉靖，善处边情。适报迁官，酋长赂以金不受，单骑而去。行李萧然，士民泣送之。

国朝

李国英，字培之，山西大同人。顺治二年（1645）以总兵官督师下川，荡平全蜀，以功奏改授巡抚，旋晋太子太保，再平川东诸寇，复进升川湖总督，后援楚，旋师。卒于渝城官署，钦赐祭葬，赠谥勤襄。

南朱马喇，长白山崆出江人也。时逆献[一]猖獗，以都统前锋统领同前锋护卫南公随肃王定川。公惟运筹帷幄，绩懋旂常，因以诰封光禄大夫、前锋统领一等阿思哈呢哈番兼官佐领加三级，御赐名瓦尔喀巴图鲁。

注释：

[一]逆献：指张献忠（1606-1647），字秉忠，号敬轩，外号黄虎，陕西定边县人，明末农民军领袖，与李自成齐名，大西政权的建立者。张献忠出身贫苦家庭，从小聪明倔强，跟着父亲做小生意，贩卖红枣。当过捕快，后到延绥镇当一名边兵。生性刚烈，爱打抱不平。崇祯年间，组织农民军起义，1640年率部进兵四川。1644年在成都建立大西政权，即帝位，其起事后，克凤阳、焚皇陵、破开县、陷襄阳，胜战连连。崇祯

十六年克武昌，称大西王，次年，建大西于成都，即帝位，年号大顺。1646年，清军南下，张献忠引兵拒战，在西充凤凰山被流矢击中而死。张献忠多有奇闻异事流传，如入川屠蜀、江中沉宝、掩旗息鼓等。对此史学界也一直存在争议。过去封建统治阶级把张献忠诬蔑为"杀人狂""杀人魔王"等，流毒既广且深，特别在四川留下的恶劣影响更不容忽视。至今大多数人都程度不同地受到过所谓"八大王剿四川"的传说影响。2015年年底，相关机构专家对江口沉银遗址出水文物进行鉴定，最后达成一致意见，基本确认眉山市彭山区"江口沉银遗址"为历史记载的张献忠沉银中心区域之一。最为珍贵的是发现了张献忠的金封册，经鉴定为国家一级文物。

南伊马喇，长白山崛出江人也。以前锋护卫随肃王定川，其战次功绩载在国史，遂诰封光禄大夫、世袭一等阿思哈呢哈番加三级兼官佐领。

赵良栋，勇略将军。

姚缔虞，四川巡抚。

杭爱，长白山人。巡抚四川都察院右副都御史。

葛尔图，长白山人。巡抚四川都察院右副都御史。

郎廷相，四川布政使司。

高起龙，辽东人。任四川布政使司，升任巡抚贵州都察院右副都御史。公清廉律己，慈惠居心，疏泉筑堰，建学崇儒，士庶感戴，今犹不忘。

郝裕，四川巡按。

刘德芳，辽东人。四川等处提刑按察使司。公洁己无私，祥刑敷教，讼洽舆情，苍生被德。

周灿，陕西人。提督川省学政按察司佥事、前出使安南加一品服色。公振拔孤寒，士弊屏绝。

王鹭，四川松茂道。

乡　贤

　　古称乡先生没而可祀于社者，岂易言哉！盖必其德望勋猷，有以允协于桑梓也。涪地名贤辈出，本末昭然，足以垂后世而享俎豆于不愧耳。作《乡贤志》。

宋

　　谯定，初喜学佛，（折）［析］其理以归于儒。后至汴，学《易》于程子，造诣愈至。其后程子贬涪，定又从之。靖康初，召为崇政殿说书，以论不合，辞去。高宗即位，定犹在汴，召遣诣行在，将大用之。会北兵至，遂归青城山，蜀人称曰谯夫子。年百三十，犹授《易》于涪，后不知所终云。

　　杨载[一]，以功名自负。金立刘豫，载白张浚“愿得百两，横行敌中，当手刃刘豫以报丞相。”浚壮其言，遂遣之。载偕十士至金，伪降金，任之。行反间，豫果废。及归，十士已亡其八矣。浚以闻，授知永陆县。

注释：

　　［一］杨载：蓝勇主编《稀见重庆地方文献汇点》（下）第827页［道光］《重庆府志》卷之八《人物志·人物宋》云：“杨载，《蜀人物志》：涪陵人，以功名自负。金立刘豫，载白张浚，愿手刃刘豫以报，丞相壮其言，遂遣之。载偕十士至金伪降，行反间，豫果废。十士亡其八，乃决归。浚以闻，授知永陆。”《涪陵历史人物》第28页《精忠报国的壮士——杨载》云：“杨载，宋代四川涪州人，生卒年不详。初为朝廷小吏，靖康二年（1127），在金兵南侵后，投于主战派张浚门下。绍兴五年（1135）的一天，杨载向丞相张浚请缨杀敌，‘请求丞相给我两百名勇士杀入敌营，手刃刘豫。’张浚为其‘精忠报国’的精神和决心所感动，命他诈降金国。杨载带领10名勇士到金国收集军事情报，为张浚在采石（今安徽马鞍山市西南）一带击败刘豫军建立了功勋。又实施反间计，使金国对刘豫大为不满，将其废除。刘豫和伪齐被废后，杨载本想继续潜伏，但他所带领的10名勇士已亡8人，深感力量不足，于是返回南宋。张浚因他有功，任为从事

（参军）。张浚又将杨载的事迹上报朝廷，授达州永陆县知县，有清廉政声。"参见《历代名人与涪陵》第78—79页《杨载计反奸贼》。

明

白勉[一]，进士，历官刑部侍郎。练达刑名，有匡济才。及卒，谕赐以祭，有'刚方清介'之褒，乡人荣之。

注释：

[一]白勉：蓝勇主编《稀见重庆地方文献汇点》（下）[道光]《重庆府志》卷之八《人物志·人物明》第829页："蒋勉，《明统志》：涪州人。永乐中进士，擢刑部主事，练达刑名。历本部右侍郎，才能著闻。《蜀人物志》：白勉，有匡济才。历官刑部侍郎，卒赠谕祭，有'刚方清介'之褒。《通志》案：白勉，永乐乙未进士，榜姓蒋。"《涪陵历史人物》第46页《熟谙法典的刑部侍郎白勉》云："白勉（？—1435），明代四川涪州人。出生时间不详。父亲白景中。幼年时，父母皆丧，族中无力抚养，只得跟随祖姑及其丈夫蒋宗，因此改姓蒋，名蒋勉。聪明伶俐的蒋勉在蒋宗的精心抚育下茁壮成长。明成祖朱棣永乐十二年（1414），蒋勉考中举人，永乐十三年（1415）考取进士，擢升为刑部主事，后授刑部浙江司员外郎。宣德五年（1430）七月，提升为刑部右侍郎。宣德六年（1431）八月，蒋勉上奏皇帝要求恢复本姓，得到皇帝批准，于是复姓白。不久，他的姑祖父蒋宗病故，白勉回家丁忧。宣德九年（1434），丁忧完毕，回到朝廷；三月，白勉官复原职。同年八月，改任南京刑部侍郎。宣德十年（1435），退休回家。在任职期间，白勉清正廉洁，熟谙法典，用律适中，他的才能和品行得到上司和同僚好评。回到家乡后，他不干预当地政事，乐于帮助他人，得到乡人赞誉。宣德十年八月，白勉病卒，皇帝赐谕祭，在谕祭文中褒赞他'刚方清介'，涪州人以此为荣，推举他为乡贤，世代崇祀。"

夏铭[一]，进士，任御史，深得宪体。母死，庐墓三年。著《四书启蒙》以训后学。

注释：

[一]夏铭：字警臣，号旅常。明代涪州人。明宣德四年（1429）举人，次年登进士。

历任江西导监察御史等职，奉诏出使朝鲜，赐一品麒麟服，升礼部尚书，都察院左都御史。著有《四书启蒙》行世。参见《涪陵辞典》第 657 页"夏铭"条。

刘岌[一]，进士，清慎谦和，历官两朝，眷注独隆。以礼部尚书，加太子太保致仕。家居恂恂，身如韦布，乡人称之。享年八十有五。

注释：

[一] 刘岌：刘岌（1421-1505），字凌云。明代涪州人。明景泰元年（1450）举人；景泰五年（1454）进士，授吏部验封主事，迁给事中，以忧去服，阙改户部二年，仍补吏部所属文选司。为官清勤谨慎，累官至太常寺卿、礼部尚书，掌寺事、文典、秩祀、练习、仪章，且容观魁杰，音吐鸿畅，甚得明宪宗器重，进太子少保。明弘治二年（1489）以老请辞致仕，居家 17 年而卒。善文工书，涪州城南"大龙桥"名为其所题。《蜀人物志》等有载。参见涪陵《刘氏宗谱》第 20 页《明朝甲科·景泰甲戌科刘岌》、《涪陵辞典》第 610 页"刘岌"条、《历代名人与涪陵》第 108-109 页《明太子少保刘岌题涪州大龙桥》。《刘氏宗谱》第 65-66 页收录有《凌云公祖父母诰命》二道，文云："奉天承运，皇帝制曰：国家令典，凡人臣服劳于显位，必推恩于大考者，可谓重本远而劝考笃也。尔赠太常寺卿刘以德乃太常寺掌寺事，太子少保礼部尚书岌之祖父，昔宰花封，民沾利泽祉延，厥后惟德所钟质，厥所由宜隆褒典，兹特进赠为资政大夫太子少保礼部尚书，服此休嘉，昌于胤系。制曰：朝廷委任贤能，必泝其本源而褒及重闱者，所以劝忠于孝尔。赠淑人张氏乃太常寺掌寺事太子少保礼部尚书岌之祖母，庆及于躬，报衍后人，乃有令孙，显融于国，原其所自，宜锡褒嘉，特加赠为夫人，尚克歆承，永庇尔后。成化二十三年（1487）十月十七日。智字贰佰伍拾伍号。"第 102-104 页收录有《凌云公北岩栈游记》，文云："涪江之北铁柜山下有北岩，昔宋程伊川绍圣四年（1097）谪涪寓居著易，黄山谷谪涪州别驾扁堂钩深，尹和靖洛陷奔蜀止于涪，程已复秘阁而终作文祭堂点易，谯天授，涪人，往洛见程学易，后程谪涪，师友游咏，自绍圣（1094-1097）迄今四百余年，祠宇兴颓，志牒无考，然程先生著易过化之所，三先生相继讲道之地，圣贤正学之脉，参天地，照日月，炳然焕然，千百载犹一日，千万古同一心，文人达士或宦寓，或经过，虽王事鞅掌，江溆无遽，务欲选岩也谒以豁思贤慕道之心，岩侧者，北岩寺钩深堂寓焉，岁久倾废，前守邵侯用之，复建堂五间于故址，仍颜去楣曰钩深，中程先生木主南向，

旁设黄、尹、谯三先生木主，东西向，是胜迹之也兴也。余昔寓太常，梦睹程先生像，展阅周易、春秋识之久无验。宏治壬子（1492）仲冬朔旦，举人文献、吴蒙、陈良能、张□、胡廷实、程驯赴试春闱，庠生冉镪，应贡春官，郡守廖侯曰北岩，先贤胜迹所在，久欲游谒，公冗未遂，今七俊荣行于彼一饯，不惟启诗云高山仰止之心，且得游观以偿宿愿，不亦可乎，命驾官舟载壶榼醑同郡博徐君文、施君清、陈君智、都谏张君善吉、郡博文君玉、郡守蒋君□□县尹□君玉谐余十六人，蚁舟渡北，是天朗气清，众皆欣然，步石磴，入丛林，登堂拜四先生主位，造岩遍观石刻，碑虽多剥落，间有字可读者，皆先贤持敬明诚之言，践履实地之语，令人慨古睨今，思澄晴。岩上憩田墅，仰睹山椒，俯瞰江湍矣。气满我襟袖，恍然如置身天台。荡间使人接应不暇，复堂列坐，清谈雅论，俨然侍先贤，著讲之余，廖侯举酒酌客，酒数行，余与都谏各为律诗一首以见意，侯与诸君相继唱和，总若干首，日晡，步出寺前，坐石磴，迭投壶矢，胜者僧行击钟侑酒，尽乐而归，坐舟中，廖侯因诵余和韵中，瞻像理探羲卦画，摩碑字认宋春秋，之句，余忽忆昔日睹程先生展阅二经之梦，于今验之。廖侯喜曰一践之游近偿宿愿，远征佳梦，诚为奇事，当裒录诸公家什，请宗伯一言弁首勒石于堂，为后日故事，余不容辞，遂述始末曰一游。微事尚兆于梦，况七俊荣行，当文明需贤之际，健翮搏霄之时，所以隆世治而植国本，重系攸在，廖侯特践于兹者，匪但偿观而已，期望之意远大。晦翁云：通经之士，终身践言，不负所学，七俊自兹以往荐仕阶树勋业必曰吾游圣贤门，诵圣贤言，岂徒决科媒禄计也。徒习于言语文字也，务欲致君泽民之实效，践言弗遗，俾令名随之舆论归之不负所学可也。若然，则胜地增重贤侯，遂望同游诸公亦有光矣，余讬名于文字间，垂馨不朽，亦幸亟矣。侯名森，字孔秀，江右泰和人，为政急先务，崇儒术，观此，概可征云。宏治五年（1492）龙集壬子十二月既望。赐进士第资政大夫太常寺事侍经筵太子少保礼部尚书致政郡人刘岌凌云书。"第125－127页有《邱琼山先生送凌云公致仕序》，文云："太子太保礼部尚书掌太常寺事涪陵刘公凌云，年未髦以足不良于行，乞致其事，上弗许。既而，章再三上，上以其情词恳切，特俞其请，且勅有司，月给粮米，岁给舆隶以示优礼大臣之意，嗟乎！圣天子之于大臣，恩礼亦何隆哉！然此非特以为公，盖以公所执掌者，国家之礼乐，佐天子以郊天享庙者逾十年，每遇大礼致辞于殿升之上，周旋于坛壝之间，咫尺天颜，道引赞助圣躬以裸献，所以对越上帝，灵承列圣在天之灵，以致其顾歆，于以受禄于天而锡绥和丰穰之庆于天下，非但供一事，泹一职者可比也。公寅清勤恪，服劳有年，为先皇帝所眷注，今上嗣登宝位，方赖公之用而顾容其以私去噫！岂得已哉。盖古者仁君之于其臣下也，方其壮而强也，用之必尽其才而不遗余力，苟疾而氂焉，则亦便其私而不强其所不能制事而归，犹必使之得所安养以终其天年，其仁义之兼尽也。如此，后世自有不然者矣，欧阳子尝言两汉以来，虽位至三公，每上印绶，即自驾其车辕，一辞高爵，遂列编氓。而韩文公亦云：中世士大夫以官为家，罢则无所于归。由是观之，则前代之仕者，平心竭力以尽心所事，一旦老而休焉，盖有不得其所者矣。孰若公生盛时，起家诸生而□历华□□，叠荷恩封及其祖考若妣，官登八座，位极人臣，其归也，而又特给之日，食资以人力，昔人所谓虽有还政之力名，而仍享终身之禄者，公实有之。公世以农畯为业，有田园之乐，有林泉之胜，仓囷足禾稼，亭沼饶花木，有可以养生之具，有可以适趣之景，昔人谓闭门归隐，俯仰山林之下者，公亦实有之。矧今年方五十有九，距古人引年之期犹将十稔，兹以疾而预告，非以老而谢事，近时公卿大臣有以老疾家居者，朝廷有事往往起之，其有成例。公偶以疾去，非废不可起也。国计之重甚于身谋，民瘼之瘰急于己疾。公之归也，其尚颛精神，近医药以忘毋乎圣天子之所轸念，九重之使朝临而万里之辕晡驾可也。予犬马之齿，较公为长，归装久束，第以国史事重未敢言私，然旦暮间尔。公之再来，予已去矣，与公同年登第，今三十有六春秋矣，在班行中特相亲厚，公行其太常，僚序公厚德，相率求余文以赠行，于是乎书，兼以致余意云。"第 139 页收录有凌云公《和新建致远亭》，诗云："伊阳归去已多年，易道光辉在目前。羲圣卦爻文像备，涪翁题壁古藤悬。千秋鉴透精微理，一画重生先后天。致远亭成翚旧址，尊贤遗德永昭然。"第 139-140 页收录有凌云公《游北岩寺送别友人》，诗云："南渚官舟渡北浔，抠衣拂藓拜钩深。断碑残籀千年字，持敬明诚万古心。七俊才华需此日，四贤道学重当今。涪陵兹喜儒风盛，郡守文章掷地金。钩深堂宇此时游，眼界清逾万户侯。瞻像理探羲卦画，摩碑字认宋春秋。隔江尽睹人烟辏，邻刹□□看炎热浮。伴官久疏幽雅趣。频携杖履喜归休。"

刘菠[一]，进士，正德初任户科都给事中。宦珰刘瑾擅权，潜谋不轨，公首倡疏极言其奸，廷杖几毙。下狱，罚戍。瑾败，世宗初复起江西廉宪卿贰等官，皆以杖疾伤足，未就，竟卒。赐葬谕祭，荫其家，谥忠愍。省会、郡城建有"坤维正气"等坊、"大节名臣"

等祠。有《秋佩先生文集》并《名臣奏疏》行世。

　　注释：

　　[一] 刘蔙：蓝勇主编《稀见重庆地方文献汇点》（下）[道光]《重庆府志》卷之八《人物志·人物明》第834页："刘蔙，《明史》本传：字惟馨，涪州人。弘治十二年进士。授户科给事中。劾户部尚书侣钟纵子受球 [笔者注：当为"赇"]，论外戚庆云侯、寿宁侯家人侵牟商利，沮坏盐法，又论文选郎张彩颠倒铨政，有直声。武宗践阼，渐改孝宗之政，疏谏曰：'先帝大渐，召阁臣刘健、李东阳、谢迁于榻前，托以升下。今梓宫未葬，而政事多乖，近日批答章奏以恩侵法，以私挢公，是阁臣不得与闻，而左右阴有干预矣。愿遵遗命，信老成，政无大小，悉咨内阁，庶事无壅蔽，权不假窃。'报闻。正德元年，吏部尚书马文升致仕，廷议推补。御史王时中以闵珪、刘大夏不宜在推举之列。蔙恐耆德益疏，上疏极论其谬。章下所司，是蔙言，诏为饬言官毋挟私妄奏。孝宗时，内臣出镇，皆慎选。刘瑾窃柄，尽代以其党。蔙言：'用新人不若用旧人，犹养饥虎不若养饱虎。'不听。寻与给事中张文等极言时政缺失五事，忤旨，夺俸三月。刘健、谢迁去位，蔙抗章乞留，语侵瑾。南京给事中戴铣、御史薄彦徽等，弛疏极谏，请留健、迁。瑾大怒，矫旨逮铣、彦徽下诏狱鞫治，并蔙廷杖削籍。既而列健、迁等五十三人为奸党，蔙预焉。瑾败，起金华知府，举知行卓异，未及迁，辄告归。嘉靖初，起知长沙，迁江西副使。卒，御史范永奎讼于朝，特予祭葬。"涪陵《刘氏宗谱》第21页《明朝乡科》云："刘蔙，宏治戊午科。"

　　夏邦谟[一]，成化戊辰进士，历任工、户、吏三部尚书，勋绩茂著。卒，世宗两次谕祭，勒碑墓前。

　　注释：

　　[一] 夏邦谟（1485-1566）：字舜俞，号松泉。明代涪州人。正德三年（1508）进士。授户部主事兼户部考功稽勋，德州仓正等职，历任道州同知、云南参议、两淮运判（湖广、浙江、江西），官至工部、户部、吏部尚书。嘉靖三十年（1551）辞官居涪州，时与杨升庵结社唱酬。因其为官清廉，秉公执法，涪人称为"夏天官"。在涪陵，"夏天官与蔡龙王"的故事广为流传。夏邦谟工书、善诗文，书法近颜、蔡二家，所作"涪州八景"诗部分收录于涪州地方志之中。参见《涪陵辞典》第657页"夏邦谟"条、《历

代名人与涪陵》第 113–114 页《明代尚书夏邦谟涪州吟咏》。有明嘉靖二十七年《明阶奉直大夫云南晋宁州刺史张公墓志铭》，赐进士出身北户部尚书郡人松泉夏邦谟撰。《明勅授孺人何母戴孺人勅授文林郎任陕西白河县教谕升白河县知县何公讳岑字龙泉配姚陈孺人合墓墓志铭》，赐进士出身太子太保吏部尚书松泉夏邦谟拜撰。附录：尚书许国文穆《吏部尚书夏松泉公墓志铭》："嗟呼！任事之臣，岂不难哉？事有纤矩夷险，才有短长。具兼才者，又或以贿败。即不败，或不能不动于毁誉荣辱之故，能不动矣。而世又往往挠之事，孰与任？余观尚书夏公，所谓任事之臣，非耶？公名邦谟，字舜俞，号松泉，涪州人也。其先庐人，而徙蕲水，已又徙蜀壁山。凡三徙，竟家涪之黑石里。高祖辅，辅生朝佐，朝佐生友绘，友绘生彦策，公父也。与大父俱赠户部尚书。母夫人郭氏。公生而不群，宏〔弘〕治甲子（十七年，1504 年）领乡荐，正德戊辰（三年，1508 年）举进士，除户部主事，监德州仓政。吏部考功，稽勋。谪出，为两淮运判，转同知通州，升佥事，督贵州学，历云南参议，湖广、浙江、江西副使，参云南政，以福建按察使转广西右使，贵州、江西左使，进右副都御史，督苏、松赋，兼抚江南，出入南北户部侍郎、尚书。中外四十二年，官数十转，皆簿书钱谷、甲兵之任。又数往来西南夷间，即得善地，乃又辄值其多事。公为人廉直，视国事如其家，不避疑怨，毅然肩之。初监德州廪廥，出纳则躬阅，钩概群吏敛手。在吏曹持论不阿同列，严惮之。猥以考察出公，欲挠公所为，既谪两淮。两淮，故为利薮，四方豪贾窟其中。时权珰黩货诸豪，借势横甚，有司莫敢问。公一切绳之以法，即豪日伺公，竟莫得其隙。在通州，布条格，平徭赋，岁省万数。又计擒黠盗，民勒石志思焉。会朝议边学，亦以文第具等名贵。诸生争言不便，有司持数岁，莫敢决。公至则以文之优劣，稍参年之浅深，为之等而诸生帖然。摄巡守，官普定，有柔虏三，屡逮不获。公计获其一。边储火蠹莫能清，公厘清之参读时。会嘉靖初，革金齿中官参将镇者，更置永昌府，群小大噪，飞语撼当事者。公搜恶党，悉论如法，竟定永昌副使。时湖北盗屡扑复炽，延蔓余十年，檄公讨之。公谍贼所负险，突兵入而以奇兵分批夹捣，歼渠魁十二，俘其党五百余，湖北以平。遭母丧，起补浙。寻丧父，补江西，涉云南诸任，有声而福贵未及。任督赋苏、松，亲磨勘赋额，悉如周文襄故所参定法。太仓盐徒秦璠、王良等啸聚海上，诏操江都御史王学夔、总兵汤庆提兵剿之，而公足馈饷以佐兵。公则与戮力援枹而先将士，遂枭璠、良，斩获贼党，释其胁从。捷再奏，并赐金币，增俸一级焉。在户部时，户部岁入百四十余万，而藩禄、边饷且十倍，其入势寝不支。公殚心计追逋，搜羡哀权徵［征］赎，多方筹之用，赖以不诎。既总吏部，益历［厉］清自重，咨访日被殊眷。每春秋祈报，及永明殿，帝社稷坛诸大祀，数诏公代拜。会考察，上以属公，不听公辞。公与众旌别诸所，去留悉当人心。而招权者忌公，嗾言官，论公短于风采，公遂致仕。嗟呼！如公而短于风采耶？天下不患多事，患无任事之臣。夫臣幸而任事，孰非所宜任者？今官卑事钜则曰非所及，官崇事纤则曰所不屑，当其夷曰无开衅，当其险曰难幹，旋实诿之曰余有待，稍及于己曰如掣肘，何则？事无时而可任也。若公者，今何可得耶？今世以考察，谪者未有能自振者也，而公卒所树立如此，岂苟而已哉！公自莅官，终始一节。既归，则杜门，绝请谒，独嗜翰墨，以诗酒徜徉，人既高公出处。而闻公卒也，沐浴衣冠，戒舆从如之官状。遍召所亲诀，分布家事，进觞微酣，坐而瞑。夫死生之际，亦足观公矣。奉谭大夫荣状，来丐余铭。铭曰：矫矫夏公，为世名臣。木直而伐，蠖屈以伸。人将谓公，一蹶不振。公无卑官，其气逾劲。自兹歷历，皋藩台省。钜细攸宜，文武惟允。官之失德，由宠赂章。公为太宰，永清鉴光。操以终始，盖其天性。事国如家，失得勿问。帝眷固殊，憎口兹历。优哉游哉，聊以卒岁。出处之际，公亦有言。出吾禹稷，处则颜渊。公言可复，公逝不迷。死生尚尔，有何誉毁？人臣往事，于公爱式。拜公墓者，请视兹石。”

谭荣[一]，进士，任陕西大参。居家孝友，历官清廉。

注释：

［一］谭荣：见进士。

张玭[一]，以乡荐任知州。刚正孝友。以所居作祠堂，率族众修祀事，乡人化之。

注释：

［一］张玭：《同治志》云：“张玭，嘉靖举人，官知州。刚正孝友，以所居作祠，率族众修祀事，乡人化之。”

文羽麟，嘉靖中举人，任陕州知州。历任廉平，居家孝友，养重林泉，公庭绝迹。尤以文墨著。子孙科第，蝉联不绝。

夏国孝，嘉靖癸未（二年，1523）进士，历官南京户部员外郎。辞归终养，行李萧然如寒士。居火峰滩，以诗文自娱，足不入城市。纂著《涪志》及诸《文集》。

曾所能[一]，嘉靖乡举，任云南石屏州知州。丰仪倜傥，言语慷慨。居乡著孝友声，居官以爱民为本。尽心水利，州人至今思之。

注释：

[一]蓝勇主编《稀见重庆地方文献汇点》（下）[道光]《重庆府志》卷之八《人物志·人物明》第834页："曾所能，《云南通志》：涪州人，万历间任石屏知州。政务恤民，置社仓，修陂塘，民甚利之。旧《通志》：嘉靖中举人，居家著孝友声。"

夏子云[一]，嘉靖中乡举，从文肃[二]谈理学，叹曰：丈夫不耻不闻道，乃艳一第耶？自是蹑屩为五岳游，久之。谒选，知舒城县。时有贵人以事枉道，舒势强盛，云不为理，贵人踉跄而去，竟坐不称。调判宁州，迁判岳州，治九溪，驭诸武弁，严毅不少假借，威令大行。当道屡荐，进五品服俸，升衡州同知，寻引归。居家孝友，种德乐施，里人称之。所著有《少素文集》行世。

注释：

[一]夏子云：号少素，明代涪州火风滩人。明嘉靖十九年（1540）举人。初从赵贞吉谈理学，叹曰："丈夫不耻不闻道，乃艳一第耶？"遂蹑屩为五岳游，后谒选知舒城县。时有贵人以事道舒，势强盛，云不为理，贵人踉跄而去，竟坐不称。调判宁州，迁判岳州，治九溪，驭诸武弁，严毅不少假借，威令大行。当道屡荐，进五品服俸，升衡州同知。晚年引归，居家孝友，种德乐施，诗文自娱，深受里人爱戴。卒后，铸像于火风滩王灵祠祭祀。著有《少素文集》行世。《四川通志》有传。参见《涪陵辞典》第657页"夏子云"条、《历代名人与涪陵》第117页《"不艳一第"的理学传承者夏子云》。

[二]文肃：指赵贞吉。按：赵贞吉（1508-1576），字孟静，号大洲。四川内江桐梓坝人（今四川内江市）。明代名臣、学者，南宋右丞相赵雄之后。嘉靖十四年（1535），赵贞吉进士及第，授翰林编修，迁国子司业。"庚戌之变"时，俺答包围京师，赵贞吉力言不可订城下之盟，应督促诸将力战。明世宗擢其为左谕德、监察御史，奉旨宣谕诸军。后两次遭权臣严嵩中伤，被夺职。明穆宗时复出，官至礼部尚书兼文渊阁大学士、掌都察院事、太子太保，参与促成"俺答封贡"。因与高拱不合，于隆庆五年（1571）

致仕归乡，居家闭门著述。万历四年（1576），赵贞吉逝世，年六十九。获赠少保，谥号“文肃”。赵贞吉工诗文，文章雄快。与杨慎、任翰、熊过并称“蜀中四大家”，遗著有《赵文肃公文集》《赵太史诗抄》等。

何楚，嘉靖中知松滋县。生平言动不苟，盛暑不废衣冠。七岁尝粪以疗父病，耄年竭力以事伯兄，所有钱谷，推瞻族人，乡称其贤。

张善吉，成化丙戌（二年，1466）进士，由行取为兵科都给事中，升湖广巡抚。崇祀名宦。

文作，进士。隆庆间知闻喜县，以治最征，历武选郎，赞议帷幄。平辽之役，其功居多。升云南大参，分守临沅。时罗雄土舍弑父据险，潜谋不轨，作奉檄剿之。贼党再叛，复剿平之。先后以功上闻，制褒升广西布政，加一品服俸。

何仲山，成化丁酉（十三年，1477）举人。任武安令，抗贼不屈，却金不受。崇祀名宦，又祀乡贤。

刘养充，进士。万历初令祥符，继任韩城、大康，皆以廉著。行取广东道御史，大差贵筑。时土司斗乱，以巨万贿遗，直送私室，竟悉以法绝之。转临巩兵宪，补葺长城百里。衣惟布素，边需不减丝毫。边皆感其廉肃，归款最众。竟以勤王多瘁，卒于边。检囊惟短褐半端，图书数箧而已。是日，途悲巷泣，虽毡裘之伦亦通使致吊。其居乡也，谨厚敦族，逊让接友，时人谓有其忠愍公之训焉。

文德，进士。山西道御史，历任有廉声。后典晋试，多得士心。崇祀名宦。

陈致孝，开塾设教，科第咸出其门。事母赵氏极孝，时子直出仕陕西郿县，迎养祖母，途遇盗贼，致孝以身覆其母，曰：“此吾老母也，诸物任取，万勿惊骇吾母。”贼义之，曰：“此孝子也。”释而去之。

陈直，年少，登科志，笃孝友。以祖母赵氏守节九十有余，随就教仁寿，迎养尽欢。凡有所获，平分两弟，不私毫厘。后知陕西湄县，立有生祠。继任江西广信府丞，时署永丰县。县民以奉檄开矿累害，土居十室九空，民无宁日。直挺身不避权贵，为民捍御，力除民害。因祀名宦，有碑刻传世。

曹愈参，进士。历官参政，有“一路福星”之谣。生平不欺童稚，长厚颂于闾里。官至方面，家如寒素。万历三十九年（1611）任昌平兵备道，停止矿税，捕戢盗贼，除强暴，清营蠹，军民怀德，建生祠祀之。详《北直名宦志》。

何以让，举人。任武昌令，判大名府。陈情终养，赠"懿孝名儒"。著有《两都》等赋行世。

向云程，谦和睦众，人称长者。行年八十，略无纤过。子鼎贵显，屡受诰锡。仍徒行乡曲，衣不重帛，口不绝夫典故，行不愧于家邦。

张筐，举人。俭素刚方。作县令归，食多不足，单衣林下，延馆训子，洵为廉吏。故子大业亦中乡闱。

文可黼，布政作之子也。父殁，事母陈氏最孝。母六十而瞽，黼起居必侍，饮食必亲，积三十年，母九十乃卒。既葬，庐墓三年。以明经任长泰令。治行卓异，卒于官。泰人私谥清毅公。

陈莀，致孝次子。中万历丙午（三十四年，1606）乡试，历任栾城、良乡两县，升至福建运使。居宦十五年，廉声遍著。崇祀广信名宦。祖母守节六十年，莀自疏题，因建贞节石坊，在州城北门外。

向鼎，进士。为人刚正不阿，官由长兴令至潼关参政。历四任，俱多政迹。居乡好施予，涪郡荒旱，鼎代涪民输赋一年。捐资建北塔，工将半，遇贼变而止。虽未成功，涪人皆德之。

向牖螭，贡士，参政鼎之子也。兵燹之后家最贫乏，隐居琼岩，惟以诗酒自娱，非公事不至公庭。日与老友数人游咏，时人以"洛社耆英"目之。

科　第

科目之盛，自汉唐以来久矣。大约非弘才宿养者不能及，其出处大节各以绩业著，又不系此区区也。然山川钟秀，亦未易多数。而涪之登科者在明已盛。至国朝人文蔚起，不更为地乘光耶！作《科第志》。

进士

［宋］

［冯造］[一]
注释：

［一］冯造，《同治志》云："冯造，字深道，熙宁七年（1074）。见《白鹤梁题名》。"参见《韩震等题记》。

［卢遘］[一]
注释：

［一］卢遘，《同治志》云："卢遘，字彦通，熙宁七年。见《白鹤梁题名》。"参见《庞恭孙题记》。

明

［舒忠］[一]
注释：

［一］舒忠：《同治志》云："舒忠，建文庚辰（二年，1400）。建文时山西平阳府知府。"蓝勇主编《稀见重庆地方文献汇点》（下）无载。知府舒忠墓，在白里沙坪场。蓝勇主

编《稀见重庆地方文献汇点》（下）第 689 页："舒忠墓，在州治沙坪庙，官知府。"参见李胜《涪陵历史文化研究》第 107 页。

[师文昌]^[一]

注释：

[一]师文昌：《同治志》云："师文昌，永乐甲午（十二年，1414）科举人。"蓝勇主编《稀见重庆地方文献汇点》（下）、李胜《涪陵历史文化研究》第 108 页无载。

白勉^[一]，永乐乙未（十三年，1415）科。任刑部郎中。

注释：

[一]白勉：《同治志》载："白勉，永乐乙未（十三年，1415）陈循榜。《省志》作蒋勉。官刑部侍郎。练达刑名，有匡济才。及卒，渝祭文有'刚方清介'云云。""侍郎白勉墓，在长里石鼓溪。"蓝勇主编《稀见重庆地方文献汇点》（下）第 651 页："白勉，永乐十三年乙未陈循榜。涪州人。榜姓蒋，刑部尚书。"蓝勇主编《稀见重庆地方文献汇点》（下）[道光]《重庆府志》卷之八《人物志·人物明》第 829 页："蒋勉，《明统志》：涪州人。永乐中进士，擢刑部主事，练达刑名。历本部右侍郎，才能著闻。《蜀人物志》：白勉，有匡济才。历官刑部侍郎，卒赠谕祭，有'刚方清介'之褒。《通志》案：白勉，永乐乙未进士，榜姓蒋。"第 689 页："白勉墓，在州治石鼓溪，官侍郎。"《四川通志》第六册第 3755 页卷一百二十四《选举志三·进士三》云："白勉，涪州人，榜姓蒋，刑部尚书。永乐十三年乙未科陈循榜。"参见李胜《涪陵历史文化研究》第 108 页。有《涪陵卫千户所千户何公讳清字洁斋墓志铭》，赐进士出身刑部侍郎白勉拜撰。

夏铭^[一]，宣德庚戌（五年，1430）科。任御史。

注释：

[一]夏铭：《同治志》云："夏铭，宣德庚戌林震榜。""江西道监察御史，事具《乡贤》。""夏铭，由进士任御史，深得宪体。母死，庐墓二年。著《四书启蒙》以训后学。""夏铭，官御史，精理学，著有《四书启蒙》，行世。""夏铭，号旂常。前明宣德中官御史，严惮不少挫。尝奉使巡按江西，至杨[扬]子江，舟忽胶滞。舟人曰：此地

有水官娘娘庙，甚灵异，必祭之，方得渡。铭肃衣冠往祭之，像欻崩，铭以为妖，立毁之。自是，江无风涛患。"蓝勇主编《稀见重庆地方文献汇点》（下）第 651 页云："夏铭，宣德五年庚戌林震榜。涪州人。御史。"《乾隆志·进士》云："夏铭，宣德庚戌。"第 829 页云："夏铭，《蜀人物志》：涪州人。宣德庚戌进士，任御史，持宪公平。母死，庐墓三年。著《四书启蒙》，以惠后学。"第 925 页云："《四书启蒙》无卷数，夏铭撰。涪州人，官御史。"《四川通志》第六册第 3755 页卷一百二十四《选举志三·进士三》云："夏铭，涪州人，御史。宣德五年庚戌科林震榜。"参见李胜《涪陵历史文化研究》第 108 页。有《涪陵卫千户所千户何公讳清字洁斋墓志铭》，赐进士出身江西道监察御史夏铭书丹。

刘岌，景泰甲戌（五年，1454）科。任礼部尚书。

郭澄[一]，天顺丁丑（元年，1457）科。任户部郎中。

注释：

[一] 郭澄：《同治志》云："郭澄，天顺丁丑黎淳榜。户部郎中。"蓝勇主编《稀见重庆地方文献汇点》（下）第 652 页："郭澄，天顺元年丁丑黎淳榜。涪州人。郎中。"《乾隆志·进士》云："郭澄，天顺丁丑。"《四川通志》第六册第 3757 页卷一百二十四《选举志三·进士三》云："郭澄，涪州人，郎中。天顺元年丁丑科黎淳榜。"参见李胜《涪陵历史文化研究》第 108 页。

[杨春][一]

注释：

[一] 杨春：《同治志》云："杨春，天顺己卯（三年，1459）科举人。"蓝勇主编《稀见重庆地方文献汇点》（下）第 679 页云："杨春，涪州人。天顺六年壬午（1462）科。"《乾隆志·进士》云："杨春，明天顺己卯科。"李胜《涪陵历史文化研究·明清涪州进士述录》不载。

刘纪[一]，天顺癸未（七年，1463）科。任御史。

注释：

[一] 刘纪：《同治志》云："刘纪，景泰庚午（元年，1450）科举人，景泰辛未（二

年，1451）柯潜榜。官监察御史。”“御史刘纪墓，在白里高桥坎上，有古柏数株。”蓝勇主编《稀见重庆地方文献汇点》（下）第652页云：“刘纪，景泰二年辛未柯潜榜。涪州人。御史。”《乾隆志·进士》云：“刘纪，天顺癸未。”《四川通志》第六册第3756页卷一百二十四《选举志三·进士三》云：“刘纪，涪州人，御史。景泰二年辛未科柯潜榜。”李胜《涪陵历史文化研究》第108页云：刘纪，卒葬白里高楼。涪陵《刘氏宗谱》第20页《明朝甲科·天顺癸未科进士刘纪》。涪陵《刘氏宗谱》第21页《明朝乡科》作："刘纪，天顺壬午科。”

张善吉[一]，成化丙戌（二年，1466）科。任兵科都给事中，转湖广巡抚，上章乞归省。

注释：

[一] 张善吉：《同治志》载："张善吉，《通志》作善言，成化丙戌罗伦榜。”“张善吉，兵部给事中，任湖广巡抚，事具《乡贤》。”“张善吉，由进士官工科都给事中，升湖广巡抚。”“巡抚张善吉墓，在鹤游坪太平坝。”蓝勇主编《稀见重庆地方文献汇点》（下）第653页云："张善吉，成化二年丙戌罗伦榜。涪州人。兵科都给事中。”第689页云："张善吉墓，在州治鹤游坪大坟坝，官巡抚。”《乾隆志·进士》云："张善吉，《通志》作[善]言，成化丙戌。”《四川通志》第六册第3758页卷一百二十四《选举志三·进士三》云："张善吉，涪州人，兵科都给事中。成化二年丙戌科罗伦榜。”李胜《涪陵历史文化研究》第108页云：张廷玉《明史》（卷三百十七列传第一百九十五）载其曾以秘术佞幸中官、乞复官职，士论以为羞。有《明勅授文林郎知巴东县事何公讳友亮妣何母宋孺人合葬墓志铭》，赐进士出身兵部给事中张善吉拜撰。

钱玉[一]，成化壬辰（八年，1472）科。

注释：

[一] 钱玉：《同治志》云："钱玉，成化壬辰吴宽榜。任陕西华亭县知县。”“知县钱玉墓。长里白黄溪。”又"钱刘氏，司谏刘秋佩公女，适进士钱玉之子。年十九，夫殁。庐夫墓旁，誓死靡他。躬辟纑，造四桥。享高寿。父忠女节，人咸称之。”蓝勇主编《稀见重庆地方文献汇点》（下）第653页云："钱玉，成化八年壬辰吴宽榜。涪州人。华亭知县。”第905页云："钱玉（安）妻刘氏，旧《通志》：涪州人，年十九夫卒，誓死靡他。”

《乾隆志·进士》云："钱玉，成化壬辰。"《四川通志》第六册第 3759 页卷一百二十四《选举志三·进士三》云："钱玉，涪州人，知县。成化八年壬辰科吴宽榜。"李胜《涪陵历史文化研究》第 108 页云：钱玉，卒葬长里某地。有《明勅授文林郎知巴东县事何公讳友亮妣何母宋孺人合墓墓志铭》，赐进士出身知华亭县事钱玉书丹。

［陈常］[一]

注释：

［一］陈常：《同治志》云："陈常，成化戊戌（十四年，1478），寄籍长寿。曾任山东东昌府同知。"蓝勇主编《稀见重庆地方文献汇点》（下）第 654 页云："陈常，成化十四年戊戌曾彦榜。长寿人，涪州籍。东昌府知府。"《乾隆志·进士》云："陈常，长寿籍，涪州任。成化戊戌。"李胜《涪陵历史文化研究》第 108-109 页云：陈常，明成化戊戌进士，长寿县人，涪州名籍。历湖南常德、山东东昌府同知，清戎有法，鞫讯明决，狱无冤滞，吏民怀畏。卒于官，囊箧萧然，乡评重之。有《明勅授文林郎知河南武安县事入名宦崇祀乡贤何公讳仲山墓志铭》，赐进士出身东昌府同知陈常篆盖。

［夏彦英］[一]

注释：

［一］夏彦英：《康熙志》未有收录。《同治志》云，"夏彦英，弘治癸丑（六年，1493）毛澄榜。曾任御史。"蓝勇主编《稀见重庆地方文献汇点》（下）、《乾隆志》无载。参见李胜《涪陵历史文化研究》第 109 页。

刘菠[一]，弘治己未（十二年，1499）科。任户部都给事中。

注释：

［一］刘菠：《同治志》云："刘菠，宏［弘］治己未伦文叙榜。""刘菠，户科都给事中，事具《乡贤》。"蓝勇主编《稀见重庆地方文献汇点》（下）第 654 页云："刘菠，弘治十二年己未伦文叙榜。涪州人。给事中。"《乾隆志·进士》云："刘菠，宏［弘］治己未。"《四川通志》第六册第 3761 页卷一百二十四《选举志三·进士三》云："刘菹，

涪州人，给事中。宏治十二年己未科伦文叙榜。"涪陵《刘氏宗谱》第20页有明朝甲科·宏治己未科刘蓤。第23页《刘氏世次》云："刘蓤，高祖刘信忠，祖刘文，父刘志懋，母王氏，夫人沈氏。"第48页云："三世祖讳志懋，文公长子，天顺己卯（1459）科举人，长宁县教谕，鸿才博学，与长宁周公洪谟为理学交，九上公车，未□厥志，以子蓤诰赠中宪大夫，墓在凤凰。祖妣王氏，赠恭人。"第48-51页云："四世祖讳蓤，字维馨，号秋佩，志懋公之第三子。宏治戊午（十一年，1488）科第六名举人，己未科二十四名进士，殿试二甲第五名。资性敏慧，万言立就，弱冠以春秋乡试，礼记会试，皆成魁选。初授翰林院庶吉士，在馆中数日即上章言事，孝宗敬皇帝嘉之曰此谏口也，不宜置之翰林院，遂改授工科给事中，至武宗毅皇帝间，授户科给事中。上喜微行，公冒死阻驾，鞭扑捶楚，头颅俱赤，且于伏日中发跪午门，而公忠直之气未尝少挫。是时，太监刘瑾掌司礼监事，提督团营兵马，愈专权恣肆，潜谋不轨，招引八党，日导上以狗马之好，游辛无度，祖宗之国脉不绝如线，一时朝绅畏权结舌，靡然媚瑾，京都有尚书稽首、卿贰屈膝之谣，公倏起暌孤，势处疏逖，于上无结知之素，于下无朋党之援，不避鼎镬诛，抗疏数千言，直陈时政，首劾权奸，瑾怒，僭之上，即下公狱，廷杖三十，绝而复苏，罚戍居庸关，公被杖之日，远在阙廷，而凤山祖茔之右有巨岩千尺名宗师岩，公幼为诸生时，习易其下。是日，烈风雷雨，其岩暴裂，中有天然八卦文现焉，人以为靖忠之感云。公既戍居庸，廷臣愈畏瑾，不敢论救，独兵部主事王守仁上疏救公，及戴铣等亦被杖黜谪龙场驿，按王阳明先生有诗赠公云：骨鲠英风海外知，况于青史万年垂。紫雾四塞麟惊去，红日重光凤落仪。天夺忠良谁可问，神为雷电鬼难知。莫邪亘古无终秘，屈轶何时到玉墀。又寄一绝云：检点同年三百辈，大都碌碌在风尘。西川若也无秋佩，谁作乾坤不朽人？盖阳明先生与公道契独深，皆蒙难艰贞，同声相应如此。及正德五年，瑾谋逆伏诛，起公金华太守。公在任，治多善政。华俗不育女，为嫁资苦也。公痛惩此风，告诸当事，以其事奏诸朝廷，勅生女者随家厚薄以遣。有淹女者，罪无赦。并取邻戚坐之。所活甚众，华人至今有刘女之称。时有瑾党潘鹏为浙直指挥墨备至，浙人饮恨入髓，每侮公，公辄不屈。正德十四年宁王宸濠反，鹏附濠，遂坐党逆，弃市，浙人歌曰：死瑾能生无孕子，烬灰犹煽燎原威。奸雄漏网天刑在，贤夺弹冠士论归。莫道冥冥无果报，潘鹏究尔一何依。公治金华考满，擢江西宪副，因杖患成痿，遂以疾辞归，归隐白云山中，建置书院，日事著述，以典籍授之乡族，施义田以储积赈。涪民有苦药无通者，公达诸当道，使兴革悉当，民赖以安。宪庙间遣使存问，赐金治第。及卒，谕赐祭葬，赠大理寺少卿，世荫博士一人，谥忠愍。郡学崇祀乡贤，配享程伊川先生祠堂。涪有四贤祠，程公颐、黄公鲁直、晏公亚夫、刘公蓘，是为四贤。今增尹公焞、谯公定为六贤祠，世祀不绝。成都府学宫有"坤维正气"坊，书先明蜀之名臣十一人，公之姓名与诸君子炳列，永垂不朽，墓在凤凰。祖姚沈氏，诰封恭人，合葬凤凰山。长兄讳芬，太学生。次兄讳芳，贡生。四弟讳芝，号奇山，以友让著。墓在秋佩公之右，今墓志及奇山逸行碑尚存。五弟讳芃，庠生。六弟讳藻，恩生。相传，秋佩公兄弟共八房，惟三房、四房、六房子孙多贵显，秋佩公则三房也。"

张柱[一]，弘治壬戌（十五年，1502）科。任贵州思州府知府，升岭南道参政。

注释：

[一] 张柱：《同治志》云："张柱，宏［弘］治壬戌康海榜。张柱，贵州思南府知府，升岭南道参政。""参政张柱墓，在白里鹤游坪水口。"蓝勇主编《稀见重庆地方文献汇点》（下）第655页云："张柱，弘治十五年壬戌康海榜。涪州人。主事，岭南参政。"第834页云："张柱，《贵州通志》：涪州人。进士。正德间思州府知府。性刚直，禁淫巫，兴士类，重建学校。"第689页云："张柱墓，在州治鹤游坪水口，官参政。"《乾隆志·进士》云："张柱，宏［弘］治壬戌。"《四川通志》第六册第3762页卷一百二十四《选举志三·进士三》云："张柱，涪州人，主事。宏治十五年壬戌科康海榜。"参见李胜《涪陵历史文化研究》第109页。有《明勅授文林郎知河南武安县事入名宦崇祀乡贤何公讳仲山墓志铭》，赐进士出身张柱书丹。

夏邦谟[一]，正德戊辰（十五年，1508）科。任吏部尚书。

注释：

[一] 夏邦谟：《同治志》云："夏邦谟，正德庚辰吕柟榜。""夏邦谟，太子太保、吏部尚书。""尚书夏邦谟墓，在云里郝家坝。"《乾隆志·进士》云："夏邦谟，字彝伦，正德戊辰。"《四川通志》第六册第3762页卷一百二十四《选举志三·进士三》云："夏邦谟，涪州人，太子少保，吏部尚书。正德三年戊辰科吕楠榜。"蓝勇主编《稀见重庆地方文献汇点》（下）第655页云："夏邦谟，正德三年壬戌（1508）吕柟榜。涪州

人。太子少保，吏部尚书。"第 564 页云："何鉴，《云南通志》：楚雄县人。善事继母，以孝闻。正德庚午举人，任涪州学正。为冢宰夏邦谟所重，迁知永川县。"第 834 页："夏邦谟，《蜀人物志》：号松泉，涪州人。幼颖悟，弱冠登正德戊辰进士，官部曹。与杨慎结社唱酬扬。历中外三十余年，所至有声。后以户部尚书继熊浃为吏部尚书，小心缜密，清白自守。归，又十年乃卒，年八十一。"第 689 页："夏邦谟墓，在州治郝家坝，官尚书。谭王氏、谭夏氏，增贡谭孝达《双节传》曰：节母姓王氏，邑儒谭燦［灿］妻也。舅南山，姑汪氏，家贫多支绌，节母偕燦［灿］左右就养，常若裕如。年二十一，燦［灿］卒，节母拮据治丧。欲从死，以舅姑齿既暮，两孤稚弱，无可死之理。因夙兴夜寐，勤纺织，支持门户，家事赖以经纪。先是燦［灿］殁，时长子德会，年三岁；次子德广，方五月，节母以母兼父道，教之成立。荼苦五十余年，家卒龙然起。孙曾林立，一堂五世。前任巫山县学博道衢，其从侄也。雅敬重节母，道光三年（1823）倡邑人士详列节母事实上闻，旌表建坊入祠。年八十四岁寿终，与其曾孙妇夏节母后先辉映焉。夏节母者，王节母曾孙守志之妻也。王节母嫠居既久，律己甚严，生平未尝与宴会。其六十寿辰丙戌，夏邦谟木登堂拜祝，见守志迥异常儿，因以女字焉。比成婚，甫三载，守志以疾卒。生子治达，甫半岁。夏抱以泣曰：吾之生也如敝屣，徒以谭氏一块肉在，殉所不忍言耳。而王节母爱怜治达为尤甚，襁褓中即抱置膝上，为之含饴抚弄。盖自娱兼用以慰夏也。暇辄为夏述当日，励志抚孤，事夏节母，敛衽听之，左右皆为之动容。逾年王节母卒。夏节母持家奉亲，事事皆效法之，治达就外傅归省母，母诲之曰：汝尚记高祖母含饴时乎？勉之必为善人，以无负高祖母于地下。余知两节母事最悉，因为立传，俾其后有所考焉。夏节母现年七十一，距夫死盖五十一年，距王节母死盖五十二年云。/ 论曰：谭氏两世节妇，在夏孺人为尤难。曾祖姑虽弱，一个尚两子，侍养。夏乃至抱半岁孤儿作巾帼程婴，卒致家等素封，兰桂芬郁，当所天摧陨，讵料有今日耶？妇人立身莫大于节，尤莫大于节而能孝。世有夫亡守节不溪勃于舅姑之前者鲜矣。而夏孺人独能以冢妇统夫介妇，逆来顺受，侍奉无违，教子成立，媲美前徽，不其难乎？牵连书之以告天下之为节妇者，能不以生死存亡而易其心则几矣。"有《谕祭夏邦谟文》，文云："嘉靖四十五年（1566）六月十五日，皇帝遣四川布政司左参议余田谕祭致仕吏部尚书夏邦谟，曰：惟卿性质温雅，才识疏通。奋迹贤科，筮仕郎署。淮扬佐运，藩臬屡迁。遂督抚于留都，荡平海寇；旋司计于农部，俾益邦储。爰跻卿执之班，特总铨衡之柄。方隆眷注，恳乞归休。宜享寿荣，遽闻哀讣。追维往勋，良切朕怀。谕祭特颁，式昭恩恤。卿灵不昧，尚其祗承。"《嘉靖四十五年十二月初五日载［再］颁谕文》，文云："惟卿早擢科名，扬历中外。年老溘逝，益增掉惜。载颁谕祭，用示恩恤。"有《桂楼秋月》，诗云："老桂婆娑白玉楼，月华三五正中秋。天香有种清虚散，宝鉴何人玉斧修。金粟清芬横海宇，仙娥妆点出云头。岁中能有几宵好，吟到天明意未休。"有《荔圃秋风》，诗云："南海移来种最奇，贞姿绚烂艳阳时。焉知涪地珠林实，偏荷昭阳国色知。当日曾劳人远贡，而今不复马飞驰。喜逢君德同尧舜，独重贤才不重斯。"

黄景星[一]，正德辛未（六年，1511）科。

注释：

［一］黄景星：《同治志》载："黄景新，正德辛未杨慎榜。《府志》：涪州籍。"蓝勇主编《稀见重庆地方文献汇点》（下）第 655 页云："黄景星，正德六年辛未杨慎榜。丰都人，涪州籍。河东运使。"《乾隆志·进士》云："黄景星，正德辛未。"李胜《涪陵历史文化研究》第 109-110 页云："黄景星……祖贯不详，寄籍涪州。"

黄景夔[一]，正德甲戌（九年，1514）科。

注释：

［一］黄景夔：《同治志》载："黄景夔，正德甲戌唐皋榜。《府志》：涪州籍。"蓝勇主编《稀见重庆地方文献汇点》（下）第 655 页云："黄景夔，正德九年甲戌唐皋榜。丰都人，涪州籍。郎中。"《乾隆志·进士》云："黄景夔，正德甲戌。"李胜《涪陵历史文化研究》第 110 页云：黄景夔，正德甲戌唐皋榜进士，丰都人，寄籍涪州。正德十六年（1521）任兵部主事。事见清康熙九年（1670）陈天植、陈名远、陈延谟辑纂《山海关志》卷四《名宦》、雍正十三年（1735）李卫等撰《畿辅通志》卷二十八学校：山海卫学。有《城东新泉记》（周复俊《全蜀艺文志》卷三十三）、《泮池铭》（《四川通志》卷四十、《全蜀艺文志》卷四十）等文传世。

夏国孝，嘉靖癸未（二年，1523）科。任南京户部员外。

谭荣^[一]，<small>嘉靖戊戌（十七年，1538）科。任陕西参政。</small>

注释：

[一]谭荣：《同治志》云："谭荣，嘉靖戊戌（十七年，1538年）茅瓒榜。""谭荣，陕西参政，事具《乡贤》。""谭荣，仕陕西大参。居家孝友，历官清廉，乡评重之。尖峰，治北五十里。矗立锐耸如笔，宛然可搦。""明参政谭荣、谭杲故居及墓在峰麓。""参政谭荣墓。白里罗家庙九岭湾，红碑。"蓝勇主编《稀见重庆地方文献汇点》（下）第656页云："谭荣，嘉靖戊戌（十七年，1538）茅瓒榜。涪州人。陕西参政。"第835页云："谭荣，旧《通志》：涪州人，进士。居家孝友。后任陕西参政，历官清廉。《通志》案：谭荣，嘉靖戊戌进士。"第689页云："谭荣墓，在州治金井坝，官参议。"《乾隆志·进士》云："谭荣，嘉靖戊戌。"《四川通志》第六册第3766页卷一百二十四《选举志三·进士三》云："谭荣，涪州人。嘉靖十七年戊戌科茅瓒榜。"李胜《涪陵历史文化研究》第110页云：谭荣，字朝器（凌迪知《万姓统谱》卷六十六），嘉靖戊戌茅瓒榜进士，任浙江承宣布政司右参政、提刑按察司佥事（嵇曾筠等《浙江通志》卷一百一十八职官八），山东提刑按察司（岳濬等《山东通志》卷二十五职官一），陕西参政、副使（刘于义等《陕西通志》卷二十二职官三）。历官清廉，居家孝友，乡评重之。卒葬白里罗家庙。有明嘉靖二十七年《明阶奉直大夫云南晋宁州刺史张公墓志铭》，赐进士出身浙江右参议郡人少嵋谭荣篆；《明勅授文林郎恩贡生湖北松滋县知县入名宦崇祀乡贤祠何公讳珩所（楚）妣吴孺人合墓墓志铭》，赐进士出身陕西参政里人谭荣拜撰。

谭杲^[一]，<small>嘉靖庚戌（二十九年，1550）科。任佥事道。</small>

注释：

[一]谭杲：《同治志》云："谭杲，嘉靖庚戌唐汝楫榜。佥事道。""尖峰，治北五十里。矗立锐耸如笔，宛然可搦。明参政谭荣、谭杲故居及墓在峰麓。""佥事谭杲墓，云里金井坝。"蓝勇主编《稀见重庆地方文献汇点》（下）第657页云："谭杲，嘉靖二十九年庚戌唐汝楫榜。涪州人。佥事。"第689页云："谭杲墓，在州治金井坝，官佥事道。"又"谭杲妻何氏，守节三十八年。"《乾隆志·进士》云："谭杲，嘉靖庚戌。"《四川通志》第六册第3767页卷一百二十四《选举志三·进士三》云："谭杲，涪州人，佥事。嘉靖二十九年庚戌科唐汝楫榜。"李胜《涪陵历史文化研究》第110页云："谭

臬……历金事道，南阳府内乡县令，见王世俊等《河南通志》卷三十四职官五。"

黎元^[一]，嘉靖丙辰（三十五年，1556）科。任参议道。

注释：

［一］黎元：《同治志》云："黎元，嘉靖丙辰诸大绶榜。福建按察司金事。""按察黎元墓，在白里黎家洞。"蓝勇主编《稀见重庆地方文献汇点》（下）第 657 页云："黎元，嘉靖三十五年丙辰诸大绶榜。涪州人。金事。"第 689 页云："黎元墓，在州治金钱寺坎夏。官山东按察司金事。"《乾隆志·进士》云："黎元，嘉靖丙辰。"李胜《涪陵历史文化研究》第 110 页云：黎元，嘉靖戊午（三十七年，1558）乙榜举人，嘉靖壬戌（四十一年，1562）申时行榜进士，历给事中、副使，隆庆末年任云南按察使（鄂尔泰《云南通志》卷十八上）。有《明勅授孺人何母戴孺人勅授文林郎任陕西白河县教谕升白河县知县何公讳岑字龙泉配妣陈孺人合墓墓志铭》，赐进士出身福建按察使司金事黎元书丹。据《何氏世谱》第 101 页，何岑，字玉泉，仲甫长子。明恩贡生。时邑人黎元，官福建按察司金事，奇公才，延诸幕，遂家于福建之泉州府，卒葬泉州府郭外绿杨溪，立子山午向。妣黎氏，生二子：长文鲁，次文宋。妣卒与公合墓。

王堂^[一]，嘉靖己未（三十八年，1559）科。任郎中。

注释：

［一］王堂：《同治志》云："王堂，嘉靖己未丁士美榜。任郎中。"蓝勇主编《稀见重庆地方文献汇点》（下）第 657 页："王堂，嘉靖三十八年己未丁士美榜。涪州人。郎中。"《乾隆志·进士》云："王堂，嘉靖己未。"《四川通志》第六册第 3768 页卷一百二十四《选举志三·进士三》云："王堂，涪州人，郎中。嘉靖三十八年己未科丁士美榜。"参见李胜《涪陵历史文化研究》第 110 页。

徐尚^[一]，嘉靖壬戌（四十一年，1562）科。任副使道。

注释：

［一］徐尚，《同治志》云："徐尚，嘉靖壬戌徐时行榜。副使道。"蓝勇主编《稀见重庆地方文献汇点》（下）第 657 页云："徐尚，嘉靖四十一年壬戌徐时行榜。涪州人。

给事中。"《乾隆志·进士》云："徐尚，嘉靖壬戌。"《四川通志》第六册第3769页卷一百二十四《选举志三·进士三》云："徐尚，涪州人，给事中。嘉靖四十一年壬戌科徐时行榜。"

文作[一]，隆庆戊辰（二年，1568）科。任广西布政。

注释：

［一］文作：《同治志》云："文作，隆庆戊辰罗万化榜。""文作，广西布政使司，事具《乡贤》。""文作，知闻喜县，以治最征武选郎赞议。平辽之役，功居多，升云南大参，分守临沅。时罗雄土舍弑父据险，僭谋不轨，奉檄剿之。贼党再叛，复平之。上闻，升广西布政，加一品服俸。""文作，诰授光禄大夫。妻陈氏，封一品夫人。""位极两藩坊，为广西布政使司文作建，在城内学坝。""致远桥，州南六十里，万历中广西布政司文作妻陈氏捐资鼎建。""布政司文作墓，在长里错开河。"蓝勇主编《稀见重庆地方文献汇点》（下）第658页云："文作，隆庆二年戊辰罗万化榜。涪州人。广西布政。"第839页云："文作，《蜀人物志》：涪州人，文德之从兄，隆庆戊辰进士。倜傥有才略，由闻喜知县历武选郎，出为榆林兵备，转云南参政，分守临沅。时罗雄土舍杀父据险谋叛，作奉檄剿之。贼党再叛，复剿平之。先后以功上闻，特敕褒奖，升广西布政使，暴终于场屋。"第689页云："文作墓，在州治错开河。官布政使。"《乾隆志·进士》云："文作，隆庆戊辰。"《四川通志》第六册第3769页卷一百二十四《选举志三·进士三》云："文作，涪州人，布政。隆庆二年戊辰科罗万化榜。"李胜《涪陵历史文化研究》第111页云："文作，隆庆戊辰罗万化榜进士，倜傥有才略。任山西闻喜知县，清苦勤慎，洞悉民情（觉罗石麟等《山西通志》卷一百名宦十八）。以治功擢武选郎、兵部主事，任云南大参。分守临沅时，罗雄（今云南罗平县）土舍弑父据险，潜谋不轨，奉檄剿之。贼党再叛，复平之。上闻，升广西布政使司加一品服俸。卒葬长里某地。"

刘养充[一]，隆庆辛未（五年，1571）科。任广东御史。

注释：

［一］刘养充：《同治志》云："刘养充，隆庆辛未张元抃榜。""刘养充，广东道监察御史，事具《乡贤》。""刘养充，由进士官御史，大差贵筑。时土司构乱，以巨万贿送私室，

充悉绝之。转临巩兵备，筑长城百里。衣惟布素，边饷丝毫无所减。边人感其廉肃，款附最众。竟以积劳卒于边，余图书数箧而已。卒时途悲巷哭，虽氆裘之伦亦通使致吊。""御史刘养充墓。白里螺回坝。"蓝勇主编《稀见重庆地方文献汇点》（下）第 658 页云："刘养充，隆庆五年辛未张元抃榜。涪州人。御史。"第 689 页云："刘养充墓，在州治螺回坝，官御史。"《乾隆志·进士》云："刘养充，隆庆辛未。"《四川通志》第六册第 3770 页卷一百二十四《选举志三·进士三》云："刘养充，涪州人，御史。隆庆五年辛未科张元抃榜。"李胜《涪陵历史文化研究》第 111 页云：刘养充，万历元年任河南祥符（今属河南开封）知县，见王士俊等《河南通志》卷三十三职官四。有《明勅授文林郎恩贡生湖北松滋县知县入名宦崇祀乡贤祠何公讳珩所（楚）妣吴孺人合墓墓志铭》，赐进士出身广东监察御史刘养充书丹。涪陵《刘氏宗谱》第 20–21 页有明朝甲科·隆庆辛未科刘养充。

文德[一]，万历庚戌（三十八年，1610）。任御史。

注释：

[一] 文德：《同治志》云："文德，万历甲戌（二年，1574）孙继皋榜。""文德，山西道监察御史，事具《乡贤》。""文德，由进士官山西道御史，有廉声。后典晋试，得士心。崇祀山西名宦祠。""御史文德墓。长里大坝。"蓝勇主编《稀见重庆地方文献汇点》（下）第 658 页："文德，万历八年（1580）张懋修榜。涪州人。御史。"第 840 页云："文德，《蜀人物志》：羽麟子，涪州人。万历庚辰进士，授湖广麻城令，有善政。行取御史，巡按山西。暴终，不竟其用，人咸惜之。"第 689 页云："文德墓，在州治长坝。官御史。"《乾隆志·进士》云："文德，万历甲戌。"《四川通志》第六册第 3770 页卷一百二十四《选举志三·进士三》云："文德，涪州人，御史。万历八年庚辰科张懋修榜。"参见李胜《涪陵历史文化研究》第 111 页。

何伟[一]，万历癸未（十一年，1583）科。任广西参政。

注释：

[一] 何伟：《同治志》云："何伟，万历癸未朱国祚榜。""何伟，岭东参议，升贵州参政。""何伟，官慈溪令，多善政。慈人请入祀名宦祠。呈内有'贡茶毖绝，魂惊猾吏之奸。海防计周，气詟倭夷之胆'等语。在刑垣时，奉敕恤刑，中州多所全活。

分守贵筑，以征苗筹饷功，擢方伯。因母老，乞归。著有《何氏家训》《诗文稿》，待刊。"" 参政何伟墓，在白里石二坵。"蓝勇主编《稀见重庆地方文献汇点》（下）第 658 页："何伟，万历十一年癸未朱国祚榜。涪州人。给事中，贵州参政。"第 933 页："《何伟诗文集》无卷数，伟，涪州人，万历进士，官贵州贵筑道。"第 689 页："何伟墓，在州治石二坵，官参议。"《乾隆志·进士》云："何伟，万历癸未。"《四川通志》第六册第 3771 页卷一百二十四《选举志三·进士三》云："何伟，涪州人，给事中。万历十一年庚辰科张懋修榜。"李胜《涪陵历史文化研究》第 111–112 页云：何伟，万历癸未朱国祚榜进士。新喻县（今江西新余市）人，寄籍涪州。授慈溪令，宽和为治。秩满，召拜给事中，见嵇曾筠等《浙江通志》卷一百五十二名宦七。万历二十七年（1599），任惠州知府，见郝玉麟等《广东通志》卷二十七职官二。后以岭东参议升贵州参政，见鄂尔泰《贵州通志》卷十七秩官。分守贵筑时，以征苗筹饷功擢方伯，因母老乞归。卒葬白里石二坵。著有《何伟诗文集》（亦称《何氏家训诗文集》）。

曹愈参[一]，万历丙戌（十四年，1586）科。任都御史。

注释：

[一] 曹愈参：《同治志》载："曹愈参，字坤釜。万历丙戌唐文献榜。""曹愈参，都察院都御史、云南巡抚，事具《乡贤》。""曹愈参，由进士历官参政，有'一路福星'之谣。生平不欺，官方伯，家如寒素。万历三十九年（1611）任昌平兵备道，停止矿税，捕盗贼，除强暴，清营蠹，军民怀德，建生祠祀之。详北直名宦。""巡抚曹愈参墓，长里葛树溪。"蓝勇主编《稀见重庆地方文献汇点》（下）第 658 页云："曹愈参，万历十四年丙戌唐文献榜。涪州人。都御史，云南巡抚。"第 689 页："曹愈参墓，在州治葛树溪。官巡抚。"《乾隆志·进士》云："曹愈参，万历丙戌。"《四川通志》第六册第 3771 页卷一百二十四《选举志三·进士三》云："曹愈参，涪州人，都御史。万历十四年丙戌科唐文献榜。"《同治志》收录其《登山舌壁山访何环斗》一诗，诗云："濮水寒龙剑，恒云送隼旟。题舆堪展翼，拥鹊惜悬车。江汉声犹茂，朝歌望始苏。北山思悒悒，陟岵意蘧蘧。不问三公贵，宁辞五斗储。庄周椿绰约，彭泽柳扶疏。视膳青青笋，供滫白白鱼。纫兰饶畹泽，戏彩度居诸。去国轻于叶，居家味是蔬。渐达堪作式，贲迹欲还初。吾道渔樵在，亲心菽水舒。乾坤原大治，轩冕等蘧庐。披阅怜元草，操觚重

子虚。高春迟嚼沐，轻尘伴琴书。题凤情如昔，登龙志已摅。感时增太息，阅世可唏嘘。几见东郊外，群公饯二疏。"李胜《涪陵历史文化研究》第112页云：曹愈参，字坤釜，一说字古清。万历丙戌唐文献榜进士。授黄冈令，躬俭约政，狱讼衰止，以卓异擢吏部考功主事，见迈柱等《湖广通志》卷四十三名宦。万历三十九年（1611）任昌平兵备道，停矿税，捕盗贼，除强暴，清营蠹，军民怀德，建生祠祀之。见李卫等《畿辅通志》卷五十九、职官、卷六十七名宦。历官参政、河南按察司副使（王士俊等《河南通志》卷三十一职官二），云南巡抚（鄂尔泰等《云南通志》卷十八上）、都察院佥都御史等职。虽至方伯，家如寒素，平生不欺，有"一路福星"之谣。卒葬长里葛树溪。有《明诰授中顺大夫北直大名府知府入名崇祀乡贤何公环斗墓志铭》，赐进士出身都察院都御史云南巡抚姻愚弟曹愈参拜撰。

况上进[一]，万历己丑（十七年，1589）科。任都御史。

注释：

[一]况上进：《同治志》云："况上进，万历丁丑（五年，1577）沈懋学榜。江南道监察御史。""御史况上进墓，在白里陶家坝。"蓝勇主编《稀见重庆地方文献汇点》（下）第659页云："况上进，万历十七年己丑焦竑榜。涪州人。御史。"第689页："况上达（笔者注：当为况上进）墓，在州治陶家坝。官御史。"《乾隆志·进士》云："况上进，万历丁丑。"《四川通志》第六册第3771页卷一百二十四《选举志三·进士三》云："况上进，涪州人，御史。万历十七年己丑科焦竑榜。"李胜《涪陵历史文化研究》第111页云：况上进，万历丁丑沈懋学榜进士。按：《四川通志》卷三十四记为万历己丑进士。仕至直隶巡按（傅泽洪《行水金鉴》卷三十八）、监察御史。卒葬白里陶家坝。张廷玉《明史》列传第一百九李祯传、列传第一百十二蔡国珍传载其弹劾兵部左侍郎李祯庸鄙、吏部尚书蔡国珍八罪之事。"

杨景淳[一]，万历己丑（十七年，1589）科。任兵部郎中。

注释：

[一]杨景淳：《同治志》云："杨景淳，万历己丑焦竑榜。户部郎中。"蓝勇主编《稀见重庆地方文献汇点》（下）第659页："杨景淳，万历己丑焦竑榜。涪州人。户部郎中。"

《乾隆志·进士》云："杨景淳，万历己丑。"《四川通志》第六册第3771页卷一百二十四《选举志三·进士三》云："杨景淳，涪州人。万历十七年己丑科焦竑榜。"李胜《涪陵历史文化研究》第112页云："杨景淳，万历己丑焦竑榜进士。万历二十二年（1594）任荆州教授，与雷思霈等修葺郡志，以博学洽闻著，升国子监博士（迈柱等《湖广通志》卷四十四名宦、户部郎中。今南京博物院所藏明万历三十六年（1608）由宫中太监根据利马窦蓝本摹绘的彩色世界地图《坤舆万国全图》有其序文一篇，署'蜀东杨景淳'。"

张与可^[一]，万历己丑（十七年，1589）科。任河南副使道。

注释：

［一］张与可：《同治志》云："张与可，万历己丑焦竑榜。""张与可，按察司副使。""龟龙关滩势汹涌，常覆舟。捐资凿削，患稍息。沙溪沟春水暴涨，冲溺无算。倡捐建桥，州牧韩公（笔者注：韩邦哲）额以'永赖'。下沙溪桥，州南二十五里。驿递通衢。明张与可捐修。""副使道张与可墓，白里双石桥。"蓝勇主编《稀见重庆地方文献汇点》（下）第658页："张与可，万历己丑焦竑榜。涪州人。归德府知府。"《乾隆志·进士》云："张与可，万历己丑。"《四川通志》第六册第3771页卷一百二十四《选举志三·进士三》云："张与可，涪州人。万历十七年己丑科焦竑榜。"蓝勇主编《稀见重庆地方文献汇点》（下）第689页云："张与可墓，在州治双石桥，官副使道。"李胜《涪陵历史文化研究》第112页云：张与可，万历己丑焦竑榜进士，历任河南归德府知府、按察司副使，于乡多义举。天启间（1621–1627），涪州龟龙关滩势汹汹，常覆舟，捐俸凿削，患稍息；沙溪沟春水暴涨，冲溺无算，倡捐建桥，州牧韩邦哲（湖北黄州举人）额以"永赖"二字。卒葬白里双石桥。《李渡镇志》第288页收录有张与可《李渡镇关庙碑记》，文云："关圣大帝庙，余从天中倦还所创也。先是张文奎募修，广郭可置一殿一楼。余历年院道出巡，礼屏笋中，衣帛凑集，市梁柱，故附郭百年不伐之巨柏，江干屡运出售之香楠，悉以情恳致之。然且虑匠作支持之难也。银钱米谷，盐货布缕，陆续增添，约可百十余金，协终圣帝金像、正殿、三义楼，爰铸大鼎，再构殿前卷蓬、坊额、门窗，后装砖壁、灵爽，俨赫瞻仰愈肃矣。基址凝祥，既当五龙之中脉；规制宏敞，堪容万姓之祀厘。水环山峙，物轶民稠。慕忠义而思敬者，舟车络绎于路；庇灵威而图报者，烹尝叠献于庭。以俾冈领险峻趋遏艰危者，此不尚胜慨哉！墙后地基二间，右边地基五间，则住持所需，为香灯具。仅记其大略如此。

今追维予为母请，告侍母养者才十五年，遽尔见背，抱恨何极？今闭门谢客，淡素自持又十余年矣。叨两院荐牍者十数次，不敢以庸愚之身再妨贤路也。偶思昔人云：出无益于民社，居无益于梓间，真僇民也。余愧甚矣，又思余二世祖庆庵公，以布衣独力竖观音寺、太平桥，至今为镇伟观。余虽俭囊羞涩，而好志募义于先人，无两心焉。习知龟龙一关，水势澎湃汹涌，往往覆舟溺人，亟集工平夷之；又见沙溪春水暴涨，人马冲没，二百年来无敢议利济者，余竭资率众凿架桥梁，郡守韩侯题曰：'永赖'。嗟嗟！片石撮土，敢与平成争列乎，余又愧死矣。大都庙宇桥路，仅不坠先志，而藉缘就果，何裨榆阴？终不能脱僇民之诮也夫！"

向鼎[一]，天启（己）[乙]丑[二]（五年，1625）科。任潼关参政。

注释：

[一] 向鼎：《同治志》载："向鼎，字六神。天启乙丑余煌榜。""向鼎，潼关参政，见《乡贤》。""向鼎，字六神。官长兴令，至潼关参政。刚正不阿，多治绩。岁旱，代涪民输一年赋。捐建北塔，遇贼变而止。""向牖蠘，字子亮，鼎之子。兵燹后家赤贫，隐居琼崖，非公事不至公庭。""参政向鼎墓。云里东青驿。"蓝勇主编《稀见重庆地方文献汇点》（下）第 660 页云："向鼎，天启五年乙丑余煌榜。涪州人。潼关参政。"第689 页："向鼎墓，在州治东青驿。官参议。"《乾隆志·进士》云："向鼎，字六神。天启乙丑。"李胜《涪陵历史文化研究》第 113 页云："向鼎，字六神，天启乙丑余煌榜进士。崇祯间官长兴令、浙江提刑按察司佥事（嵇曾筠等《浙江通志》卷二十六学校二、卷一百一十八职官八）、分守上荆南兵备道（迈柱等《湖广通志》卷二十八职官），刚直不阿，多治绩。岁旱，尝代涪民输一年赋捐建水塔，遇贼变而止。卒葬文里东青驿。"《同治志》收录其《新建十方堂碑记》一文，文云："善夫！苏端明有言曰：凡作佛事，各以所有。富者以财，勇者以力，辨者以言，各以其心。见闻随喜，及受厥报等，无有二。夫以力以言，犹或庶几，至于以财非破尽，悭情鲜不怪，予以致香积不修，行脚头陀，所至乏供，其谓善知识何？曾君益我独善为之，其作佛事，当不自十方堂止，亦不自十方堂始，而兹堂之建则有可不朽者。堂住高僧如贵，自峨眉圆觉庵为海上游，复从海上西来，挂锡五龙镇。思为行脚诸僧地，见曾君益我好善乐施，募从元帝宫前求得一胜地，创立堂楹。买田十五石，俾堂庞及丛林中，所宜有者，无不悉具，于以待十

方。袱子堂成之日，予方奉简命镇荆南。贵公不远千里，飞锡至楚，乞余一言以志之。余初以为贵公广长舌之所致也。贵公谓余曰：堂成为诸行脚僧所取给，山僧幸有尺寸功，悉自曾公益我出。自兹以往，所济不可胜计。僧闻君子不背本，今之喜作佛事，宜莫如益我公。无论兹堂之功，其人足多也。余居乡已习，益我所谓现长者身说法，而堂址则予凤所登眺者，其景物最奇。曩余承之海防，登普陀，普陀以海胜。及提兵备潼谷，稍暇得登华山，华山以石胜。惟泰岱、崧高、衡、恒、五台诸名胜境，雅欲探奇，而有志未逮。昔者，窃闻之皆以岩壑胜，而此山石削，江迴，烟峦万态，当与海岳争胜。春暖秋明，天风四至，翩翩千仞之上，骚人墨土览胜子此，诗情赋兴，必有不让汉晋隋唐诸名人独擅千古，则益我之建此，岂独有补鹿苑哉！况今日南征北御，东伐西讨，大司农仰屋而叹，而益我从容兹举。恢恢乎有余地，使天下之为僧者皆若贵公，天下之为儒而仕者皆若益我，峙糗以待饥，虚席以伺往来，何至凶年有沟壑之民耶？益我之子若孙，皆修行读书，为时贤所推重。天才骏发，仡建旗鼓中原而益我更多，方积善以厚其基，其丰禧未易量也。若第谓惠行脚，以北参南，询取资之德矣。足尽益我乐善之怀欤？"《新建十方堂碑记》亦见《李渡镇志》第 289 页。

［二］关于向鼎中进士的时间，《康熙志》定在天启己丑科，查《辞海·中国历史纪年表》，天启无己丑，有乙丑。同治志定在天启乙丑。

刘起沛^{［一］}，崇祯戊辰（元年，1628）科。任中书。

注释：

［一］刘起沛：《同治志》云："刘起沛，崇正［祯］戊辰刘若宰榜。"蓝勇主编《稀见重庆地方文献汇点》（下）第 660 页："刘起沛，崇祯元年戊辰刘若宰榜。涪州人。行人。"《乾隆志·进士》云："刘起沛，崇正［祯］戊辰。"《四川通志》第六册第 3775 页卷一百二十四《选举志三·进士三》："刘起沛，涪州人，行人。崇祯元年戊辰科刘若宰榜。"参见李胜《涪陵历史文化研究》第 113 页。

［陈正］^{［一］}

注释：

［一］陈正：《康熙志》未有收录；《同治志》云："陈正，字岷水，崇正［祯］庚辰

（十三年，1640）魏藻德榜。浙江金华府推官。"有"推官陈正墓。"蓝勇主编《稀见重庆地方文献汇点》（下）第 661 页云："陈正，崇祯十三年庚辰魏藻德榜。涪州人。金华府推官。"第 689 页云："陈正墓，在州治舒家湾。官推官。"《乾隆志·进士》云："陈正，字岷水。崇正［祯］庚辰。"参见李胜《涪陵历史文化研究》第 113 页。

国朝

文景藩^{［一］}，康熙癸丑（十二年，1673）科。

注释：

［一］文景藩：《同治志》云："文景藩，康熙癸丑韩菼榜。""进士文景藩墓。长里杨家塆。"蓝勇主编《稀见重庆地方文献汇点》（下）第 661 页："文景藩，康熙癸丑韩菼榜。涪州人。"《乾隆志·进士》云："文景藩，康熙癸丑。"《四川通志》第六册第 3777 页卷一百二十四《选举志三·进士三》云："文景藩，涪州人。康熙十二年癸丑科韩菼榜。"参见李胜《涪陵历史文化研究》第 113 页。《刘氏宗谱》第 142 页收录有《文履祥讳景藩祝四仙公寿诗》，诗云："翠柳青蒲岁岁新，久摩铜狄一真人。风霜饱历虬松永，清白诒谋夛绣贫。苜蓿聊充三釜养，梅羹莫倦八砖身。烟霞久箇蒲轮辙，鹤发朝簪振隐沦。"又第 143 页收录有《文履祥庚午天中后四日祝四仙公寿诗》，诗云："长将晚节乐林泉，蒲绿榴红几往还。谏草虽焚诗继史，烂柯闲着奕为仙。绕庭雏凤丰毛羽，珍席明珠弄几筵。杖履优游期耄后，高歌青眼看桑田。"

举人

明

吴良^{［一］}，洪武甲子（十七年，1384）科^{［二］}。

注释：

［一］吴良：《同治志·举人》云："吴良，明洪武年。"《乾隆志·举人》云："吴良，明洪武甲子科。"蓝勇主编《稀见重庆地方文献汇点》（下）第 664 页云："吴良，涪州人，

建文四年壬午科。"

[二] 关于吴良的中举时间，本志、《乾隆志》定在洪武甲子；《同治志》定在洪武年间，无具体年份；蓝勇主编《稀见重庆地方文献汇点》（下）定在建文四年。

李瑞[一]，洪武庚午（二十三年，1390）科。

注释：

[一] 李瑞：《同治志·举人》载："李瑞，《省志》瑞作端，明洪武年。"《乾隆志·举人》云："李瑞，《省志》作端字。明洪武甲子（十七年，1384）科。"《四川通志》第六册第3796页卷一百二十五《选举志四·举人一》云："李端，涪州人。永乐九年辛卯科。"蓝勇主编《稀见重庆地方文献汇点》（下）第669页云："李瑞，涪州人。永乐九年壬午（1411年）科。"

周茂[一]，洪武庚午（二十三年，1390）科。

注释：

[一] 周茂：《同治志》无载。《乾隆志》云："周茂，明洪武庚午科。"《四川通志》第六册第3796页卷一百二十五《选举志四·举人一》云："周茂，涪州人。永乐九年辛卯科。"蓝勇主编《稀见重庆地方文献汇点》（下）第669页云："周茂，涪州人。永乐九年壬午（1411）科。"

何清[一]，洪武庚午（二十三年，1390）科。

注释：

[一] 何清：《同治志》云："何清，舜卿之子，由举人袭封千户伯。""千户伯何清墓，在白里鹤游坪。"《乾隆志·举人》云："何清，明洪武庚午科。"蓝勇主编《稀见重庆地方文献汇点》（下）第669页云："何清，涪州人。永乐九年壬午科。"第689页："何清墓，在州治鹤游坪，晋爵千户伯。"《四川通志》第六册第3796页卷一百二十五《选举志四·举人一》云："何清，涪州人。永乐九年辛卯科。"据《涪陵辞典》第627页，何清（1377–1428），字浩斋。涪州白石里鹤游坪人。明永乐九年举人。次年，荫千户兼涪州卫千户所千户，历十七年。宣德三年（1428）七月战死疆场，诰授武显将军，赠谥

义烈。据《何氏世谱》，何清，字洁斋，何舜卿次子。明成祖永乐九年辛卯科举人。永乐壬辰十年（1412）荫"千户"兼涪陵卫千户所千户，镇涪十七载。生于明洪武丁巳十年（1377）九月二十四日寅时，于宣宗宣德戊申三年七月二十六日未时殉"五姓流贼"难，寿五十二岁。赠"武显将军"，赐谥"义烈"。葬鹤游坪沙坪庙周元山，立艮山坤向。其行实，已载入《涪州志》和《涪陵辞典》等史籍。姚韩氏，明诰封正二品夫人。生于洪武戊午十一年（1378）正月十五日未时，卒于景泰丙子七年（1456）四月初七日子时，寿七十八岁。葬石堰口石瓦坟，立寅山申向。生一子友亮。参见《明·仲山公谱序》（第13-14页）、《明·化龙公何氏族谱大纲序》（第16-18页）、《明诰赠武显将军永乐辛卯科举人荫千户兼涪陵卫千户所千户何公讳清字洁斋墓志铭》（第32页，赐进士出身白勉拜撰，赐进士出身江西道监察御史夏铭书丹，特授山东济南府教授张铉篆盖）、《何氏历代世谱》第一百三十三、一百三十四代（第99-100页）。附录：《涪陵卫千户所千户何公讳清字洁斋墓志铭》：赐进士出身刑部侍郎白勉拜撰，赐进士出身江西道监察御史夏铭书丹，特授山东济南府教授张铉篆盖。呜呼！生死之际，贤者择焉。故至性之薄者，常偷生以害义。其次，亦往往激于意气而不能审其当。然则虽不为幸生，亦终不免于苟死。太史公曰："死或重于泰山，或轻于鸿毛"。斯言信矣！如我何公者，非即所谓："杀身成仁"者耶！谨按状：公讳清，其先齐安人。王父（祖父）德明公初从明玉珍封"万户侯"。世袭"千户伯"，掌涪陵军伍，后见明氏无成。乃弃官归我太祖高皇帝，以功授涪陵卫指挥乃镇涪。家徐坪，考舜卿公，以德明殉黔贼难荫"千户"兼涪陵卫千户。生三子：长兴、早卒。季洪出后舅冯。公其仲也，生而颖异，博极群书，登永乐辛卯贤书，舜卿公卒，以承荫无人，仍授涪陵卫千户。人咸虑公文不胜武也。乃公经纶素裕，训练有方，而且诚感信孚，人乐为用，莅官数年，称"长城"焉。后，五姓流贼，倏忽为变，率众数万，蜂拥来攻。时届仓卒，战士不满千人，僚幕辈，咸以众寡不敌，劝公早遁。公泣曰："吾承国家厚恩，祖宗余泽，若临难苟免，不惟有玷官箴，更有何颜以见祖父于地下耶！诸君欲去，请自逝耳，吾将死于此也，左右咸泣，因而请战。公乃率众大呼，催坚陷阵。贼众辟易，莫不披靡，及见公后继无人，乃厚集其势，围之数匝，公矢尽弦绝，冲突不能，遂致不免，呜呼！捐躯效死，奋不顾身，即疆场老将犹难言之。乃恂恂书生，独能如是，此固忠孝性成，读书明理，有以致审于义命，又岂区区武弁辈所能求之也耶！公娶韩夫人，生一子友亮，以文弱力辞显荫，乃改授巴东县令。孙三：长仲庸。次仲山，成化丁酉（1477）科举人。次仲兰。韩夫人葬文家坝。公葬周元山，艮山坤向。夏大夫铭以状来丐余言以为志，余固仰公之节，而卜其泽之足以启后者，乃援笔而为之铭。铭曰：孔曰成仁，孟曰取义；圣贤之心，君子之事。惟公一生，以文膺武；从容治兵，慷慨御侮。强敌临城，略不反顾，凛凛数言，披云拨雾。天助大节，血溅平原，行成名立，志铁心丹。形归窀穸，松楸苍苍，过阡表者，仔细思量。时大明成化十八年（1482 年）岁在壬寅仲秋月立石。

舒忠^[一]，建文己卯（元年，1399）科。

注释：

[一] 舒忠：《同治志·举人》云："舒忠，明建文己卯科。"蓝勇主编《稀见重庆地方文献汇点》（下）第 664 页云："舒忠，涪州人。建文四年壬午（1402）科。平阳府知府。"又第 669 页："舒忠，涪州人。永乐九年壬午科。平阳府知府。"《乾隆志·举人》云："舒忠，明建文己卯科。"《四川通志》第六册第 3796 页卷一百二十五《选举志四·举人一》云："舒忠，涪州人。永乐九年辛卯科。"

程素^[一]，永乐甲午（十二年，1414）科^[二]。

注释：

[一] 程素：《同治志·举人》云："陈素，《府志》作程素，明永乐甲午科。"《乾隆志·举人》云："程素，明永乐甲午科。"蓝勇主编《稀见重庆地方文献汇点》（下）第 670 页云："程素，涪州人。永乐十五年丁酉（1417）科。"《四川通志》第六册第 3799 页卷一百二十五《选举志四·举人一》云："程素，涪州人。永乐十五年丁酉科。"

[二] 关于程素的中举时间，本志、《乾隆志》《同治志》定在永乐十二年；《四川通志》、蓝勇主编《稀见重庆地方文献汇点》（下）第 670 页定在永乐十五年。

［师文昌］^[一]

注释：

[一] 师文昌：《同治志·举人》载："师文昌，永乐甲午（十二年，1414）科。"蓝勇主编《稀见重庆地方文献汇点》（下）第 670 页云："师文昌，涪州人。永乐十五年丁

酉（1417）科。"《四川通志》第六册第 3799 页卷一百二十五《选举志四·举人一》云："师文昌，涪州人。永乐十五年丁酉科。"关于师文昌的中举时间，蓝勇主编《稀见重庆地方文献汇点》（下）第 670 页定在永乐十五年。

[白勉]^[一]
注释：

[一]白勉：《同治志·举人》载："白勉，永乐甲午（十二年，1414）科，见甲榜（进士）。"《乾隆志·举人》云："白勉，明永乐年，见甲榜。"蓝勇主编《稀见重庆地方文献汇点》（下）第 671 页云："白勉，涪州人。永乐十五年丁酉（1417）科。"《四川通志》第六册第 3799 页卷一百二十五《选举志四·举人一》云："白勉，涪州人。永乐十五年丁酉科。"关于白勉的中举时间，《乾隆志》定在永乐年间；《同治志》定在永乐十二年；《四川通志》、蓝勇主编《稀见重庆地方文献汇点》（下）第 670 页定在永乐十五年。

万琳^[一]，永乐甲午（十二年，1414）科。
注释：

[一]万琳：《同治志·举人》云："万琳，明永乐甲午科。"《乾隆志·举人》云："万琳，明永乐甲午科。"蓝勇主编《稀见重庆地方文献汇点》（下）第 671 页："万琳，治[涪]州人。永乐十五年丁酉（1417）科。"《四川通志》第六册第 3799 页卷一百二十五《选举志四·举人一》云："万琳，涪州人。永乐十五年丁酉科。"万琳，白鹤梁题刻题名人，见于永乐三年（1405）《雷觳题记》。是年，万琳以生员身份，同涪州知州雷觳运通、征仕郎陈子仲、从事郎荀仕能、朝使江右晏孟宣、涪州学正古邵欧阳士鳞、训导西陵易巽、义陵张致和、古郐成礼同游白鹤梁。

樊广^[一]，永乐丁酉（十五年，1417）科。
注释：

[一]樊广：《同治志·举人》云："樊广，明永乐丁酉科。"《乾隆志·举人》云："樊广，明永乐丁酉科。"《四川通志》第六册第 3800 页卷一百二十五《选举志四·举人一》云："樊广，涪州人。永乐十五年丁酉科。"蓝勇主编《稀见重庆地方文献汇点》（下）

第 671 页云："樊广，涪州人。永乐十五年丁酉科。"

景伦[一]，永乐丁酉（十五年，1417）科。

注释：

[一]景伦：《同治志·举人》云："景伦，明永乐丁酉科。"《乾隆志》云："景伦，明永乐丁酉科。"《四川通志》第六册第 3800 页卷一百二十五《选举志四·举人一》云："景伦，涪州人。永乐十五年丁酉科。"蓝勇主编《稀见重庆地方文献汇点》（下）第 671 页云："景伦，涪州人。永乐十五年丁酉科。"

冷润[一]，永乐丁酉（十五年，1417）科。

注释：

[一]冷润：《同治志·举人》云："冷润，明永乐丁酉科。"《乾隆志》云："冷润，明永乐丁酉科。"《四川通志》第六册第 3800 页卷一百二十五《选举志四·举人一》云："冷润，涪州人。永乐十五年丁酉科。"蓝勇主编《稀见重庆地方文献汇点》（下）第 671 页云："冷润，涪州人。永乐十五年丁酉科。"

蒲珍[一]，永乐丁酉（十五年，1417）科。

注释：

[一]蒲珍：《同治志》云："蒲琛，明永乐丁酉科。"《乾隆志》云："蒲珍，明永乐丁酉科。"《四川通志》第六册第 3800 页卷一百二十五《选举志四·举人一》云："蒲琛，涪州人。永乐十五年丁酉科。"蓝勇主编《稀见重庆地方文献汇点》（下）第 671 页云："蒲琛，涪州人。永乐十五年丁酉科。"珍，《同治志》、蓝勇主编《稀见重庆地方文献汇点》（下）作"琛"。

徐福[一]，永乐庚子（十八年，1420）科。

注释：

[一]徐福：《同治志·举人》云："徐福，明永乐庚子科。"《乾隆志·举人》云："徐福，明永乐庚子科。"《四川通志》第六册第 3802 页卷一百二十五《选举志四·举人一》

云："徐福，涪州人。永乐十八年庚子科。"蓝勇主编《稀见重庆地方文献汇点》（下）
第 671 页云："徐福，涪州人。永乐十八年庚子科。"

钱广[一]，永乐庚子（十八年，1420）科。

注释：

[一] 钱广：《同治志·举人》云："钱广，明永乐庚子科。"《乾隆志·举人》云："钱
广，明永乐庚子科。"《四川通志》第六册第 3802 页卷一百二十五《选举志四·举人一》
云："钱广，涪州人。永乐十八年庚子科。"蓝勇主编《稀见重庆地方文献汇点》（下）
第 672 页云："钱广，涪州人。永乐十八年庚子科。"

王旭[一]，永乐庚子（十八年，1420）科。

注释：

[一] 王旭：《同治志·举人》云："王旭，明永乐庚子科。"《乾隆志·举人》云："王
旭，明永乐庚子科。"《四川通志》第六册第 3805 页卷一百二十五《选举志四·举人一》
云："王旭，涪州人。永乐二十一年癸卯科。"蓝勇主编《稀见重庆地方文献汇点》（下）
第 673 页云："王旭，涪州人。永乐二十一年癸卯（1423）科。"

张奎[一]，永乐庚子（十八年，1420）科。

注释：

[一] 张奎：《同治志·举人》云："张奎，明永乐庚子科。"蓝勇主编《稀见重庆地
方文献汇点》（下）第 673 页云："张奎，涪州人。永乐二十一年癸卯（1423）科。"《乾
隆志·举人》云："张奎，明永乐庚子科。"《四川通志》第六册第 3805 页卷一百二十五
《选举志四·举人一》云："张奎，涪州人。永乐二十一年癸卯科。"

刘文宣[一]，宣德丙午（元年，1426）科。

注释：

[一] 刘文宣：《同治志·举人》云："刘文宣，明宣德丙午科。"《乾隆志·举人》云：
"刘文宣，明宣德丙午科。"蓝勇主编《稀见重庆地方文献汇点》（下）第 673 页云："刘

文宣，涪州人。宣德元年丙午科。昆明知县。"涪陵《刘氏宗谱》第 21 页《明朝乡科·宣德丙午科》作："刘文，云南昆明知县。"

查一英^[一]，宣德壬子（七年，1432）科。

注释：

[一] 查英：《同治志·举人》云："查英，明宣德壬子科。"《乾隆志·举人》云："查英，明宣德壬子科。"《四川通志》第六册第 3805 页卷一百二十五《选举志四·举人一》云："查英，涪州人。永乐二十一年（1423）癸卯科。"蓝勇主编《稀见重庆地方文献汇点》（下）第 673 页云："查英，涪州人。永乐二十一年癸卯科。"关于查一英的名字，本志作"查一英"。余书皆作"查英"。

盛辉^[一]，宣德己酉（四年，1429）科。

注释：

[一] 盛辉：《同治志·举人》云："盛辉，明宣德己酉科。"《乾隆志·举人》云："盛辉，明宣德己酉科。"《四川通志》第六册第 3805 页卷一百二十五《选举志四·举人一》云："盛辉，涪州人。永乐二十一年癸卯科。"蓝勇主编《稀见重庆地方文献汇点》（下）第 673 页云："盛辉，涪州人。永乐二十一年癸卯（1423）科。"

[周必胜]^[一]

注释：

[一] 周必胜：本志未有收录周必胜中举情况，据《同治志·举人》记载："周必胜，字东流，宣德己酉（四年，1429）科。宣德中刑部主事。"《乾隆志·举人》云："周必胜，明宣德己酉科。"蓝勇主编《稀见重庆地方文献汇点》（下）第 674 页云："周必胜，涪州人。宣德四年己酉科。主事。"第 689 页云："周必胜墓，在州治。官主事。"

[夏铭]^[一]

注释：

[一] 夏铭：本志未有收录夏铭中举情况，据《同治志·举人》记载："夏铭，宣德

己酉（四年，1429）科，见甲榜。"蓝勇主编《稀见重庆地方文献汇点》（下）第 673 页云：
"夏铭，涪州人。永乐二十一年癸卯（1423）科。"《乾隆志》云："夏铭，明宣德己酉科，
见甲榜。"《四川通志》第六册第 3805 页卷一百二十五《选举志四·举人一》云："夏铭，
涪州人。永乐二十一年癸卯科。"关于夏铭的中举时间，本志、《乾隆志》《同治志》定
在宣德四年；《四川通志》、蓝勇主编《稀见重庆地方文献汇点》（下）定在永乐二十一年。

宋成[一]，宣德壬子（七年，1432）科。
注释：
[一]宋成：《同治志·举人》云："宋成，《省志》作朱成。宣德壬子科。"《乾隆
志·举人》云："宋成，《省志》作朱成。明宣德壬子科。"蓝勇主编《稀见重庆地方文
献汇点》（下）第 674 页云："朱成，涪州人。宣德十年己酉（1435）科。"

石显[一]，正统戊（子）[午]（三年，1438）科[二]。
注释：
[一]石显：《同治志·举人》云："石显，正统戊午科"。《乾隆志·举人》云："石显，
明正德戊午（五年，1510）科。"《四川通志》第六册第 3809 页卷一百二十五《选举志
四·举人一》云："石显，涪州人。宣德十年乙卯（1435）科。"蓝勇主编《稀见重庆地
方文献汇点》（下）第 674 页云：石显，涪州人。正统三年戊午科。
[二]关于石显的中举时间，《康熙志》作正统戊子，查《辞海·中国历史纪年表》，
正统无戊子，有戊午、戊辰（十三年，1448）;《乾隆志》《同治志》定在正德戊午年;《四
川通志》定在宣德十年；蓝勇主编《稀见重庆地方文献汇点》（下）定在正统三年。

张玄[一]，正统辛酉（六年，1441）科，亚元，任山东济南府教授。
注释：
[一]张玄：玄，《同治志·举人》作"玹"。《同治志·举人》云："张玹，明正德
辛酉科。山东济南府教授。""教授张玹墓，在鹤游坪大坟坝。""张成功，山东济南府
教授。"按：成功疑张玹字。又云，蓝勇主编《稀见重庆地方文献汇点》（下）第 675 页云：
"张玹，涪州人。正统六年辛酉科。"《乾隆志》云："张玹，明正德辛酉科。"《四川通志》

第六册第 3810 页卷一百二十五《选举志四·举人一》云："张佷，涪州人。正统六年辛酉科。"据《何氏世谱》第 32 页，《涪陵卫千户所千户何公讳清字洁斋墓志铭》，特授山东济南府教授张佷篆盖。附录：明嘉靖十八年（1539）《明故显考妣张公石氏墓志铭》（垫江县文管所藏。1992 年 5 月垫江县白家乡永平村出土，墓志铭 79cm×64cm，孝友歌、祭文、孝友诗 79cm×50.5cm；1998 年 7 月征集入馆，胡昌健《巴蜀史地与文物研究》，光明日报出版社，2013 年，第 399-400 页）云："陕西平凉府泾州儒学训导男儒臣泣血谨撰，湖广长沙府攸县儒学训导男舜臣泣血谨书，郡学生男武臣泣血谨篆。考讳格，字汝正，别号野航。先世祖寿一，湖之应山籍，避元兵入蜀，遂家涪黑石里。及曾大父云庵君，讳玄，中正统辛酉（六年，1441）亚元，官济南教授，娶唐氏，生大父牧庵君，讳善吉，登成化丙戌（二年，1466）进士，官兵科都给事中。祖母冯氏，生子三，长讳柱，登弘治壬戌（十五年，1502）进士，官户部主事；次即考，天顺壬午（六年，1462）八月十三日酉时生，隐德弗耀，应诏举孝子官；次讳楫，由岁贡官辽府教授。庶祖母武氏，生子三：曰模，中正德己卯（十四年，1519）乡试，为当阳令。曰檀、榜，俱待仕。妣，同郡长滩里石公珠长女。公中天顺壬午乡试，为武昌府同知，娶徐氏，天顺丁丑（元年，1457）正月十一日卯时生妣，考年十七，亲迎焉。生子三：长即儒臣，娶刘氏；次即舜臣，娶曾氏；次即程氏。生女一，适庠生刘步武，司谏公季子也。孙七，曰建、邦、道、功、侯、宇，俱业儒。二尚幼。孙女四，俱适名门。考以嘉靖癸巳（十二年，1533）八月十日卒，甲午十二月十九日葬于其里鹤游坪。妣，戊戌（嘉靖十七年，1538）三月四日卒，以己亥（嘉靖十八年，1539）二月二十日与考合葬焉。儒臣将请志于乡士夫之贤者，恐文肆而葩声浮于情，翻为吾亲累，因泣血直述吾考妣平生行状，以告夫后之君子。呜呼！吾考贤良方正，完易之德。吾妣贞静幽闲，光简之道。考与妣事吾曾大父母二十余年，能竭其力，有诗表之曰：'吾孙孝顺且勤劳，以礼齐家百事高。'吾牧庵祖有风疾，冯祖母有痰疾。考因学医，遂精其业，吾妣同侍汤药，衣不解带，无寒暑昼夜。呜呼！吾考吾妣事吾两大父母几五十余年，发白而志不衰。至处吾伯叔父母，更怡怡如友爱天，至无毛发间隙，于其间统五十余年，宗族称孝，乡党称弟，是故郡守黄公寿大书'孝友'表其门。而修志者更采取以垂范立教。考于路桥修补殆无虚岁，喜施药，不问人贫富、亲疏，乞即与，愈者竟不言谢，考亦无德色，有宋清氏风。喜埋骨，弘治初，旱疫荐作，道旁死无主者，见辄埋，力不给，则以钱谷，致觅晶掩之，有文正公风。喜钓饮，遇红蓼沙汀，竟日投竿不肯去。遇佳期，辄秉烛高歌。南部主事孙鹭沙诗云：'酒醉沙头不受呼。'郡司谏刘凤山诗云：'酒旗再莫惹东风。'方伯夏松泉挽云：'定知化鹤归华表，千载令人羡羽仪。'其为名流推重盖如此。妣志高而心慈，视富贵宁略之，见鳏寡孤独困急者，辄太息下泣，裹肉盐囊米，日给不暇。奴仆无太过，不打骂，尤注意牧马牛小童，冬补纳针线不释手，病察汤粥，摩头脑，探凉热。噫！吾母之不惮烦庭训，祗诗礼勤俭。儿辈老于场屋，每致行恻，妣却不以色愠，曰：'得不得有命。'似得圣贤传心要法。有和靖母风。是故没之日，郡侯余通崖先生吊云：'曰妇之贤，在相厥夫，夫义且良，贤乃彰乎。曰妇之福，在有厥子，子多咸贵，福斯昌矣。'其为钜公称道盖如此。铭曰：秉彝好德，人心同然。片石千载，见者贤贤。见之既贤，尚能毁焉。"明嘉靖二十七年（1548）《明阶奉直大夫云南晋宁州刺史张公墓志铭》（垫江县文管所藏。1992 年 5 月垫江县白家乡永平村出土，墓志铭 91cm×69cm，有盖，残长 76cm×79cm；1998 年 7 月征集入馆，胡昌健《巴蜀史地与文物研究》，光明日报出版社，2013 年，第 401 页）云：赐进士出身北户部尚书郡人松泉夏邦谟撰／赐进士出身南户部员外郎郡人冠山夏国孝书赐进士出身浙江右参议郡人少嵋谭棨篆／公讳模，字汝立，别号月溪。公子正臣与余子棐为姻家，余官南部时，闻公讣，流涕长太息者屡日，既为诗以挽之，今公子复具状遣人走京师乞铭于余，余仰而叹曰：余于公契交，且通家，其何辞？谨按公先世本楚应山人，始祖讳寿一，元季徙蜀，遂籍于涪之黑石里，家焉。曾大父讳德昱，生大父云庵君讳玄，正统辛酉亚元，任济南教授，配唐氏，生牧庵君讳善吉，丙戌进士，兵科都给事中。娶冯氏、武氏，生子三，冯氏生子三，曰柱，壬戌进士，户部主事；次格，未仕；次楫，楚府教授。武氏生子三：曰模，即公；曰檀，为都事；曰榜，郡庠生。公生而颖异，人品甚高，德器恢弘，而眉宇间多润泽，睟和之色，慷慨豪迈，通晓音律，其殆曲有误，周郎顾者耶？年十五，牧庵君遣就郡庠，为弟子员，师解惑不烦，再即了悟。／十九失怙，恃独持家务，兄弟同居有公。艺风诗赋，文章秀丽雄壮，以《易》领正德己卯科乡举。抱璞四上春官，竟不遇识者。乃入选为当阳令，为政以宽为本，而出之以严，邑人母爱，而师畏之。贤声上闻，当道叠加奖励，嘉靖己亥春，圣驾南幸，承天当道，谓公有大略，特委营办御善［膳］使，时论谓事莫有大且艰于此辙，咸吊之，公徐徐曰：吾尽吾心焉耳，祸福非所计也。既而丰俭适宜，甚称上意。是年秋，皇上复南幸，奉梓官葬承天陵，巡抚顾东桥、巡抚朱师斋知公有经济，复委署钟祥事，时百官执事恐甚，有畏威自缢者，有望风逃去者，公独意思安，间指挥谋画，事无巨细缓急，虽旁午于前，而应答如响，一时声誉藉藉，为贤能首称，大被朝廷旌赏，封其生母为孺人，给由北上天官氏，谓公贤劳，升滇南晋宁州守。州远而夷，公单骑携二仆往，临政厉精于初，当道交章荐之，内补有日。不幸，天不假年，一疾弗起，以嘉靖丙午年（二十五年，1546）七月初十日子时卒于州之正衙。公未疾，堂之云版不击忽破，卒之夜，堂之大树忽析为二。噫！无乃刚大之气散而为变，物遇之而俱碎耶？异事也。公枢归蜀，滇士夫如侍御陈表、唐锜、段承恩辈缟素，路祭十里外，儿童父老顶香执绋，拥灵辆，至不得行。夫民心至愚而神公，既殁，人情如此，殆无所为而为者，可以观政矣。公事亲纯孝，兄弟怡怡，居乡恂恂如也。以弘治己酉（二年，1489）五月四日生，享年五十有八。妻刘氏，郡宗伯凌云公之女。继妻李氏，生一子，即正臣，为郡庠生。女二，长适庠生樊玠，次适庠生夏辈。正臣娶杨氏，丰都金宪公子孟琳之女。孙女一，许余孙湛。刘氏先公卒，殡黄溪。今以戊申年（嘉靖二十七年，1548）五月四日合葬于黑石里吴山之阳。铭曰：崔巍高丘，先生其藏。草木畅茂，土润而光。奇峰排闼，凤舞龙翔。神鬼呵护，地久天长。

陈裕[一]，正统辛酉（六年，1441）科。

注释：

[一]陈裕：《同治志·举人》云："陈裕，明正德辛酉科。"《乾隆志·举人》云："陈裕，明正德辛酉科。"《四川通志》第六册第3810页卷一百二十五《选举志四·举人一》云："陈裕，涪州人。正统六年辛酉科。"蓝勇主编《稀见重庆地方文献汇点》（下）第675页云："陈裕，涪州人。正统六年辛酉科。"

冉慧[一]，正统辛酉（六年，1441）科。

注释：

[一]冉惠：《同治志·举人》云："冉惠，明正德辛酉科。"《乾隆志·举人》云："冉惠，明正德辛酉科。"《四川通志》第六册第3810页卷一百二十五《选举志四·举人一》云："冉惠，涪州人。正统六年辛酉科。"蓝勇主编《稀见重庆地方文献汇点》（下）第675页云："冉惠，涪州人。正统六年辛酉科。"

张政^{［一］}，<small>景泰庚午（元年，1450）科。</small>

注释：

［一］张政：《同治志·举人》云："张政，明景泰庚午科。"《乾隆志·举人》云："张政，明景泰庚午科。"蓝勇主编《稀见重庆地方文献汇点》（下）第 675 页云："张政，涪州人。景泰元年庚午科。"

汪汉^{［一］}，<small>景泰庚午（元年，1450）科。</small>

注释：

［一］汪汉：《同治志·举人》云："汪汉，明景泰庚午科。"《乾隆志·举人》云："汪汉，明景泰庚午科。"《四川通志》第六册第 3814 页卷一百二十五《选举志四·举人一》云："汪汉，涪州人。景泰四年癸酉（1453）科。"蓝勇主编《稀见重庆地方文献汇点》（下）第 675 页云："汪汉，涪州人。景泰四年癸酉科。"

王璡^{［一］}，<small>景泰庚午（元年，1450）科。</small>

注释：

［一］王璡：《同治志·举人》云："王璡，明景泰庚午科。"《乾隆志·举人》云："王璡，明景泰庚午科。"《四川通志》第六册第 3814 页卷一百二十五《选举志四·举人一》云："王璡，涪州人。景泰四年癸酉（1453）科。"蓝勇主编《稀见重庆地方文献汇点》（下）第 675 页云："王璡，涪州人。景泰四年癸酉科。"

［刘岌］^{［一］}

注释：

［一］刘岌：本志未有收录刘岌中举情况，据《同治志·举人》记载："刘岌，景泰庚午（元年，1450）科，见甲科。"《乾隆志·举人》云："刘岌，明景泰庚午科。见甲榜。"《四川通志》第六册第 3814 页卷一百二十五《选举志四·举人一》云："刘岌，涪州人。景泰四年癸酉科。"蓝勇主编《稀见重庆地方文献汇点》（下）第 675 页云："刘岌，涪州人。景泰四年癸酉（1453）科。礼部尚书。"涪陵《刘氏宗谱》第 21 页《明朝乡科》作："刘岌，景泰癸酉科。"

［周清］^{［一］}

注释:

［一］周清:本志未有收录周清中举情况,据《同治志·举人》记载:"周清,景泰庚午（元年,1450）科。山东曹县知县。"《乾隆志·举人》云:"周清,明景泰庚午科。"

张经^{［一］},_{景泰癸酉（四年,1453）科。}

注释:

［一］张经:《同治志·举人》云:"张经,明景泰癸酉科。"《乾隆志·举人》云:"张经,明景泰癸酉科。"《四川通志》第六册第3814页卷一百二十五《选举志四·举人一》云:"张经,涪州人。景泰四年癸酉科。"蓝勇主编《稀见重庆地方文献汇点》（下）第675页云:"张经,涪州人。景泰四年癸酉科。"

张环^{［一］},_{景泰丙子（七年,1456）科。}

注释:

［一］张环:《同治志·举人》云:"张环,明景泰丙子科。"《乾隆志·举人》云:"张环,明景泰丙子科。"《四川通志》第六册第3815页卷一百二十五《选举志四·举人一》云:"张环,涪州人。景泰七年丙子科。"蓝勇主编《稀见重庆地方文献汇点》（下）第676页云:"张环,涪州人。景泰七年丙子科。"

蒋彝^{［一］},_{景泰丙子（七年,1456）科。}

注释:

［一］蒋彝:《同治志·举人》云:"蒋彝,明景泰丙子科。"《乾隆志》云:"蒋彝,明景泰丙子科。"《四川通志》第六册第3815页卷一百二十五《选举志四·举人一》云:"蒋彝,涪州人。景泰七年丙子科。"蓝勇主编《稀见重庆地方文献汇点》（下）第676页云:"蒋彝,涪州人。景泰七年丙子科。"

吴敬^{［一］},_{景泰丙子（七年,1456）科。}

注释：

［一］吴敬：《同治志·举人》云："吴敬，明景泰丙子科。"《乾隆志·举人》云："吴敬，明景泰丙子科。"《四川通志》第六册第3815页卷一百二十五《选举志四·举人一》云："吴敬，涪州人。景泰七年丙子科。"蓝勇主编《稀见重庆地方文献汇点》（下）第676页云："吴敬，涪州人。景泰七年丙子科。"

［郭澄］^{［一］}

注释：

［一］郭澄：本志未有收录郭澄中举情况，据《同治志·举人》记载："郭澄，景泰丙子（七年，1456）科。"《乾隆志·举人》云："郭澄，明景泰丙子科。见甲榜。"蓝勇主编《稀见重庆地方文献汇点》（下）第676页云："郭澄，涪州人。景泰七年丙子科。户部郎中。"又第676页云："郭澄，涪州人。天顺三年己卯（1459）科。"记载不一。

石珠^{［一］}，天顺己卯（三年，1459）科。

注释：

［一］石珠：《同治志·举人》云："石珠，明天顺己卯科。"《乾隆志·举人》云："石珠，明天顺己卯科。"《四川通志》第六册第3818页卷一百二十五《选举志四·举人一》云："石珠，涪州人。天顺六年壬午（1462）科。"蓝勇主编《稀见重庆地方文献汇点》（下）第679页云："石珠，涪州人。天顺六年壬午科。"

杨春^{［一］}，天顺己卯（三年，1459）科。

注释：

［一］杨春：《同治志·举人》无载。《乾隆志》云："杨春，明天顺己卯科。"《四川通志》第六册第3818页卷一百二十五《选举志四·举人一》云："杨春，涪州人。天顺六年壬午（1462）科。"蓝勇主编《稀见重庆地方文献汇点》（下）第679页云："杨春，涪州人。天顺六年壬午科。"

刘智懋^{［一］}，天顺己卯（三年，1459）科。

注释：

〔一〕刘智懋：《同治志·举人》无载。《乾隆志·举人》云："刘智懋，明天顺己卯科"。据《同治志》，"刘智懋，长宁县教谕。""诰赠中宪大夫刘志懋墓，在长里凤凰山白里金装岩。"各志存在"智""志"混用的情况。涪陵《刘氏宗谱》第21页《明朝乡科》作"刘志懋，天顺己卯科。"涪陵《刘氏宗谱》第23页《刘氏世次》云：刘志懋，涪陵刘氏第三代，刘信忠之孙，刘文之子。夫人王氏。蓝勇主编《稀见重庆地方文献汇点》（下）第690页云："刘志懋墓，在州治凤凰山。"

周钦〔一〕，天顺壬午（六年，1462）科。

注释：

〔一〕周钦：天顺壬午中举者，本志作周钦，《同治志·举人》作周澳。又景泰庚午（元年，1450）中举者，本志无周钦，《同治志·举人》有周钦。《同治志·举人》云："周澳，明天顺壬午科。"《乾隆志·举人》云："周典，明天顺壬午科。"《四川通志》第六册第3817页卷一百二十五《选举志四·举人一》云："周钦，涪州人。天顺三年（1459）己卯科。"蓝勇主编《稀见重庆地方文献汇点》（下）第679页云："周钦，涪州人。天顺三年己卯科。"据《同治志》云："周钦，字显风，河南开封府同知，广西柳州府知州。"

〔张善吉〕〔一〕

注释：

〔一〕张善吉：本志未有收录张善吉中举情况，据《同治志·举人》记载："张善吉，成化乙酉（元年，1465）科，见甲榜。"《乾隆志·举人》云："张善吉，明天顺乙酉科。见甲榜。"《四川通志》第六册第3819页卷一百二十六《选举志五·举人二》云："张善吉，涪州人。成化元年乙酉科"。蓝勇主编《稀见重庆地方文献汇点》（下）第680页云："张善言，涪州人。成化乙酉科。"关于张善吉的中举时间，《乾隆志》定在天顺乙酉年；《同治志》《四川通志》、蓝勇主编《稀见重庆地方文献汇点》（下）定在成化元年。

〔周昌〕〔一〕

注释:

[一]周昌:《康熙志》未有收录周昌的中举情况,据《同治志·举人》记载:"周昌,成化乙酉(元年,1465年)科。河南武阳县知县。"《乾隆志·举人》云:"周昌,明天顺乙酉科。"蓝勇主编《稀见重庆地方文献汇点》(下)无载。关于周昌的中举时间,《乾隆志》定在天顺乙酉年;《同治志》定在成化元年。

樊芳[一],成化戊子(四年,1468)科。

注释:

[一]樊芳,《同治志·举人》云:"樊芳,明成化戊子科。"《乾隆志·举人》云:"樊芳,明成化戊子科。"《四川通志》第六册第3821页卷一百二十六《选举志五·举人二》云:"樊芳,涪州人。成化四年戊子科。"蓝勇主编《稀见重庆地方文献汇点》(下)第680页云:"樊芳,涪州人。成化四年戊子科。"

陈贯[一],成化戊子(四年,1468)科。

注释:

[一]陈贯:本志未有收录陈贯中举情况,《同治志·举人》云:"陈贯,明成化戊子科。"《乾隆志·举人》云:"陈贯,明成化戊子科。"《四川通志》第六册第3822页卷一百二十六《选举志五·举人二》云:"陈贯,涪州人。成化七年辛卯(1471)科。"蓝勇主编《稀见重庆地方文献汇点》(下)第681页云:"陈贯,长寿人。成化七年辛卯科。"关于陈贯的中举时间,《乾隆志》《同治志》定在成化四年;《四川通志》、蓝勇主编《稀见重庆地方文献汇点》(下)定在成化七年;关于陈贯的籍贯,《乾隆志》《同治志》《四川通志》作涪州;蓝勇主编《稀见重庆地方文献汇点》(下)作长寿。

[陈常][一]

注释:

[一]陈常:本志未有收录陈常中举情况,据《同治志·举人》记载:"陈常,成化戊子(四年,1468)科,见甲榜。山东东昌府同知。"《乾隆志·举人》云:"陈常,明成化戊子科。见甲榜。"蓝勇主编《稀见重庆地方文献汇点》(下)第681页云:"陈常,

长寿人。成化七年辛卯（1471）科。东昌府同知。"关于陈常的中举时间，《乾隆志》《同治志》定在成化三年；蓝勇主编《稀见重庆地方文献汇点》（下）定在成化七年；关于陈贯的籍贯，《乾隆志》《同治志》作涪州；蓝勇主编《稀见重庆地方文献汇点》（下）作长寿。

[钱玉]^[一]

注释：

[一]钱玉：本志未有收录钱玉中举情况，据《同治志·举人》记载："钱玉，成化戊子（四年，1468）科，见甲榜。"《乾隆志·举人》云："钱玉，明成化戊子科。"《四川通志》第六册第3822页卷一百二十六《选举志五·举人二》云："钱玉，涪州人。成化七年辛卯（1471）科。"蓝勇主编《稀见重庆地方文献汇点》（下）第681页云："钱玉，涪州人。成化七年辛卯科。"关于钱玉的中举时间，《乾隆志》《同治志》定在成化三年；《四川通志》、蓝勇主编《稀见重庆地方文献汇点》（下）定在成化七年。

[周相]^[一]

注释：

[一]周相：本志未有收录周相的中举情况，据《同治志·举人》记载："周相，字易英，成化戊子（四年，1468）科。湖广蓋阳县知县。"蓝勇主编《稀见重庆地方文献汇点》（下）无载。

陈本兴^[一]，成化辛卯（七年，1471）科。

注释：

[一]陈本兴：《同治志·举人》云："陈本兴，明成化辛卯科。"《乾隆志·举人》云："陈本兴，明成化辛卯科。"《四川通志》第六册第3824页卷一百二十六《选举志五·举人二》云："陈本兴，涪州人。成化十三年丁酉（1477）科。"蓝勇主编《稀见重庆地方文献汇点》（下）第682页云："陈本兴，涪州人。成化十三年丁酉科。"

[夏有缙]^[一]

注释：

［一］夏友瑨：本志未有收录夏友缙的中举情况，据《同治志·举人》记载："夏友缙，成化辛卯（七年，1471）科。"蓝勇主编《稀见重庆地方文献汇点》（下）无载。

何仲山^{［一］}，成化丁酉（十三年，1477）科，仕武安令。

注释：

［一］何仲山：《同治志》云："何仲山，字敬轩，明成化丁酉科。河南武安县知县，事具《乡贤》，事详《忠烈》。""知县何仲山墓。城西中峰寺镌。""何仲山，给事中刘蒇墓志铭曰：忠孝廉节，儒之大闲也。故见利思义、见危授命，孔子以为成人。临大节而不夺，曾子以为君子。敬轩何公，非其人耶？谨按状：公讳仲山，其先庐江人。自高祖万户侯德明公始以游宦居蜀，曾祖舜卿公、王父清公俱以伯爵袭职，清公致身事君，没于王事。父友亮公以文弱辞荫，乃由贡生任巴东县。生三子，公其仲也。孝友成性，学富才优。成化丁酉举人，选授河南武安县令。爱民如子，宽猛适宜，众口称召杜焉。会邻邑土寇作乱，率众来攻。公仓卒之间，穷于捍御。城陷被执，慷慨誓死，守正不阿。贼亦素重其人，欲生用之，乃缚之高竿，集矢拟之，而公心如铁石，言词愈厉。迫胁终日，卒莫能少夺其志。贼义而释之。凡仓库钱谷俱无少损，且与金三百，委而去之。公义不受污，匮文庙，承尘上。解组之日，乃语其土人，俾取之以修其庙。呜呼！士穷乃见节义。人当读书谈道，莫不激昂慷慨，轩然自命为古之贤人。一旦临小利害，仅如毛发，乃低首下心，婢膝奴颜，颓然丧其所守，甚且有见锱铢而动色者。闻公之风，其亦可以少愧也夫！公之言曰：格致诚正透三关，方为学者忠孝廉节，少一字决不成人。以公之言，考公之行，真言而行之者。孔子之所谓成人，曾子之所谓君子，其在斯乎！司院以闻，乃俞［谕］旨崇祀乡贤。娶戴氏，生一子岑，拔贡生。孙四，长卫，次楚，俱贡生；次秦，次襄。公葬中峰寺，亥山巳向。张大夫柱以状来，余故乐而为之志。铭曰：莫得而生之，亦莫得而死之。呜呼！公也而能如斯。"蓝勇主编《稀见重庆地方文献汇点》（下）［道光］《重庆府志》卷之八《人物志·人物明》第832页云："何仲山，其先庐人。仲山高祖万户侯德明始以游宦家于涪，生舜卿，舜卿生清，俱以伯爵袭职。清没于王事，子友亮以文弱辞荫，由贡生任湖广巴东县。生仲山，成化丁酉举人，授河南武安县令。爱民如子，会邻邑土贼作乱，率众攻城。仲山仓卒被

执，慷慨誓死。贼亦素重其名，缚高竿攒射之，胁使降，终日不能夺其志。贼义而释
之，仓库无少损，且委金三百。仲山悉置文庙栋梁，上解组之日，乃语其市民，俾取
以修学官。既归，犹力学耄而不衰，司院以闻。卒后崇祀乡贤。采刘菔撰《墓志文》。"
蓝勇主编《稀见重庆地方文献汇点》（下）第 682 页云："何仲山，涪州人。成化十三年
丁酉科。"《乾隆志·举人》云："何仲山，字敬轩，明成化丁酉科。"《四川通志》第六
册第 3824 页卷一百二十六《选举志五·举人二》云："何仲山，涪州人。成化十三年丁
酉科。"据《何氏世谱》第 33 页《明勅授文林郎知河南武安县事入名宦崇祀乡贤何公
讳仲山墓志铭》，赐进士出身户部给事中刘菔拜撰，赐进士出身张柱书丹，赐进士出身
东昌府同知陈常篆盖。又参见《刘氏宗谱》第 108-109 页《秋佩公何敬轩先生墓志铭》。
据《何氏世谱》第 100-101 页，何仲山：友亮次子，字敬轩。明勅授文林郎，晋赠中顺
大夫，明成化丁酉科举人。初授河南罗山县教谕，转叶县教谕，充湖广、河南甲子（1504）
丁卯（1507）两次乡试同考官。升河南武安县知县。在官，苞苴不行，人称其廉。正德
六年（1511），土寇刘六等攻县，城破被执，誓死不回。缚公高竿，以矢拟之，公辞愈厉，
贼义之，不加害。正德七年（1512）解组归里，时年七十四，入武安名宦，崇祀涪州乡
贤祠，创修中峰寺，行实详载刘菔"墓志"并《蜀省通志》《涪州志》及《武安县志》。
公生于明正统三年戊午（1438）八月二十七日未时，卒于正德十五年庚辰（1520）五月
初八日酉时，寿八十二岁，葬父友亮墓右，亥山巳向。妣戴氏，明勅封恭人，生于正
统四年己未（1439）冬月初八巳时，卒于正德十四年己卯（1519）十二月十九日戌时，
寿八十。葬鹤游坪文家坝，酉山卯向。生一子岑。《何氏世谱》第 13-14 页收录有《明·仲
山公谱序》，题款为：大明正德八年癸酉岁（1513）冬十月，蜀涪五世（黄帝 135 代）孙，
成化丁酉科举人，历任河南汝宁府罗山县教谕，析川直隶厅叶县教谕，甲子、丁卯湖广、
河南两次乡试同考官，彰德府武安县知县何仲山敬轩氏谨识。

熊琏[一]，成化丁酉（十三年，1477）科。

注释：

[一] 熊琏：《同治志·举人》云："熊琏，明成化丁酉科。"《乾隆志·举人》云："熊
琏，明成化丁酉科。"《四川通志》第六册第 3824 页卷一百二十六《选举志五·举人二》
云："熊琏，涪州人。成化十三年丁酉科。"蓝勇主编《稀见重庆地方文献汇点》（下）

第 682 页云："熊琏，涪州人。成化十三年丁酉科。"

汤志崇^[一]，成化丁酉（十三年，1477）科。

注释：

[一] 汤志崇：《同治志·举人》云："汤志崇，明成化丁酉科。"《乾隆志·举人》云："汤志崇，明成化丁酉科。"蓝勇主编《稀见重庆地方文献汇点》（下）第 682 页云：汤志崇，巴县人。

胡裕^[一]，成化庚子（十六年，1480）科。

注释：

[一] 胡裕：《同治志·举人》云："胡裕，明成化庚子科。"《乾隆志·举人》云："胡裕，明成化庚子科。"《四川通志》第六册第 3825 页卷一百二十六《选举志五·举人二》云："胡裕，涪州人。成化十六年庚子科。"蓝勇主编《稀见重庆地方文献汇点》（下）第 683 页云："胡裕，涪州人。成化十六年庚子科。"

吴蒙^[一]，成化庚子（十六年，1480）科。

注释：

[一] 吴蒙：《同治志》无载。《乾隆志·举人》云："吴蒙，明成化庚子科。"《四川通志》第六册第 3825 页卷一百二十六《选举志五·举人二》云："吴蒙，涪州人。成化十六年庚子科。"蓝勇主编《稀见重庆地方文献汇点》（下）第 683 页云："吴蒙，涪州人。成化十六年庚子科。"参见《刘氏宗谱》第 102-104 页收录《凌云公北岩饯游记》。

[杨孟瑛]^[一]

注释：

[一] 杨孟瑛：《康熙志》未有收录杨孟瑛中举情况，据《同治志·举人》记载："杨孟瑛，成化庚子（十六年，1480）科。"《乾隆志·举人》云：杨孟瑛，明成化庚子科。蓝勇主编《稀见重庆地方文献汇点》（下）无载。按：杨孟瑛，字温甫，丰都人，成化二十三年（1487）进士。父大荣，字崇仁，天顺元年（1457）进士，官江西提刑按察司

佥事（明吴宽《家藏集》卷六十三《墓志铭·江南提刑按察司佥事杨君（大荣）墓志铭》）。有子男六人：孟琦，华阴县丞；孟瑛，刑部主事；孟琳，阴阳训术；孟琼、孟瑶、孟瑜。弘治十五年（1502）杨孟瑛知杭州，疏浚西湖，升顺天府府丞，后再知杭州府。正德五年（1510）返回家乡。杨孟瑛曾创办丰都平山书院，王守仁应邀作《平山书院记》。在杭州，杨孟瑛疏浚西湖，"为文谕民"（明田汝成《西湖游览志余》卷十一《才情雅致》），重现苏轼《洋州园池诗碑》，主持编修《杭州府志》，撰有《修（杭州）府治记》《杭州府城隍庙记》《四贤祠记》《浚复西湖录》等文。因疏浚西湖，杨孟瑛被诬为刘瑾"奸党"，"以物议罢官"被贬为民。弘治九年，杨孟瑛主持修《丰都志》，有《序丰都志目录》（《全蜀艺文志》卷三十、雍正《四川通志》卷四十四《艺文·序》）。杨孟瑛的师友主要有吴宽（请为其父作《江西提刑按察司佥事杨君（大荣）墓志铭》，有《送杨温甫郎中出守杭州》诗）、程敏政（曾为其父作《佥宪杨君（大荣）传》，见于《篁墩文集》卷五十）、王鏊（请为其父作《江西提刑按察司佥事杨君（大荣）墓表》）、金贤（鼎力助杨孟瑛疏浚西湖）、邵宝（请其为作《丰都志序》《杨奇墓志铭》）、谢迁（请其作《杭州府修复西湖碑》）。关于杨孟瑛的研究，参见胡昌健《巴蜀史地与文物研究》（光明日报出版社，2013年）第363-372页《明杭州知府丰都人杨孟瑛事略》、罗以民《杨孟瑛浚复西湖的时间及罢官原因考》（《浙江社会科学》，2007年6期）。

[熊永昌]^[一]

注释：

[一]熊永昌：本志未有收录熊永昌的中举情况，据《同治志·举人》记载，"熊永昌，成化庚子（十六年，1480）科。"《乾隆志·举人》云："熊永昌，明成化庚子科。"蓝勇主编《稀见重庆地方文献汇点》（下）无载。

文献^[一]，_{成化癸卯（十九年，1483）科。}

注释：

[一]文献：《同治志·举人》云："文献，明成化癸卯科。"《乾隆志·举人》云："文献，明成化癸卯科。"《四川通志》第六册第3826页卷一百二十六《选举志五·举人二》云："文献，涪州人。成化十九年癸卯科。"蓝勇主编《稀见重庆地方文献汇点》（下）

第 683 页云："文献，涪州人。成化十九年癸卯科。"参见《刘氏宗谱》第 102–104 页收录《凌云公北岩饯游记》。

［周礼］^{［一］}

注释：

［一］周礼：本志未有收录周礼的中举情况，据《同治志·举人》记载："周礼，字祝风，中顺天榜。茶陵州训导。"蓝勇主编《稀见重庆地方文献汇点》（下）无载。

陈良能^{［一］}，成化丙午（二十二年，1486）科，任知县。

注释：

［一］陈良能：《同治志·举人》云："陈良能，明成化丙午科。"《乾隆志·举人》云："陈良能，明成化丙午科。"《四川通志》第六册第 3826 页卷一百二十六《选举志五·举人二》云："程良能，涪州人。成化十九年癸卯科。"蓝勇主编《稀见重庆地方文献汇点》（下）第 683 页云："程良能，涪州人。成化十九年癸卯（1483）科。"《刘氏宗谱》第 102–104 页收录有《凌云公北岩饯游记》作"陈良能"。诸书记载存在"陈""程"之别。

［夏友红］^{［一］}

注释：

［一］夏友红：本志未有收录夏友红的中举情况，据《同治志·举人》记载："夏友红，成化丙午（二十二年，1486）科。福州府知府。"蓝勇主编《稀见重庆地方文献汇点》（下）无载。

程驯^{［一］}，弘治己酉（二年，1489）科。

注释：

［一］程驯：《同治志·举人》云："程驯，明宏［弘］治己酉科。"《乾隆志·举人》云："程驯，明弘治己酉科。"《四川通志》第六册第 3829 页卷一百二十六《选举志五·举人二》云："程驯，涪州人。宏治五年壬子（1492）科。"蓝勇主编《稀见重庆地方文献汇点》（下）第 684 页云："程驯，涪州人。弘治五年壬子科。"参见《刘氏宗谱》第 102–104 页

收录有《凌云公北岩饯游记》。

[周震]^[一]

注释:

[一]周震:本志未有收录周震中举情况,据《同治志·举人》记载:"周震,必胜长子,弘治己酉(二年,1489)科。"《乾隆志》云:周震,"明弘治己酉科。"蓝勇主编《稀见重庆地方文献汇点》(下)无载。

[黄景新]^[一]

注释:

[一]黄景新:本书未有收录黄景新中举情况,据《同治志·举人》记载:"黄景新,弘治己酉(二年,1489)科,见甲榜。"《乾隆志·举人》云:"黄景星,明弘治己酉科、见甲榜。"各书记载存在"新""星"混用情况。蓝勇主编《稀见重庆地方文献汇点》(下)无载。

[周冕]^[一]

注释:

[一]周冕:本志未有收录周冕中举情况,据《同治志·举人》记载:"周冕,字元甫,寄籍湖广,弘治己酉(二年,1489)科。"蓝勇主编《稀见重庆地方文献汇点》(下)无载。

[夏彦英]^[一]

注释:

[一]夏彦英:本志未有收录夏彦英中举情况,据《同治志·举人》记载:"夏彦英,弘治壬子(五年,1492)科,见甲榜。"蓝勇主编《稀见重庆地方文献汇点》(下)无载。

[周茂]^[一]

注释:

[一]周茂:本志未有收录周茂中举情况,据《同治志·举人》记载:"周茂,必胜四子,弘治壬子(五年,1492)科。"蓝勇主编《稀见重庆地方文献汇点》(下)无载。

胡廷实^[一]，弘治乙卯（八年，1495）科。

注释：

[一] 胡廷实：《同治志·举人》云："胡廷实，明宏［弘］治乙卯科。"《乾隆志·举人》云："胡廷实，明弘治乙卯科。"《四川通志》第六册第 3828 页卷一百二十六《选举志五·举人二》云："胡廷实，涪州人。宏［弘］治二年己酉科。"蓝勇主编《稀见重庆地方文献汇点》（下）第 684 页云："胡廷实，涪州人。弘治二年己酉科。"参见《刘氏宗谱》第 102-104 页收录《凌云公北岩饯游记》。

［任寅］^[一]

注释：

[一] 任寅：本志未有收录任寅中举情况，据《同治志·举人》记载："任寅，弘治乙卯（八年，1495）科。"《乾隆志·举人》云："任寅，明宏［弘］治乙卯科。"《四川通志》第六册第 3829 页卷一百二十六《选举志五·举人二》云："任寅，涪州人。宏［弘］治五年壬子（1492）科。"蓝勇主编《稀见重庆地方文献汇点》（下）第 684 页云："任寅，涪州人。弘治五年壬子科。"

［梁珠］^[一]

注释：

[一] 梁珠：本志未有收录梁珠中举情况，据《同治志·举人》记载："梁珠，弘治乙卯（八年，1495）科。"《乾隆志·举人》云："梁珠，明弘治乙卯科。"《四川通志》第六册第 3829 页卷一百二十六《选举志五·举人二》云："梁珠，涪州人。宏［弘］治五年壬子（1492）科。"蓝勇主编《稀见重庆地方文献汇点》（下）第 684 页云："梁珠，涪州人。弘治五年壬子科。"

［张柱］^[一]

注释：

[一] 张柱：本志未有收录张柱中举情况，据《同治志·举人》记载："张柱，弘治乙卯（八年，1495）科，见甲榜。"《乾隆志·举人》云："张柱，明弘治乙卯科。见甲榜。"

《四川通志》第六册第 3829 页卷一百二十六《选举志五·举人二》云："张柱，涪州人。宏［弘］治五年壬子（1492）科。"蓝勇主编《稀见重庆地方文献汇点》（下）第 684 页云："张柱，涪州人。弘治五年壬子科。"

［刘蒉］[一]
注释：
［一］刘蒉：本志未有收录刘蒉的中举情况，据《同治志·举人》记载："刘蒉，弘治戊午（十一年，1498）科，见甲榜。"《乾隆志·举人》云："刘蒉，明弘治戊午科。"《四川通志》第六册第 3831 页卷一百二十六《选举志五·举人二》云："刘蒉，涪州人。宏［弘］治十一年戊午科。"蓝勇主编《稀见重庆地方文献汇点》（下）第 685 页云："刘蒉，涪州人。弘治十一年戊午科。"

［夏邦谟］[一]
注释：
［一］夏邦谟：本志未有收录夏邦谟中举情况，据《同治志·举人》记载："夏邦谟，弘治甲子（十七年，1504）科。见甲榜。"《四川通志》第六册第 3833 页卷一百二十六《选举志五·举人二》云："夏邦谟，涪州人。宏［弘］治十七年甲子科。"蓝勇主编《稀见重庆地方文献汇点》（下）第 686 页云："夏邦谟，涪州人。弘治甲子科。"

［周谦］[一]
注释：
［一］周谦：本志未有收录周谦的中举情况，据《同治志·举人》记载："周谦，必胜次子。弘治甲子（十七年，1504）科。"蓝勇主编《稀见重庆地方文献汇点》（下）第 686 页无载。

方斗 [一]，正德甲子（十七年，1504）科。
注释：
［一］方斗：《同治志·举人》云："方斗，正德丁卯（二年，1507）科。"《乾隆志·举人》云：方斗，明正德甲子科。《四川通志》第六册第 3835 页卷一百二十六《选举志

五·举人二》云："方斗，涪州人。正德五年庚午（1510）科。"蓝勇主编《稀见重庆地方文献汇点》（下）第 687 页云："方斗，涪州人。正德五年庚午科。"

刘用良^[一]，正德甲子（十七年，1504）科。

注释：

［一］刘用良：《同治志·举人》云："刘用良，明正德甲子科。"《乾隆志·举人》云："刘用良，明正德甲子科。"涪陵《刘氏宗谱》第 21 页《明朝乡科》作"刘用良，正德甲子科。"《四川通志》第六册第 3835 页卷一百二十六《选举志五·举人二》云："刘用良，涪州人。正德五年庚午（1510）科。"蓝勇主编《稀见重庆地方文献汇点》（下）第 687 页云："刘用良，涪州人。正德五年庚午科。"刘用良，白鹤梁题名人。见于明正德庚午年《联句和黄寿诗》。是年，与张璹、刘寔、文行、文羽夏、蒋建辰、吴崇夔、张儒臣联句和涪州太守黄寿诗。黄寿原诗是："时平鸾凤见，石没亦是丰。时平鸥鹆见，石出亦是凶。丰凶良有自，奚关水石踪。节用爱人心，胡为有不同。"和诗情况是："鱼出不节用（张璹），年丰难为丰（刘用良）。鱼没知节用（文行），年凶未必凶（文羽夏）。造化存乎人（蒋建辰），丰凶岂无踪（刘寔）。神官俭且廉（吴崇夔），小子心当同（张儒臣）。"

潘利用^[一]，正德癸酉（八年，1513）科。

注释：

［一］潘利用：《同治志·举人》云："潘利用，明正德癸酉科。"《乾隆志·举人》云："潘利用，明正德癸酉科。"《四川通志》第六册第 3834 页卷一百二十六《选举志五·举人二》云："潘利用，涪州人。正德二年丁卯（1507）科。"蓝勇主编《稀见重庆地方文献汇点》（下）第 686 页云："潘利用，涪州人。正德二年丁卯科。"

［黄景夔］^[一]

注释：

［一］黄景夔：本志未有收录黄景夔的中举情况，据《同治志·举人》记载："黄景夔，正德庚午（五年，1510）科，见甲榜。"《乾隆志·举人》云："黄景夔，明正德癸酉（八年，1513）科。见甲榜。"《四川通志》第六册第 3834 页卷一百二十六《选举志五·举人二》

云："黄景夔，丰都人。正德二年丁卯（1507）科。"蓝勇主编《稀见重庆地方文献汇点》（下）第 686 页无载。关于黄景夔的中举时间，《乾隆志》定在正德八年；《同治志》定在正德五年；《四川通志》定在正德二年。

张佑[一]，正德丙子（十一年，1516）科。

注释：

[一]张佑：《同治志·举人》云："张佑，明正德丙子科。"《乾隆志·举人》云："张佑，明正德丙子科。"《四川通志》第六册第 3838 页卷一百二十六《选举志五·举人二》云："张佑，涪州人。正德十四年己卯（1519）科。"蓝勇主编《稀见重庆地方文献汇点》（下）第 688 页云："张佑，涪州人。正德十四年己卯科。"

张模[一]，正德丙子（十一年，1516）科，湖广京山知县。

注释：

[一]张模：《同治志·举人》云："张模，正德己卯科。"《乾隆志·举人》云："张模，明正德丙子科。"蓝勇主编《稀见重庆地方文献汇点》（下）第 688 页云："张谟，涪州人。正德十四年己卯（1519）科。京山知县。"

[夏国孝][一]

注释：

[一]夏国孝：本志未有收录夏国孝的中举情况，据《同治志·举人》记载："夏国孝，嘉靖壬子（三十一年，1552）科，见甲榜。"《乾隆志·举人》云："夏国孝，明嘉靖壬午（1522）科。见甲榜。"《四川通志》第六册第 3839 页卷一百二十六《选举志五·举人二》云："夏国孝，涪州人。嘉靖元年壬午科。"蓝勇主编《稀见重庆地方文献汇点》（下）第 688 页云："夏国孝，涪州人。嘉靖元年壬午科（年）科。"关于夏国孝的中举时间，《同治志》定在嘉靖三十一年；《乾隆志》《四川通志》、蓝勇主编《稀见重庆地方文献汇点》（下）定在嘉靖元年。

徐凤[一]，嘉靖乙酉（四年，1525）科。

注释：

[一]徐凤：《同治志·举人》云："徐凤，明嘉靖乙酉科。"《乾隆志·举人》云："徐凤，明嘉靖乙酉科。"《四川通志》第六册第 3844 页卷一百二十六《选举志五·举人二》云："徐凤，涪州人。嘉靖十年辛卯科。"蓝勇主编《稀见重庆地方文献汇点》（下）第 688 页云："徐凤，涪州人。嘉靖十年辛卯（1531）科。"

[夏国瞻][一]

注释：

[一]夏国瞻：本志未有收录夏国瞻的中举情况，据《同治志·举人》记载："夏国瞻，嘉靖乙酉（四年，1525）科。"蓝勇主编《稀见重庆地方文献汇点》（下）无载。

刘承武[一]，嘉靖辛卯（十年，1531）科。

注释：

[一]刘承武：《同治志》云："刘承武，明嘉靖辛卯科。""刘承武，任云南寻甸府别驾，升广西柳州府同知，事具《乡贤》。""刘承武，云南寻甸别驾，升广西柳州府同知。甫之任，奉檄署府事。时粤中岁歉，民多流离。公借支仓谷库银，赈饥救济，活十余万人。上宪责以未经题请，勒令速偿。越明年，岁稔。凡受公惠者皆踊跃，输谷还官。惟银库不足，公捐廉俸，鬻产偿之。崇祀柳州名宦祠。""同知刘承武墓。长里桐梓沟。"《乾隆志·举人》云："刘承武，明嘉靖辛卯科。"蓝勇主编《稀见重庆地方文献汇点》（下）第 690 页云："刘承武墓，在州治桐梓沟，官同知。"涪陵《刘氏宗谱》第 21 页《明朝乡科》作"刘承武，嘉靖辛卯科，柳州司马。"涪陵《刘氏宗谱》第 23 页《刘氏世次》作："刘承武，字竹峰。涪陵刘氏第五代，高祖刘信忠，曾祖刘文，祖刘志懋，祖母王氏，父刘菠，母沈氏，夫人黄氏、张氏。"第 51-53 页云："五世祖讳承武，号竹峰，秋佩公之子，嘉靖辛卯科第十一名举人，初任云南寻甸府别驾，升广西柳州府司马，甫之任，值刺史员缺，奉檄署府事。时粤中岁歉，民皆转徙流离，公借支仓谷库银赈救民饥，所活十万余人。当道责以未经题请，令公速偿。明年，岁稔，凡远迩之受公惠者，皆踊跃输谷还官，惟库银犹有不足，公捐俸陪偿，仍遣人回涪，鬻所有庄田补焉。崇祀名宦。墓在麻堆上坝桐梓沟。祖妣黄氏，诰封恭人，墓在桐梓沟竹峰公墓侧。祖妣

张氏，诰封恭人，墓在罗回坝。兄讳步武，嘉靖己酉科举人，湖广宜城知县。"

陈宗尧^[一]，<small>嘉靖丁酉（十六年，1537）科。</small>

注释：

[一] 陈宗尧：《同治志·举人》云："陈宗尧，明嘉靖丁酉科。"《乾隆志·举人》云："陈宗尧，明嘉靖丁酉科。"蓝勇主编《稀见重庆地方文献汇点》（下）第 689 页云："程宗尧，涪州人。嘉靖丁酉科。"《四川通志》第六册第 3846 页卷一百二十六《选举志五·举人二》云："程宗尧，涪州人。嘉靖十六年丁酉科。"关于其姓氏，本志、《乾隆志》《同治志》作"陈"姓；《四川通志》、蓝勇主编《稀见重庆地方文献汇点》（下）定在作"程"姓。

张挻^[一]，<small>嘉靖丁酉（十六年，1537）科。</small>

注释：

[一] 张挻：《乾隆志·举人》云："张挻，明嘉靖丁酉科。"《四川通志》第六册第 3846 页卷一百二十六《选举志五·举人二》云："张挻，涪州人。嘉靖十六年丁酉科。"蓝勇主编《稀见重庆地方文献汇点》（下）第 689 页云："张挻，涪州人。嘉靖丁酉科。"

[谭棨]^[一]

注释：

[一] 谭棨：本志未有收录谭棨中举情况，据《同治志·举人》记载："谭棨，嘉靖丁酉（十六年，1537 年）科，见甲榜。"《乾隆志·举人》云："谭棨，明嘉靖丁酉科。"《四川通志》第六册第 3846 页卷一百二十六《选举志五·举人二》云："谭棨，涪州人。嘉靖十六年丁酉科。"蓝勇主编《稀见重庆地方文献汇点》（下）第 689 页云："谭棨，涪州人。嘉靖丁酉科。"

[何汝章]^[一]

注释：

[一] 何汝章：本志未有收录何汝章中举情况，据《同治志·举人》记载："何汝章，嘉靖丁酉（十六年，1537 年）科。"《四川通志》第六册第 3846 页卷一百二十六《选举

志五·举人二》云："何汝章，涪州人。嘉靖十六年丁酉科。"蓝勇主编《稀见重庆地方文献汇点》（下）第 689 页云："何汝章，涪州人。嘉靖丁酉科。"

夏子云[一]，嘉靖庚子（十九年，1540）科。

注释：

[一] 夏子云：《同治志》云："夏子云，明嘉靖庚午科。"《乾隆志·举人》云："夏子云，明嘉靖庚午科。"《四川通志》第六册第 3848 页卷一百二十六《选举志五·举人二》："夏子云，涪州人。嘉靖十九年庚子科。"蓝勇主编《稀见重庆地方文献汇点》（下）第 690 页云："夏子云，涪州人。嘉靖十九年庚子科。"第 933 页云："《少素文集》，夏子云撰。涪州人，嘉靖举人，仕至衡州府同知。"

毛自修[一]，嘉靖庚子（十九年，1540）科。

注释：

[一] 毛自修：《同治志·举人》云："毛自修，明嘉靖庚午科。"《乾隆志》云："毛自修，明嘉靖庚午科。"《四川通志》第六册第 3848 页卷一百二十六《选举志五·举人二》云："毛自修，涪州人。嘉靖十九年庚子科。"蓝勇主编《稀见重庆地方文献汇点》（下）第 690 页云："毛自修：涪州人。嘉靖十九年庚子科。"

张信臣[一]，嘉靖庚子（十九年，1540）科。

注释：

[一] 张信臣：《同治志·举人》云："张信臣，明嘉靖庚午科。"《乾隆志》云："张信臣，明嘉靖庚午科。"《四川通志》第六册第 3848 页卷一百二十六《选举志五·举人二》云："张信臣，涪州人。嘉靖十九年庚子科。"蓝勇主编《稀见重庆地方文献汇点》（下）第 690 页云："张信臣：涪州人。嘉靖十九年庚子科。"

罗文灿[一]，嘉靖癸卯（二十二年，1543）科。

注释：

[一] 罗文灿：《同治志·举人》云："罗文灿，明嘉靖癸卯科。"《乾隆志·举人》云：

"罗文灿，明嘉靖癸卯科。"《四川通志》第六册第 3849 页卷一百二十七《选举志六·举人三》云："罗文灿，涪州人。嘉靖二十二年癸卯科。"蓝勇主编《稀见重庆地方文献汇点》（下）第 690 页云："罗文灿，涪州人。嘉靖二十二年癸卯科。"

蒋三近[一]，嘉靖丙午（二十五年，1546）科。

注释：

[一] 蒋三近：《同治志·举人》云："蒋三近，明嘉靖丙午科。"《乾隆志·举人》云："蒋三近，明嘉靖丙午科。"《四川通志》第六册第 3850 页卷一百二十七《选举志六·举人三》云："蒋三近，涪州人。嘉靖二十五年丙午科。"蓝勇主编《稀见重庆地方文献汇点》（下）第 691 页云："蒋三近，涪州人。嘉靖二十五年丙午科。"

钱节[一]，嘉靖丙午（二十五年，1546）科。

注释：

[一] 钱节：《同治志·举人》云："钱节，明嘉靖丙午科。"《乾隆志》云："钱玉（笔者注：当为钱节），明嘉靖丙午科。"《四川通志》第六册第 3850 页卷一百二十七《选举志六·举人三》云："钱节，涪州人。嘉靖二十五年丙午科。"蓝勇主编《稀见重庆地方文献汇点》（下）第 691 页云："钱节，涪州人。嘉靖二十五年丙午科。"

[夏可清][一]

注释：

[一] 夏可清：本志未有收录夏可清中举情况，据《同治志·举人》记载："夏可清，嘉靖己酉（二十八年，1549）科。广东惠来县知县。"《乾隆志·举人》云："夏可清，明嘉靖己酉科。"蓝勇主编《稀见重庆地方文献汇点》（下）无载。

[谭臬][一]

注释：

[一] 谭臬：本志未有收录谭臬的中举情况，据《同治志·举人》记载："谭臬，嘉靖己酉（二十八年，1549）科，见甲榜。"《乾隆志·举人》云："谭臬，明嘉靖己酉科。

见甲榜。"《四川通志》第六册第 3851 页卷一百二十七《选举志六·举人三》云："谭臬，涪州人。嘉靖二十八年己酉科。"蓝勇主编《稀见重庆地方文献汇点》（下）第 691 页云："谭臬，涪州人。嘉靖二十八年己酉科。"

［周汝德］[一]

注释：

［一］周汝德：本志未有收录周汝德的中举情况，据《同治志·举人》记载："周汝德，嘉靖壬子（三十一年，1552）科，见甲榜。"不过，在《同治志》中，进士中举名单并没有周汝德。蓝勇主编《稀见重庆地方文献汇点》（下）无载。据《同治志》，周汝德，字特昭。任刑曹，恤刑。两浙、贵州兵备签使，守凤阳，整饬云贵务。

张建道[一]，嘉靖乙卯（三十四年，1555）科，任湖广靖州知州。

注释：

［一］张建道：《同治志·举人》云："张建道，明嘉靖乙卯科。湖广靖州知州。"靖州知州。第 690 页云：张建道墓，在州治。官知州。《乾隆志·举人》云："张建道，明嘉靖乙卯科。"《四川通志》第六册第 3852 页卷一百二十七《选举志六·举人三》云："张建道，涪州人。嘉靖三十四年乙卯科。"蓝勇主编《稀见重庆地方文献汇点》（下）第 692 页云："张建道，涪州人。嘉靖三十四年乙卯科。"

朱之桓[一]，嘉靖乙卯（三十四年，1555）科。

注释：

［一］朱之桓：《同治志·举人》云："朱之桓，明嘉靖乙卯科。"《乾隆志·举人》云："朱之桓，明嘉靖乙卯科。"《四川通志》第六册第 3852 页卷一百二十七《选举志六·举人三》云："朱之垣，涪州人。嘉靖三十四年乙卯科。"蓝勇主编《稀见重庆地方文献汇点》（下）第 692 页云："朱之垣，涪州人。嘉靖三十四年乙卯科。""桓"，本志、《乾隆志》《同治志》作"桓"；《四川通志》、蓝勇主编《稀见重庆地方文献汇点》（下）作"垣"。

［黎元］[一]

注释:

[一]黎元:本志未有收录黎元的中举情况,据《同治志·举人》记载:"黎元,嘉靖乙卯(三十四年,1555)科,见甲榜。"《乾隆志》云:"黎元,明嘉靖乙卯科。见甲榜。"《四川通志》第六册第3851页卷一百二十七《选举志六·举人三》云:"黎元,涪州人。嘉靖三十一年壬子(1552)科。"蓝勇主编《稀见重庆地方文献汇点》(下)第692页云:"黎元,涪州人。嘉靖三十一年壬子科。"有《重修水府祠碑记》,收录于李世权《石刻涪州》第234页、《李渡镇志》第288-289页。有《知县万公生祠记》,收录于《重修丰都县志》卷十一。《重修水府祠碑记》云:"郡五龙镇,层峦列秀,笔削奇峰;锦水缠清,文章荡漾;盈宇宙间怀珍丛集者,东西南北皆在焉,亦东川形胜擅一方之雄者也。江左有水府灵祠,创之从来远矣。然经回禄变,置毁频频。夫以神灵显赫,岂不恤此一方民,而顾忍民之焚伤哉!盖天理人心,幽明一致,祥善殃恶,权之所司。镇之民间机械变诈者,得罪于天,为神厌恶,故假此示谴于庙貌,不恤也。然惟灵在天,何不昭应?初不系于祠也。不然兵戈蔽野,卫士卒于锋镝之余;巨浪排空,妥舟汛于倾覆之际,何若此之速耶?虽不系于祠,而人心之神,发于愚者,自不容泯。同声金曰:尊灵以民之罹罪,宜罚于天,致庙貌若此,而功德之酬瞻畏之所遽容已乎。况缙绅叩谒礼度趋跄,人旅吁祈,往来凑集,所以将诚意者在庙貌也。纵不新,神不责,而吾之敬神者敢可亵耶?是以作之、新之,有今日也。夫惟灵公明鉴,格兹土岁有水旱,默然调燮之;境有盗寇,阴捍御之;江河湖海之涉舸舰者,皆利济之,功德之庇民人者,同天地也。虽举镇家户而香火承祀焉,乌足以报之哉!然功德无穷,报祀不罄,神有常鉴,善可感通,洗涤身心,谨明权量贸易出纳际,不给愚弱,而老稚适市,皆不二无伪焉。则人心何惭对越,而神亦悦觊于此矣。此人之所以敬乎神,而神知所以显乎祠者。不然是祠也,匪所以妥神,实所以慢神也,人之取戾也反多矣,岂建祠悦神之初意哉!敢以此劝之人,故记。"

文羽麟[一],嘉靖戊午(三十七年,1558)科。任陕西知州。

注释:

[一]文羽麟:《同治志》云:"文羽麟,明嘉靖戊午科。""文羽麟,陕西陕州知州,事具《乡贤》。""文羽麟,任陕州知州。历任廉平,居家孝友,养重林泉,公庭绝迹,

以文艺著。子孙多登科第。”"知州文羽麟墓。长里朱砂坪。”《乾隆志·举人》云："文羽麟，明嘉靖戊午科。”《四川通志》第六册第 3853 页卷一百二十七《选举志六·举人三》云："文羽麟，涪州人。嘉靖三十七年戊午科。”蓝勇主编《稀见重庆地方文献汇点》（下）第 692 页云："文羽麟，涪州人。嘉靖三十七年戊午科。陕州知州。”第 834 页云："文羽麟，《涪州志》：涪州人，嘉靖中乡举任陕州知州。历官廉平，居家孝友，尤以文词著。”第 690 页云："文羽麟墓，在州治朱砂坪。官知州。”有《明勅授文林郎恩贡生湖北松滋县知县入名宦崇祀乡贤祠何公讳珩所（楚）妣吴孺人合墓墓志铭》，诰授奉直大夫任陕州知州文羽麟篆盖。

夏子谅^[一]，嘉靖戊午（三十七年，1558）科。

注释：

[一] 夏子谅：《同治志·举人》云："夏子谅，明嘉靖戊午科。安徽安庆府知府。”《乾隆志·举人》云："夏子谅，明嘉靖戊午科。”《四川通志》第六册第 3853 页卷一百二十七《选举志六·举人三》云："夏子谅，涪州人。嘉靖三十七年戊午科。”蓝勇主编《稀见重庆地方文献汇点》（下）第 692 页云："夏子谅，涪州人。嘉靖三十七年戊午科。安庆府知府。”

张箧^[一]，嘉靖戊午（三十七年，1558）科。

注释：

[一] 张箧：《同治志》云："张箧，明嘉靖戊午科。”"张箧，知县，见《乡贤》。”"张箧，嘉靖间举人，俭素刚方。作县令归，布衣林下，课子大业，亦领乡荐。”《乾隆志·举人》云："张箧，明嘉靖戊午科。”《四川通志》第六册第 3854 页卷一百二十七《选举志六·举人三》云："张筐，涪州人。嘉靖四十年辛酉（1561）科。”蓝勇主编《稀见重庆地方文献汇点》（下）第 693 页云："张筐，涪州人。嘉靖四十年辛酉科。知县。”各书记载存在"箧"（本志、《乾隆志》《同治志》）、"筐"（《四川通志》、蓝勇主编《稀见重庆地方文献汇点》）之别。

[徐尚]^[一]

注释：

［一］徐尚：本志未有收录徐尚中举情况，据《同治志·举人》记载："徐尚，嘉靖戊午（三十七年，1558）科。副使道。"《四川通志》第六册第 3853 页卷一百二十七《选举志六·举人三》云："徐尚，涪州人。嘉靖三十七年戊午科。"蓝勇主编《稀见重庆地方文献汇点》（下）第 692 页云："徐尚，涪州人。嘉靖三十七年戊午科。副使。"

［王堂］^{［一］}

注释：

［一］王堂：本志未有收录王堂的中举情况，据《同治志·举人》记载："王堂，嘉靖戊午（三十七年，1558）科，见甲榜。"《乾隆志》云："王堂，明嘉靖戊午科。见甲榜。"《四川通志》第六册第 3853 页卷一百二十七《选举志六·举人三》云："王堂，涪州人。嘉靖三十七年戊午科。"蓝勇主编《稀见重庆地方文献汇点》（下）第 692 页云："王堂，涪州人。嘉靖三十七年戊午科。"

夏可渔^{［一］}，嘉靖辛酉（四十年，1561）科。

注释：

［一］夏可渔：《同治志》云："夏可渔，明嘉靖辛酉科。湖广衡州府同知。""夏可渔，万历中任归化令，有清德。升昆阳州、湖南衡州府同知，民歌之曰：'公来莅止，清慎而勤；公今陟矣，民奚以宁。'立祠祀之。见《云南通志》。"《乾隆志·举人》云："夏可渔，明嘉靖辛酉科。"《四川通志》第六册第 3854 页卷一百二十七《选举志六·举人三》云："夏可渔，涪州人。嘉靖四十年辛酉科。"蓝勇主编《稀见重庆地方文献汇点》（下）第 693 页云："夏可渔，涪州人。嘉靖四十年辛酉科。衡州府同知。"第 842 页云："夏可渔，《云南通志》：涪州举人，万历间任归化知县，有清德。后升昆阳知州，百姓歌之曰：'公来莅止，清慎而勤；公今陟矣，民奚以宁。'祠报德祀。"

汪之东^{［一］}，嘉靖辛酉（四十年，1561）科。

注释：

［一］汪之东：《同治志·举人》云："汪之东，明嘉靖辛酉科。"《乾隆志·举人》云：

"汪之东，明嘉靖辛酉科。"《四川通志》第六册第3854页卷一百二十七《选举志六·举人三》云："汪之东，涪州人。嘉靖四十年辛酉科。"蓝勇主编《稀见重庆地方文献汇点》（下）第693页云："汪之东，涪州人。嘉靖四十年辛酉科。"

［文作］^{［一］}

注释：

［一］文作：本志未有收录文作的中举情况，据《同治志·举人》记载："文作，嘉靖辛酉（四十年，1561）科，见甲榜。"《乾隆志·举人》云："文作，明嘉靖辛酉科。见甲榜。"《四川通志》第六册第3854页卷一百二十七《选举志六·举人三》云："文作，涪州人。嘉靖四十年辛酉科。"蓝勇主编《稀见重庆地方文献汇点》（下）第693页云："文作，涪州人。嘉靖四十年辛酉科。广西布政使。"

朱之蕃^{［一］}，嘉靖甲子（四十三年，1564）科。

注释：

［一］朱之蕃：《同治志·举人》云："朱之蕃，明嘉靖甲子科。"《乾隆志·举人》云："朱之蕃，明嘉靖甲子科。"《四川通志》第六册第3854页卷一百二十七《选举志六·举人三》云："朱之藩，涪州人。嘉靖四十年辛酉（1561）科。"蓝勇主编《稀见重庆地方文献汇点》（下）第693页云："朱之蕃，涪州人。嘉靖四十年辛酉科。"各书记载存在"蕃""藩"之别。本志、《乾隆志》《同治志》、蓝勇主编《稀见重庆地方文献汇点》（下）作"蕃"；《四川通志》作"藩"。

张仕可^{［一］}，嘉靖甲子（四十三年，1564）科。

注释：

［一］张仕可：《同治志·举人》云："张仕可，明嘉靖甲子科。湖广武昌府同知。"《乾隆志·举人》云："张仕可，明嘉靖甲子科。"《四川通志》第六册第3855页卷一百二十七《选举志六·举人三》云："张仕可，涪州人。嘉靖四十三年甲子科。"蓝勇主编《稀见重庆地方文献汇点》（下）第693页云："张仕可，涪州人。嘉靖四十三年甲子科。武昌府同知。"

曾所能^[一]，<small>嘉靖甲子（四十三年，1564）科。任石屏州知州。</small>

注释:

[一] 曾所能:《同治志》云:"曾所能,明嘉靖甲子科。""曾所能,云南石屏知州,事具《乡贤》。""曾所能,云南石屏知州。丰仪倜傥,言语慷慨,惠爱百姓,尽心水利,州人德之。居家以孝友著闻。""知州曾所能墓,在长里曾家坝。"《乾隆志·举人》云:"曾所能,明嘉靖甲子科。"《四川通志》第六册第 3855 页卷一百二十七《选举志六·举人三》云:"曾所能,涪州人。嘉靖四十三年甲子科。"蓝勇主编《稀见重庆地方文献汇点》(下)第 693 页云:"曾所能,涪州人。嘉靖四十三年甲子科。石屏州知州。"第 834页云:"曾所能,《云南通志》:涪州人,万历间任石屏知州。政务恤民,置社仓,修陂塘,民甚利之。旧《通志》:嘉靖中举人,居家著孝友声。"第 690 页云:"曾所能墓,在州治曾家坝。官知州。"有《明勅授孺人何母戴孺人勅授文林郎任陕西白河县教谕升白河县知县何公讳岑字龙泉配妣陈孺人合墓墓志铭》,诰授奉直大夫知云南石屏州事姻晚侄曾所能篆盖。

包能让^[一]，<small>隆庆丁卯（元年，1567）科。</small>

注释:

[一] 包能让:《同治志·举人》云:"包能让,明隆庆丁卯科。"《乾隆志·举人》云:"包能让,明隆庆丁卯科。"《四川通志》第六册第 3855 页卷一百二十七《选举志六·举人三》云:"包能让,涪州人。隆庆元年丁卯科。"蓝勇主编《稀见重庆地方文献汇点》(下)第 694 页云:"包能让,涪州人。隆庆元年丁卯科。"

张武臣^[一]，<small>嘉靖丙子科</small>^[二]。<small>任思州府推官。</small>

注释:

[一] 张武臣:《同治志·举人》云:"张武臣,明隆庆丁卯(元年,1567)科。贵州思州府推官。"《乾隆志·举人》云:"张武臣,明隆庆丁卯科。"蓝勇主编《稀见重庆地方文献汇点》(下)无载。

[二] 关于张武臣的中举时间,《康熙志》定在嘉靖丙子,查《辞海·中国历史纪年表》,嘉靖无丙子,有丙戌(五年,1526)、丙申(十五年,1536)、丙午(二十五年,

1546）、丙辰（三十五年，1556）、丙寅（四十五年，1566），丙子年在万历四年（1576）；《同治志》定在隆庆元年。

张建功^[一]，隆庆庚午（四年，1570）科。任元江县知县。

注释：

［一］张建功：《同治志·举人》云："张建功，明隆庆庚午科。"《乾隆志·举人》云："张建功，明隆庆庚午科。"蓝勇主编《稀见重庆地方文献汇点》（下）无载。

邓明选^[一]，隆庆丁卯（元年，1567）科。

注释：

［一］邓明选：《同治志·举人》云："邓明选，明隆庆丁卯科。"《乾隆志·举人》云："邓明选，明隆庆丁卯科。"蓝勇主编《稀见重庆地方文献汇点》（下）无载。

冉维藩^[一]，隆庆庚午（四年，1570）科。

注释：

［一］冉维藩：《同治志·举人》云："冉维藩，明隆庆庚午科。"《乾隆志·举人》云："冉维藩，明隆庆庚午科。"《四川通志》第六册第3857页卷一百二十七《选举志六·举人三》云："冉维藩。隆庆四年庚午科。"蓝勇主编《稀见重庆地方文献汇点》（下）第694页云："冉维藩，涪州人。隆庆四年庚午科。知府。"

林起凤^[一]，隆庆庚午（四年，1570）科。

注释：

［一］林起凤：《同治志·举人》云："林起凤，明隆庆庚午科。"《乾隆志》云："林起凤，明隆庆庚午科。"蓝勇主编《稀见重庆地方文献汇点》（下）无载。

陈光宇^[一]，隆庆庚午（四年，1570）科。

注释：

［一］陈光宇：《同治志·举人》云："陈光宇，明隆庆庚午科。"《乾隆志》云："陈

光宇，明隆庆庚午科。"《四川通志》第六册第 3857 页卷一百二十七《选举志六·举人三》云："陈光宇，涪州人。隆庆四年庚午科。"蓝勇主编《稀见重庆地方文献汇点》（下）第 694 页云："陈光宇，涪州人。隆庆四年庚午科。"

沈宪[一]，隆庆庚午（四年，1570）科。

注释：

[一] 沈宪：《同治志·举人》云："沈宪，明隆庆庚午科。"《乾隆志·举人》云："沈宪，明隆庆庚午科。"《四川通志》第六册第 3857 页卷一百二十七《选举志六·举人三》云："沈宪，涪州人。隆庆四年庚午科。"蓝勇主编《稀见重庆地方文献汇点》（下）第 694 页云："沈宪，涪州人。隆庆四年庚午科。"

赵之垣[一]，隆庆庚午（四年，1570）科。

注释：

[一] 赵之垣："之"，《同治志》作"芝"。《同治志·举人》云："赵芝垣，明隆庆庚午科。"蓝勇主编《稀见重庆地方文献汇点》（下）第 694 页无赵之垣，有朱之垣，云："朱之垣，巴县人，赵州知州。"

[刘养充][一]

注释：

[一] 刘养充：本志未有收录刘养充的中举情况，据《同治志》记载："刘养充，隆庆庚午（四年，1570）科，见甲榜。""刘养充，由进士官御史，大差贵筑。时土司构乱，以巨万贿送私室，充悉绝之。转临巩兵备，筑长城百里。衣惟布素，边饷丝毫无所减。边人感其廉肃，款附最众。竟以积劳卒于边，余图书数箧而已。卒时途悲巷哭，虽氍毹之伦亦通使致吊。""刘养充，广东道监察御史，事具《乡贤》。""御史刘养充墓。白里螺回坝。"《乾隆志·举人》云："刘养充，明隆庆庚午科。见甲榜。"《四川通志》第六册第 3857 页卷一百二十七《选举志六·举人三》云："刘养充，涪州人。隆庆四年庚午科"。蓝勇主编《稀见重庆地方文献汇点》（下）第 694 页云："刘养充，涪州人。隆庆四年庚午（1570）科。御史。"第 689 页云："刘养充墓，在州治螺回坝，官御史。"

涪陵《刘氏宗谱》第22页《明朝乡科》作"刘养充，隆庆庚午科。"第23页《刘氏世次》云："刘养充，字怀竹。涪陵刘氏第六代，高祖刘文，曾祖刘志懋，曾祖母王氏，祖蕰，祖母沈氏，父刘承武，母张氏，夫人王氏、冉氏。"

袁国仁[一]，万历癸酉（元年，1573）科。
注释：
[一]袁国仁：《同治志·举人》云："袁国仁，明万历癸酉科。"《乾隆志·举人》云："袁国仁，明万历癸酉科。"《四川通志》第六册第3858页卷一百二十七《选举志六·举人三》云："袁国仁，涪州人。万历元年癸酉科。"蓝勇主编《稀见重庆地方文献汇点》（下）第694页云："袁国仁，涪州人。万历元年癸酉科。"

［文德］[一]
注释：
[一]文德：本志未有收录文德的中举情况，据《同治志·举人》记载："文德，万历癸酉（元年，1573）科，见甲榜。"《乾隆志·举人》云："文德，明万历癸酉科。见甲榜。"《四川通志》第六册第3858页卷一百二十七《选举志六·举人三》云："文德，涪州人。万历元年癸酉科。"蓝勇主编《稀见重庆地方文献汇点》（下）第694页云："文德，涪州人。万历元年癸酉科。御史。"

王承钦[一]，万历丙子（四年，1576）科。任主事。
注释：
[一]王承钦：《同治志·举人》云："王承钦，明万历丙子科。知府。"《乾隆志·举人》云："王承钦，明万历丙子科。"《四川通志》第六册第3859页卷一百二十七《选举志六·举人三》云："王承钦，涪州人。万历四年丙子科。"蓝勇主编《稀见重庆地方文献汇点》（下）第695页云："王承钦，涪州人。万历四年丙子科。知府。"

［况上进］[一]

注释：

[一]况上进：本志未有收录况上进的中举情况，据《同治志》记载："况上进，万历丙子（四年，1576）科，见甲榜。""况上进，江南道监察御史。""御史况上进墓。白里陶家坝。"《乾隆志·举人》云："况上进，明万历丙子科。见甲榜。"《四川通志》第六册第3859页卷一百二十七《选举志六·举人三》云："况上进，涪州人。万历四年丙子科。"蓝勇主编《稀见重庆地方文献汇点》（下）第695页云："况上进，涪州人。万历四年丙子科。御史。"第689页云："况上达墓，在州治陶家坝。官御史。""达"疑"进"之误。

张同仁[一]，万历己卯（七年，1579）科。

注释：

[一]张同仁：《同治志·举人》云："张同仁，明万历己卯科。"《乾隆志·举人》云："张同仁，明万历己卯科。"《四川通志》第六册第3860页卷一百二十七《选举志六·举人三》云："张同仁，涪州人。万历七年己卯科。"蓝勇主编《稀见重庆地方文献汇点》（下）第695页云："张同仁，涪州人。万历七年己卯科。"

夏可清[一]，万历己卯（七年，1579）科。

注释：

[一]夏可清：《同治志·举人》云："夏可清，明万历己卯科。"《四川通志》第六册第3860页卷一百二十七《选举志六·举人三》云："夏可清，涪州人。万历七年己卯科。"蓝勇主编《稀见重庆地方文献汇点》（下）第695页云："夏可清，涪州人。万历七年己卯科。惠来知县。"

朱之聘[一]，万历己卯（七年，1579）科。

注释：

[一]朱之聘：《同治志·举人》云："朱之聘，明万历己卯科。"《乾隆志·举人》云："朱之聘，明万历己卯科。"《四川通志》第六册第3860页卷一百二十七《选举志六·举人三》云："朱之聘，涪州人。万历七年己卯科。"蓝勇主编《稀见重庆地方文献汇点》

（下）第695页云："朱之聘，涪州人。万历七年己卯科。"

[曹愈参]^{〔一〕}

注释：

〔一〕曹愈参：本志未有收录曹愈参的中举情况，据《同治志》记载："曹愈参，万历己卯（七年，1579）科，见甲榜。"《乾隆志·举人》云："曹愈参，明万历己卯科。见甲榜。"《四川通志》第六册第3860页卷一百二十七《选举志六·举人三》云："曹愈参，涪州人。万历七年己卯科。"蓝勇主编《稀见重庆地方文献汇点》（下）第695页云："曹愈参，涪州人。万历七年己卯科。"

陈直^{〔一〕}，万历壬午（十年，1582）科。任广信府丞。

注释：

〔一〕陈直：《同治志》云："陈直，字鹿皋。陈直，江南广信府同知，事具《乡贤》。""陈直，字鹿皋。性孝友，以祖母赵守节，年八十余，改就仁寿学博，迎养尽欢。后任陕西湄县，民立生祠祀之。擢江西广信府丞，调署永丰。时县民以奉檄开矿受累，十室九空。直不避权贵，力为捍卫，卒除民害。崇祀永丰名宦祠。""陈直，诰授奉政大夫，妻袁氏，封宜人。""同知陈直墓。长里蒯家沟。"《乾隆志·举人》云："陈直，明万历壬午科。见甲榜。"蓝勇主编《稀见重庆地方文献汇点》（下）第696页云："陈直，涪州人。万历壬午科。广信府同知。"第690页云："陈直墓，在州治蒯家沟。官同知。"

刘逊^{〔一〕}，万历壬午（十年，1582）科。

注释：

〔一〕刘逊：《同治志·举人》云："刘逊，明万历壬午科。"《乾隆志·举人》云："刘逊，明万历壬午科。"《四川通志》第六册第3861页卷一百二十七《选举志六·举人三》云："刘逊，涪州人。万历十年壬午科。"蓝勇主编《稀见重庆地方文献汇点》（下）第696页云："刘逊，涪州人。万历壬午科。"涪陵《刘氏宗谱》第22页《明朝乡科》作"刘逊，万历壬午科。"

皮宗诗^[一]，<small>万历壬午（十年，1582）科。</small>

注释：

［一］皮宗诗：《同治志·举人》云："皮宗诗，明万历壬午科。"《乾隆志·举人》云："皮宗诗，明万历壬午科。"《四川通志》第六册第 3861 页卷一百二十七《选举志六·举人三》云："皮宗诗，涪州人。万历十年壬午科。"蓝勇主编《稀见重庆地方文献汇点》（下）第 696 页云："皮宗诗，涪州人。万历壬午科。"

张镕^[一]，<small>万历壬午（十年，1582）科。任苏州府同知。</small>

注释：

［一］张镕：《同治志·举人》云："张镕，明万历壬午科。"《乾隆志·举人》云："张镕，明万历壬午科。"《四川通志》第六册第 3861 页卷一百二十七《选举志六·举人三》云："张镕，涪州人。万历十年壬午科。"蓝勇主编《稀见重庆地方文献汇点》（下）第 696 页云："张镕，涪州人。万历壬午科。苏州府同知。"第 690 页云："张镕墓，在州治鹤游坪胡家桥。官同知。"

［何伟］^[一]

注释：

［一］何伟：本志未有收录何伟中举情况，据《同治志》记载："何伟，万历壬午（十年，1582）科，见甲榜。""何伟，岭东参议，升贵州参政。""何伟，官慈溪令，多善政。慈人请入祀名宦祠。呈内有'贡茶燹绝，魂惊猾吏之奸。海防计周，气詟倭夷之胆'等语。在刑垣时，奉敕恤刑，中州多所全活。分守贵筑，以征苗筹饷功，擢方伯。因母老，乞归。著有《何氏家训》《诗文稿》，待刊。""参政何伟墓，在白里石二丘。"《乾隆志·举人》云："何伟，明万历壬午科。"《四川通志》第六册第 3861 页卷一百二十七《选举志六·举人三》云："何伟，涪州人。万历十年壬午科。见甲榜。"蓝勇主编《稀见重庆地方文献汇点》（下）第 696 页云："何伟，涪州人。万历壬午科。贵州参政。"第 933 页云："《何伟诗文集》无卷数，伟，涪州人，万历进士，官贵州贵筑道。"第 689 页云："何伟墓，在州治石二丘，官参议。"有《明诰授中顺大夫北直大名府知府入名崇祀乡贤何公环斗墓志铭》，赐进士出身贵州参政宗弟何伟书丹。

［张与可］^{〔一〕}

注释：

〔一〕张与可：本志未有收录张与可中举情况，据《同治志·举人》记载："张与可，万历壬午（十年，1582）科，见甲榜。"《乾隆志·举人》云："张与可，明万历壬午科。见甲榜。"《四川通志》第六册第3861页卷一百二十七《选举志六·举人三》云："张与可，涪州人。万历十年壬午科。"蓝勇主编《稀见重庆地方文献汇点》（下）第696页云："张与可，涪州人。万历壬午科。副使。"

［郑明选］^{〔一〕}

注释：

〔一〕郑明选：本志未有收录郑明选中举情况，据《同治志·举人》记载："郑明选，万历乙酉（十三年，1585）科。"《四川通志》第六册第3863页卷一百二十七《选举志六·举人三》云："郑明选，涪州人。万历十三年乙酉科。"蓝勇主编《稀见重庆地方文献汇点》（下）第696页云："郑明选，涪州人。万历十三年乙酉科。"

［夏子婴］^{〔一〕}

注释：

〔一〕夏子婴：本志未有收录夏子婴中举情况，据《同治志·举人》记载："夏子婴，万历乙酉（十三年，1585）科。江南分巡道。"蓝勇主编《稀见重庆地方文献汇点》（下）无载。

何以让^{〔一〕}，万历戊子（十六年，1588）科。任大名府通判。

注释：

〔一〕何以让：《同治志》云："何以让，字环斗，明万历戊子科。""何以让，字环斗，崇祀先贤。知大名时，陈情终养，顷刻不离。亲殁，庐墓三年，当事屡荐，不出。寿七十二，敕建懿孝名儒坊，有《两都赋》行世。载《省志》。"《乾隆志·举人》云："何以让，明万历戊子科。"《四川通志》第六册第3864页卷一百二十七《选举志六·举人三》云："何以让，涪州人。万历十六年戊子科。"蓝勇主编《稀见重庆地方文献汇点》（下）第696页云：

"何以让，涪州人。万历戊子科。大名府通判。"《同治志》收录其《登山岙壁山》一诗，诗云："四山横一碧，彩袖披青沥。静夜水淘淘，晴空声寂寂。扶桑曙色开，极浦月皑皑。征雁穿云去，香风绕翠苔。琼瑶亘紫陌，茅草构新宅。不觉天地宽，浑忘池馆窄。旌悬竹影翻，乐奏鸟声喧。酒带清泉饮，羹和白雪飧。疏林看虎啸，画舫横流钓。触目有鸢鱼，回头堪极眺。归鸦舞夕阳，顾兔吐清光。法界星辰朗，仙家日月长。"知府何以让墓，鹤游坪文家坝。懿孝名儒坊，为孝子何以让建，在学宫右。《何氏世谱》第 103 页，何以让（1551–1623），楚公之子，字环斗。明万历戊子科举人，任彭山县教谕，转武昌县知县，升大名府通判，晋大名府知府。亲病尝粪，纯孝格天，勅建懿孝名儒坊于涪州学宫右，入武昌、大名名宦祠，崇祀乡贤祠，载《涪州志》《涪陵辞典》《中国长江三峡大辞典》及《通省志》。著有《春秋笔记》《九权书》《黄老辨》《岙壁摘词》《两都赋》《答客篇》《归来稿》《五行释劝》《旷怡篇》等八十余卷行世。寿七十二岁。葬涪州鹤游坪石堰口文家坝，酉山卯向。姚曾氏，明嘉靖甲子（1564）科举人石屏州知州曾所能女，诰封恭人。生五子：士俭、士俊、士倬、士修、士任。卒葬涪陵石二坝瘦塝子。《何氏世谱》收录有其《明·以让公谱序》《告养亲疏》《琴台碑记绝句》《读易洞诗》《讽刺联》。附录：《明诰授中顺大夫北直大名府知府入名崇祀乡贤何公环斗墓志铭》："赐进士出身都察院都御史云南巡抚姻愚弟曹愈参拜撰，赐进士出身贵州参政宗弟何伟书丹，云门居士友人蔺希夔篆盖。呜呼！德行学问，文章人品，士君子之不可缺者也。余自束发受书，即思一遇其人，将求其制行之卓卓，清言之娓娓者，以为则而效之。如环斗先生，非即所谓其人也耶！余于先生相交最久，知之最深。其先齐安人，自元季德明公始以宦游居蜀，曾祖敬轩公官武安，凛然大节，崇祀乡贤。王父龙泉公为白河令。其尊人衍所公，幼而尝粪，纯孝性成，长官松滋，贤声啧啧，当路叠荐其人，亦以乡贤崇祀，先生其子也。生而颖异，博极群书，而且至性过人，自得深造，不屑屑以贴括见长。为诸生时即联其室曰：'读圣贤书，不身体力行，真是对牛弹琴；开仁义口，却色取行违，果然面人心兽。'呜呼！是可以知先生矣！万历戊子登贤书，不忍违膝下辍试南宫，任彭山教谕，青毡对雪，班笔生花。当路荐之，转武昌县尹三年，报最卓异循良。先生淡情仕宦，有怀二人，连疏告养，未蒙俞允，先生喟然长叹，每悔初年不宜应举。升北直大名府通判，旋晋大明府知府甫一年，复以终养上告，情辞哀切，恻然动人。甲午春（1594）始获俞告归里，承欢菽水，闭户著书。慷慨施予，前后嫁孤贫之女，厝无子之丧，不下数十人，斑衣八年，辛丑（1601）夏，父母继殁，先生泪皆成血，几不欲生，庐墓三年，行销骨立。刺史刘录其行谊文章列呈上报，各大宪亦交章荐举，叠推起复，先生眷怀毛椒，倍益伤心。因夜月驾孤舟复庐于墓，如守制时，将终身焉，朝夕皆怨，墓户牖尽哀词。司院不忍遽夺其情，乃详具巅末以闻，请旨崇祀名宦乡贤，并敕建懿孝名儒坊，以旌其孝。/呜呼！先生之德行如此，人品如此。至学问文章，则皆载在集中。可覆而按者，后之君子，其将以先生为何如人也耶？先生所著有：《答客篇》《归来稿》《南北两都赋》《乩壁摛词》《九权书》《黄老辨》《五行释劝》《旷怡篇》《春秋笔记》《思亲哀词》；修乩壁山文昌宫、四明亭、白衣、读易两洞、建琴台、开双池，俱编入《蜀志》。卒于天启三年癸亥（1623），享年七十二岁，葬鹤游坪文家坝。酉山卯向。娶曾恭人，石屏州太守曾所能女也。生五子，士俭、士俊、士倬俱庠生。士修、士任俱贡生。呜呼！以先生之德行道义，其酝酿之深厚者，当必有以流泽于无穷，诸子勉之，以无负先生焉，可也。/铭曰：先生之品，如凤如麟；先生之笔，有鬼有神，吾无以状先生，其将进而求于古之贤人。/时大明天启四年（1624）岁次甲子孟冬月立石。”

张大业[一]，万历戊子（十六年，1588）科。

注释：

［一］张大业：《同治志·举人》云："张大业，明万历戊子科。"《乾隆志·举人》云："张大业，明万历戊子科。"《四川通志》第六册第3864页卷一百二十七《选举志六·举人三》云："张大业，涪州人。万历十六年戊子科。"蓝勇主编《稀见重庆地方文献汇点》（下）第696页云："张大业，涪州人。万历戊子科。"

［杨景淳］[一]

注释：

［一］杨景淳：本志未有收录杨景淳中举情况，据《同治志·举人》记载："杨景淳，万历戊子（十六年，1588）科，见甲榜。户部郎中。"《乾隆志·举人》云："杨景淳，明万历戊子科。见甲榜。"蓝勇主编《稀见重庆地方文献汇点》（下）第696页云："杨景淳，涪州人。万历戊子科。"

［陈策］[一]

注释：

[一]陈策：本志未有收录陈策中举情况，据《同治志》记载："陈策，万历戊子（十六年，1588）科。""陈策，云南巨津州知州。"蓝勇主编《稀见重庆地方文献汇点》（下）无载。

［李作舟］[一]

注释：

[一]李作舟：本志未有收录李作舟中举情况，据《同治志·举人》记载："李作舟，万历辛卯（十九年，1591）科。"《四川通志》第六册第3865页卷一百二十七《选举志六·举人三》云："李作舟，涪州人。万历十九年辛卯科。"蓝勇主编《稀见重庆地方文献汇点》（下）第697页云："李作舟，涪州人。万历辛卯科。"

［程羽鹭］[一]

注释：

[一]程羽鹭：本志未有收录程羽鹭中举情况，据《同治志·举人》记载："程羽鹭，万历辛卯（十九年，1591）科。"《四川通志》第六册第3865页卷一百二十七《选举志六·举人三》云："程羽鹭，涪州人。万历十九年辛卯科。"蓝勇主编《稀见重庆地方文献汇点》（下）第697页云："程羽鹭，涪州人。万历辛卯科。"

［董尽伦］[一]

注释：

[一]董尽伦：本志未有收录董尽伦中举情况，据《同治志·举人》记载："董尽伦，万历辛卯（十九年，1591）科。"《四川通志》第六册第3865页卷一百二十七《选举志六·举人三》云："董荩伦，涪州人。万历十九年辛卯科。"蓝勇主编《稀见重庆地方文献汇点》（下）第697页云："董尽伦，合州人，万历辛卯科。巩昌府同知。"诸书记载存在"荩""尽"之别。本志、《同治志》、蓝勇主编《稀见重庆地方文献汇点》（下）作"尽"；《四川通志》作"荩"。

袁鼎[一]，万历丁酉（二十五年，1597）科。

注释:

［一］袁鼎:《同治志·举人》云:"袁鼎,明万历甲午（1594）科。"《乾隆志·举人》云:"袁鼎,明万历丁酉科。"《四川通志》第六册第3866页卷一百二十七《选举志六·举人三》云:袁鼎,涪州人。万历二十二年甲午科。蓝勇主编《稀见重庆地方文献汇点》（下）第698页云:"袁鼎,涪州人。万历二十二年甲午科。"

沈渐学^{［一］},万历丁酉（二十五年,1597）科。

注释:

［一］沈渐学:《同治志·举人》云:"沈渐学,明万历甲午（二十二年,1594）科。"《乾隆志·举人》云:"沈渐学,明万历丁酉科。"《四川通志》第六册第3866页卷一百二十七《选举志六·举人三》云:"沈渐学,涪州人。万历二十二年甲午科。"蓝勇主编《稀见重庆地方文献汇点》（下）第698页云:"沈渐学,涪州人。万历二十二年甲午科。"

刘养栋^{［一］},万历癸卯（三十一年,1603）科。

注释:

［一］刘养栋:《同治志·举人》云:"刘养栋,明万历癸卯科。云南保山县知县。"《乾隆志·举人》云:"刘养栋,明万历癸卯科。"《四川通志》第六册第3869页卷一百二十七《选举志六·举人三》云:"刘养栋,涪州人。万历三十一年癸卯科。"蓝勇主编《稀见重庆地方文献汇点》（下）第699页云:"刘养栋,涪州人。万历三十一年癸卯科。"涪陵《刘氏宗谱》第22页《明朝乡科》作"刘养栋,万历癸卯科。"

文可淳^{［一］},万历丙午（三十四年,1606）科。

注释:

［一］文可淳:《同治志·举人》云:"文可淳,明万历丙午科。"《乾隆志·举人》云:"文可淳,明万历丙午科。"《四川通志》第六册第3869页卷一百二十七《选举志六·举人三》云:"文可淳,涪州人。万历三十一年癸卯（1603）科。"蓝勇主编《稀见重庆地方文献汇点》（下）无载。

陈荩[一]，万历丙午（三十四年，1606）科。

注释：

[一]陈荩：《同治志》云："陈荩，字济宇，明万历丙午科。""陈荩，福建盐运使司，事具《乡贤》。""陈荩，诰授中宪大夫。妻文氏，封恭人。""陈荩，字济宇，致孝次子。历任良乡令，迁江西广信府，至福建运使。居官十五年，廉声卓著。祀广信府名宦祠。""盐运司陈荩墓，长里五马石绿阴［荫］堂。"《乾隆志》云："陈荩，字济宇，明万历丙午科。"《四川通志》第六册第3870页卷一百二十七《选举志六·举人三》云："陈荩，涪州人。万历三十四年丙午科。"蓝勇主编《稀见重庆地方文献汇点》（下）第699页云："陈荩，涪州人。万历三十四年丙午科。"第689页云："陈荩墓，在州治五马石绿阴［荫］。官盐运司。"《同治志》收录《旌陈母赵夫人节孝疏》，文云："崇祯年月，臣祖母赵氏，年二十七岁，称未亡人。相倚为命者，仅臣父致孝弱龄耳。四壁萧条，穷愁备历。竭养寡姑黄氏备至，襄事尽礼，茹荼饮冰，行道为之酸伤矣。乃赋性峻方，虽臣父一脉如线，绝不作妇人怜惜态，出则延师督课，归则纺绩伴咿唔声，丙夜不休。尝以忠义相提撕，起居言动不以纤毫逾越，因渐训及臣、兄弟、诸孙继来。臣父，补增广生，为州庠名儒。臣兄直，举万历十年（1582）乡试。臣举万历三十四年乡试，臣兄直之子计安举天启四年（1624）乡试……余尚居，业未竟，皆出臣父一经传家，夫孰非祖母督诲之力也哉！臣兄直历任郿县、广信府同知，清异声绩，两地可考。臣历任栾城、良乡，冰蘖冲徒，叨蒙今职。溯本追源，则又皆祖母苦节之遗训也。臣父在州庠时，里耆绅士，公举上之。按臣宋仕旌扁其门，即欲奉闻而臣祖母以妇节应尔，且年未及格暂止，嗣后享年八十六岁，守节近六十年，臣自栾城归，且终且殡矣。适臣乡值重庆府兵变，故未敢烦地方官旌节之请也，兹念臣父前受直封郿县知县，臣栾城县之赠例格莫伸，今又恭遇恩诏应加授刑部主事矣。臣父屡受皇恩高厚，莫极不转，思其始为谁，乃致九原之幽德，尚有未阐。井里之观望，久而未惬，此臣之日夜忧思，鳃鳃欲控而又咽咽不敢冒陈者也，伏读恩诏内一款表扬节妇所以扶植纲常，劝励风俗，政之大本，缘有司苦于节坊价难措，遂使幽芳不扬。又云：其子孙自愿捐资造坊者，有司官给以匾额。臣再三庄诵王言，因庆恭逢圣世薮泽，无不耀之幽光，退诹无不宣之神化，臣于此时不一控陈。是臣下负水源之始基，于家既不可为子，上负风励之盛政于朝，亦何以为臣乎。察得御史王拱、主事吴加宾皆为祖母旌节，具疏上请，臣为之乌私实与相同为是，沥陈冒昧具疏上闻。"

夏可雷^[一]，<small>万历己酉科（三十七年，1609）。</small>

注释：

[一] 夏可雷：雷，《乾隆志》《同治志》作"潘"。《同治志·举人》云："夏可潘，明万历己酉科。"《乾隆志·举人》云："夏可潘，明万历己酉科。"蓝勇主编《稀见重庆地方文献汇点》（下）第 699 页云："夏可雷，涪州人。万历三十四年丙午（1604）科。"

朱震宇^[一]，<small>万历己酉科（三十七年，1609）。</small>

注释：

[一] 朱震宇：《同治志·举人》云："朱震宇，明万历己酉科。"《乾隆志》云："朱震宇，明万历己酉科。"蓝勇主编《稀见重庆地方文献汇点》（下）第 700 页云："朱震宇，重庆府人，明万历己酉科。"

文英^[一]，<small>万历戊午（四十六年，1618）科。</small>

注释：

[一] 文英：《同治志》云："文英，万历戊午科。""主事文英墓。长里五里牌。"《四川通志》第六册第 3873 页卷一百二十七《选举志六·举人三》云："文英，涪州人。万历四十六年戊午科。"蓝勇主编《稀见重庆地方文献汇点》（下）第 701 页云："文英，涪州人。万历四十六年戊午科。"

［向鼎］^[一]

注释：

[一] 向鼎：本志未有收录向鼎中举的情况，据《同治志·举人》记载："向鼎，天启辛酉（元年，1621）科，见甲榜。"《四川通志》第六册第 3874 页卷一百二十七《选举志六·举人三》云："向鼎，涪州人。天启元年辛酉科。"蓝勇主编《稀见重庆地方文献汇点》（下）第 701 页云："向鼎，涪州人。天启元年辛酉科。"

刘廷让^[一]，<small>崇祯甲子（四年，1624）科。</small>

注释：

[一]刘廷让：《同治志·举人》云："刘廷让，天启辛酉（元年，1621）科。"《四川通志》第六册第 3874 页卷一百二十七《选举志六·举人三》云："刘廷让，涪州人。天启元年辛酉科。"蓝勇主编《稀见重庆地方文献汇点》（下）第 701 页云："刘廷让，涪州人。天启元年辛酉科。"涪陵《刘氏宗谱》第 22 页《明朝乡科》作"刘廷让，崇祯甲子科。"

陈计安 [一]，崇祯甲子（四年，1624）科。

注释：

[一]陈计安：《同治志·举人》云："陈计安，字君辅。天启四年甲子（1624）科。""陈计安，江西桂溪县知县，甲申（崇祯十七年，1644）殉难京师。""陈计安，崇正[祯]时为刑部主事。自成陷京师，哭曰：臣智不能谋，勇不能战，惟以死报国耳！寻被执，不屈死。"《四川通志》第六册第 3875 页卷一百二十七《选举志六·举人三》云："陈计安，涪州人。天启四年甲子科。"蓝勇主编《稀见重庆地方文献汇点》（下）第 701 页云："陈计安，涪州人。天启四年甲子科。刑部主事。"

刘通 [一]，崇祯丁卯（七年，1627）科。

注释：

[一]刘通：《同治志·举人》云："刘通，天启丁卯（七年，1627）科。"蓝勇主编《稀见重庆地方文献汇点》无载。涪陵《刘氏宗谱》第 22 页《明朝乡科》作"刘通，崇祯丁卯科。"

陈计长 [一]，崇祯丁卯（七年，1627）科。

注释：

[一]陈计长：《同治志》载："陈计长，字三石。天启四年甲子（1624）科。""陈计长，江西松江府同知，升湖南长沙府知府。""陈计长，敕授文德郎。妻夏氏，赠孺人。""陈计长，字三石。学问渊博。官江南松江府同知。解组归，著有《鸣鹤堂六政亿言》，行世。""知府陈计长墓，长里致远桥。"《四川通志》第六册第 3875 页卷一百二十七《选举志六·举人

三》云："陈计长，涪州人。天启四年甲子科。"蓝勇主编《稀见重庆地方文献汇点》（下）第 702 页云："陈计长，涪州人。天启四年甲子科。松江府同知。"第 689 页云："陈计长墓，在州治致远桥。官知府。""陈计长，苊之子。学问渊博，善属文，有经济才。自云间解组归，年已七十。值献贼破蜀，避乱于黔中之婺〔川〕县。时有同年西充李乾德者，巡抚沅中，闻蜀变，怀节间行过婺〔川〕。遇公，知西充已陷，阖家被害。愤结思报，密与公策。公曰：君为朝廷大臣，君父之难，义不可以没。没，我乃老儒生，不能随从军事，而方略不可不预筹也。李不能强同。时曾英、杨展等咸知公名，以书召监军，因年老弗就。随上三劄子，具言破贼事宜，后献贼授首，流孽渐平，公参谋之力为多。"按：陈计长（1599–1677），字三石，明天启七年（1627）举人。官至江西松江府同知，升湖南长沙知府。工诗善书，娴文词。曾为涪州知州良吏黄寿之黄公祠撰写祠记。著有《六政亿言》《鸣鹤堂稿》行世。有不少诗文收入《涪州志》之中。参见《涪陵辞典》第 636 页"陈计长"条、《历代名人与涪陵》第 120 页《明代长沙知府陈计长北岩留诗》。《同治志》收录其《松石书斋记》，文云："种松山，离城二里许。相传尔朱先生种松时，松影映石，石皆有松纹，至今呼松屏石。余雅慕之，建书斋于中，为下帷地八窗，山色一榻，涛声不减，斯立之咏哦，宏景之卧游也。有时月筛碎影，满院绿阴，虽一勺地，何异千顷斋。先辈有言：此地有丹砂、云母奇石，或灿然类黄金，意先生金丹之余也。然非祷于先生，不得佳者。余心祷已久，然所见多不足奇。一日，步林下，忽得一石，非绘非镌一'松'字，镜于石面，拂之不去，岂云液之委地而成文耶？抑玉骨之凌霄而遗蜕也？把玩逾年，竟失所在。余考《丹经》言：古得道至人藏丹名山，非当仙者，辄不见。既见，亦辄变焉，如稽叔夜、葛稚川辈犹不免赍恨以终，而况俗子乎！则知神物之变现，未可测度。而涪陵之改县丹兴，厥有由耳。以余沉酣艺苑，奔走风尘，名心未忘，或非仙翁之所许也，虽日吟卧于此，可幸致耶！第不知先生能许我于异日否。"又《答总督李雨然书》，文云："仁兄书使自嘉陵来，宣布大檄。时平西坝上用事诸人念望仁兄英略，孰敢不听？即弟困踣之余，有距踊三百，亟欲奔走从事，顾论人心于漂流板荡之余，一呼而乌合数万，非经教养之后，不过假操戈挟矢为护身糊口之计，一旦举事而欲众志之成城也。恐未易得则兵不可恃，即西川号召以来，投石超距，夫岂乏人？间有一二，傲岸自用，不受约束，竟不以跃治而隐忍，收之恐无当于缓急之用也。则将未可恃以年髦长才神智似无籍于此，然窃闻兵家之事必须勇者效力，智者效谋，富者效粟，应援者各当一面，方克有济。今见檄到，而应者等于憝置。况西北寥寥，仅北东南三四镇，又各自雄方外，无搤吭之地利，内有瓦解之人心，警报一至，自顾不遑，宁暇为人谋？矧原无合谋之志乎？前者曾英拥三十万，崩溃一朝，今贼行胁令，掩袭良多，较之当日固应什百，虽有袁武之桓桓赳赳，亦无以视此巨寇，乃为全策。弟实庸驽，谬谋下询，虽无壮发，久已手额此举矣。愤懑之情，迫于缠索，倘不审处而冒焉，从事鞭弭，惧有进退维谷之患。弟与兄同情而异地，在缓急之间耳。反复来章，殊不自安，然又何能使喉间格格不吐，况不肖倚年台为命，自当尽所欲言，故不觉其敷陈缕缕也，惟台鉴悉。"又《上马抚台书》，文云："治晚自京邸归，问候间阔记在公车同舟时，知公祖负不世出之才，胸蟠武库捧日为思者曾为说项于长安矣，今日建牙[衙]西蜀，正当亼侧席西顾之时，谓宜立殄元凶，首协坤命，夫复何疑？窃计今日事势，尚有大可商者。习闻此贼不蓄老弱，不携妇女，三日一检，不私橐金，良为悍寇。且冲突靡常，兵不解甲，马不弛鞍，密令甫布，昼夜三百余里，又为飞寇。矧逆贼入川，二年有余，聚党既繁，习险尤熟，旌旗所至，蔽天障日，又为巨寇。以三者而闪烁变现于疆场之中，或隐或现，已疑宵遁矣。而倏忽露形，以为东指矣，而犹然北向则不可不图画万全以歼其狡贼也。今川中之义勇四应不下二十余万，所可恃者莫如曾英一镇。昔者曾英多功城，一战斩获颇多。渠魁亦觉，避锐而去，昔其尚未大创，一时未得老祖台临阵秉钺耳。近闻献逆僭号省会，痛恨蜀人之不附，戮无噍类而去，躬率枭种，布满保、顺间。既无意于成都，全军奔迸，势难向迩，此曾英之所逡巡敛锷不即加遣耳。但思兵家之事，势不两立，固不当轻噪以示暇，亦非可持重而处钝。想祖台神谋在握，自必万举万当。而贼势纵横，不应以合阳河下为坚垒。治晚谊属编氓，负弩前驱，分固然也。舍亲李雨然曾以总督编氓，挫贼锋于溆浦，调度所在，无有不率，岂谓同舟无怒发哉！敢拜缄以待裁统，惟鉴其迫切。"《北岩寺》，诗云："白云傍江浔，荒草没山路。岩石多棱棱，止许高僧住。壁立万斯年，藤萝杂古树。江翻岛亦沈，木斩台先露。幸有基址存，苦无檀越护。比丘失讲场，野鸟上阶步。欲去重徘徊，苍凉远山暮。"《铁柜城》，诗云："铁柜久不见，屹立胡遥遥。连弩需劲卒，相传赤甲高。至今黄草峡，犹疑白战袍。石甃碛还在，卧龙法全消。四望成虚壤，百雉顿蓬蒿。瞿塘犹象马，蜀道迫云霄。余民知几许，归心方鬱[郁]陶。丹灶未易觅，松枝安可樵。寂寞群猪滩，千年向夜号。"有《明诰封奉政大夫万历丙辰（1616）科恩进士任四川茂州直隶州汶川县教谕何公讳以信字宗楚别号少川暨妣袁宜人合墓墓志铭》，敕授文林郎天启丁卯科举人湖南长沙府知府陈计长书丹。

陈正^[一]，<small>崇祯丁卯（七年，1627）科。</small>

注释：

［一］陈正：《同治志》云："陈正，天启丁卯科，见甲榜。""陈正，浙江金华府推官。""推官陈正墓，长里舒家湾。"蓝勇主编《稀见重庆地方文献汇点》（下）第 689 页云："陈正墓，在州治舒家湾。官推官。"

何胤鸶^[一]，<small>崇祯丁卯（七年，1627）科。</small>

注释：

［一］何胤鸶："胤"，或作"应"。有《明诰封奉政大夫万历丙辰（1616）科恩进士任四川茂州直隶州汶川县教谕何公讳以信字宗楚别号少川暨姚袁宜人合墓墓志铭》，勅授文林郎天启丁卯（1627）科举人吏部拣选知县何应鸶拜撰。

［刘起沛］^[一]

注释：

［一］刘起沛：本志未有收录刘起沛中举的情况，据《同治志》记载："刘起沛，天启丁卯（七年，1627）科，见甲榜。大理寺卿。""大理寺政刘起沛墓，在钱家湾。"《四川通志》第六册第 3874 页卷一百二十七《选举志六·举人三》云："刘起沛，涪州人。天启元年辛酉（1621）科。"蓝勇主编《稀见重庆地方文献汇点》（下）第 701 页云："刘起沛，涪州人。天启元年辛酉科。"第 689 页云："刘起沛墓，在州治钱家湾，官大理寺丞。"涪陵《刘氏宗谱》第 22 页《明朝乡科》作"刘起沛，崇祯甲子科。"关于刘起沛的中举时间，《四川通志》、蓝勇主编《稀见重庆地方文献汇点》（下）定在天启元年；《同治志》定在天启七年；《刘氏宗谱》定在崇祯甲子年。

［夏道帷］^[一]

注释：

［一］夏道帷：本志未有收录夏道帷中举的情况，据《同治志·举人》记载："夏道帷，天启丁卯（七年，1627）科。"蓝勇主编《稀见重庆地方文献汇点》（下）无载。

罗若彦^[一]，<small>崇祯庚午（三年，1630）科。</small>

注释：

[一] 罗若彦：《同治志·举人》云："罗若彦，崇祯三年庚午科。"《四川通志》第六册第3877页卷一百二十七《选举志六·举人三》云："罗若彦，涪州人。崇正[祯]三年庚午科。"蓝勇主编《稀见重庆地方文献汇点》（下）第702页云："罗若彦，涪州人。崇祯三年庚午科。"《同治志》收录其《龙洞庵碑记》，文云："今天下僧以寺重乎？寺以僧重乎？如以寺重也，则琳官梵刹，棋布星列者，遥相望也。如以僧重也。则种种稗沙门，适足为寺羞，顾安得为寺一洗之耶？郡（？）南离江里许，有铁柜城，相传汉诸葛武侯屯兵处。孤峰崒嵂，曲洞崎嵌，即武侯今日而在，亦必屯兵于此者。离城数十武有龙洞庵，山高鹤唳，谷冷云间，李青莲云：别有天地非人间，殆若为是发者。余私心向慕之。适渝城贼平，友人邀余读书庵中，负笈而来。甫至庵门，犬狺狺声不休。一僧启门相迎，延入猊座旁，少[稍]憩。余观碧眼青癯，发须根尽皤然，问其年，七旬矣。余曰：此高僧矣。惊讶者久之。越日与余言儒释合一之旨，曰：真如生灭，克己复礼也。定慧诚明也，真空未发也。问其生平诵习经义，则《楞严》《圆觉》，俱以为纸上陈言。余曰：此禅僧也。复惊讶久之。乃僧汲泉煮茗，日进余数杯。又余以秋收侍馆，无童，日炊饭劚芹。僧则亲供其事，亦似有殷殷注意余者。余曰：此贤僧、奇僧也。复惊讶者久之。嘻！余尝馆于家福堂玉泉庵矣，有老僧性永者，庶几近是，谓龙洞庵而更有是僧乎？及问之，则为此庵开山僧也。乃僧一日诣余馆，五体投地而言曰：僧开山本庵有年，庵旧有碑记，鄙俚不文，业已就毁，欲藉如椽笔以为山门光，祈无靳也。余曰：不二法门，无有言语，文字亦何用碑为？况毁则毁矣，又何用多事为也？僧愀然曰：僧出世观化一番，不过藉碑以记岁月耳。诸檀越功德忍令其泯没无传乎？余曰：诚如是，是乌容无言，原闻其详。僧于是离座合十，向余而言曰：僧，郡民李禄季子也。童年祝发以所得祖地，结茆为庵，乡民冷建终喜布施，买田宅，资香火。旋见夺于无赖。建终孙风与咏者讼诸官而归之。僧复自置产资用足，乃募众鸠工，修庵宇，既成。塑佛、菩萨像，又请大乘、法严宝，镇之。今诸檀越功德具在，巍然焕然，僧亦藉手以开山一事，恳终惠一言，以永垂不朽。余闻之，喟然曰：有是哉！若而佛僧也，圣僧也。向余之目而为高僧、禅僧、贤僧、奇僧者之知而尤浅也。盖天下百千万亿世界皆佛世界，尘土泥沙皆佛尘土泥沙，而

独童年落发，遗落世事，鼎修庵宇，塑佛、菩萨像，请置诸经典，大都而前世亦是佛，亦是菩萨，亦是罗汉，偶堕落尘埃，而佛、菩萨、罗汉之性不昧，故披缁出家，以世界还他世界，以世界尘土泥沙，还他尘土泥沙。其实还他亦自还也。彼冷建终者亦罗汉果也，无赖子则魔也鬼也。然如来云：一切有为法，如梦幻泡影，如露亦如电，应作如是观。汝开山不易，又当勿作开山观也，又当勿作开山想也。一作是观，一作是想，则佛、菩萨、罗汉之性昧也。予言未毕，僧偏袒右肩，右膝着地，合掌恭敬而白予言：先生当头棒喝，老僧数十年开山之功，一毫无着也，遂相视而笑，作礼而退。"

文可茹[一]，崇祯庚午（三年，1630）科。

注释：

[一]文可茹：《同治志》云："茹，崇祯三年庚午科。""按察司文可茹墓，在长里凤凰山。"《四川通志》第六册第3877页卷一百二十七《选举志六·举人三》云："文可茹，涪州人。崇正[祯]三年庚午科。"蓝勇主编《稀见重庆地方文献汇点》（下）第702页云："文可茹，涪州人。崇祯三年庚午科。"

文而章[一]，崇祯庚午（三年，1630）科。

注释：

[一]文而章：《同治志·举人》云："文而章，崇祯三年庚午科。"《四川通志》第六册第3877页卷一百二十七《选举志六·举人三》云："文而章，涪州人。崇正[祯]三年庚午科。"蓝勇主编《稀见重庆地方文献汇点》（下）第703页云："《同治志》云：文而章，涪州人。崇祯三年庚午科。"

陈大元[一]，崇祯庚午（三年，1630）科。

注释：

[一]陈大元：《同治志·举人》云："陈大元，崇祯三年庚午科。"《四川通志》第六册第3877页卷一百二十七《选举志六·举人三》云："陈太元，涪州人。崇正[祯]三年庚午科。"蓝勇主编《稀见重庆地方文献汇点》（下）第702页云："陈太元，涪州人。

崇祯三年庚午科。"诸书记载存在"太""大"之别。本志、《同治志》作"大";《四川通志》、蓝勇主编《稀见重庆地方文献汇点》（下）作"太"。

潘腾珠[一]，崇祯癸巳科[二]。

注释：

[一]潘腾珠：《同治志》云："潘腾珠，崇祯六年癸酉（1633）科。""举人潘腾珠、利用墓。长里董家庄。"《四川通志》第六册第3878页卷一百二十七《选举志六·举人三》云："潘腾珠，涪州人。崇正[祯]六年癸酉科。"蓝勇主编《稀见重庆地方文献汇点》（下）第703页云："潘腾珠，涪州人。崇祯六年癸酉科。"

[二]关于潘腾珠的中举时间：本志定在崇祯癸巳，查《辞海·中国历史纪年表》崇祯无癸巳，有癸酉、癸未（十六年，1643）；《同治志》《四川通志》、蓝勇主编《稀见重庆地方文献汇点》（下）定在崇祯癸酉。

张弓裔[一]，崇祯壬午（十五年，1642）科。

注释：

[一]张弓裔：《同治志·举人》云："张公裔，崇祯十五年壬午科。"《四川通志》第六册第3881页卷一百二十七《选举志六·举人三》云："张公裔，涪州人。崇正[祯]十五年壬午科。"蓝勇主编《稀见重庆地方文献汇点》（下）第704页云："张公裔，涪州人。崇祯十五年壬午科。"诸书记载存在"公""弓"之别。本志作"弓"；《同治志》《四川通志》、蓝勇主编《稀见重庆地方文献汇点》（下）作"公"。

韩吕花[一]，崇祯壬午（十五年，1642）科。

注释：

[一]韩吕花：《同治志·举人》云："韩侣范，崇祯十五年壬午科。"《四川通志》第六册第3881页卷一百二十七《选举志六·举人三》云："韩侣范，涪州人。崇正[祯]十五年壬午科。"蓝勇主编《稀见重庆地方文献汇点》（下）第704页云："韩侣范，涪州人。崇祯十五年壬午科。"诸书记载存在"侣""吕"之别。本志作"吕"；《同治志》《四川通志》、蓝勇主编《稀见重庆地方文献汇点》（下）作"侣"。

陈计明^[二]，<small>崇祯壬午（十五年，1642）科。</small>

注释：

［一］陈计明：《同治志·举人》云："陈计明，字崆峒，崇祯十五年壬午科。"蓝勇主编《稀见重庆地方文献汇点》（下）第 704 页云："陈计明，涪州人。崇祯十五年壬午科。"

［夏道曙］^[一]

注释：

［一］夏道曙：本志未有收录夏道曙的中举情况，据《同治志》记载："夏道曙，字青旭，崇祯壬午（十五年，1642）科，寄籍贵州，隶贵州。""知县夏道曙墓。蔺市坪龚家坝。""夏道曙，洪雅县教谕。"蓝勇主编《稀见重庆地方文献汇点》（下）无载。《刘氏宗谱》第 110–112 页有《夏青旭先生讳道硕祝四仙公寿》诗，诗云："紫气聚芳丛，朱霞照阁东。菖龄增叶绿，桃熟映榴红。忆昔忠贞祖，史垂不世功。惟君称善继，仕拒老奸雄。文章成绣虎，词赋捷湘鸿。两登天子殿，百折斗牛宫。乌头弃轩冕，白首卧梅松。李杜吟少室，王谢伴崆峒。而今丹砂就，不羡火云工。飘然洗尘垢，俗士莫为通。独共钱家老，岁岁祝舞翁。"

国朝

陈命世^[一]，<small>顺治庚子（十七年，1660）科。</small>

注释：

［一］陈命世：《同治志》云："陈命世，字杰如。顺治十七年庚子科。""陈命世，赠文林郎。妻沈氏、郝氏、姚氏，赠孺人。""文林郎陈命世墓，在长里曾家坝。"蓝勇主编《稀见重庆地方文献汇点》（下）第 705 页云："陈命世，涪州人。顺治十七年庚子科。"

［向南］^[一]

注释：

［一］向南：本志未有收录向南中举情况，据《同治志·举人》记载："向南，府学，康熙癸卯（二年，1663）科。"蓝勇主编《稀见重庆地方文献汇点》（下）第 705 页云："向

南，重庆府人，康熙癸卯科。"

何诜虞^[一]，康熙己酉（八年，1669）科。任湘阴县知县。

注释：

［一］何诜虞：《同治志·举人》云："何诜虞，康熙八年己酉科。"蓝勇主编《稀见重庆地方文献汇点》（下）第 705 页云："何诜虞，涪州人。康熙八年己酉科。湖南湘阴县知县。"据《何氏世谱》第 107 页，何诜虞：士任三子，字羽圣。康熙己酉科亚元，任湖南湘阴县知县，后取十二科道。姚王氏无出。继姚胡氏生行先、知先。《何氏世谱》第 65 页有何诜虞《公署联》，云："学术自有经权，安用时趋违素志。宽猛均为善政，总得直道休斯民。"

文自超^[一]，康熙己酉（八年，1669）科。

注释：

［一］文自超：《同治志》云："文自超，康熙八年己酉科。""举人文自超墓，在长里花垣坝后冲。"《四川通志》第六册第 3888 页卷一百二十八《选举志七·举人四》云："文自超，涪州人。康熙八年己酉科。"蓝勇主编《稀见重庆地方文献汇点》（下）第 705 页云："文自超，涪州人。康熙八年己酉科。"

［文景藩］^[一]

注释：

［一］文景藩：本志未有收录文景藩中举情况，据《同治志》记载，"文景藩，康熙己酉（八年，1669）科，见甲榜。""进士文景藩墓。长里杨家埫。"蓝勇主编《稀见重庆地方文献汇点》（下）第 705 页云："文景藩，涪州人。康熙八年己酉科。"

［黄来谘］^[一]

注释：

［一］黄来谘：本志未有收录黄来谘中举情况，据《同治志·举人》记载："黄来谘，寄籍彭水，康熙己酉（八年，1669）科。宜宾县教谕。"蓝勇主编《稀见重庆地方文献汇点》

（下）无载。涪陵《刘氏宗谱》第 22 页《本朝乡科》作"刘来谘，康熙己酉科。寄学彭水，榜姓黄。"

刘衍均[一]，康熙辛酉（二十年，1681）科。任德清县知县。

注释：

[一] 刘衍均：《同治志》载：字玉树。涪陵党史办馆藏《刘氏宗谱》载，刘衍均，字树玉。《同治志》云："刘衍均，字玉树。康熙辛酉科。浙江德清县知县。""知县刘衍均墓，在长里钱家垮。"《四川通志》第六册第 3889 页卷一百二十八《选举志七·举人四》云："刘衍均，涪州人。康熙二十年辛酉科。"蓝勇主编《稀见重庆地方文献汇点》（下）第 705 页云："刘衍均，涪州人。康熙辛酉科。"第 852 页云："刘衍均：《通志》：康熙辛酉领乡荐，官浙江德清知县。吏治廉明，政先惠爱。会因公罢职，贫不能归，士民醵钱以助。后寿八十余卒。"涪陵《刘氏宗谱》第 22 页《本朝乡科》作"刘衍均，康熙辛酉科。"另可参见《刘氏宗谱》第 110–112 页。

夏景宣[一]，康熙辛酉（二十年，1681）科。任沿山县知县。

注释：

[一] 夏景宣：《同治志》云："夏景宣，字南辉。康熙二十年辛酉科。福建道监察御史。""御史夏景宣墓，在云里阳谷坝。"《四川通志》第六册第 3889 页卷一百二十八《选举志七·举人四》云："夏景宣，涪州人。康熙二十年辛酉科。"蓝勇主编《稀见重庆地方文献汇点》（下）第 705 页云："夏景宣，涪州人。康熙二十年辛酉科。御史。"第 690 页云："夏景宣墓，在州治阳谷坝，官御史。"另可参见《刘氏宗谱》第 110–112 页。

向玺[一]，康熙甲子（二十三年，1684）科。任保宁府教授。

注释：

[一] 向玺：《同治志·举人》云："向玺，字对扬，康熙二十三年甲子科。""向玺，任保宁府、顺庆府教授。""向玺，以孙岿赠文林郎。妻冯氏、李氏，赠孺人。""教谕向玺墓。长里向家崖。"《四川通志》第六册第 3890 页卷一百二十八《选举志七·举人四》云："向玺，涪州人。康熙二十三年甲子科。"蓝勇主编《稀见重庆地方文献汇点》（下）

第 706 页云："向玺，涪州人。康熙二十三年甲子科。顺庆府教授。"《刘氏宗谱》第 144
页收录有《向对阳讳玺祝四仙公寿》诗，诗云："弱冠研经友二郎，登科同宦锦蓉乡。
遥瞻佳气东南满，蚤识灵椿岁月长。虞轸薰风生客座，汉宫鸠杖引朝堂。峨嵋血水倾
三峡，为指山河入寿觞。"

何洪先[一]，康熙丁卯（二十六年，1687）科。任东安县知县。

注释：

[一] 何洪先：《同治志》云："何洪先，字大荒，康熙二十六年丁卯科。广东东安
县知县。""知县何洪先墓。白里小溪。"《四川通志》第六册第 3891 页卷一百二十八《选
举志七·举人四》云："何洪先，涪州人。康熙二十六年丁卯科。"蓝勇主编《稀见重庆
地方文献汇点》（下）第 706 页云："何洪先，涪州人。康熙二十六年丁卯科。东安知县。"
据《何氏世谱》第 107 页，何洪先：振虞四子，字大荒，号易岩。康熙丁卯科举人，任
卢县知县。顺治十六年（1659）三月二日生于贵州安化县。雍正七年（1729）九月初一
日吉时卒，葬平西坝对岸马颈子。姒廖氏生子鋬字元鼎，姒赵氏生子铊字象鼎，继姒
赵氏生二子：鋮字建鼎、锐字铸鼎，姒伍氏生子镀字新之，姒杨氏生子镡字枢中、钿字
桐峰，姒林氏生子钰字荆山。

高于松[一]，康熙丁卯（二十六年，1687）科。任西充县教谕。

注释：

[一] 高于松：《同治志·举人》云："高于松，康熙二十六年丁卯科。"《四川通
志》第六册第 3891 页卷一百二十八《选举志七·举人四》云："高于崧，涪州人。康熙
二十六年丁卯科。"蓝勇主编《稀见重庆地方文献汇点》（下）第 706 页云："高于崧，
涪州人。康熙二十六年丁卯科。西充教谕。"诸书记载存在"崧""松"之别。本志、《同
治志》作"松"；《四川通志》、蓝勇主编《稀见重庆地方文献汇点》（下）作"崧"。

周俨[一]，康熙庚午（二十九年，1690）科。

注释：

[一] 周俨：《同治志》云："周修，字墨潭。康熙二十九年庚午科。""周俨，以孙

煌赠光禄大夫。妻徐氏，赠一品夫人。""周儒，字鲁贞，庠生，生平事详《周伊传》中，并载《一统志》。""周伊，编修蒋士铨《传》曰：公讳伊，字钦斋，号又公，别号墨潭。姓周氏，系出楚之营道县，为濂溪先生十七世孙。其世次具彝山公墓志，不复详。彝山先生，公考也，讳茹茶，明湖南路总兵官。妣吴夫人，生公及弟儒公。早慧端厚，年十三，通经史。十五，能文章。天启间，彝山公以智勇立功，威名赫然。迨天下国变，后僭伪纷乘，乱贼四起，又数从王春石师相及忠国王公恢复数十郡县。既而观时审变，遂解印绶，去官，往侍二亲于桐梓。亲殁，返柩葬涪州。时康熙乙巳（四年，1665）之岁也。戊申（七年，1668），公入庠。甲寅（十三年，1774），滇逆伪帅遣聘使招致总戎。公总戎，怒骂之。儒恐激则致变，请往谢。至阆中，为贼所留。总戎公恚而疾，公于是出奇计挈弟遁归，总戎公霍然而起，曰：吾家清白不污矣。汉沔间传公孝义者藉甚。吴逆设制科，士被迫胁，多往应。公匿迹深隐，乃奉父母，避居黑塘山庄。又徙居白志，岩栖七载。研究青乌、珞瑒、轩歧、璞辂等书，入理尤邃。庚申九月，谭宏乱。贼众百余夜薄公室，公挺戟刺其魁，遽引去。公与儒谋分负父母走，力怯不任。彝山公曰：贼且复至，儿等速遁，勿同殉。公抱翁泣曰：今夕死耳，不能以亲委贼。俄而贼果来，儒奋身出敌，贼斫之。贼乃斩扉入，攒刀刺公，扑地，而儒率邻众挟兵反攻，贼为骇窜。明日，儒创裂，将死。公稍瘥，命舁榻就弟枕侧，与诀，儒号而绝。母夫人感恸成疾，旋亦卒。公兄弟至乾隆间始旌其孝。按：史载孙恩之乱乌程，潘琮扶父骠出避，父老不能行，令琮走，不可。贼来，斫骠，琮抱父腹下，以头面受四创，死而复苏。后有司奏改其村曰纯孝里。与此绝类，第无兄弟同祸耳。儒殁后，公抚恤孤寡备至，历三十年如一日，且戒室人曰：必善视之，勿令孺稚含痛。及侄顼渐长，乃分田庐、奴婢为立门户而翼之如初。于是再徙贤人乡，建睦舫小筑，莳花药娱翁，使诸郎诵读其内。庚午乡试，得举名，列第四。明年下第。同年生任典谟卒旅邸，公为具棺殓，护持还里。而彝山公病适剧，公祷天祈减己算以代。又尝粪为默验，翁病于是得遽痊。历三年，然后卒。公号恸七日，绝食饮，须发尽白，形骸枯悴，至性纯粹盖如此。公仁慧，重然诺，好施与，有贷者则焚其券，或以妻子托，历久不负于朋友。亲丧虽千里必往会葬，有东溪君子风义。又善方书，活人无算。甲申，奉部檄，谒选入京。八月，病于舟次。惟一幼仆侍，乃检行箧所著宗谱及诗文，俾遗诸子。遂殁，时康熙四十二年（1703）八月初五日也，距生顺治六年（1649）十月十七日，历年五十有六，祔葬磨沱山庄总戎公墓次。闻公读书山中时，夜有奔公者，力拒之，且誓不言某姓氏，妇惭感去。乡有虎患，公为文责神，谓奸凶横行，神弗诛殛，乃纵虎为虐，有惭享祀。越数日，虎尽噬里中大猾，而隐人咸异之。惟正乃格，不信然与？公配徐，生四子五女，珣、琬、珙、璇。珙登乙酉科，今天门多治行。孙十一人，某某由科目出宰者四人，在庠序者五人。惟珙子煌，由翰林起家，今官少司马。曾孙若干，登贤书者兴沅、兴洛。惟兴岱，亦官翰林，侍郎次子也。太史氏曰：语云孝而仁者，可以言忠信；而勇者可与守义。公百行完美，比德昔贤。若全亲于难则赵咨、江革、牛徽也。脱弟于贼则赵孝、倪萌、淳于恭也。减算延亲，涤圊尝粪，则王荐、石建、黔娄也。发白形毁，则郭延炜、荀文师也。至如财狼远徙，猛兽避途，则又吴逵、司马儁也。而暗室弗欺，端洁自守，于曹鼐、陆公容有同轨焉。嗟乎！凡公所有者，他人得一已传于世，而公兼备焉。史称濂溪先生清明、诚一、寡欲于无笃、汎爱、拯忧患、护友丧、守亲墓，泊〔泊〕然于世，公恒肖焉。是乃濂溪之裔也欤！""荣禄大夫周俨墓，在长里磨沱。""至行同敦坊。为孝子周俨、周儒建，在西门外东岳庙街。"蓝勇主编《稀见重庆地方文献汇点》（下）第 706 页云："周倐，涪州人。康熙二十九年庚午科。"第 690 页云："周俨墓，在州治磨沱。"《同治志》收录其《募修鹰舞寺引》，文云："州南三十里许，有山绵亘百里，其最高而耸翠者为鹰舞梵刹。昼则俯瞰江流，鸂鶒似叶；夜则仰瞻天象，星贯如珠。若其春也，万卉妍而香生寒谷。及其秋也，千峰紫而彩映浮霞。惟作一州胜概，抑且为终古巨观。较之灵光鹫岭，当无以异。余自丙寅卜居此山之下，喜其地之高可以风，而幽可以潜，其矗立而逶迤也若盘谷，其林疏而雨积也若辋川，其渊邃而隐僻也如桃源之在目前，其栖闪（？）而变化也如麻姑之非人境，欲诛茅建舍，奉亲避暑，无如念方及而先君子逝矣。至今瞻望此山，犹有遗憾（？）。忽一日，僧人某持簿造门，合掌曰：某至鹰舞寺荆棘而耕者三年矣。三年中未敢向众君子持钵，喜今岁大稔可以募工者，及此不谋是委金像于草莽也。丐公一言以为之引。余曰：士各有事，不相谋也。吾一州之中宜修建者如先圣庙，而今则颓隳非制也，不能遂吾志以为之倡。一家之中宜修建者如濂溪书院，而今则祀事阙如也，不能率吾族以为之理。一身之中宜修建者如先人墓，而今且坏土未安也，不能竭吾力以为之营。况此时儿号寒于冬煖，妻啼饥于年丰，安得余赀侫佛而乃为人题疏耶？僧乃偏袒右肩，右膝着地而言曰：是非侫佛也，公曾闻鹰舞之说乎？当释迦成道时，有群鹰集顶翔舞而下，则此刹之名，当因大士苦行而然，未可与凡为刹者并观也。然此犹或瞿昙家之私言耳。彼儒者有言，时当春分鹰化应天之侯［候］，准时之序，非直作梵刹观也。况此山之下支干叠出，凡钟灵而毓秀者皆以为是宗祖。彼云起日出，烟光弥天，风雨变化不啻鲁之有东山而齐之有泰山也。此刹一复则凡招游而觉胜者，不苦萧条焉。不但此也，高人达士每欲梯云就日，刹成则凡读经史而服道者，不苦寂寞焉。不但此也，山踞一方之巅，烟火百里，刹成而暮鼓晨钟，时鸣天际，不啻木铎之警而迪人之徇也，则此山可以佐王功。不但此也，山蕴蛟龙之气，泉壑千丈，刹成而祈祷晴雨，呼吁咸集，当得雨旸之若而百灵之顺也，则此山可以服圣泽。余曰：是说也虽近于嫚，然与予当年欲诛茅建舍之心所见若隐隐有合，且以一州之古迹计之，当亦不失为兴举废坠之意。至佛刹之施报，虽为儒者所不言，而其化人为善之心亦足以赞王道所不及。是为引。"《四川通志》第六册第3891页卷一百二十八《选举志七·举人四》云："周俨，涪州人。康熙二十九年庚午科。"

张元俊，<small>康熙庚午（二十九年，1690）科。任潜江县知县。</small>

何铨[一]，<small>康熙庚午（二十九年，1690）科。</small>

注释：

［一］何铨：《同治志》云："何铨，字元宰，康熙二十九年庚午科。""何铨，以子有基赠奉直大夫。妻陈氏，赠宜人。""举人何铨墓，在州西黄溪口。"又"举人何铨妻陈氏，青年励志教子有基，成进士，官沔阳州。守节五十四年。寿七十九。"《四川通志》第六册第3891页卷一百二十八《选举志七·举人四》云："何铨，涪州人。康熙二十九年庚午科。"蓝勇主编《稀见重庆地方文献汇点》（下）第706页云："何铨，涪州人。康熙二十九年庚午科。"据《何氏世谱》第110页，何铨，字元宰，岁进士、汉州训导何继先长子。

［周成举］[一]

注释：

［一］周成举：本志未有收录周成举的中举情况，据《同治志·举人》记载："周成举，字辅卿，康熙癸酉（三十二年，1693）科。"蓝勇主编《稀见重庆地方文献汇点》（下）无载。

廖翾^[一]，康熙己卯（三十八年，1699）科。

注释：

[一] 廖翾：《同治志·举人》云："廖翾，字凤苞。康熙三十八年己卯科。"《四川通志》第六册第 3893 页卷一百二十八《选举志七·举人四》云："廖翾，涪州人。康熙三十八年己卯科。"蓝勇主编《稀见重庆地方文献汇点》（下）第 707 页云："廖翾，涪州人。康熙三十八年己卯科。"

何鈗^[一]，康熙己卯（三十八年，1699）科。

注释：

[一] 何鈗：《同治志》云："何鈗，字元鼎。康熙三十八年己卯科。""知县何鈗墓。白里小溪尖山。"《四川通志》第六册第 3893 页卷一百二十八《选举志七·举人四》云："何鈗，涪州人。康熙三十八年己卯科。"蓝勇主编《稀见重庆地方文献汇点》（下）第 707 页云："何鈗，涪州人。康熙三十八年己卯科。鄞县知县。"第 935 页云："《芝田诗稿》无卷数，何鈗撰。鈗，字元鼎，号厚溪，涪州人，康熙己卯举人，官鄞县知县。何鈗，字元鼎，举人。孝友性成，兼笃友谊，饶有车裘与共遗风。康熙尹于鄞，号能吏。朋友往来，济其困乏者，不可枚举。三原、象山二令资其厚力，得不失官。卒以此受累，自甘落拓，绝无怨尤，可敬也。后其昌乎？见向廷赓《伦风》。"第 852 页云："何鈗，字元升，号厚溪，康熙己卯举人。官浙江鄞县。著有《芝田诗稿》。"据《何氏世谱》第 110 页，何鈗，字元鼎，康熙丁卯（1687）举人、卢县知县何洪先长子。

何义先^[一]，康熙己卯（三十八年，1699）科。

注释：

[一] 何义先：《同治志》云："何义先，康熙三十八年己卯科。广东镇平县知县。""知县何义先墓，在白里鹤游坪徐家嘴。"《四川通志》第六册第 3893 页卷一百二十八《选举志七·举人四》云："何义先，涪州人。康熙三十八年己卯科。"蓝勇主编《稀见重庆地方文献汇点》（下）第 707 页云："何义先，涪州人。康熙三十八年己卯科。镇平知县。"据《何氏世谱》第 110 页，何义先，字子宜，号静溪，揖虞次子。康熙己卯科举人，任广东镇平县知县。生康熙五年（1666）五月初八日辰时，卒康熙五十六年（1717）三月

三十日寅时于镇平县衙。妣刘氏（1665–1727）生三子：鍫字迁扬、镗字声远、鳌字占鼎。公与妣合葬鹤游坪徐家嘴。事详州志。

[周崇高][一]

注释：

[一]周崇高：本志未有收录周崇高的中举情况，据《同治志·举人》记载："周崇高，康熙己卯（三十八年，1699）科。"《四川通志》第六册第3893页卷一百二十八《选举志七·举人四》云："周崇高，涪州人。康熙三十八年己卯科。"蓝勇主编《稀见重庆地方文献汇点》（下）第707页云："周崇高，涪州人。康熙三十八年己卯科。"

石钧[一]，康熙壬午（四十一年，1702）科。

注释：

[一]石钧：《同治志·举人》云："石钧，字关尹。康熙四十一年壬午科。"《四川通志》第六册第3894页卷一百二十八《选举志七·举人四》云："石钧，涪州人。康熙四十一年壬午科。"蓝勇主编《稀见重庆地方文献汇点》（下）第707页云："石钧，涪州人。康熙四十一年壬午科。"

[王㻋][一]

注释：

[一]王㻋：本志未有收录王㻋的中举情况，据《同治志·举人》记载："王㻋，字捷春，寄籍奉节。本姓高。康熙壬午（四十一年，1702）科。"蓝勇主编《稀见重庆地方文献汇点》（下）无载。

向远鹏[一]，康熙乙酉（四十四年，1705）科。

注释：

[一]向远鹏：《同治志》云："向远鹏，字南图。康熙四十四年乙酉科。""举人向远鹏墓在长里马武垭。"《四川通志》第六册第3895页卷一百二十八《选举志七·举人四》云："向远鹏，涪州人。康熙四十四年乙酉科。"蓝勇主编《稀见重庆地方文献汇点》（下）

第 707 页云：“向远鹏，涪州人。康熙四十四年乙酉科。”

沈昌文^[一]，康熙乙酉（四十四年，1705）科。

注释：

[一] 沈昌文：《同治志·举人》云：“沈昌文，字若含。康熙四十四年乙酉科。”《四川通志》第六册第 3895 页卷一百二十八《选举志七·举人四》云：“沈昌文，涪州人。康熙四十四年乙酉科。”蓝勇主编《稀见重庆地方文献汇点》（下）第 707 页云：“沈昌文，涪州人。康熙四十四年乙酉科。”

何铠^[一]，康熙乙酉（四十四年，1705）科。

注释：

[一] 何铠：《同治志·举人》云：“何铠，字元章。康熙四十四年乙酉科。”“何铠，山东夏津县知县，事详《贤达》。”“何铠，以子启昌赠奉直大夫。妻文氏，赠孺人。”“知县何铠妾陈氏，守节二十七年。”《四川通志》第六册第 3895 页卷一百二十八《选举志七·举人四》云：“何铠，涪州人。康熙四十四年乙酉科。”蓝勇主编《稀见重庆地方文献汇点》（下）第 707 页云：“何锴，涪州人。康熙四十四年乙酉科。夏津知县。康熙乙酉举人，官夏津知县。”第 852 页云：“何铠：《通志》：康熙乙酉举人。年甫弱冠，博通经史，筮仕河南，官夏津县知县，有惠政。解组归，课子弟，俱登贤书。著有《永言随笔》，藏于家塾。”第 931 页云：“《永言随笔》无卷数，何铠撰。铠，字元章，涪州人。”据《何氏世谱》第 110 页，何铠，字元章，岁进士、汉州训导何继先次子。

陈珏^[一]，康熙戊子（四十七年，1708）科。

注释：

[一] 陈珏：《同治志》云：“陈珏，字二玉。康熙四十七年戊子科。”“举人陈珏墓，在长里朱家垣。”蓝勇主编《稀见重庆地方文献汇点》（下）第 707 页云：“陈珏，涪州人。康熙四十七年戊子科。”

陈坚^[一]，康熙戊子（四十七年，1708）科。

注释：

［一］陈坚：《同治志》云："陈坚，康熙四十七年戊子科。""陈坚，拣发江苏河工，议叙同知。""陈坚，以子于中赠中宪大夫。妻文氏，赠安人。中宪大夫陈坚墓，在长里蔺市坪。"《四川通志》第六册第3896页卷一百二十八《选举志七·举人四》云："陈坚，涪州人。康熙四十七年戊子科。"蓝勇主编《稀见重庆地方文献汇点》（下）第707页云："陈坚，涪州人。康熙四十七年戊子科。河工同知。"第690页云："陈坚墓，在州治蔺市坪。"

冉洪瑨^{［一］}，康熙戊子（四十七年，1708）科。

注释：

［一］冉洪瑨：《同治志·举人》云："冉洪瑨，字正笏。康熙四十七年戊子科。陕西宁武县知县。"蓝勇主编《稀见重庆地方文献汇点》（下）第708页云："冉洪瑨，涪州人。康熙四十七年戊子科。宁武知县。"

熊禹后^{［一］}，康熙戊子（四十七年，1708）科。

注释：

［一］熊禹后：《同治志》云："熊禹后，字岐山。康熙四十七年戊子科。""举人熊禹后墓。白里黎双坝。"《四川通志》第六册第3896页卷一百二十八《选举志七·举人四》云："熊禹后，涪州人。康熙四十七年戊子科。"蓝勇主编《稀见重庆地方文献汇点》（下）第707页云："熊禹后，涪州人。康熙四十七年戊子科。"

何行先^{［一］}，康熙辛卯（五十年，1711）科。

注释：

［一］何行先：《同治志》云："何行先，字退之，解元。康熙五十年辛卯科。""何行先，内阁中书，改任嘉定府教授。""解元何行先墓，在白里横山。"《四川通志》第六册第3897页卷一百二十八《选举志七·举人四》云："何行先，涪州人。康熙五十年辛卯科。"蓝勇主编《稀见重庆地方文献汇点》（下）第708页云："何行先，涪州人。康熙五十年辛卯科。嘉定府教授。"第852页云："《通志》：何行先：康熙辛卯领乡荐第

一。嗜古好学，不履城市，结庐横山，潜心典籍，学问文章，邑人至今称之。"《同治志》收录其《神仙洞》，诗云："古洞何年凿玉岩，翠微深处隔尘埃。药炉画永烟消篆，棋局年深雨长苔。流水一溪瑶草秀，天风几树碧桃开。静听五夜笙簧响，知是神仙跨鹤来。"据《何氏世谱》第110页，何行先，字退之，诜虞长子。康熙辛卯科解元，内阁中书，任蓬州学正，升嘉定府教授。姒陈氏生一子：衔字持中，继姒邓氏生二子：鈖字官璧、鈵字公权。

何钰^[一]，康熙辛卯（五十年，1711）科。

注释：

［一］何钰：《同治志·举人》云："何铉，字公鼎，康熙五十年辛卯科。"《四川通志》第六册第3897页卷一百二十八《选举志七·举人四》云："何钰，涪州人。康熙五十年辛卯科。"蓝勇主编《稀见重庆地方文献汇点》（下）第708页云："何钰，涪州人。康熙五十年辛卯科。罗源知县。"据《何氏世谱》第110页，何钰，字象鼎，康熙丁卯（二十六年，1687）举人、卢县知县何洪先次子。

［何达先］^[一]

注释：

［一］何达先：本志未收录其中举情况，据《何氏世谱》第109页，何达先，字明恒，绍虞之子。康熙丁卯（二十六年，1687）科举人。明天启七年（1627）六月初八日酉时生于沈家场六角丘何家垮。姒谭氏生于明天启六年（1626）六月十二日戌时。生子金字登元、锡字登极、铉字登榜、铧字登明。公卒康熙四十六年（1707）十月十九日戌时，葬何家垮宅后。姒卒康熙三年（1664）二月九日，与公合墓。

汤楷^[一]，康熙辛卯（五十年，1711）科。

注释：

［一］汤楷：《同治志·举人》云："汤楷，字范文，康熙五十年辛卯科。"蓝勇主编《稀见重庆地方文献汇点》（下）第708页云："汤楷，涪州人。康熙五十年辛卯科。嘉定府教授。"

夏璔^[一]，<small>康熙辛卯（五十年，1711）科。</small>

注释：

[一]夏璔：《同治志》云："夏璔，字公琰。康熙五十年辛卯科。""举人夏璔墓，在长里石凤溪。"蓝勇主编《稀见重庆地方文献汇点》（下）第708页云："夏璔，涪州人。康熙五十年辛卯科。"

周珙^[一]，<small>康熙辛卯（五十年，1711）科。</small>

注释：

[一]周珙：《同治志》云："周珙，字南梁。俨之子。康熙五十年辛卯科。湖北江陵县知县。""周珙，以子煌赠光禄大夫。妻杜氏、任氏，赠一品夫人。""荣禄大夫周珙墓，在长里汪渠沟。"蓝勇主编《稀见重庆地方文献汇点》（下）第708页云："周珙，涪州人。康熙五十年辛卯科。江陵知县。"第690页云："周珙墓，在州治汪渠沟。"《同治志》收录太仆寺卿陈兆崙所作《周南梁先生墓志铭》，文云："丁巳之春，兆崙充会试同考官，得蜀士周煌。问其年，才二十有四，熟察其言论举动，甚谦退，不类生长宦族而少年得志者。叩之则称其父天门令君之训，曰：人必有可以贫贱之具而后可以富贵，否则贪得冒进而不知止，即必一旦失之而儳焉不可终日。谅哉斯言，吾因之想见其人。周生官司翰林之岁，其父罢官，阅今十有二年。父讣至，濒行涕泣，徒跣赍行状踵门，索为墓志，且云是先人志也。按状：君姓周氏，讳珙，字象圆，号易亭，别号南梁。其先为楚之营道县，仕元，爵万户。明初隐姓为伏，迁于蜀之涪州。曾王父曰诚所公，王父曰慧山公，仕明，皆贵显。父曰墨潭公讳俨。康熙庚午（二十九年，1690）举人。母曰徐太孺人。君为墨潭公第三子，由康熙辛卯举人，十年不转一阶，然其贤与能则上官司无不知者。楚俗剽轻，荆鄂之间尤繁剧难治。君初摄汉阳县事，旋知通城，改知江陵，又改知巴东，最后知天门。天门之民思之，号所筑曰周公堤。而自知通城以来，又数摄旁县事，以故名声出同辈右，所至倚重。君之署汉阳也，会楚苦水患，流民觅食者多集汉口，君甫视事三日，汉镇豪猾众哗于市，声言欲劫官仓，君侦知其诈，且众不附也。部吏卒将缚其豪而未发，即有张其事以告大吏者，大吏急召守令及前令至，作色曰：此固与新令无涉，第此何如事而无一纸见及耶？君对曰：新令既受事，无所逃罪，顾报闻不以实，或转以滋事则罪更何如？太守某目之，谢，不为动。大吏曰：尔不吾告，吾既已戒，将弁且渡江。君曰：镇本不变，

若兵行乃真变耳。如职计，请予二日，限捕首事者治之，众当自解，不须兵也。大吏悟而从之，事遂息。时雍正五年（1727），太岁在未之夏四月也。其秋补知通城。通城于武昌为僻邑，其民屋角或悬大竹笼，其土名曰家法，族子弟行窃，则纳而投之池。有汪氏儿，十余岁，窃布袴见获，族会治毙之，并及其母与同母之女弟汪氏儿。词连崇阳民王某，汪以告其兄，其兄亦杀某以谢汪氏。君至则悉执其首，从抵以重罪，由是遂除家法。夫通城之与汉阳，君非有私德怨于其民也。寝兵于前，而执法于后，宽猛不同，同于弭乱已。此惟读书通政体者知之，不足为一二文吏道也。君性刚介，耻迎合上官，上官则才之。凡被灾要地及邑有滞案与苗疆初内属者，辄以烦君，故更调兼摄，几无宁岁。荆守某以蠚得罪，来代者阿大吏意，必致之死，以江陵首邑欲引为助，卒不可。其后君于天门，亦以忤守意被构劾罢。呜乎！凡人之情见异者如见怪物焉，君所由被构者也则立异之不可也，纵不见为异已而见为胜已庸独可乎？盖消患于未形，则事隐而不见功。决策于独谋则功成而反致忌，又况好谀恶直，贤者不免急用缓弃，自古而然。如君所为，直自取病耳。人乎何尤？君既归卧里门，家无长物，日讽咏竹屋中，课其诸孙，怡然若自得者，岂所谓可以贫贱者恃此具耶。然则君固无憾于地下矣，铭曰：周氏之先名伏三郎，自楚徙蜀，世居涪江。谭宏之乱，身为父捍。兄偍幸全，弟儒及难。偍生文林，克承欢心。请旌先世，用表幽沉。起家孝义，一行作吏。慈惠之师，不善侧媚。去官食贫，含饴弄孙。使星归觐，闾里为荣。魂兮无恻，穹碑深刻。生夸金貂，没颂铜墨。"

陈果[一]，康熙辛卯（五十年，1711）科。

注释：

[一] 陈果：《同治志》云："陈果，字淑仙。康熙五十年辛卯科。""举人陈果墓。长里欧家冲。"《四川通志》第六册第 3897 页卷一百二十八《选举志七·举人四》云："陈果，涪州人。康熙五十年辛卯科。"蓝勇主编《稀见重庆地方文献汇点》（下）第 708 页云："陈果，涪州人。康熙五十年辛卯科。"

向远翔[一]，康熙癸巳（五十二年，1713）万寿科。

注释：

[一] 向远翔：《同治志》云："向远翔，字仪仲。康熙五十二年癸巳万寿恩科。""举

人向远翔墓。云里东青驿。""向远翔，以子屺赠文林郎。妻周氏、杜氏，赠孺人。"《四川通志》第六册第 3898 页卷一百二十八《选举志七·举人四》云："向远翔，涪州人。康熙五十二年癸巳万寿恩科。"蓝勇主编《稀见重庆地方文献汇点》（下）第 708 页云："向远翔，涪州人。康熙五十二年癸巳万寿恩科。"

向远翶[一]，康熙癸巳（五十二年，1713）万寿科。

注释：

[一]向远翶：《同治志》云："向远翶，字苞九，康熙五十二年癸巳万寿恩科。""举人向远翶墓，在长里麻堆坝。"《四川通志》第六册第 3898 页卷一百二十八《选举志七·举人四》云："向远翶，涪州人。康熙五十二年癸巳万寿恩科。"蓝勇主编《稀见重庆地方文献汇点》（下）第 708 页云："向远翶，重庆府人。康熙五十二年癸巳万寿恩科。"

高旦[一]，康熙癸巳（五十二年，1713）万寿科。

注释：

[一]高旦：《同治志》云："高旦，字南征。康熙五十二年癸巳万寿恩科。""举人高旦墓，在长里仁老山。"《四川通志》第六册第 3898 页卷一百二十八《选举志七·举人四》云："高旦，涪州人。康熙五十二年癸巳万寿恩科。"蓝勇主编《稀见重庆地方文献汇点》（下）第 708 页云："高旦，涪州人。康熙五十二年癸巳万寿恩科。"

陈峙[一]，康熙甲午（五十三年，1714）科。

注释：

[一]陈峙：《同治志》云："陈峙，字价人。命世子。康熙五十三年甲午科。""陈峙，以子于宣赠承德郎。妻黄氏，赠安人。"《四川通志》第六册第 3899 页卷一百二十八《选举志七·举人四》云："陈峙，涪州人。康熙五十三年甲午科。"蓝勇主编《稀见重庆地方文献汇点》（下）第 709 页云："陈峙，涪州人。康熙五十三年甲午科。"

赵鹯[一]，康熙甲午（五十三年，1714）科。

注释：

［一］赵凫：《同治志·举人》云："赵凫，字羽文。康熙五十三年甲午科。"《四川通志》第六册第3899页卷一百二十八《选举志七·举人四》云："赵凫，涪州人。康熙五十三年甲午科。"蓝勇主编《稀见重庆地方文献汇点》（下）第709页云："赵凫，涪州人。康熙五十三年甲午科。龙阳知县。"

吴昉[一]，康熙甲午（五十三年，1714）科。

注释：

［一］吴昉：《同治志》云："吴昉，字旦东。康熙五十三年甲午科。江西安远县知县。""知县吴昉墓，在云里平西坝。"《四川通志》第六册第3900页卷一百二十八《选举志七·举人四》云："吴昉，涪州人。康熙五十三年甲午科。"蓝勇主编《稀见重庆地方文献汇点》（下）第709页云："吴昉，涪州人。康熙五十三年甲午科。安远知县。"

陈岱[一]，康熙甲午（五十三年，1714）科。

注释：

［一］陈岱：《同治志》云："陈岱，字镇子。峙之胞弟。康熙五十三年甲午科。江西万年县知县。""知县陈岱墓。长里曾家坝。"又"庠生熊犹麟妻陈氏，知县陈岱女。继嗣殁，同媳何氏抚孤孙。守节五十五年。"《四川通志》第六册第3899页卷一百二十八《选举志七·举人四》云："陈岱，涪州人。康熙五十三年甲午科。"蓝勇主编《稀见重庆地方文献汇点》（下）第708页云："陈岱，涪州人。康熙五十三年甲午科。万年知县。"第916页云："熊犹麟妻陈氏，乾隆、嘉庆年间，旌表入祠。"

副榜

［明］

［夏思旦］[一]

注释：

［一］夏思旦：本志未载夏思旦中副榜情况，据《同治志·副榜》记载，"夏思旦，

宏［弘］治乙卯（八年,1495）科副榜,顺州知州。"据蓝勇主编《稀见重庆地方文献汇点》（下）第 786 页,明代副榜无夏思旦。

［夏可洲］^[一]

注释:

［一］夏可洲:本志未载夏可洲中副榜情况,据《同治志》记载,"夏可洲,嘉靖甲午（十三年,1534）、庚子（十九年,1540）两中副榜。""夏可洲,年近百岁,名镌白鹤梁。"《四川通志》第六册第 3998 卷一百三十一《选举志十·贡生二·涪州学贡明·副榜》有夏可洲。蓝勇主编《稀见重庆地方文献汇点》（下）第 786 页云:"夏可洲,涪州学员。副榜。夏可洲,号海鹤。学问淹博,结草亭渠灏,吟咏著书。倪司农遇同颜其居曰:野史堂,赠诗云:'有才司马因成史,未老虞卿已著书'。"

［夏道在］^[一]

注释:

［一］夏道在:本志未载。据《同治志》记载:"夏道在,万历戊午（四十六年,1618 年）科副榜。"《四川通志》第六册第 3998 卷一百三十一《选举志十·贡生二·涪州学贡明·副榜》有夏道在。蓝勇主编《稀见重庆地方文献汇点》（下）第 786 页云:"夏道在,涪州学员。副榜。"

［何鸷］^[一]

注释:

［一］何鸷:本志未载。据《同治志》记载,何鸷:"万历戊午（四十六年,1618）科副榜。"据蓝勇主编《稀见重庆地方文献汇点》（下）第 786 页,明代副榜何鸷作何鹭,云:"何鹭,涪州学员。副榜。"何鸷,即何士鸷。据《何氏世谱》第 105 页,何士鸷,字远翔,以智长子。明万历戊午科副榜,勅授文林郎,历任广西南宁府隆安县知县、云南临安府经历。《四川通志》第六册第 3998 卷一百三十一《选举志十·贡生二·涪州学贡明·副榜》有何鸷。

［蔺希夔］[一]

注释：

[一] 蔺希夔：本志未载。据《同治志》记载："蔺希夔，万历戊午（四十六年，1618 年）科副榜。""隐逸蔺希夔墓，在长里蔺市坪。"《四川通志》第六册第 3998 卷一百三十一《选举志十·贡生二·涪州学贡明》有蔺希夔。"蓝勇主编《稀见重庆地方文献汇点》（下）第 786 页云："蔺希夔，涪州学员。副榜。蔺希夔，号云门。潜心理学，从游甚众。有劝之仕者，曰：'名教中自有乐地，何以官为额？'其庐曰：万松窝。著有《易注》行世。"第 926 页云："《易注》无卷数，蔺希夔著。"《同治志》收录其《过访何环斗先生山噐壁山琴堂书院》，诗云："锦缆漤舸发，霜寒月正迢。主人卧噐壁，客子梦云霄。折柬来相从，肩舆不惮遥。孤峰耸杰阁，仰望惊高标。洞口烟霞合，琴台音韵调。池翻鱼弄藻，天敞鹤鸣皋。树叶临风舞，梅花映雪飘。流觞飞曲水，染翰拂芭蕉。探书理河洛，琢句宝琼瑶。艇窄渔蓑稳，山深桂树招。兴来苍翠满，意到酒棋消。自负千秋赏，宁堪半点嚣。殷勤留胜迹，不复恋金貂。"据《同治志》记载，虬舞岭，治南七十里。蜿蜒若虬舞，上多秀石，高插云霄，乡贤蔺希夔名以云峰，以云生灭为晴雨验也。巅一巨石高约二丈，阔丈许，上著石三，高广寻丈二，离立一跨之跻。其上摇摇欲活，数人力推，反不为动。岭坳巨石累累，断而仍连其数七。方正不敧，巨石中空，可坐百人，名神仙洞，相传曾有神女止此。幽邃处竹树荟翳，粉垣朱户，疏槛长廊，则云峰寺也。去蔺希夔万松窝里许。又，冠峰寺，蔺希夔习静处。名万松窠，后易此名。有《明诰授中顺大夫北直大名府知府入名崇祀乡贤何公环斗墓志铭》，云门居士友人蔺希夔篆盖。

［国朝］

［陈命世］[一]

注释：

[一] 陈命世：本志未载。据《同治志》记载："陈命世，顺治丁酉（十四年，1657）科副榜，见乡榜。""陈命世，赠文林郎。妻沈氏、郝氏、姚氏，赠孺人。""文林郎陈命世墓，在长里曾家坝。"蓝勇主编《稀见重庆地方文献汇点》（下）第 790 页云："陈命世，涪州学员。副榜。"

何宪先^[一]，康熙庚午（二十九年，1690）科。

注释：

［一］何宪先：《同治志·副榜》云："何宪先，康熙庚午科。"蓝勇主编《稀见重庆地方文献汇点》（下）第 790 页云：何宪先，涪州学员。副榜。据《何氏世谱》第 110 页，何宪先，字观光，振虞三子。康熙庚午科副榜。任蓬溪县、德阳县教谕。顺治十四年（1657）八月八日吉时生于贵州安化县迎茶园。妣文氏生子鏳字用鼎；继妣杨氏生子鐈字奠鼎。公卒康熙五十八年（1719）五月二十二日午时于德阳学署。

陈理^[一]，康熙庚午（二十九年，1690）科。

注释：

［一］陈理：《同治志·副榜》云："陈理，康熙庚午科。"蓝勇主编《稀见重庆地方文献汇点》（下）第 790 页云：陈理，涪州学员。副榜。

刘作鼎^[一]，康熙己卯（三十八年，1699）科。

注释：

［一］刘作鼎：《同治志·副榜》云："刘作鼎，康熙己卯科。"蓝勇主编《稀见重庆地方文献汇点》（下）第 790 页云：刘作鼎，涪州学员。副榜。

陈廷^[一]，康熙辛卯（五十年，1711）科。

注释：

［一］陈廷：《同治志·副榜》云："陈廷，康熙辛卯科，荣县教谕。"蓝勇主编《稀见重庆地方文献汇点》（下）第 790 页云：陈廷，涪州学员。副榜。

［陈峙］^[一]

注释：

［一］陈峙：本志未载。《同治志》云："陈峙，康熙辛卯科副榜，见乡榜。"蓝勇主编《稀见重庆地方文献汇点》（下）第 790 页云：陈峙，涪州学员。副榜。

周顼^[一]，康熙癸巳（五十二年，1713）万寿科。

注释：

[一] 周顼：《同治志》载："字敬斯，康熙癸巳恩科副榜。"蓝勇主编《稀见重庆地方文献汇点》（下）第 790 页云：周顼，涪州学员。副榜。

[邹旂]^[一]

注释：

[一] 邹旂：《同治志》云："邹旂，康熙甲午（五十三年，1714）科中庚子榜。""邹旂，历任山东朝城、城武，陕西安塞等县知县。""邹旂，以子锡彤赠中宪大夫。妻杜氏，赠恭人。""中宪大夫邹旂墓，在长里深沱。"蓝勇主编《稀见重庆地方文献汇点》（下）第 790 页云："邹旂，涪州学员。副榜。邹旂，历山东朝城、城武、峄县等县及陕西安塞县令。刚正清廉，所至有声，士民戴之。解组归，囊无长物。里居教授，后进多出其门。"第 690 页云："邹旂墓，在州治深沱。"

贡生

明

[刘养谦]^[一]

注释：

[一] 刘养谦：本志未载；《同治志》载："刘养谦，拔贡，东乡县训导。"《四川通志》第六册第 3998 卷一百三十一《选举志十·贡生二·涪州学贡明·拔贡》有刘养谦。蓝勇主编《稀见重庆地方文献汇点》（下）第 786 页记载，刘养谦为拔贡。

[沈映月]^[一]

注释：

[一] 沈映月：本志未载；《同治志》载："沈映月，拔贡，户部司务司主事。"《四川通志》第六册第 3998 卷一百三十一《选举志十·贡生二·涪州学贡明·拔贡》有沈映月。

蓝勇主编《稀见重庆地方文献汇点》（下）第 786 页记载，沈映月为拔贡。

[陈致孝]^[一]

注释：

［一］陈致孝：本志未载；《同治志》载："陈致孝，拔贡。字敬所，详《乡贤》。""陈致孝，诰授中宪大夫。妻刘氏，封恭人。""陈致孝，积学善教，门下多以科第显。事母赵氏，孝子直为陕西鄜县令，迎养祖母及致孝，途遇盗，致孝以身蔽母，曰：'此吾老母也，诸物任将去，万勿惊吾母。'盗义之，无所取而去。陈苓，字济宇，致孝次子。历任良乡令，迁江西广信府，至福建运使。居官十五年，廉声卓著。祀广信府名宦祠。""中宪大夫陈志（本志"志""致"未分）孝墓，在长里莲池沟。"蓝勇主编《稀见重庆地方文献汇点》（下）第 786 页记载，陈致孝为拔贡。第 690 页云："陈致孝墓，在州治莲池沟。"《四川通志》第六册第 3998 卷一百三十一《选举志十·贡生二·涪州学贡明·拔贡》有陈致孝。"致"，蓝勇主编《稀见重庆地方文献汇点》（下）第 485 页作"至"。

[何岑]^[一]

注释：

［一］何岑：本志未载；《同治志》载："何岑，字龙泉，拔贡，陕西知县。""教谕何岑墓。鹤游坪文家坝。"《四川通志》第六册第 3998 卷一百三十一《选举志十·贡生二·涪州学贡明·拔贡》有何岑。蓝勇主编《稀见重庆地方文献汇点》（下）第 786 页云："何岑，涪州学员。拔贡。"据《何氏世谱》第 101 页，何岑，字龙泉，仲山之子。明贡生，陕西兴安州白河县教谕，升白河县知县。勅授文林郎，晋赠中顺大夫，修建中峰寺。生于明天顺八年（1464）甲申三月二十五日卯时，卒于嘉靖三十八年（1559）己未七月初一日酉时，寿九十六岁，自号百岁翁，葬戴太恭人墓左。姚熊氏无出，继姚陈氏生于明成化癸卯十九年（1483）六月十二日辰时，卒嘉靖三十八年己未（1559）八月初四日申时，寿七十八岁。葬戴太恭人墓右，酉山卯向。生四子：长卫、次楚、三秦、四襄。附录：《明勅授孺人何母戴孺人勅授文林郎任陕西白河县教谕升白河县知县何公讳岑字龙泉配姚陈孺人合墓墓志铭》，赐进士出身

太子太保吏部尚书松泉夏邦谟拜撰，赐进士出身福建按察使司佥事黎元书丹，诰授奉直大夫知云南石屏州事姻晚侄曾所能篆盖。珩所何君，余之西席也。茹古含今，乐天养性，乔然有古人风，冢宰廷和，杨公乔新何公仰其方正，欲以为子弟法，延至其家，设绛帐焉。继何君持其父龙泉公，母陈孺人，并祖妣戴太孺人，行状。乞余言为志。余于公，系同邑人。知之甚悉。当无有曾尚丰，所谓非与是者，谨按状：公讳岑，字龙泉，其先德明公，始以宦蜀居涪，二世、三世俱廕"千户"，至王父友亮公，辞职为巴东令，卓有贤声，生敬轩公，以成化丁酉（十三年，1477）贤书，任武安令。戴太孺人其原配也，能读书、识大体，与公之任时，土寇攻城，旦夕将陷。公以事急告太孺人，太孺人怡然曰："人谁不死，苟得其所，足矣！君能为忠臣，我独不能为忠臣妇耶！"无何，城陷被执，窘辱百端，守正不回。虽公义节，足以动贼而获全，亦不可谓非太孺人之内助。生龙泉公，以贡生任陕西白河教谕，升白河知县，数年而归，足不履城市，口不言钱谷，儒雅冲穆，诗酒自娱，常自号"百岁翁"，卒年九十有六。／呜呼！王氏三槐所必者不过富贵，苏子瞻犹叹其奇，矧修短之数，乃系于天者，苟非心清神固，自反无亏，其能期其必得也耶。元配孺人熊无出，葬文家坝，继配儒人陈，相夫教子，颇有钟郝风，生四子：长卫，岁贡生；次楚恩贡生；次秦，州庠生；次襄，恩贡生。楚即珩所君也。君以刚方之气，习与性成。其子环斗又勤学好问，敦厚过人。将来父子接踵，足以光何氏门闾者。盖未有艾，又孰非两世之大节，懿行，使之源远而流长耶。敬轩公，崇祀乡贤，葬中峰寺，戴太孺人另葬文家坝，龙泉公附葬于左，陈孺人附葬于右，俱酉山卯向。铭曰：忠孝所积，威凤祥麟，佳儿佳妇，婉婉恂恂，生也绕膝，没也相亲，酉山之原，馥郁维新，既固且安，以利后人。时大明嘉靖三十八年岁次己未仲秋月立石。

　　［何振虞］[一]

注释：

　　[一] 何振虞：本志未载；《同治志》载："何振虞，字文铎，拔贡。贵州黄平州知州。""知州何振虞墓，在蔺市坪对岸朱砂坪。"《四川通志》第六册第3998卷一百三十一《选举志十·贡生二·涪州学贡明·拔贡》有何振虞。蓝勇主编《稀见重庆地方文献汇点》（下）第786页云：何振虞，涪州学员。拔贡。第690页云："何振虞

墓，在州治朱砂坪，官知州。"据《何氏世谱》第 107 页，振虞（1614–1663），字文铎，士任长子。明诰授奉直大夫。崇祯壬午（十五年，1642）科拔贡，朝考一等，选授湖南靖州通道县知县，升贵州镇远府黄平州知州。卒葬大山场硃砂坪，与况氏合墓。妣况氏（1614–1654）生二子：继先、述先。妣杨氏生二子：宪先、洪先。

［何揖虞］[一]

注释：

［一］何揖虞：本志未载；《同治志》云：何揖虞，拔贡。蓝勇主编《稀见重庆地方文献汇点》（下）第 787 页云：何揖虞，涪州学员。拔贡。据《何氏世谱》第 107 页，揖虞（1632–1717），字思皇，士任四子。岁进士，清诰授文林郎。寿八十六岁。妣李氏（1641–1713），在广西容县生二子：礼先、义先。寿七十二岁。公与妣合葬石堰口宅前印盒山。

［夏友绅］[一]

注释：

［一］夏友绅：本志未载；《同治志》载：夏友绅，拔贡；蓝勇主编《稀见重庆地方文献汇点》（下）第 786 页不载。

［陈计晋］[一]

注释：

［一］陈计晋：本志未载；《同治志》云：陈计晋，字念孜（？），拔贡。蓝勇主编《稀见重庆地方文献汇点》（下）第 789 页云：陈计晋，涪州学员。拔贡。

［陈命世］[一]

注释：

［一］陈命世：本志未载；《同治志》载：陈命世，国朝拔贡。见乡榜；蓝勇主编《稀见重庆地方文献汇点》（下）第 789 页记载，陈命世为国朝拔贡。

　　[陈援世]^{〔一〕}

注释：

　　[一]陈援世：本志未载；《同治志》载："陈援世，字独惺，国朝拔贡。""陈援世，江南蒙城县知县，升寿州知州。""陈援世，赠文林郎。妻张氏，赠孺人。""庠生黄文中妻陈氏，知州陈援世女。剪发拌麻，感（？）履以殓其夫，守节四十七年。""知县陈援世墓。长里三颗石。"蓝勇主编《稀见重庆地方文献汇点》（下）第789页记载，陈援世为国朝拔贡。

　　[陈名世]^{〔一〕}

注释：

　　[一]陈名世：本志未载；《同治志》载：陈名世，字玉夫，国朝拔贡。蓝勇主编《稀见重庆地方文献汇点》（下）第789页记载，陈名世为国朝拔贡。

　　[陈觉世]^{〔一〕}

注释：

　　[一]陈觉世：本志未载；《同治志》载：陈觉世，字伊先，国朝拔贡。蓝勇主编《稀见重庆地方文献汇点》（下）第789页记载，陈觉世为国朝拔贡。

　　[陈用世]^{〔一〕}

注释：

　　[一]陈用世：本志未载；《同治志》载：陈用世，字行可，国朝拔贡。蓝勇主编《稀见重庆地方文献汇点》（下）第789页云：陈用世，涪州学员。拔贡。

　　[陈珮]^{〔一〕}

注释：

　　[一]陈珮：本志未载；《同治志》载：陈珮，字玉也，国朝拔贡。蓝勇主编《稀见重庆地方文献汇点》（下）第789页云：陈佩，涪州学员。拔贡。

［杨嘉祉］[一]

注释：

［一］杨嘉祉：本志未载；《同治志》载："杨嘉祉，国朝拔贡。忠州学正。""教谕杨嘉祉墓。武隆双狮山。"蓝勇主编《稀见重庆地方文献汇点》（下）第789页载，杨嘉祉为国朝拔贡。

［谭本宣］[一]

注释：

［一］谭本宣：本志未载；《同治志》载：谭本宣，明朝岁贡。《四川通志》第六册第3998卷一百三十一《选举志十·贡生二·涪州学贡明·拔贡》有谭本宣。蓝勇主编《稀见重庆地方文献汇点》（下）第786页云：谭本宣，涪州学员。拔贡。

［谭本芳］[一]

注释：

［一］谭本芳：本志未载；《同治志》载：谭本芳，明朝岁贡。蓝勇主编《稀见重庆地方文献汇点》（下）第787页云：谭本芳，涪州学员。拔贡。

［彭万善］[一]

注释：

［一］彭万善：本志未载；《同治志》载：彭万善，明朝岁贡。贵州婺川县教谕。蓝勇主编《稀见重庆地方文献汇点》（下）第786页不载。

［舒展］[一]

注释：

［一］舒展：本志未载；《同治志》载：舒展，明朝岁贡；蓝勇主编《稀见重庆地方文献汇点》（下）第787页载：舒展，明朝恩贡。

夏斐[一]，任大理府知府。

注释：

［一］夏斐：《同治志》载：夏斐，明朝岁贡。云南大理府知府。蓝勇主编《稀见重庆地方文献汇点》（下）第 786 页云：夏斐，涪州学员。拔贡。《四川通志》第六册第 3998 卷一百三十一《选举志十·贡生二·涪州学贡明·拔贡》有夏斐。

［舒龙］^{［一］}

注释：

［一］舒龙：本志未载；《同治志》载：舒龙，明朝岁贡；蓝勇主编《稀见重庆地方文献汇点》（下）第 787 页载：舒龙，明朝恩贡。

［谭文明］^{［一］}

注释：

［一］谭文明：本志未载；《同治志》载：谭文明，明朝岁贡；蓝勇主编《稀见重庆地方文献汇点》（下）第 786 页载：谭文明，明朝恩贡。

［谭文朗］^{［一］}

注释：

［一］谭文朗：本志未载；《同治志》载：谭文朗，明朝岁贡。南京应天府同知。蓝勇主编《稀见重庆地方文献汇点》（下）第 786 页载：谭文朗，明朝恩贡。

王用^{［一］}，任荆门州知州。

注释：

［一］王用：《同治志》载："王用，明朝岁贡。湖北荆门州知州，转刑部郎中，加赠三品。""郎中王用墓。白里小溪，已仕。"蓝勇主编《稀见重庆地方文献汇点》（下）第 786 页载：第 689 页云："王用墓，在州治小溪，官郎中。"

刘步武^{［一］}，任南宁县知县。

注释：

［一］刘步武：《同治志》载："刘步武，明朝岁贡。湖广宜城县知县。""知县刘步武墓，在长里凤凰山。"《四川通志》第六册第 3998 卷一百三十一《选举志十·贡生二·涪州学贡明·拔贡》有刘步武。蓝勇主编《稀见重庆地方文献汇点》（下）第 786 页载：刘步武，明朝恩贡。涪陵《刘氏宗谱》第 22 页《明朝乡科》作"刘步武，嘉靖己酉科。"

［谭寿封］^{［一］}
注释：

［一］谭寿封：本志未载；《同治志》载：谭寿封，明朝岁贡。南京应天府通判。蓝勇主编《稀见重庆地方文献汇点》（下）第 786 页载：谭寿封，明朝恩贡。《四川通志》第六册第 3998 卷一百三十一《选举志十·贡生二·涪州学贡明·拔贡》有谭寿封。

［杨泰来］^{［一］}
注释：

［一］杨泰来：本志未载；《同治志》载：杨泰来，明朝岁贡。湖广绥宁县知县。《四川通志》第六册第 3998 卷一百三十一《选举志十·贡生二·涪州学贡明·拔贡》有杨泰来。蓝勇主编《稀见重庆地方文献汇点》（下）第 787 页云：杨泰来，涪州学员。拔贡。

［熊闻］^{［一］}
注释：

［一］熊闻：本志未载；《同治志》载：熊闻，明朝岁贡。浙江兰溪县知县。《四川通志》第六册第 3998 卷一百三十一《选举志十·贡生二·涪州学贡明·拔贡》有熊闻。蓝勇主编《稀见重庆地方文献汇点》（下）第 787 页云：熊闻，涪州学员。拔贡。

文行^{［一］}，任辰州府通判。
注释：

［一］文行：《同治志》载：文行，明朝岁贡。湖南辰州府通判。《四川通志》第六册第

3998 卷一百三十一《选举志十·贡生二·涪州学贡明·拔贡》有文行。蓝勇主编《稀见重庆地方文献汇点》(下)第 787 页云：文行，涪州学员。拔贡。刘蕴《白云书院记》，文云："凤凰山，去州治七十里。秀发迥异，降钟多才。宋有李椿甲科，接武簪缨旧族，一门三举神童。唐有冉评事亦当时俊杰，但碑记残缺。荒烟燐燹之余，其祥不可稽者多矣。本朝明洪武间，余先人卜居山下。宏［弘］治间，余幸得科第，备司谏职。一日，乡人梦凤山动摇，而余宅旁有巨石中裂，声如劈薪，数刻乃已。而余以言事落职，韦褐家食，然则山灵真有韬敛期待之意？与山之顶益高益奇，如绘如铸。一登眺间，东望黔、彭，南望金山，西极真、播诸郡，如堆众皱，俯视人寰，不啻泛春水船游天河之表。凤山之妙为已极矣，逮夫北望，数里峰峦清耸。摄衣陟其巅，凤山又如在膝，是盖母脉也。来形如奔，住势如蹲。左右之山，卫护如藩。苍松发响如涛，修竹森列如戟，野猿、山鹿、鸟雀之狎食，如驯调舌引吭，山禽之弄音如笛。山合处仅通人。行如关，而水声淙淙，如敲金石，四时云气附，山木如盖如练，如素衣卷舒聚散之异态，俗号为白云观。成化初，有衲子结庐，居此十余载。山高气寒，凡所播种，风霾夺其稔，鼠雀啮之。既老，衲惟啖乌豆而已，人因称为乌豆禅师。迨老衲既没，胜地成墟。越廿余年，僧澄玉子星续观至。乡人更延之诛茆，筑土开辟，勤垦以时以岁，则山谷回阳，风霆扇煖，螟螣潜消。陆产之谷播之，宜土而有成。山若增采，人若增气，岂物理久晦而当丰与［欤］？亦耕者之为力有勤惰与［欤］？抑亦地之旺气流转，他有嘉兆不系乎释子之去来欤？皆未可知，乡人重为捐赀，戮力鼎新。正堂五间，肖佛像，安僧于堂之旁。连甃为庖浴所，未讫工，澄玉子星相继沦没，观率其徒觉兴、宗鉴、宗正嗣葺而享其成。余侄威武、步武、绍武及诸生沈洪、文行、沈崇、曾栋读书其间，慨异境，据于学，幻而咨嗟，绻恋之，弗置。余曰：得毋介甫争墩意乎？夫山水之胜，造物不能私而付于人。其性之嗜山水者，或为亭榭以供眺望，不则为浮屠、精舍，释子守之，使佳山胜水不致埋没于荒烟蔓草间耳，非为浮屠人设也。岂浮屠人所得私哉？兹白云关新宇既成，有释子为之守，而诸生肄业于此，则山水之胜，不致埋没。第恐愚者不悟，误以诵读流览之地为释子传灯之地。弃孔孟之道而从杨墨，则人心风俗至于大坏。是兹，余之命名不可以不慎也。余因题其扁曰：白云书院。置经、书、子、史四科书籍于堂之壁，为四柜贮之，供诸生诵读。续观知时务，达道理，忖度予意。拜而言曰：山僧为大人先生看守此籍，贤于东坡玉带远矣。余亦忘其道之可拒，而乐其人之可取，于是乎为文刻诸石。通判文行墓。长里花垣坝。"

文羽书^[一]

注释：

[一]文羽书：《同治志》载：文羽书，明朝岁贡；"照磨文羽书墓。长里至道观。"《四川通志》第六册第3999卷一百三十一《选举志十·贡生二·涪州学贡明》有文羽书。蓝勇主编《稀见重庆地方文献汇点》（下）第787页云：文羽书，涪州学员。拔贡。

夏子霄^[一]

注释：

[一]夏子霄：《同治志》载：夏子霄，明朝岁贡；《四川通志》第六册第3999卷一百三十一《选举志十·贡生二·涪州学贡明》有夏子霄。蓝勇主编《稀见重庆地方文献汇点》（下）第787页载：夏子霄，明朝恩贡。"夏子霄，涪州学员。拔贡。"

谭嘉礼^[一]

注释：

[一]谭嘉礼：《同治志》载：谭嘉礼，明朝岁贡。湖广汉阳府同知。蓝勇主编《稀见重庆地方文献汇点》（下）第788页云：谭嘉礼，涪州学员。拔贡。《四川通志》第六册第3999卷一百三十一《选举志十·贡生二·涪州学贡明》有谭嘉礼。

[谭子俊]^[一]

注释：

[一]谭子俊：本志未载；《同治志》载：谭子俊，明朝岁贡。蓝勇主编《稀见重庆地方文献汇点》（下）第787页云：谭子俊，涪州学员。拔贡。《四川通志》第六册第3999卷一百三十一《选举志十·贡生二·涪州学贡明》有谭子俊。

刘养高^[一]

注释：

[一]刘养高：《同治志》载：刘养高，明朝岁贡。蓝勇主编《稀见重庆地方文献汇点》（下）第787页云：刘养高，涪州学员。拔贡。《四川通志》第六册第3999卷一百三十一

《选举志十·贡生二·涪州学贡明》有刘养高。

夏永[一]
注释：

[一]夏永：《同治志》作夏允，明朝岁贡。河南永城县知县。"知县夏允墓，在白里鹤游坪郝家山。"《四川通志》第六册第3999卷一百三十一《选举志十·贡生二·涪州学贡明》有夏允。蓝勇主编《稀见重庆地方文献汇点》（下）第788页云：夏允，涪州学员。拔贡。有《明勅授文林郎知巴东县事何公讳友亮妣何母宋孺人合墓墓志铭》，特授河南永城县知县夏允篆盖。诸书记载存在"允""永"之别。本志作"永"；《同治志》《四川通志》、蓝勇主编《稀见重庆地方文献汇点》（下）作"允"。

程九万[一]，任知州。
注释：

[一]程九万：《同治志》载：程九万，明朝岁贡。知州。《四川通志》第六册第3999卷一百三十一《选举志十·贡生二·涪州学贡明》有程九万。蓝勇主编《稀见重庆地方文献汇点》（下）第788页云：程九万，涪州学员。拔贡。

夏潢[一]，任赣州府通判。
注释：

[一]夏潢：《同治志》载：夏潢，明朝岁贡。江西赣州府知府。《四川通志》第六册第3999卷一百三十一《选举志十·贡生二·涪州学贡明》有夏潢。蓝勇主编《稀见重庆地方文献汇点》（下）第788页云：夏潢，涪州学员。拔贡。

刘养谦[一]，任教谕。
注释：

[一]刘养谦：《同治志》载，刘养谦，东乡县训导。《四川通志》第六册第3998卷一百三十一《选举志十·贡生二·涪州学贡明》有刘养谦。蓝勇主编《稀见重庆地方文献汇点》（下）无载。

刘怀德^[一]，<small>任无为县丞。</small>

注释：

［一］刘怀德：《同治志》载：刘怀德，明朝岁贡。无锡县县丞。《四川通志》第六册第 3999 卷一百三十一《选举志十·贡生二·涪州学贡明》有刘怀德。蓝勇主编《稀见重庆地方文献汇点》（下）第 788 页云：刘怀德，涪州学员。拔贡。

毛来竹^[一]，<small>任两淮盐运使。</small>

注释：

［一］毛来竹：《同治志》载：毛来竹，明朝岁贡。两淮盐运使。《四川通志》第六册第 3999 卷一百三十一《选举志十·贡生二·涪州学贡明》有毛来竹。蓝勇主编《稀见重庆地方文献汇点》（下）第 788 页云：毛来竹，涪州学员。拔贡。

夏国淳^[一]，<small>任大理府通判。</small>

注释：

［一］夏国淳：《同治志》载：夏国淳，明朝岁贡，已仕；《四川通志》第六册第 3999 卷一百三十一《选举志十·贡生二·涪州学贡明》有夏国淳。蓝勇主编《稀见重庆地方文献汇点》（下）第 788 页云：夏国淳，涪州学员。拔贡。

谭嘉宾^[一]

注释：

［一］谭嘉宾：《同治志》载：谭嘉宾，明朝岁贡。山东知州。《四川通志》第六册第 3999 卷一百三十一《选举志十·贡生二·涪州学贡明》有谭嘉宾。蓝勇主编《稀见重庆地方文献汇点》（下）第 788 页云：谭嘉宾，涪州学员。拔贡。

黎民望^[一]

注释：

［一］黎民望：《同治志》载：黎民望，明朝岁贡；《四川通志》第六册第 3999 卷一百三十一《选举志十·贡生二·涪州学贡明》有黎民望。蓝勇主编《稀见重庆地方

文献汇点》（下）第 788 页云：黎民望，涪州学员。拔贡。

夏思旦^[一]，任顺州知州。

注释：

[一] 夏思旦：《同治志》载：夏思旦，明朝岁贡，已仕；《四川通志》第六册第 3999
卷一百三十一《选举志十·贡生二·涪州学贡明》有夏思旦。蓝勇主编《稀见重庆地
方文献汇点》（下）第 788 页云：夏思旦，涪州学员。拔贡。

曹愈彬^[一]

注释：

[一] 曹愈彬：《同治志》载：曹愈彬，明朝岁贡，已仕；《四川通志》第六册第 3999
卷一百三十一《选举志十·贡生二·涪州学贡明》有曹愈彬。蓝勇主编《稀见重庆地
方文献汇点》（下）第 788 页云：曹愈彬，涪州学员。拔贡。

文物^[一]，任训导。

注释：

[一] 文物：《同治志》载：文物，明朝岁贡。训导。《四川通志》第六册第 3999 卷
一百三十一《选举志十·贡生二·涪州学贡明》有文物。蓝勇主编《稀见重庆地方文
献汇点》（下）第 788 页云：文物，涪州学员。拔贡。

夏可涧^[一]，任训导。

注释：

[一] 夏可涧：《同治志》载：夏可涧，明朝岁贡。训导。《四川通志》第六册第
3999 卷一百三十一《选举志十·贡生二·涪州学贡明》有夏可涧。蓝勇主编《稀见重
庆地方文献汇点》（下）第 788 页云：夏可涧，涪州学员。拔贡。

［夏可裳］^[一]

注释：

［一］夏可裳：本志未载；《同治志》载：夏可裳，明朝岁贡。贵州桂阳府训导。"训导夏可裳墓。贵州贵阳县。"《四川通志》第六册第 3999 卷一百三十一《选举志十·贡生二·涪州学贡明》有夏可裳。蓝勇主编《稀见重庆地方文献汇点》（下）第 788 页云：夏可赏，涪州学员。拔贡。

蔺希夔^[一]

注释：

［一］蔺希夔：《同治志》无载；蓝勇主编《稀见重庆地方文献汇点》（下）无载。蔺希夔（1555-1626）：号云门，明代涪州人。明万历四十六年（1618）副榜。潜心理学，知识渊深，向其问学者甚多。有劝其入仕者，他说："名教中自有乐地，何以官为？"额其庐曰：万松窝。工书能文，书学赵子昂，兼六朝碑，脱尽时俗，秀丽刚劲，时人宝之。著有《易注》行世。被列为涪陵乡贤。参见《涪陵辞典》第 673 页"蔺希夔"条、《历代名人与涪陵》第 119-120 页《明代涪州〈易注〉作者蔺希夔》。

潘腾瑞^[一]

注释：

［一］潘腾瑞：《同治志》载：潘腾瑞，明朝岁贡；蓝勇主编《稀见重庆地方文献汇点》（下）第 787 页云：潘腾瑞，涪州学员。拔贡。

文可黼^[一]，任长泰县知县。

注释：

［一］文可黼：《同治志》载：文可黼，明朝岁贡，以荫贡任长泰知县。"文可黼，作之子。《长泰志》：公以荫贡任长泰令。家素裕，下车值岁祲，出私钱赈之。听讼见诸生必起立，催科揭榜通衢，民如期输纳无逋者。逐梨园，禁巫觋，抑权贵。旧例赋入有耗羡，到任新春，有铺陈执事，公悉却之。吏曰：此例也。公曰：例之陋者宜革。或曰：革羡余，宜并革赎锾。公曰：羡余，民之膏血，安忍取之？赎锾以罚有罪，无赎锾是无法也。且吾藉此葺先贤祠宇，又何私焉？会御史行部，有权贵恨公者，密投揭毁

公，御史厉色临之。公侃侃争辩，拂衣解印绶告归。泰民闻之，相率呼噪，御史召问状，慰曰：吾还汝令矣。公入谢，御史以揭示之，且诫曰：事贤友仁圣之言足为著。蔡公应曰：惟贤故亲，用仁故可友，圣训原自不错。御史改容谢之。期年卒于官。民罢市巷哭，私谥清毅。可黻母氏陈，目瞽，尽心孝养，饮食不假婢妪手，积三十年如一日，母年九十卒。庐墓三载。""知县文可黻墓，在长里致远桥。"《四川通志》第六册第3999卷一百三十一《选举志十·贡生二·涪州学贡明》有文可黻。蓝勇主编《稀见重庆地方文献汇点》（下）第788页云：文可黻，涪州学员。拔贡。

　　王宸极^[一]，任弥勒州知州。

注释：

　　[一]王宸极：《同治志》载：王宸极，明朝岁贡。弥勒州知州。《四川通志》第六册第3999卷一百三十一《选举志十·贡生二·涪州学贡明》有王宸极。蓝勇主编《稀见重庆地方文献汇点》（下）第788页云：王宸极，涪州学员。拔贡。

　　文可聘^[一]，任郧西县知县。

注释：

　　[一]文可聘：《同治志》载：文可聘，明朝岁贡。湖北郧西县知县。"知县文可聘墓，在长里马援坝。"《四川通志》第六册第3999卷一百三十一《选举志十·贡生二·涪州学贡明》有文可聘。

　　张于廷^[一]

注释：

　　[一]张于廷：《同治志》载：张于廷，明朝岁贡；蓝勇主编《稀见重庆地方文献汇点》（下）第787页作张于庭，云：张于庭，涪州学员。拔贡。

　　文可时^[一]，任训导。

注释：

　　[一]文可时：《同治志》载：文可时，明朝岁贡。训导。《四川通志》第六册第

3999 卷一百三十一《选举志十·贡生二·涪州学贡明》有文可时。蓝勇主编《稀见重庆地方文献汇点》（下）第 788 页云：文可时，涪州学员。拔贡。

罗瑛[一]，任训导。

注释：

[一] 罗瑛：《同治志》载：罗暎，明朝岁贡。训导。"罗瑛，年近百岁，名镌白鹤梁。"《四川通志》第六册第 3999 卷一百三十一《选举志十·贡生二·涪州学贡明》有罗瑛。蓝勇主编《稀见重庆地方文献汇点》（下）第 788 页云：罗瑛，涪州学员。拔贡。诸书记载存在"瑛""暎"之别。本志、《四川通志》、蓝勇主编《稀见重庆地方文献汇点》（下）作"瑛"；《同治志》作"暎"。罗瑛是白鹤梁题名人，见于《七叟胜游》题刻。

朱乾祚[一]

注释：

[一] 朱乾祚：《同治志》载：朱乾祚，明朝岁贡。《四川通志》第六册第 3998 卷一百三十一《选举志十·贡生二·涪州学贡明》有朱乾祚。蓝勇主编《稀见重庆地方文献汇点》（下）第 787 页云：朱乾祚，涪州学员。拔贡。

夏世登[一]

注释：

[一] 夏世登：《四川通志》第六册第 3998 卷一百三十一《选举志十·贡生二·涪州学贡明》有夏世登。蓝勇主编《稀见重庆地方文献汇点》（下）第 787 页云：夏世登，涪州学员。拔贡。

朱德盛[一]

注释：

[一] 朱德盛：《同治志》载：朱德盛，明朝岁贡。《四川通志》第六册第 3998 卷一百三十一《选举志十·贡生二·涪州学贡明》有朱能盛。蓝勇主编《稀见重庆地方文献汇点》（下）第 787 页云：朱能盛，涪州学员。拔贡。诸书记载存在"德""能"之

别。本志、《同治志》作"德";《四川通志》、蓝勇主编《稀见重庆地方文献汇点》(下)作"能"。

文可后^[一]，<small>任教谕。</small>

注释：

[一]文可后：《同治志》载：文可后，明朝岁贡。教谕。《四川通志》第六册第 3998 卷一百三十一《选举志十·贡生二·涪州学贡明》有文可后。蓝勇主编《稀见重庆地方文献汇点》(下)第 787 页云：文可后，涪州学员。拔贡。

廖能预^[一]

注释：

[一]廖能预：《同治志》载：廖能预，明朝岁贡。《四川通志》第六册第 3998 卷一百三十一《选举志十·贡生二·涪州学贡明》有廖能预。蓝勇主编《稀见重庆地方文献汇点》(下)第 787 页云：廖能预，涪州学员。拔贡。

文可修^[一]

注释：

[一]文可修：《同治志》载：文可修，明朝岁贡。《四川通志》第六册第 3998 卷一百三十一《选举志十·贡生二·涪州学贡明》有文可修。蓝勇主编《稀见重庆地方文献汇点》(下)第 787 页云：文可修，涪州学员。拔贡。

王艺极^[一]

注释：

[一]王艺极：《同治志》载：王艺极，明朝岁贡。《四川通志》第六册第 3998 卷一百三十一《选举志十·贡生二·涪州学贡明》有王艺极。蓝勇主编《稀见重庆地方文献汇点》(下)第 787 页云：王艺极，涪州学员。拔贡。

王家楫^[一]

注释：

［一］王家楫：《同治志》载：王家楫，明朝岁贡。《四川通志》第六册第 3998 卷一百三十一《选举志十·贡生二·涪州学贡明》有王家楫。蓝勇主编《稀见重庆地方文献汇点》（下）第 787 页云：王家楫，涪州学员。拔贡。

刘道^{［一］}，任教授。

注释：

［一］刘道：《同治志》载：刘道，明朝岁贡。教授。"刘道，梓潼观，刘道建，并捐置田百亩。""刘道、年近百岁，名镌白鹤梁。"蓝勇主编《稀见重庆地方文献汇点》（下）第 788 页云：刘道，涪州学员。拔贡。刘道系白鹤梁题名人，见于《七叟胜游》题刻。

夏子彦^{［一］}

注释：

［一］夏子彦：《同治志》载：夏子彦，明朝岁贡、恩贡。蓝勇主编《稀见重庆地方文献汇点》（下）第 787 页云：夏子彦，涪州学员。拔贡。

文壁

谭元善^{［一］}，任教谕。

注释：

［一］谭元善：《同治志》载：谭元善，明朝岁贡。教谕。蓝勇主编《稀见重庆地方文献汇点》（下）第 788 页云：谭元善，涪州学员。拔贡。

郑于乔^{［一］}，任教授。

注释：

［一］郑于乔：《同治志》载：郑于乔，明朝岁贡。教授。蓝勇主编《稀见重庆地方文献汇点》（下）第 788 页云：郑于乔，涪州学员。拔贡。

文可佩^[一]

注释:

[一]文可佩:《同治志》载:文可珮,明朝岁贡。蓝勇主编《稀见重庆地方文献汇点》(下)第 787 页云:文可佩,涪州学员。拔贡。

汪文曙^[一]

注释:

[一]汪文曙:《同治志》载:汪文曙,明朝岁贡。蓝勇主编《稀见重庆地方文献汇点》(下)第 787 页云:汪文曙,涪州学员。拔贡。

沈映月^[一]

注释:

[一]沈映月:《同治志》载:沈映月,户部司务司主事。蓝勇主编《稀见重庆地方文献汇点》(下)无载。

陈计晋^[一]

注释:

[一]陈计晋:《同治志》作陈计定,明朝岁贡。贵州贵阳府通判。"通判陈计定墓。城南后溪。"蓝勇主编《稀见重庆地方文献汇点》(下)第 788 页云:陈计定,涪州学员。拔贡。

夏道硕

何振虞^[一]

注释:

[一]何振虞:《同治志》载:何振虞,明朝岁贡。贵州黄平州知州。"知州何振虞墓,在蔺市坪对岸朱砂坪。"蓝勇主编《稀见重庆地方文献汇点》(下)第 690 页云:"何振虞墓,在州治朱砂坪,官知州。"

刘之益[一]

注释：

［一］刘之益：《同治志》载：刘之益，明朝岁贡。"贡生刘之益墓。长里钱家湾。"又"文刘氏，刘天民女，参议刘之益女兄也。崇正甲申（十七年，1644）随夫人文可衡避乱。夫出，遇贼被杀。女闻，触石死。"蓝勇主编《稀见重庆地方文献汇点》（下）第788页云：刘之益，涪州学员。拔贡。第892页云："庠生文可衡妻刘氏，崇祯甲申，夫妇避兵于乡，夫被贼伤，氏触石死。"《刘氏宗谱》第149页《刘氏生忌》云："四仙公（刘之益），万历庚戌年五月初九日寅时生，康熙癸酉年四月十二日申时忌；继叶氏，崇祯庚辰年四月初十日酉时生，雍正乙巳年七月十六日忌。"《刘氏宗谱》第141页收录有文航一《贺四仙公生子诗》，诗云："天边虹气夜来横，忽听孩声香满营。兆在知非符牧子，瑞经学易有徐卿。五常马氏眉先白，千里龙文骨较清。青琐丹心食荫远，吹篪早已应难凡。"又第142页收录有《鲍秀伯讳尔俊陕西长安人赠四仙公诗》，诗云："涪陵刘夫子，直与商山侪。轩冕掷如遗，乐偿清闲债。妻子足衣食，童仆乏愚蚩。草屋带烟霞，石田多松桧。邀山开素心，临流发洪籁。身在天地中，心在天地外。回首长安人，荣禄真粃稗。我家青门东，景风生慕爱。归也学种瓜，尽拈书帙卖。第恐秦岭云，忽幻仓狗态。念此愁心膈，不觉面颜败。"又第142-143页收录有陈俊《赠四仙公诗》，诗云："八旬绝不似年高，健历九朝桑海涛。乱必瘗亲全子职，仕能抗敌立臣操。书工鹅换千笺雅，诗具仙风一世豪。况复逸怀山水癖，鹤袍驴背隐东皋。"又第145页收录有《萧公祖，字薇翰，讳星拱，江西南城人，任涪陵刺史，升渝州太守赠四仙公诗》，诗云："羡君积德有余光，耆耄期颐福寿昌。清白源流敦孝弟，子孙繁衍继书香。声闻海内芝兰秀，名播寰区桂萼芳。忠厚相传绵且远，阀阅人家世泽长。"刘之益，白鹤梁题名人。

文晓[一]

注释：

［一］文晓：《同治志》载：文晓，明朝岁贡。"文姑，文晓女。甲申之变，随父避乱酉阳。途次遇贼，欲犯之。姑怒曰：'我名家女，岂受辱耶！'贼鞭箠交下，百折不从。其夜乘隙自缢死，巡抚文公有菴［庵］，葬之，为树石。"蓝勇主编《稀见重庆地方文献汇点》（下）第787页云：文晓，涪州学员。拔贡。第891页云："文晓女。崇祯末，

随父避兵酉阳。途遇贼，欲犯之。女怒曰：'我名家女，岂受辱耶！'贼鞭挞交下，百折不从。至夜乘隙自经死。"

张天麟[一]，任周至县丞。

注释：

[一]张天麟：《同治志》载：张天麟，明朝岁贡。陕西周至县县丞。蓝勇主编《稀见重庆地方文献汇点》（下）第788页云：张天麟，涪州学员。拔贡。

文珂[一]

注释：

[一]文珂：《同治志》载：文珂，明朝岁贡。《同治志》收录《题飞泉桥》（桥系刘秋佩之女钱节妇捐资建），文云："父忠女烈傲严霜，人迹平桥客路长。问是何年成砥柱，溪头流出柏舟香。""知县文珂墓。长里花垣坝。""天福桥，给谏刘秋佩女钱节妇捐修，明文珂志以诗。"蓝勇主编《稀见重庆地方文献汇点》（下）第787页云：文珂，涪州学员。拔贡。《刘氏宗谱》第146页亦有收录，作《文奚仲先生题钱节妇飞泉桥诗》。又第141–142页收录有《同里文奚仲先生讳珂祝四仙公寿诗》，诗云："欲向南山写祝诗，耄耋不惯作支词。记得儿童曾共塾，藏书深处君先知。邺架千厢分甲乙，尺疏但与白云随。青琐孤忠贻燕翼，神羊一绥缕缕丝。君身一人承先后，生来不屑寄人篱。北渡洞中持俎豆，夜月中流苏子期。几番踢碎蜀江锦，峨嵋山月隐潢池。始终为明从六诏，神龙风雨恨未迟。归来渐看凤毛长，笔诀诗词倾囊遗。去年桂发为宁馨，春来又见八砖移。棘闱已见忠魂护，学士青钱更何疑。共看桃花映彩舞，蕉叶连绵竹醉时。"第144页收录有《文奚仲先生癸亥天中后四日祝四仙公寿》诗，诗云："年年风雨过君门，此会将开玉历元。莫虑传经已蠹老，须知洗砚有鱼吞。榴红喷火占廷瑞，柳汁染衣认旧痕。秋月春华佐彩舞，刘伶应末计芳尊。"

向日赤[一]

注释：

[一]向日赤：《同治志》载：向日赤，明朝岁贡。"向日赤妻黄氏，守节廿九年。"

蓝勇主编《稀见重庆地方文献汇点》（下）第 787 页云：向日赤，涪州学员。拔贡。第 916 页云："贡生向日赤继妻黄氏，日赤被贼害，氏矢志坚贞，甘心穷约。抚二子成立婚娶，子与媳又相继而亡，复抚幼孙远鹏成立，举于乡。"

向牖螭[一]

注释：

[一] 向牖螭：《同治志》载：向牖螭，字子亮，明朝岁贡。"向牖螭，云南曲靖府推官，事具《乡贤》。""向牖螭，字子亮，鼎之子。兵燹后家赤贫，隐居琼崖，非公事不至公庭。""乡贤向牖螭墓，在云里东青驿。"蓝勇主编《稀见重庆地方文献汇点》（下）第 788 页云：向牖螭，涪州学员。拔贡。《刘氏宗谱》第 143–144 页收录有《向子亮先生讳牖螭祝四仙公寿》诗，诗云："七叟当年纪胜游（先生令祖葵菴公与先祖瀛台公契交，计好友七人，今江心石鱼间犹有七叟胜游石刻），何修更与罗瑛侪。弧悬每值榴花艳，酒熟偏逢梅雨收。不展纶竿叶梦卜，惟耽枰局老樵樆。虽然素逊刘伶饮，却喜歌钟宴醉侯。"

[周伯鱼][一]

注释：

[一] 周伯鱼：本志未载；《同治志》载：周伯鱼，字跃湍，明朝岁贡。蓝勇主编《稀见重庆地方文献汇点》（下）第 788 页云：周伯鱼，涪州学员。拔贡。

[袁柄][一]

注释：

[一] 袁柄：本志未载；《同治志》载：袁柄，明朝岁贡。蓝勇主编《稀见重庆地方文献汇点》（下）第 788 页作袁炳，云：袁柄，涪州学员。拔贡。

[谭应简][一]

注释：

[一] 谭应简：本志未载；《同治志》载：谭应简，明朝岁贡。广安州学正。蓝勇主编《稀见重庆地方文献汇点》（下）第 788 页云：谭应简，涪州学员。拔贡。

[何文韩][一]

注释：

[一]何文韩：本志未载；《同治志》载：何文韩，明朝岁贡。陕西商州学正。蓝勇主编《稀见重庆地方文献汇点》（下）第788页云：何文韩，涪州学员。拔贡。据《何氏世谱》第101页，何文韩，何崇之子。明岁贡生，任陕西商州直隶州学正。何文韩修有族谱，生子学中、化中。《何氏世谱》第15页收录有《明·文韩公谱序》。

[夏景铨][一]

注释：

[一]夏景铨：本志未载；《同治志》载：夏景铨，明朝岁贡，酉阳学。"教谕夏景铨墓，在长寿官斗山。"蓝勇主编《稀见重庆地方文献汇点》（下）第787页云：夏景铨，涪州学员。拔贡。《四川通志》第六册第3998卷一百三十一《选举志十·贡生二·涪州学贡明》有夏景铨。

[夏景鑛][一]

注释：

[一]夏景鑛：本志未载；《同治志》载：夏景鑛，明朝岁贡。《四川通志》第六册第3998卷一百三十一《选举志十·贡生二·涪州学贡明》有夏景鑛。蓝勇主编《稀见重庆地方文献汇点》（下）第787页云：夏景鑛，涪州学员。拔贡。

[夏景先][一]

注释：

[一]夏景先：本志未载；《同治志》载：夏景先，字肖祖，明朝岁贡，已仕。蓝勇主编《稀见重庆地方文献汇点》（下）第788页云：夏景先，涪州学员。拔贡。

[何楚][一]

注释：

[一]何楚：本志未载；《同治志》载：何楚，字珩所，明朝岁贡，已仕；蓝勇主编《稀

见重庆地方文献汇点》（下）第788页云：何楚，涪州学员。拔贡。据《何氏世谱》第101页，何楚，字珩所，岑公次子。明恩贡生，勅授文林郎，任湖北松滋县知县，入名宦，崇祀乡贤祠。公孝行纯笃，七岁尝粪疗父病，友爱兄弟。生明正德十一年丙子（1516）四月十六日午时，卒万历二十九年辛丑（1601）四月十六日子时，寿八十五岁，葬涪州鹤游坪文家坝，酉山卯向。妣吴氏，生明正德十二年丁丑（1517）七月二十四日戌时，殁万历二十九年辛丑四月二十八日亥时，寿八十四岁，与楚公合葬。生一子以让。附录：《明勅授文林郎恩贡生湖北松滋县知县入名宦崇祀乡贤祠何公讳珩所（楚）妣吴孺人合墓墓志铭》，赐进士出身陕西参政里人谭棨拜撰，赐进士出身广东监察御史刘养充书丹，诰授奉直大夫任陕州知州文羽麟篆盖。忠孝之行，君子之大节也。然非发于至性，则必行焉，而或强稀焉而不诚。即能于宜家，不能宜于国，而欲其不愧也，难矣！环斗何君既改葬其父珩所先生、母吴孺人，兼其余言以为志。呜呼！余于先生，盖知之详矣。先生之德行政事，涪之大夫、小民及楚之妇人、孺子，无不闻而乐道之矣。余虽有言，何足为公荣哉！按状：公讳楚，字珩所。其王父敬轩公任武安令，慷慨抗贼，大义凛然。父龙泉公生四子，公其仲也。年七龄，遘龙泉公疾，涕泗横流，寝食俱废，即毅然尝粪以辨吉凶。龙泉公顾而泣曰："吾家以孝相传，孺子如此，无恨矣。"及长、言行不苟，茹古含今。冢宰杨二明、夏松泉，工部尚书何来山数先生仰其懿行，欲借以式子弟，竟投刺纳执邀，设绛帐。公以二人在堂，一过诹归，虽秋闱不售，亦安之怡然。不易菽水之乐，问寝侍膳，色养无违。娶孺人吴亦能相与有成。克终厥德。故里巷之称至行者，无不啧啧以公为最。当路交荐于朝，以贡生任楚之松滋令。其居官也，明正直毅，贞声节用，爱人易事。惟悦感德者，竖立生祠；歌功者，潜为颂祷。而公目不略视、耳若罔闻。列宪重其为人，交章扬荐，崇祀乡贤。／嗟乎，公之行谊如此，岂行而或强饰而不实者乎？又岂宜于家而不宜于国者乎？语曰："求忠臣必于孝子之门！"余于先生不将益信也耶。解组后，父母继殁，惟与伯兄卫、仲秦相依，事之如父。老而愈谨，所得禄余，咸以推瞻族人，不肯少为居积。生一子以让，登万历戊子（十六年，1588）贤书，由武昌县令转升大名知府。即今之所称："处处甘棠，依依鸟鸟。"敕建懿孝名儒坊者，其龙泉公之所谓以孝相承积而弥光者耶！公享年八十有五，与吴孺人俱葬鹤游坪之文家坝，公左吴右，卯山酉向。／铭曰：以公为子，黄香不死；以公为臣，召杜同伦。兹山之侧，为公之宅，可掩者其形，不掩者其德。炳炳焉，麟麟焉，余能状公之形，不能料公之泽。

/时大明万历三十二年（1604）岁次甲辰秋九月立石。

[何卫]^[一]

注释：

[一]何卫：本志未载；《同治志》载：何卫，明朝岁贡。蓝勇主编《稀见重庆地方文献汇点》（下）第787页云：何卫，涪州学员。拔贡。据《何氏世谱》第101页，何卫，字震川，岑公长子。明贡生，与弟楚、襄，侄以信俱有文名，号公为大川，楚为小川，襄为季川，以信为少川，谓之何氏四川。妣周氏无出。

[周大江]^[一]

注释：

[一]周大江：本志未载；《同治志》载：周大江，字梓溪，明朝岁贡，已仕。蓝勇主编《稀见重庆地方文献汇点》（下）第788页云：周大江，涪州学员。拔贡。

[何仕修]^[一]

注释：

[一]何仕修：本志未载；《同治志》载：何仕修，明朝岁贡。蓝勇主编《稀见重庆地方文献汇点》（下）第787页云：何士修，涪州学员。拔贡。据《何氏世谱》第104页，何士修，字笛浦，以让四子。明贡生，两次副榜。妣张氏，生二子：光虞、盛虞。生于黔江。

[侯于鲁]^[一]

注释：

[一]侯于鲁：本志未载；《同治志》载：侯于鲁，明朝岁贡。蓝勇主编《稀见重庆地方文献汇点》（下）第787页云：侯于鲁，涪州学员。拔贡。

[陈善世]^[一]

注释：

[一]陈善世：本志未载；《同治志》载：陈善世，字德飞，明朝岁贡。蓝勇主编《稀

见重庆地方文献汇点》（下）第 788 页云：陈善世，涪州学员。拔贡。

　　[陈计大]^[一]

注释：

　　[一]陈计大：本志未载；《同治志》载：陈计大，字聚星，明朝岁贡，已仕。蓝勇主编《稀见重庆地方文献汇点》（下）第 788 页云：陈计大，涪州学员。拔贡。

　　[刘养廉]^[一]

注释：

　　[一]刘养廉：本志未载；《同治志》载：刘养廉，明朝岁贡。蓝勇主编《稀见重庆地方文献汇点》（下）第 788 页云：刘养廉，涪州学员。拔贡。

　　[熊尔敬]^[一]

注释：

　　[一]熊尔敬：本志未载；《同治志》载：熊尔敬，字铭丹，明朝岁贡；蓝勇主编《稀见重庆地方文献汇点》（下）第 788 页云：熊尔敬，涪州学员。拔贡。

　　[熊尔忠]^[一]

注释：

　　[一]熊尔忠：本志未载；《同治志》载：熊尔忠，明朝岁贡。蓝勇主编《稀见重庆地方文献汇点》（下）第 787 页云：熊尔忠，涪州学员。拔贡。又，第 789 页云：熊尔忠，涪州学员。国朝恩贡。

　　[潘盈科]^[一]

注释：

　　[一]潘盈科：本志未载；蓝勇主编《稀见重庆地方文献汇点》（下）无载；《同治志》载：潘盈科，明朝岁贡。

[毛凤诏][一]

注释:

[一]毛凤诏:本志未载;蓝勇主编《稀见重庆地方文献汇点》(下)无载;《同治志》载:毛凤诏,明朝岁贡。

[宋鼎][一]

注释:

[一]宋鼎:本志未载;蓝勇主编《稀见重庆地方文献汇点》(下)无载;《同治志》载:宋鼎,明朝岁贡。

[毛鋭][一]

注释:

[一]毛鋭:本志未载;蓝勇主编《稀见重庆地方文献汇点》(下)无载;《同治志》载:毛鋭,明朝岁贡。

[李尧臣][一]

注释:

[一]李尧臣:本志未载;蓝勇主编《稀见重庆地方文献汇点》(下)无载;《同治志》载:李尧臣,明朝岁贡。

[曹允时][一]

注释:

[一]曹允时:本志未载;蓝勇主编《稀见重庆地方文献汇点》(下)无载;《同治志》载:曹允时,明朝岁贡。

[曹允清][一]

注释:

[一]曹允清:本志未载;蓝勇主编《稀见重庆地方文献汇点》(下)无载;《同治志》

载：曹允清，明朝岁贡。

[曹宇山][一]

注释：

[一]曹宇山：本志未载；蓝勇主编《稀见重庆地方文献汇点》（下）无载；《同治志》载：曹宇山，明朝岁贡，已仕。

[曹代彬][一]

注释：

[一]曹代彬：本志未载；蓝勇主编《稀见重庆地方文献汇点》（下）无载；《同治志》载：曹代彬，明朝岁贡。

[向三聘][一]

注释：

[一]向三聘：本志未载；蓝勇主编《稀见重庆地方文献汇点》（下）无载；《同治志》载：向三聘，明朝岁贡，已仕。

[何仕任][一]

注释：

[一]何仕任：本志未载；《同治志》云：何仕任，字漱石。蓝勇主编《稀见重庆地方文献汇点》（下）第787页云：何仕任，涪州学员。拔贡。据《何氏世谱》第104页，何士任，字漱石，以让五子。明岁贡。因避乱之黔中，唐王聿键隆武元年乙酉（1645）科举人，诰封奉直大夫，授河南彰德府内黄县知县，因为清据，未到任，与郝氏合葬石（dàn）二坝瘦塝子，癸山丁向。妣郝氏，生一子：振虞。继妣胡氏，生三子：绳虞、诜虞、揖虞。

[何友亮][一]

注释：

[一]何友亮：本志未载；《同治志》云：何友亮，已仕。蓝勇主编《稀见重庆地方文献汇点》（下）第788页云：何有亮，涪州学员。拔贡。据《何氏世谱》第100页，何友亮，字明亭，清公之子。明勅授文林郎，由明景泰辛未（二年，1451）岁贡生任湖北宜昌府巴东县知县。多善政，士民戴德竖生祠以祀，行实载墓志。公生于明永乐四年丙戌（1406）九月十五日巳时，殁于成化十八年壬寅（1482）四月十二日卯时，寿七十七岁。与宋氏合葬于涪陵中峰寺官坟岭。立壬山丙向。妣宋氏，生于明成祖永乐七年己丑（1409）七月二十六日午时，殁于宪宗成化十七年辛丑（1481）十二月初九日丑时。寿七十三岁。与友亮公合墓。生三子：仲庸、仲山、仲兰。附录：《明勅授文林郎知巴东县事何公讳友亮妣何母宋孺人合墓墓志铭》，赐进士出身兵部给事中张善吉拜撰，赐进士出身知华亭县事钱玉书丹，特授河南永城县知县夏允篆盖。公讳友亮，吾乡之贵介公子也！先世籍齐安，科名显世，代有闻人。曾祖德明公以宦游来蜀，遂家于涪，公即致身事君，讳清公之子也，方太翁之由贤书而袭廕也，公即闭户读书，卓然自立，不屑屑以席丰履厚为志。其为人也，守正不阿，务为卓荦之行。不与俗同俯仰，故其为文亦古奥坚质，自成一家，未尝巧合于人。弱岁入州庠，淡泊自奉，绝无贵介之气。会五姓流贼构难，太翁慷慨仗节，授命捐生，公勺水不入，几不欲生，以太夫人在故，乃勉强就食。乱靖后，朝廷嘉太翁之节，而重报功之不可斩也，欲以显职廕公，公以文弱力辞，前后屡告，乃蒙俞允，景泰辛未以贡生任巴东知县。其在官也，利物爱人，崇善去恶，惟饮三楚之水，不食武昌之鱼。常语其子仲山公曰："吾父勤劳王事，奋不顾身，我虽处顺安常，亦未尝于心有愧，汝曾勉之，以无负先人可耳，富贵非吾愿也！"故仲山公卒能克守遗训，抗义武安。/呜呼！莫为之前，虽美弗彰；莫为之后，虽盛弗传。先生之父若此，先生之子若此，如先生者，可以彰而传矣。先生之解组也，惟载书数乘，此外，别无他物，其所以为子孙谋者，只此邺架青缃、忠孝廉节，为一生燕贻之计。向使先生志在温饱，剥民自丰，则其子孙辈，善者犹得保而守之，以为田舍翁。不善者，且将骄奢淫佚，并身家而荡之矣，又安能后先辉映，炳炳烺烺之如是哉。公娶宋孺人，生三子：仲庸、仲山、仲兰。其孙龙泉以理墓事，来谒索志于余，余知先生最深，故为之志铭。/铭曰：粹白者，先生之色；奇特者，先生之德。固而安兮，公之宅；绵而长兮，公之泽。腾芳兮兰桂；挺秀兮松柏。悠悠焉，洋洋焉，历千载而不缀。

／时大明正德七年岁次壬申（1512）孟夏月立石。

国朝

陈辅世^[一]，任蓬溪县训导。

注释：

[一]陈辅世：《同治志》载：陈辅世，字德如，国朝岁贡、恩贡，已仕；蓝勇主编《稀见重庆地方文献汇点》（下）第789页云：陈辅世，涪州学员。恩贡。

陈维世^[一]，任洪雅县训导。

注释：

[一]陈维世：《同治志》载：陈维世，国朝岁贡，已仕。蓝勇主编《稀见重庆地方文献汇点》（下）第791页云：陈维世，涪州学员。岁贡。

陈任世^[一]

注释：

[一]陈任世：《同治志》载：陈任世，字雄伯，国朝岁贡，已仕。蓝勇主编《稀见重庆地方文献汇点》（下）第791页云：陈任世，涪州学员。岁贡。

陈盛世^[一]

注释：

[一]陈盛世：《同治志》载：陈盛世，字子猷，国朝岁贡。蓝勇主编《稀见重庆地方文献汇点》（下）第791页云：陈盛世，涪州学员。岁贡。

王德^[一]

注释：

[一]王德：《同治志》载：王德，国朝岁贡。蓝勇主编《稀见重庆地方文献汇点》（下）第791页云：王德，涪州学员。岁贡。

何继先[一]，任汉州训导。

注释：

[一]何继先：《同治志》载：何继先，字肇闻，国朝岁贡，已仕。蓝勇主编《稀见重庆地方文献汇点》（下）第791页云：何继先，涪州学员。岁贡。据《何氏世谱》第110页，何继先，字肇卉，或作肇开，振虞长子。岁进士，任汉州训导。明崇祯十一年（1638）四月二十四日戌时生于涪州西门。妣陈、冉氏生二女，一适文、一适夏。妣倪氏（1650–1727）生二子：长铨字元宰、次铠字元章。公卒康熙三十七年（1698）正月十八日于石二坝老宅，葬黄旗口，事详州志。

刘寅[一]

注释：

[一]刘寅：《同治志》载：刘寅，字亮工，国朝岁贡，已仕。蓝勇主编《稀见重庆地方文献汇点》（下）第791页云：刘寅，涪州学员。岁贡。

夏卉[一]

注释：

[一]夏卉：《同治志》载：夏卉，国朝岁贡。蓝勇主编《稀见重庆地方文献汇点》（下）第791页云：夏卉，涪州学员。岁贡。

汤非仲[一]

注释：

[一]汤非仲：《同治志》载：汤非仲，国朝岁贡，已仕。蓝勇主编《稀见重庆地方文献汇点》（下）第791页云：汤非仲，涪州学员。岁贡。

汪学遂[一]

注释：

[一]汪学遂：《同治志》载：汪学遂，国朝岁贡，已仕。蓝勇主编《稀见重庆地方文献汇点》（下）第791页云：汪学邃，涪州学员。岁贡。

朱昂^[一]

注释：

[一]朱昂：《同治志》载：朱昂，字方来，国朝岁贡，已仕。蓝勇主编《稀见重庆地方文献汇点》（下）第 791 页云：朱昂，涪州学员。岁贡。

黄良玺^[一]

注释：

[一]黄良玺：《同治志》载：黄良玺，国朝岁贡，已仕。蓝勇主编《稀见重庆地方文献汇点》（下）第 791 页作黄良璧，云：涪州学员。岁贡。

熊禹裔^[一]

注释：

[一]熊禹裔：《同治志》载：熊禹裔，国朝岁贡。蓝勇主编《稀见重庆地方文献汇点》（下）第 791 页云：熊禹裔，涪州学员。岁贡。

熊英^[一]

注释：

[一]熊英：《同治志》载：熊英，字杰士，国朝岁贡。蓝勇主编《稀见重庆地方文献汇点》（下）第 791 页云：熊英，涪州学员。岁贡。

陈珪^[一]

注释：

[一]陈珪：《同治志》载：陈珪，国朝岁贡。蓝勇主编《稀见重庆地方文献汇点》（下）第 791 页云：陈珪，涪州学员。岁贡。

皮时夏^[一]

注释：

[一]皮时夏：《同治志》载：皮时夏，国朝岁贡。蓝勇主编《稀见重庆地方文献汇点》

（下）第 791 页云：皮时夏，涪州学员。岁贡。

舒鬻^[一]

注释：

［一］舒鬻：《同治志》载：舒鬻，字野云，国朝岁贡。蓝勇主编《稀见重庆地方文献汇点》（下）第 791 页云：舒鬻，涪州学员。岁贡。

何英^[一]

注释：

［一］何英：《同治志》载：何英，国朝岁贡。蓝勇主编《稀见重庆地方文献汇点》（下）第 791 页云：何英，涪州学员。岁贡。

吴士修^[一]

注释：

［一］吴士修：《同治志》载：吴士修，字道焕，国朝岁贡。蓝勇主编《稀见重庆地方文献汇点》（下）第 791 页云：吴士修，涪州学员。岁贡。中江训导。

夏玠^[一]

注释：

［一］夏玠：《同治志》载：夏玠，国朝岁贡。蓝勇主编《稀见重庆地方文献汇点》（下）第 791 页云：夏玠，涪州学员。岁贡。

夏玥^[一]，任通江县教谕。

注释：

［一］夏玥：《同治志》载：夏玥，国朝岁贡。蓝勇主编《稀见重庆地方文献汇点》（下）第 791 页云：夏玥，涪州学员。岁贡。

［邹之英］^[一]

注释：

［一］邹之英：《同治志》载：邹之英，国朝岁贡，州人，贵州学，已仕。蓝勇主编《稀见重庆地方文献汇点》（下）无载。

［潘硕］^{［一］}

注释：

［一］潘硕：本志未载；蓝勇主编《稀见重庆地方文献汇点》（下）无载；《同治志》载：潘硕，字巨卿，国朝岁贡。

［何绍虞］^{［一］}

注释：

［一］何绍虞：本志未载；《同治志》载：何绍虞，国朝岁贡。蓝勇主编《稀见重庆地方文献汇点》（下）第 791 页云：何绍虞，涪州学员。岁贡。据《何氏世谱》第 110 页，何绍虞，字天目，号晋邑，士俭长子。明天启七年（1627）岁进士。万历二十一年（1593）生于涪州鹤游坪沈家场六角垱何家塆。妣杨氏，生达先。公卒于康熙十二年（1673），葬石堰口中枝园，后迁葬六角垱何家塆团坟坝。著《何氏九代节略谱》。

［何之琪］^{［一］}

注释：

［一］何之琪：《康熙志》不载；《同治志》载：何之琪，国朝岁贡。蓝勇主编《稀见重庆地方文献汇点》（下）第 791 页云：何之琪，涪州学员。岁贡。

［汤应业］^{［一］}

注释：

［一］汤应业：本志未载；《同治志》载：汤应业，国朝岁贡。蓝勇主编《稀见重庆地方文献汇点》（下）第 791 页云：汤应业，涪州学员。岁贡。

［汤又仲］^{［一］}

注释：

［一］汤又仲：本志未载；《同治志》载：汤又仲，国朝岁贡。蓝勇主编《稀见重庆地方文献汇点》（下）第 791 页云：汤又仲，涪州学员。岁贡。

［何述先］^{［一］}

注释：

［一］何述先：本志未载；《同治志》载：何述先，国朝岁贡。蓝勇主编《稀见重庆地方文献汇点》（下）第 791 页云：何述先，涪州学员。岁贡。据《何氏世谱》第 110 页，何述先，字思大，振虞次子。岁进士。姒陈氏生女四：长适冯、次适黄、三多姑守节载州志、四适陈。公葬石二坝。

［何钺］^{［一］}

注释：

［一］何钺：本志未载；《同治志》载：何钺，国朝岁贡。蓝勇主编《稀见重庆地方文献汇点》（下）第 791 页云：何钺，涪州学员。岁贡。据《何氏世谱》第 110 页，何洪先，字大荒，号易岩，振虞四子。康熙丁卯（二十六年，1687）科举人，任卢县知县。顺治十六年（1659）三月二日生于贵州安化县。雍正七年（1729）九月初一日吉时卒，葬平西坝对岸马颈子。姒廖氏生子鈇字元鼎，姒赵氏生子钲字象鼎，继姒赵氏生二子：鈌字建鼎、锐字铸鼎，姒伍氏生子镀字新之，姒杨氏生子镡字枢中、钿字桐峰，姒林氏生子钰字荆山。何钺，即何鈌。

［严震春］^{［一］}

注释：

［一］严震春：本志未载；《同治志》载：严震春，字九龄，国朝岁贡。

［谭仁］^{［一］}

注释：

［一］谭仁：本志未载；《同治志》载：谭仁，国朝岁贡、恩贡。蓝勇主编《稀见重

庆地方文献汇点》（下）第 789 页云：谭仁，涪州学员。恩贡。

[何鍠]^[一]

注释：

[一]何鍠：本志未载；《同治志》云：何鍠，贡生。蓝勇主编《稀见重庆地方文献汇点》（下）第 791 页云：何鍠，涪州学员。岁贡。据《何氏世谱》第 110 页，何宪先，字观光，振虞三子。康熙庚午（二十九年，1690）科副榜。任蓬溪县、德阳县教谕。顺治十四年（1657）八月八日吉时生于贵州安化县迎茶园。娅文氏生子鍠字用鼎；继娅杨氏生子鐻字莫鼎。公卒康熙五十八年（1719）五月二十二日午时于德阳学署。

[何锐]^[一]

注释：

[一]何锐：本志未载；《同治志》云：何锐，贡生。蓝勇主编《稀见重庆地方文献汇点》（下）第 791 页云：何锐，涪州学员。岁贡。何洪先子。

[汤荣]^[一]

注释：

[一]汤荣：本志未载；《同治志》云：汤荣，贡生。已仕。蓝勇主编《稀见重庆地方文献汇点》（下）第 791 页云：汤荣，涪州学员。岁贡。

[陈淑世]^[一]

注释：

[一]陈淑世：本志未载；《同治志》云：字元美，贡生。已仕。蓝勇主编《稀见重庆地方文献汇点》（下）第 791 页云：陈淑世，涪州学员。岁贡。

[冯懋柱]^[一]

注释：

[一]冯懋柱：本志未载；《同治志》云：字乔仙，贡生。蓝勇主编《稀见重庆地方

文献汇点》（下）第 791 页云：冯懋柱，涪州学员。岁贡。

　　［武选］
　　［进士］
　　［国朝］
　　［夏珣］[一]
　　注释：

　　［一］夏珣：《康熙志》不载；《同治志·进士》载："夏珣，康熙壬辰（五十一年，1712）科进士。"蓝勇主编《稀见重庆地方文献汇点》（下）第 814 页云："夏珣，涪州人。康熙五十一年壬辰科。"

武举

　　［明］

　　［何德明］[一]
　　注释：

　　［一］何德明：《康熙志》不载；《同治志》载：何德明，明代武举；蓝勇主编《稀见重庆地方文献汇点》（下）无载。何德明（1318-1374），原名何盛，字师发。湖北黄州麻城县孝感乡人。元至正五年（1345）举人。参与元末农民起义，至正十七年（1357）随明玉珍入川，至正二十三年（1363）明玉珍于重庆称帝时，沿袭元制受封为万户侯。至正二十四年（1364）归顺朱元璋授副总兵，明洪武四年（1371）在涪州卫任指挥使，七年（1374）八月在黔地阵亡，葬涪州白石里鹤游坪。朱元璋嘉其忠勇，追授建威将军，赐谥忠节。参见《涪陵辞典》第 627-628 页"何德明"条。

　　［邹述麟］[一]
　　注释：

　　［一］邹述麟：本志未载；《同治志》载：邹述麟，康熙辛酉（二十年，1681）科武

举，寄籍巴县；蓝勇主编《稀见重庆地方文献汇点》（下）第 815 页载：邹述麟，巴县人，康熙辛酉科武举。

张文英[一]，康熙丁卯科（二十六年，1687）。
注释：

[一] 张文英：本志、《同治志》、蓝勇主编《稀见重庆地方文献汇点》（下）第 815 页均载：邹述麟，康熙丁卯科武举。

[郭阳裔][一]
注释：

[一] 郭阳裔：本志未载；蓝勇主编《稀见重庆地方文献汇点》（下）第 815–816 页该年武举无载；《同治志》载：郭阳裔，字珠蕊，康熙癸酉（三十二年，1693）科武举。

王令树[一]，康熙己卯（三十八年，1699）科。
注释：

[一] 王令树：本志、《同治志》、蓝勇主编《稀见重庆地方文献汇点》（下）第 815 页均载：王令树，康熙己卯科武举。

[汪洪][一]
注释：

[一] 汪洪：本志未载。蓝勇主编《稀见重庆地方文献汇点》（下）第 816 页该年武举无载；《同治志》载：汪洪，康熙己卯科武举。

张永胜[一]，康熙壬午（四十一年，1702）科。
注释：

[一] 张永胜：本志、《同治志》、蓝勇主编《稀见重庆地方文献汇点》（下）第 816 页均载：张永胜，康熙壬午科武举。

夏瑛[一]，康熙辛卯（五十年，1711）科。

注释:

[一]夏瑛:本志、《同治志》载:夏瑛,康熙辛卯科武举。蓝勇主编《稀见重庆地方文献汇点》(下)第 817 页云:夏瑛,涪州人。康熙五十年辛卯科。

武隆县　附

进士

宋

任大昌[一]，庆历间。

注释:

[一]任大昌:本志载:任大昌,武隆人,庆历年间进士。《同治志·进士》作"任昌大",武隆人,庆历年间进士;《乾隆志·进士》云:"任昌大,庆历间。《旧志》:武隆人。"蓝勇主编《稀见重庆地方文献汇点》(下)第 643 页亦作"任昌大",武隆人,系庆历中进士年份无考者。

[韩翱][一]

注释:

[一]韩翱:本志未载;蓝勇主编《稀见重庆地方文献汇点》(下)无韩翱登科记载;《同治志·进士》载:"韩翱,崇宁年进士,见白鹤梁题名。"

张芳成[一]，嘉熙间。

注释:

[一]张芳成:本志载:张芳成,武隆人,嘉熙年间进士。《同治志》作"张方成",武隆人,嘉熙年间进士;《乾隆志·进士》云:"张芳成,嘉熙间。《旧志》:武隆人。"蓝勇主编《稀见重庆地方文献汇点》(下)第 649 页亦作"张方成",武隆人,系嘉熙二年

戊戌（二年，1238）科周坦榜。诸书存在"方""芳"之别。

蹇世芳[一]，咸淳间。

注释：

[一]蹇世芳：本志载：蹇世芳，武隆人，咸淳年间进士。《同治志·进士》作"蹇世芳"，武隆人，咸淳甲戌（十年，1274）进士；《乾隆志·进士》云："蹇世芳，咸淳间。《旧志》：武隆人。"《四川通志》第六册第3750页卷一百二十三《选举志二·进士二》云：蹇世芳，武隆人。咸淳十年甲戌科王龙潭榜。蓝勇主编《稀见重庆地方文献汇点》（下）第650页亦作"蹇世芳"，武隆人，咸淳甲戌科王龙潭榜进士。

韩铸[一]，咸淳间。

注释：

[一]韩铸：本志载：韩铸，武隆人，咸淳年间进士。《同治志·进士》作"韩铸"，武隆人，咸淳甲戌（十年，1274）进士；《乾隆志·进士》云："韩铸，咸淳间。《旧志》：武隆人。"《四川通志》第六册第3750页卷一百二十三《选举志二·进士二》云：韩铸，武隆人。咸淳十年甲戌科王龙潭榜。蓝勇主编《稀见重庆地方文献汇点》（下）第650页亦作"韩铸"，武隆人，咸淳甲戌科王龙潭榜进士。

韩俦[一]，咸淳间。

注释：

[一]韩俦：本志载：韩俦，武隆人，咸淳年间进士。《同治志·进士》云：韩俦，武隆人，咸淳甲戌（十年，1274）进士；《乾隆志》云："韩俦，咸淳间。《旧志》：武隆人。"《四川通志》第六册第3750页卷一百二十三《选举志二·进士二》云：韩俦，武隆人。咸淳十年甲戌科王龙潭榜。蓝勇主编《稀见重庆地方文献汇点》（下）第650页云：韩俦，武隆人，咸淳甲戌科王龙潭榜进士。

韩涛[一]，咸淳间。

注释：

［一］韩涛：本志载：韩涛，武隆人，咸淳年间进士。《同治志·进士》云：韩涛，武隆人，咸淳甲戌（十年，1274）进士；《乾隆志·进士》云："韩涛，咸淳间。《旧志》：武隆人。"《四川通志》第六册第 3750 页卷一百二十三《选举志二·进士二》云：韩涛，武隆人。咸淳十年甲戌科王龙潭榜。蓝勇主编《稀见重庆地方文献汇点》（下）第 650 页云：韩涛，武隆人，咸淳甲戌科王龙潭榜进士。

［朱灏］[一]

注释：

［一］朱灏：本志未载；蓝勇主编《稀见重庆地方文献汇点》（下）无载；《同治志·进士》云：朱灏，景泰年间进士。

［陈策］[一]

注释：

［一］陈策：本志未载；《同治志·进士》云：陈策，万历间，武隆人。

举人

［宋］

［任大昌］[一]

注释：

［一］任大昌：本志未载；蓝勇主编《稀见重庆地方文献汇点》（下）无载；《同治志·举人》载：任昌大，见甲榜；《乾隆志·举人》云：任昌大，宋庆历年，见甲榜。诸书记载存在"昌大""大昌"之别

［韩翱］[一]

注释：

［一］韩翱：本志未载；蓝勇主编《稀见重庆地方文献汇点》（下）无载；《同治志·举人》载：韩翱，见甲榜。

［张芳成］^{［一］}
注释：

［一］张方成：本志未载；《乾隆志·举人》云：张芳成，宋嘉熙年，见甲榜。蓝勇主编《稀见重庆地方文献汇点》（下）无载；《同治志·举人》载：张方成，见甲榜。诸书记载存在"方""芳"之别。

［蹇世芳］^{［一］}
注释：

［一］蹇世芳：本志未载；蓝勇主编《稀见重庆地方文献汇点》（下）无载；《同治志·举人》载：蹇世芳，见甲榜；《乾隆志·举人》云：蹇世芳，宋咸淳年，见甲榜。

［韩铸］^{［一］}
注释：

［一］韩铸：本志未载；蓝勇主编《稀见重庆地方文献汇点》（下）无载；《同治志·举人》载：韩铸，见甲榜；《乾隆志·举人》云：韩铸，宋咸淳年，见甲榜。

［韩俦］^{［一］}
注释：

［一］韩俦：本志未载；蓝勇主编《稀见重庆地方文献汇点》（下）无载；《同治志·举人》载：韩俦，见甲榜；《乾隆志·举人》云：韩俦，宋咸淳年，见甲榜。

［韩涛］^{［一］}
注释：

［一］韩涛：本志未载；蓝勇主编《稀见重庆地方文献汇点》（下）无载；《同治志·举

人》载：韩涛，见甲榜；《乾隆志·举人》云：韩涛，宋咸淳年，见甲榜。

明

朱灏[一]，永乐，御史。

注释：

[一] 朱灏：本志载：朱灏，武隆人，明永乐年间中举，御史。《同治志·举人》载：朱灏，武隆人，永乐庚子科（十八年，1420）举人；《乾隆志·举人》云：朱灏：《旧志》：武隆人。明永乐年。蓝勇主编《稀见重庆地方文献汇点》（下）第672页云：朱灏，武隆人。永乐十八年庚子科。

陈玘[一]，永乐间。

注释：

[一] 陈玘：本志载：陈玘，武隆人，明永乐年间中举。《同治志·举人》载：陈玘，武隆人，宣德己酉科（四年，1429）举人；《乾隆志·举人》云：陈玘：《旧志》：武隆人。明永乐年。蓝勇主编《稀见重庆地方文献汇点》（下）无载。

[冉炳彝][一]

注释：

[一] 冉炳彝：本志未载；蓝勇主编《稀见重庆地方文献汇点》（下）无载；《同治志·举人》云：冉炳彝：《省志》：武隆人。正统甲子（九年，1444）科举人。

[贺有年][一]

注释：

[一] 贺有年：本志未载；蓝勇主编《稀见重庆地方文献汇点》（下）无载；《同治志·举人》云：贺有年，武隆人。景泰庚午（元年，1450）科举人。

[周钦][一]

注释：

［一］周钦：本志未载；蓝勇主编《稀见重庆地方文献汇点》（下）无载；《乾隆志·举人》云：周钦，明隆庆庚午（四年，1570）科。

国朝

徐仰廉^{［一］}，康熙癸卯（二年，1663）科。

注释：

［一］徐仰廉：《同治志·举人》载：徐仰廉，武隆人，康熙癸卯科举人。蓝勇主编《稀见重庆地方文献汇点》（下）第705页云：徐仰廉，武隆人。康熙二年癸卯科。

兵　制

　　蜀天未遐方，四塞险阻，文教而外，武备犹重。盖国家鉴古设制，静以待动，务收臂指之功者也。涪虽腹里之区，然山高箐密，薮泽易于藏奸。驻防弹压，亦思患预防之意耳。作《兵制志》。

　　明设操兵五百名，卫千户一员，百户二员，隶之守道，并属州牧管辖。不时操练以御地方，护守城池、仓库，即以卫田钱粮饷之。

　　国朝设守备一员，千总一员，兵三百名，驻防守御。于康熙四十年奉文，守备移驻忠州，改设把总一员，兵五十名，驻防城中。

重庆府涪州志卷之三

孝　义

孝为百行之原，义属四维之一，所以正人心、维风俗者，正在乎此。古来孝子义士，史不绝书。是皆禀天地之正气，植宇宙之纲常，求之近代，亦不尽乏。虽在愚夫愚妇中，皆有足述者。作《孝义志》。

明

文可蕭，布政作之子也。父殁，事母最孝。详见《乡贤志》。

夏正，居火峰滩。生时，父殁。时年方五岁，访父墓而哭极哀。后遭母丧，庐墓三年。宪司题表曰：孝子官。有碑刻并传记。

文经，庠生。事亲至孝，两院奏闻，赐旌奖孝子官，列坊于宗祠之左。

国朝

周俨，字墨潭，孝廉儒之兄也。为人慷慨尚义行，敦孝友。当逆贼肆害时，俨欲负父潜逃，不幸为贼所执，两臂受伤，血溢昏愦，竟夜方甦。及弟儒被害卒，俨事亲倍谨，父足疾不能行立，俨出入必亲扶之，先达赠诗有以身作杖之句。母先丧，俨与妻徐氏事父，孝养备至。每进食，夫妇必共视之。食毕，乃退。率以为常。及父病笃，俨亲尝粪，跪请多医以治之。及父殁，居丧悲号，屡至呕血，水浆不入口，形容枯槁。越七日，而须发顿白。乡人见之，靡不嗟叹。至弟妇孀居，两侄孤幼，视如己子。于朋友有急，必周济之。即有托妻寄子者，亦不畏难而任之。人谓孝友节义萃于周氏一门，洵不诬也。

周儒，字鲁贞，孝廉。与兄俨事亲均以孝名。每遇亲疾，儒则焚香祝天，愿减己算以益亲寿。于康熙庚申年忽遇谭贼凶劫，戈戟拥门，举家惊遁。儒父名茹荼，年老卧病，兼有足疾难行，贼欲害之，兄俨以身捍亲，共捐白刃，儒急父兄之难，冲围巷战，利刃伤额，后得四邻奔救，贼乃遁。随视父兄犹在缚中，儒急解父兄之缚，悲号欲绝。延三日，创疾死之。儒妻章氏茹苦守节，生子二，长名顼，次名璠，俱依伯父俨存抚之。人谓子孝妇节，其后必昌。及顼游庠中。

黄志焕，康熙己丑（四十八年，1709）夏五月，城中火灾。前一日，其父病卒，及火焚延至其屋，志焕不顾家赀，先负母出。复进屋，启父棺，负父尸，突烈焰而出。是日，州牧董维祺躬督救火，目睹其事，即闻于郡守，俱额奖之。

张九经，有客藏金于铜佛中，寄其家。后被盗，以佛故未攫去。客至，意其必亡也。九经尽归之，客感。分谢九经，竟不受。人服其义。

武隆县　附

王应元，家贫，居乡力农养父。每父出，应元必候于途，扶之以归。一日，父醉卧，元往田。家罹火灾，急奔回。烈焰甚炽，身濡泥水出而复入，如是者三。号哭火中，抱父而死。

毛宗成，父早卒，事母孝，力农以赡养。适盗至，宗成负母匿林中，垂泪周旋得免于难。母卒，葬于室侧，日往视之，至老无倦。

节　烈

媚操茹茶，贞媛矢志，抑坤舆之所钟欤！盖得阴气之正，自觉冰霜凛凛，足愧须眉，殆非巾帼之谓也。涪陵山崎水回，每多西南间气，芳闺懿范，彤管堪垂。司风化者当急焉阐扬也。作《节烈志》。

节　妇

明

王氏，张德星[一]妻。年十九，夫卒。子元［玄］[二]方二岁，鞠育至成童，就外傅，躬织纴以给之。岁时祭祀必精洁诚敬。后元［玄］领乡荐；元［玄］子善吉、孙柱皆成进士。人以为苦节之报云。

注释：

[一] 张德星，据明嘉靖二十七年《明阶奉直大夫云南晋宁州刺史张公墓志铭》，当为张德昱。参见胡昌健《巴蜀史地与文物研究》，光明日报出版社，2013 年，第 401 页。

[二] 元，当为"玄"。张玄，参见明嘉靖十八年《明故显考妣张公石氏墓志铭》、明嘉靖二十七年《明阶奉直大夫云南晋宁州刺史张公墓志铭》，参见胡昌健《巴蜀史地与文物研究》，光明日报出版社，2013 年，第 399–401 页。

冯氏，张孔时妻。年二十二岁，夫卒。抚孤子，养舅姑，孀居六十四年而卒。有司表其门焉。

萧氏，任学妻。年十九，夫卒。极贫无子，遗一女又卒。事姑孝，誓死不二。又为姑庶子经营完娶。年八十二而终。

范氏，吴鼎妻。年幼，夫卒。极贫无子。其兄怜其寡且贫，迎之还，弗许。州牧廖森闻而存恤之。年八十五[一]而卒。

注释：

［一］八十五:《同治志》作"六十八"。

夏氏，生员张诩妻。年十九，夫卒，子女俱无。豪家请姻，氏割耳截发。以异节题请旌表建坊。

许氏，刘大节妻。年十九，夫卒。遗腹六月生子，抚养。营葬舅姑，至今称其地为节孝里。

庞氏，文可宗妻。年二十一岁，夫卒。氏营葬两姑，嫁三女。守节七十六岁[一]乃卒。州牧张时迪详请，诏旌表其门。

注释：

［一］七十六岁:《同治志》作"五十五年"。

朱氏，儒生张亲仁妻。夫卒，事姑最孝。孀居至老，奉旨建"节孝昭垂"之坊。

刘氏，都谏秋佩公之女，适进士钱玉之子。年十九，夫卒。庐墓夫傍，誓死靡他。躬辟纑，为造四桥。时有名人题咏，谓"父忠女烈"云。

张氏，儒士沈挨妻。节孝，石坊现存盐井坝。

赵氏，陈一廉妻，年二十，夫卒。抚一子，生三孙，皆领乡荐。年九十三卒，详请旌表建"冰心映日"之坊。

王氏，文武之妻。武早卒，氏年甫十八。事姑以孝，贞静慈和，言动惟谨。有劝其改节者，氏割耳刺面以示坚贞。守节五十年。州牧具闻，旌表坊赐"节孝流芳"四字。

国朝

王氏，州民冉仲道妻。仲道与淫恶况荣谦比屋同居，于康熙四十一年（1702）二月二十四日荣谦见仲道外出，用计诱氏，氏坚不受污。荣谦即持斧胁逼，氏矢坚贞，仍詈骂不绝口，遂以斧劈氏头颅，越五日殒命。具报州牧徐烺，招拟请题，将荣谦正法。氏钦赐银两，建坊旌表。

杨氏，武林彭长春妻。幼而贞静。年十七，适长春。越二年而夫殁，遗腹生子宗舜，艰辛抚养。事翁姑孝养倍至，姑病笃，割股以救。姑殁，事继姑，无异。教子宗舜读书，苦节三十年。后宗舜得列胶庠，颇慰冰孀之志。宗族乡党称为节孝云。

黄氏，明经向日赤之继妻。氏秉性贞静，寡言笑，甘穷约。日赤为贼所害，氏青年矢志抚子端暨两女，嫁娶婚配艰苦备历。后端夫妇俱殁，氏又抚其孙远鹏暨二孙女焉。茹荼三十余年而卒。至康熙乙酉（四十四年，1705）科孙远鹏登贤书，郡人皆以为氏苦节之报云。

吴氏，郡人杨芳林妻。夫被贼身故，氏年廿余，茹荼守节，备历艰险。子二，长奇，次名时^[一]。纺绩督课，不减丸熊画荻，年五十而卒。时有学宪并邑侯额其门曰：“柏舟之操，孟姜一派”。今名时膺岁荐，奇之子维楫亦列胶庠，不负冰操之志，郡人贤之。

注释：

［一］杨名时，白鹤梁题名人。李胜《涪陵历代诗文选校注》云：杨名时（1653－1724），杨芳林之子，清代涪州人。康熙年间岁贡。曾任绵竹县训导，卒葬涪陵洗墨溪。事见乾隆《涪州志》卷九。清康熙三十四年（1695），徐上升同兄徐上胤、徐上朝与杨名时同游白鹤梁，即《徐上升、杨名时唱和诗》。杨名时和诗云：“江有鱼兮石上镌，浪生鳞甲拥为莲。鉴湖不游惊鱼笛，白鹤将鸣和有年。在藻兴歌时已远，临渊难羡钩谁先。风流刺史悬鱼节，化作游鳞颂今贤。”

烈　女

明

夏女，夏子霄女。自幼不字，喜读书，屏膏泽，家人呼为老姑，年四十卒。李长祥为之列传，今有墓碑记在韩市。

文女，明经文晓之女也。明季甲申，随父避兵酉阳。途次遇贼，欲犯之。女怒曰：我名家子，岂受辱耶？贼鞭棒交加，百折不从。至夜，乘隙自经。时巡抚文有蓭［庵］树碑葬之，墓在彭水县治北二里。

隐　逸

人不论显晦，以克树范于乡井者为高，故韩子曰：发潜德之幽光，若较其道。盖尤难于登高而呼，藉遇而显者，是非抱璞守贞者，鲜克淡然于轩冕中也。作《隐逸志》。

明

晏亚夫，性恬淡高洁，博学嗜古，不乐仕进，郡人咸称其贤。春秋配祀四贤，故《总志》又谓五贤祠云。

蔺希夒，号云门。博洽典雅，潜心理学，著易行世。一时向慕最多，名其馆曰：万松窝。从游者千里毕集。有强之仕者，夒曰："名教中自有乐地，何以官为？"

文渊，号跃吾。精书翰，长风雅。足不履廛市，性最洁，多栽花竹以适怀。生五子，植五桂于庭，仿佛燕山窦氏，勉子力学，长者成三楚贤令，幼者登贤书，孙枝皆词坛杰士。

刘昌祚[一]，号瀛台。美丰仪，精词翰，虽屡世台省，毫无贵介气。神宗朝以祖忠愍公之荫，屡旨起用，皆高尚不就。时有七叟为侣，共联题咏，今江心石鱼尚存"七叟胜游"之刻。

注释：

[一] 刘昌祚，白鹤梁题名人。涪陵《刘氏宗谱》第 23 页《刘氏世次》作：刘昌祚，字瀛台。排行第七。涪陵刘氏第七代，高祖刘志懋，高祖母王氏；曾祖刘蒩，曾祖母沈氏；祖刘承武，祖母张氏；父刘养充，母张氏；夫人张氏。涪陵《刘氏宗谱》第 53 页云："七世祖讳昌祚，号瀛台，少竹公之子，为郡博士，美丰仪，精词翰，博闻强记，过目能诵，少随少竹公仕汴州天水间，密荷机务，赞理词命，及扶少竹公榇归，居乡恂恂，凡戚属有贫乏者，推解不倦，力难婚娶者，不惜厚资配之，处纨绔如寒素，立心制行以不愧怍为归。神宗壬子（四十年，1612）间以忠愍公荫例屡旨起用，固辞不就，晚慕耆英嘉会，同齿德并尊者六人，日携笔砚、樽酒，遇山水佳处，则留恋唫咏而去，

时人以仙侣目之。至今江心石鱼间犹有"七叟胜遊"之刻云，享年八十，无寸过而终。墓在郡城之西石鼓溪玄天观下。祖妣张氏合葬石鼓溪。"第149页《刘氏生忌》云："瀛台公，嘉靖辛酉年十月二十六日生，崇祯戊寅年正月二十五日忌；妣张氏，嘉靖辛酉年五月二十九日生，天启甲子年二月初六日忌。"

夏可洲[一]，号海鹤。博通词赋，读书大渠间，架草亭于江岸，日吟咏著述。渝州倪司农禹同颜其居曰：野史堂。因赠一联云："有才司马因成史，未老虞卿已著书。"始犹名露副榜，继则身远市城，人号"野史名儒"。

注释：

[一]夏可洲：白鹤梁题名人。

夏可淇，庠生。博古自好，屡举不第，乃退以诗书娱老。尝以古人笃行自励曰：学古入官，若入官而鲜效，不如不入官也。居家孝友谦让，与兄可洲号"夏氏二难"。

流　寓

士君子桑弧蓬，矢志在四方，讵曰：生于斯、长于斯，遂安土重迁，无事车辙马迹为耶！纪其遗迹，能无向往。作《流寓志》。

宋

尹焞，洛阳人，少师事程颐。靖康初以荐召至京师，不欲留，赐号程靖[一]处士。次年，北人入洛，焞阖门遇害。焞死复甦，刘豫以礼聘，焞不从，乃自商州奔窜。绍兴四年（1134）止于涪，就颐注《易》北岩山辟三畏斋，涪人多宗之。后以范冲举召为崇政殿说书，辞以疾。冲请命漕臣，至涪亲迎，乃就道。

注释：

[一] 程靖，当为"和靖"，尹焞的赐号。

王充，梁州人。游黔南，时黄庭坚谪于涪，与充相爱甚笃。庭坚书曰：南充王子美，其质温粹，久与之游，见其诚心而不疑，循理而兢兢。

仙　释

圣贤谓仙释怪诞不经，摈而勿问，然贾岛初为道士，力学登第。程灏出入释道，卒为大儒。盖以佛氏之三归，即君子之三畏也。空门之五戒，即儒道之五常也。名虽异而义则同，乌可略欤！作《仙释志》。

唐

蓝冲虚，涪人。居祖师观。神龙乙巳（元年，705）秋，一夕乘云而升。

尔朱仙，名通微，别号元子。其先出于元魏尔朱族，遇异人得道。唐僖、懿间，落魄成都市中，于江滨取白石投水，众莫测。后自果至合，卖丹于市，价十二万。刺史召问其价，更增十倍，以其反覆，盛以钱笼[一]，弃诸江。至涪，渔人姓石者得之。授以丹，二人俱仙去。

注释：

[一] 钱笼:《同治志》作"竹笼"，从相关史料看，当以"竹笼"为确。

王帽仙，出入闤阓，为人修敝冠，号王帽子。暮则卧于州天庆宫。一夕，解尸而去，道士为葬之。月余，自果山贻书致谢之。

韦昉，蜀人。夜渡涪陵江，忽遇龙女遣骑迎入宫，后昉登第。十年，知简州。龙女复遗书相迎，勅命为北海水仙。

元

宝崖[一]，涪人。幼寡言，不嬉戏，弃家为僧。以布裹五指烧之，曰：信佛如此，可也。人以为疯疾。问：何不治？答曰：身在空耳。四体五肢复何有耶！投火灭身而心不坏。

注释：

［一］宝崖：即释僧崖。本志作元代人，实为北周人。释僧崖，俗姓牟，僚族人。祖居枳县（今重庆涪陵区），为当地土著大姓之一。东晋义熙九年（413），大将朱龄石率军入蜀攻讨谯纵，有300家僚人随军西上，后定居广汉郡金渊山谷，释僧崖即出于此。释僧崖自小有亲近自然和生命之悟性，后接受佛教，学习佛法，出家30余年，对佛法领悟深邃。释僧崖悟佛行善，作过不少救灾、济贫、助善之事。当时人们对佛教仍然感到极为陌生，并与之有隔阂，释僧崖决定舍身成佛。北周武成元年（559）六月，释僧崖时已年逾七旬，为弘扬佛法，毅然在益州（今四川成都市）城西举行"燃指"行动。从烧手、烧指到烧臂，连续10余天，僧众、百姓不断前来观看或礼拜，最多时达10万人。至七月十四日，释僧崖于堆积如山的柴火中焚身圆寂。释僧崖及其事迹，唐代道宣《续高僧传》有载。参见《涪陵历史人物》第13页《北周佛教高僧释僧崖》。

明

林端，号虚泉。涪人。名家子，生而颖异。就外傅，时常见黄冠相随，父母问其人，俱不答。每笞之，仅受三棒，多则避之。其鞭策皆生肉矣。恒负行李入人家，或主人不接则虚挂中堂。与食则食，不与，则囊中诸馔悉备，异香满室，反请主人共酌，极尽欢乃去。适州守过访，顷刻珍羞罗列，海物生果无不列备。而筵上多蝇蚋。守问虚泉曰：是可驱否？曰：可。唤侍役取泥一，握捏作虾蟆数只，跳跃筵上，诸蝇蚋尽去。是夜，守宿其家，深恶池塘蛙声聒耳。又问虚泉曰：是又可驱否？曰：可。即取架上白纸数张，碎作寸许，投之水中，其声遂止。次早视之，则诸虾蟆项上各带一纸枷，喉欲作声不能矣。然告守皆正大语，绝不为幻诞之言。且嘱以省刑薄敛、忠君爱民之事，谓某虽多戏术，不过款客小技耳！故一时缙绅与之交。初不以为妄，后滇中沐上公遣使迎去，游诸名山，不知所之。此万历间事也。

乌豆禅师，成［化］、弘［治］间住涪之白云关[一]。数十年不火食，惟日荷锄掘生乌豆以适口。虽严寒雪冻，赤足单衣以栖岩畔。时山多虎，乡人患之，师即寝其穴，虎不敢近而去。日有白云覆其上，虽晴空皎日，一岭如锦，云亦不散。鹤骨方胕而不言寿以欺人海，藏满腹而不言幻以惑世。时刘忠谏公喜其人，与之友。后坐化，其体不毁，至今人以石塔龛之，碑记尚存云。

注释：

［一］白云关：《同治志》作"白云观"，当为"白云观"。

碧峰和尚，栖郡南之龙洞寺，得道前知。时文侍御微时读书寺中，每试其事无不验。一日与文对坐，偶大喝曰：公仆有持饷自家来者，途次遇虎，我为公逐之。公初不信，少焉，家有人至，匦器俱碎，云：值虎于途，得暴雷击之而散。又文有弟同馆，其攻苦如一，而僧曰：文伯子当贵显，惜不寿。文仲子虽止明经，却以耋耆终。后果验。卒之日，以火葬而一乡于烟焰中，见其依然如生焉。

祥　异

古今言灾祥者，率祖《洪范》与《春秋传》，其他史册所载，代不绝书，要皆立论以垂戒修省，非徒托之异说也。其间治世之符，乱世之兆，无不旋至而立应者。勿谓方州百里间，遂可略而弗载也。作《祥异志》。

宋

雍熙四年（987），有犀自黔南入，州民捕杀之，获其皮角。

淳化三年（992），摩围洞庆云见，石生鳞鬣。

咸平元年[一]（1000）八月，涪州大风，坏城舍。

注释：

［一］元年：《同治志》作"三年"。

大中祥符元年（1008）秋七月，黔州嘉禾，异亩合穗。十二月，黔州芝草一茎十一枝，若山峰状。

天圣元年（1023）三月，涪陵金铜佛像出于土。

庆历三年（1043）七月戊辰夜，西南生黑气，长三丈许，经天而散。

绍兴二年（1132），涪州大疫。死者数千。五月，渝、涪皆旱。

［绍兴］十五年（1145）四月丙申，彗星见参度。五月丁巳，化为客星，其色青白。至六月乃消。六月乙亥朔日，食于井。

明

正德十六年（1521），武隆甘露降。

嘉靖（1542）二十一年，武隆清溪左山崩。

［嘉靖］二十三年（1555），武隆鬼入市，肩人。

［嘉靖］三十四年（1566），武隆少妇生须。

万历二年^{［一］}（1574），武隆蝗虫生，禾根如刈。

注释：

［一］二年：《同治志》作"五年"。

［万历］八年（1560）三月武隆雨沙。时黄云四塞，牛马嘶鸣，沙积如堵。

［万历］十四年（1566）三月，武隆火龙见，其长亘天。

重庆府涪州志卷之四

艺 文

天壤无文章将恐褰，世运无文章将恐歜，人事无文章将恐蹶。是文章一道，所系匪细，第闻歌剩咏，不在兹选。惟有裨风教者乃载，古今一揆也。作《艺文志》。

谕祭［刘菠］文[一]

明皇帝遣四川布政使司布政使刘大谟致祭户科给事中刘菠，曰：惟尔资性方严，才猷敏达。出身甲第，列职谏垣。刚正不阿，忤于权贵。杖而夺职，罚而戍边围，旋起乡贰，杖疲莫就，倏尔沦亡。属朕初载，首录忠良，特示恤恩，谕赐葬祭，九原有知，尚其歆诸。

注释：

［一］《谕祭［刘菠］文》，见于涪陵《刘氏宗谱》等。《刘氏宗谱》第88-89页还有"谕祭［刘菠］"的由来，文云："按秋佩公嘉靖二年（1523）病卒，嘉靖三年（1524）五月内南京都御史胡惟宁上疏言前户科给事中臣刘菠首劾逆瑾，忠节昭然，宜赐祭葬以表孤忠云云，得奉谕旨，于嘉靖四年遣官致祭焉，其御祭文及胡公惟宁奏疏俱勒碑州学明伦堂，今尚存。"《刘氏宗谱》第89页还收录有嘉庆涪州牧张师范的《重刊谕祭碑跋》，文云："忠愍公刘秋佩先生为前明给谏，正色立朝，以力谏逆阉刘瑾坐贬。起为金华太守，寻迁江西廉宪，一代名臣也。碑存圣庙，久将漫灭，去裔孙刘恒德新之，移置明伦堂之右，足征涪之文献，即树之太学，亦足以励士行而彰名教，岂仅吾涪推重也耶，予私淑昔贤之梗概，用赘数语，敬前朝忠荩云。嘉庆丙子年（1816）孟冬月州牧后学张

师范谨识。"《刘氏宗谱》第 90—93 页还收录有《明户科给事中赠大理寺少卿赐祭葬谥忠愍刘秋佩先生墓表》。

乞谥宋景濂先生疏[一]　刘蒇

臣闻之记曰：节以一惠，谥以易名，故生而有爵，死则有谥，周之道也。先王制治谓歆善而耻恶。夫人之同情彰善而瘅恶，为治之要务。如彼贤圣，固无事于抑扬；乃若中人，直有待于惩劝，故自成周至于今日，率用此道，鼓舞士风。盖其节惠之法，善善恒长，恶恶恒短，德学有闻，才节兼邵，无他疵疾，固宜与之美谥。尺璧而微瑕，或瑕不掩瑜，则节其善以为谥。即行虽未有闻，而一善不可掩，则但取其善以为谥，皆以示劝也。善泯而恶扬，乃得恶谥则以示戒也。故虽孔文子犹得谥文，而幽厉则孝子慈孙不能改也。汉唐以下，谥之善多，谥之恶少。本朝制谥不宣其恶，列圣爱惜人才，忠厚尤至。若夫少有过咎或遭谴谪，则节惠之典例不复。畀以是坊士，士犹有弃道，揆驰法守以自速戾者，然后知节惠之靳所，所以忧天下也。然过咎有眚，有怙则谴谪。有幸有不幸，罪出于怙，诚不足矜；罪出于眚，宜若可宥，故欧阳修以罪黜州郡，去而卒犹谥文忠。苏轼以罪窜海外，归而卒亦谥文忠。盖修有文章，兼行忠劳，故宋薄其辜；轼有文章，兼有忠节，故宋略其过。宋之遇士大夫亦庶几乎先王矣。国家肇基之初，物色老儒于金华山中，首得宋景濂之文学，故高太祖之接礼，亦厚备顾问，则有稗补圣聪之益，掌纶綍则有黼藻圣治之功，讲《左氏传》则劝读《春秋》，论黄石书则请观谟典，语及军略，以得人为规语，及牛租以捐利为讽，总《元史》笔削居多，封功臣讨论甚当。神仙之间，谓此心曷移，以求贤才；衮冕之词，谓此服祇，用以祀天地至云。帝王之学独衍义为要，三代之治必仁义为归。册历有编，受命之迹可考；辨奸有录，知人之鉴自昭。《宝训》作而贻谋燕翼之道，以传祖训，序而创业。守成之戒，攸在律历；咨之制度，郊庙为之乐章；纪创修事，关史志，铭功德，语协旂常，属之政事则辞，属之议论则不辞；问之君子则对，问之小人则不对。诚悃形于事，行忠告寓于文词，是以予之勅符，予之《楚辞》，皆宠以奎画。予之袭衣，予之甘露，悉出以特恩。赐坐于便殿而叹其纯，赐饮于御筵而强之醉，致仕而留之左右，为日甚久；来朝而延之禁中，为礼甚优。辞则为之觞道，途去则为之感梦寐，受恩至此，得君可知。方为赞善之时，茂修勤学之职，读书请究兴亡之故，谨礼请防言动之非，称呼致父师之名，褒赏侈旧学之翰，故圣谕谓为开国文臣之首，而士论尊为间世儒者之宗。偶孙慎干犯于班行，濂亦连坐于桑梓，法从未减，犹安置于茂州。天不慭遗，遂丧亡于夔府。既不蒙葬祭，亦不蒙赠谥。当世莫为之言，盖以为罪人也。至今莫为之言，又以为往事也。臣惟我太祖，昭代之圣君，而濂以学问文章为昭代之名臣，顾以外至之愆，遂废身后之泽。臣今独为之追言，则以为缺典也。欧阳修、苏轼皆以得罪于宋，或出或窜。及其没也，宋以其一代文宗，不以有罪而夺其谥。濂之文章实为本朝欧、苏，当时得罪，自其孙，不自其身。天地之大，当见容也；日月之明，当见察也。见容见察，则漏泉之泽当身恤矣。臣往年得罪言路，欲言之而未及。今者蒙恩承乏，适濂之乡郡，故敢以濂为言。伏望圣慈，追念濂为圣祖文学旧臣，为本朝文章大家，略可赦之，售流非常之恩，兴久废之事。特敕礼官讨论，内阁划一，赐濂扬明之典则圣朝彰善之政，善善之心，激昂人才之风光辉，文治之运一举而兼得追迹先王矣。宋安得专美哉！臣下情无任郧越仰望之至。

注释：

[一] 刘菠《乞谥宋景濂先生疏》，见于《乾隆志》卷之十一《文选》（故宫本）第333-335页；《乾隆志》卷之十一《文选》（原本）第118-121页；《同治志》（集成本）卷十四《艺文志上》第645-646页；《民国志》（集成本）卷二十《文征二》第156-157页；《道光志》卷之十一《文选》；《刘氏宗谱》第71-74页。

荐兵部尚书刘大夏疏[一]　刘菠

臣惟成天下之治功在贤才，别天下之贤才在公论，寄天下之公论在科道。科道者，明贤辨奸，遏恶扬善之门也。科道之言同出于至公，则劾一奸恶而群邪落魄，荐一君子而士类扬眉。公道昭明，忠良必遂，天下未有不治者也。苟或家立町畦，人怀封畛，好恶拂乎公论，爱憎僻于私情，则忠谗混淆，邪正杂揉，天下未有不乱者也。昨者尚书马文升致仕，会推员缺，或荐或劾，众议哗然。其中亦有公论不明、弹劾失实者，臣不得不辨。且如尚书刘大夏，臣不详知其人。尝于兵部阅章疏，见其敷奏有方，心窃慕之。及见先帝委任之隆，升下嘉留之切，臣意一时之望也。今乃有劾其有愧于先进之人，谓不得与马文昇相伯仲而亟宜黜退者，则是非乖谬亦甚矣。昔我太祖皇帝谓廷臣曰：观人之法，即其小可以知其大，察其微可以知其著，视其所不为可以知其所为。臣尝奉此言以观当代之士夫，如刘大夏官至二品，不为其子乞恩，比之纵子庇婿者为孰优？小者如此，大者可知。其子弟俱在原籍，恪守家法，寂无形迹，比之纵容家人商贩四方、嘱托衙门者为孰优？微者如此，著者可知。历官数十年，其家不踰中人之产，比之田连阡陌、甲第通衢者为孰优？其所不为如此，则其所为可知矣。夫以大夏持身如此，而诸臣下有断断不可之意，则公论先晦于朝廷，其何以服天下哉！臣非曲为大夏辩说也，但念天之生才甚难，国家之得才尤难，才用于时而能完始终之节为更难。玷人之行如玷贞女，臣窃为今之士夫不取也。记曰：古之君子，进人以礼，退人以礼。今之君子，进人若将加诸膝，退人若将坠之渊。故马文昇一人也，有劾其贪奸欺罔者，又有颂其劳绩茂著者。刘大夏一人也，有荐其简质无私者，有劾其清议鄙薄者。甲可乙否，莫知适从。昔汉御史大夫张忠注奏京兆尹王尊罪，壶关三老、公乘舆上书讼尊之冤，曰：一尊之身，三期之间，乍贤乍佞，岂不甚哉！今一人之身，数日之内，屡变其说，此正所谓乍贤乍佞也，升下从何听信焉？人谓闵珪有挤井下石之嫌者，不知挤谁于井？谓刘大夏有蹊田夺牛之状，不知夺谁之牛？迹其心，若为马文昇不平焉者，殊不知文昇官高一品，寿逾八旬，投闲颐老，实惟其时，亦惟其愿也。荷蒙升下，厚其恩礼，准其致仕，予夺之柄悉在朝廷。闵珪何能挤于井？大夏何能夺之牛哉？如斯言论，大伤国体，殊非治世所宜有者。况今皇上新政之初，凡厥庶僚正宜同心一德共图至理，却乃方底圆盖抵牾时政，臣恐坏天下之公论，惑升下之见闻，生人心之荆棘，而使老臣不安其位，人主孤立于上，故不得不详悉为升下言之也。乞敕吏部查勘闵珪、刘大夏果有前项挤井下石、蹊田夺牛情由，宜奏请黜罢。如无此事，亦宜究治造言之人，使老臣得以安其位而行其志，勿使负屈于青天白日之下也。更祈备查刘大夏历官年劳、应否荫子缘由，上请圣裁。如果相应，乞准其子一人送监，以为人臣尽节者劝。如此则言路正，公论明，人心服而天下安矣。

注释：

［一］刘菠《荐兵部尚书刘大夏疏》，见于《乾隆志》卷之十一《文选》（故宫本）第 335-336 页；《乾隆志》卷之十一《文选》（原本）第 122-124 页；《同治志》（集成本）卷十四《艺文志上》第 643-645 页；《民国志》（集成本）卷二十《文征二》第 155-156 页；

《道光志》卷之十一《文选》;《刘氏宗谱》第 74–76 页。

劾逆珰刘瑾疏[一]　刘菕，明户科给事

疏略云:事势异常，人心忧惧，聪明渐闭，弊政日滋。事之急者，不能安言;心之痛者，不能缓声。窃见司礼监太监刘瑾招引入党，或系春官近侍，或系天子旧臣，日导上以非礼之欲，章奏落其掌中，机务因之自决，或于禁中搏兔，深宫岂搏兔之所?或于朝堂交贩，天子岂贸易之人?臣思方今备边无良策，只增年例之银;理财无良谋，卖及广东之库。浙江既奏军士无粮饷者，已累数月;山西又奏岁入不彀岁出者几五十万。小民困苦而征敛益急，帑藏空乏而用度日奢。今日之财用如此，升下何所恃而不动心哉?昨边报将士有盔者无甲，有马者无鞍，大将不识偏裨，偏裨不识兵卒，今日之军威如此，升下又何所恃而不动心哉?地方镇守诸臣何必纷纷替回，用新人固不如用旧人也。各处差遣太监何必数数更换，养饿虎固不若养饱虎也云云。

注释:

[一]刘菕《劾逆珰刘瑾疏》，见于《乾隆志》卷之十一《文选》(故宫本)第 337–339 页;《乾隆志》卷之十一《文选》(原本)第 125–130 页;《同治志》(集成本)卷十四《艺文志上》第 641–643 页;《民国志》(集成本)卷二十《文征二》第 154–155 页;《道光志》卷之十一《文选》;《刘氏宗谱》第 76–82 页;《刘氏宗谱》第 147 页收录有陈祖烈《读秋佩公劾刘瑾疏》诗，诗云:"蹇蹇孤忠射斗牛，弹章直上焕千秋。丹心贯注文心豁，浩气兼行笔气道。只冀回天谠论谁，知逆耳即嘉猷卧。折轮折槛传今昔，为国如公适与俦。"

旌陈母赵夫人节孝疏[一]　陈苊

崇祯年月，臣祖母赵氏，年二十七岁，称未亡人。相倚命者，仅臣父致孝，弱龄耳。四壁萧条，穷愁备历。竭养寡姑黄氏备至，襄事尽礼，茹荼饮鸩已不堪行道酸伤矣。乃赋性峻方，虽臣父一胍如线，绝不作妇人怜惜态，出则延师督课，归则纺绩伴咿唔声，丙夜不休。仍以忠孝二字时为相提醒，起居言动不合纤毫逾越，因渐训及臣、兄弟、诸孙继来。因资臣父补增广生，为州庠名儒。臣兄直举万历十年(1582)乡试。臣举

万历三十四年（1606）乡试，臣兄直之子计安举天启四年（1624）乡试。余尚居业未竟，皆出臣父一经家传，而又孰非祖母督诲之力也哉！臣兄直历任鄜县、广信府同知，清异声绩，两地可考。臣历任栾城、良乡，冰檗冲徒，叨蒙今职。溯本追源，则又皆祖母苦节之遗训也。臣父在州庠时，里耆绅士，公举上之。按臣宋仕旌扁其门，即欲奉闻而臣祖母以妇节应尔，且年未及格暂止，嗣后享年八十六岁，守节近六十年，臣自栾城归，且终且殡矣。适臣乡值重庆府兵变，又何敢烦地方官旌节之请也。兹念臣父前受直封鄜县知县，臣栾城县之赠例格莫伸，今又恭遇恩诏应加授刑部主事矣。臣父屡受皇恩高厚莫极，而转思其始为谁，乃致九原之幽德，尚有未阐。井里之观望，久而未惬，此臣之日夜忧思鳃鳃，欲控而又咽咽不敢冒陈者也。伏读恩诏内一款，表扬节妇所以扶植纲常，劝励风俗，政之大本，缘有司苦于节坊价难措，遂使幽芳不扬。又云：其子孙自愿相资造坊者，有司官给与匾额。臣再三庄诵王言，因庆恭逢圣世，抑何使薮泽无不耀之幽光，遐诹无不宣之神化也。臣于此时不一控陈，是臣下负水源之始基，于家既不可为子，上负风励之盛政，于朝亦何以为臣乎。察得御史王拱、主事吴加宾皆为祖母旌节，具疏上请，臣为之乌私实与相同为是。沥陈冒昧，具疏上闻。

注释：

〔一〕陈荩《旌陈母赵夫人节孝疏》，见于《乾隆志》卷之十一《文选》（故宫本）第 340 页；《乾隆志》卷之十一《文选》（原本）第 131–132 页；《同治志》（集成本）卷十四《艺文志上》第 654–655 页；《道光志》卷之十一《文选》。

夏老姑传[一]　李长祥

夏氏老姑，州人也。父子宵，万历间明经生。姑夏氏远祖，江南英山人。元末因避乱之蜀，其后或在璧山，或在江津，或在涪。而涪为盛世，世以科名显，为涪望族。涪之人思结婚姻必曰夏氏。子宵生三女。姑幼，及年十五。议娶妇者数求姑，子宵正为姑卜。姑忽忆女子以貌事人者也，人之情何限？貌不终善，其意中道而变之者多矣。吾不幸为女子，女子必事人，吾不愿也，于是屏膏沐，反绨丝为布，一身无所饰，父母大惊异。姑前告之以其故，则曲与劝止。姑志已定，无可如何，各流涕痛怜，随之矣。久之，年渐长，家之人无所呼，呼老姑。姑好读书，与诸兄辨析古今，有卓识，

诸兄多逊服。而性严峻，常绳上下以礼，家之人皆惮之。或群聚、僻处、燕笑，影见姑，
讴曰：老姑来矣，皆散去。有喜女者，不知其何姓氏。姑婢也，与姑少长等。夏氏，世
世科名贵显，诸兄又有贵者家婢，左右侍立，姑皆不役，独役喜女，以喜女坚忍能附
姑者也。役之久亦不欲妻人，竟与姑愿终寡，姑亦深任之，率与姑终寡以死。姑以女
子守三十年死。喜女亦竟以好与姑守姑死，喜女哭。三年，自尽。涪之人至今称述其事，
父老犹歆歔出涕。以为老姑之役喜女也，识喜女也，故卒得喜女也，能终始也。喜女
之终始老姑也，识老姑也。其役于老姑也，不苟役也。日常出汲，老姑盖不仆役，故
喜女出汲一日，出汲将抵家，有男子噪渴，奔来乍吸其水。饮讫，喜女倾之。其人曰：
何为然？曰：吾此水以供吾老姑者也。公，男子。吸之，吾不忍以余供姑也。其人愧，
谢过。见之者莫不相顾叹息不已，喜女于是复往水处汲之，返焉。

　　李长祥曰：夏老姑之世有女夏氏，适张氏子庠生诩。诩早死，夏氏年二十，无子。
或劝之再归，夏氏不言，但默告之诩神主，家人不识其何故。亡何，引刀断其左耳矣。
夏氏解学。画以诩，故欲得其形貌画成追思，仿佛画之似即毁去笔墨，不复画。自是
饮食坐寝必在诩影前，器必双。茔诩时即作双，如是者二十年，死遂同穴。考之则老
姑之姑也，姑之去世旋踵耳，又老姑出焉，夏氏之女子何不幸哉！何幸哉！呜呼！悲
夫！

　　注释：

　　[一]李长祥《夏老姑传》，见于《乾隆志》卷之十一《文选》（故宫本）第342-343页；
《乾隆志》卷之十一《文选》（原本）第93-94页；《民国志》（集成本）卷二十《文征二》
第159页；《道光志》卷之十一《文选》；《夏氏宗谱》第33-34页。

邹刘合刻序^[一] <small>邹公讳智，理学名臣，合州人。</small>　　倪斯惠

　　吾郡盖有邹立斋、刘秋佩两先生，云先生素不具论，论其大者一读书中秘。当乡
人秉政之时，抗疏危言，首列忠佞一野草，青琐当珰焰滔天之日，感时流涕泣立抵逆
瑾，至今读其疏，凛凛生气，令人舌吐，而不收其不死于三木囊头者幸也。夫披龙鳞
同履虎尾，同斋志抱愤，不获，竟展其用，同。两先生疏俱未有合刻之者。合之，自
郡守龙公、督抚王公。始二公雅好读书，而于忠义则称两先生。居是邦，事大夫之贤者，

两公其有焉。余不佞，受而卒业。窃叹国朝在弘〔治〕、正〔德〕间，一坏于庸相沽宠，委靡顽钝，不知人世间有可耻事。所称正人君子如三原辈，率摈斥不用而大弊，极坏则逆瑾煽权，倒持太阿，窃弄神器，祖宗二百六十年之国脉，几不绝如线。一时朝绅靡然，无复具须眉气。两先生突起，睇孤势，处疏逖，于上无结知之素，于下无朋党之援，不殉同闾之私，不惜干霄之焰，出万死一生之中，徼万一见听之幸，积于衷之所无欺而发于性之所欲吐。子曰：勿欺也。而犯之，又曰：信而后谏。则两先生之自信，信人为何如哉！秋佩读易伊川洞，立斋晚从白沙游。处则嘿嘿，出则谔谔，其素所蓄积也。独怪学士大夫居恒扼腕，恨不披沥谈天下事，及至事权到手，荃蕙化而为茆菲中，靡于弱骨则外张于虚气，非剿袭于雷同，则苟且以了局。不则其植党也，其鬻权也。一人也，众有所独归，则媚之以干泽；众有所偶去，则借之以沽名。一疏也，非藏头露尾中，人主之猜则借甲指乙。凭在覆之射若两先生者，岂不明目张胆、解衣折槛烈丈夫哉！可以欺人，可以自欺，不可以欺天下。后世犹欲刻其疏而信诸后，则两先生之自信，信人为何如？籍令两先生在执鞭所欣慕焉。

注释：

〔一〕倪斯惠《邹刘合刻序》，见于《乾隆志》卷之十一《文选》（故宫本）第330-331页；《乾隆志》卷之十一《文选》（原本）第78-79页；《同治志》（集成本）卷十四《艺文志上》第650-651页；《道光志》卷之十一《文选》；《刘氏宗谱》第67-69页倪与同《邹刘疏稿合刻序》。"斯"，《刘氏宗谱》第69页作"思"。又《刘氏宗谱》第148页收录有倪禹同先生讳思蕙赠涪陵刘氏州城南旧第对联，联云：诸子弟文章即日同虹霓焕采，老黄门奏议当年与日月争光。诸书记载存在"与同""禹同""禹同"之别。

学官碑亭记[一]　贾元[二]郡人

碑亭之建，臣子所以奉扬国家至美，勒之金石以示无穷。至正癸巳（十三年，1353）夏四月，涪郡守臣僧嘉闻新建碑亭成，教官张安具其事之本末，俾元为文以纪之。盖知天之至者必崇天而极其至，知圣人之至者必崇圣人而极其至。昔者帝尧知天之至，故曰：钦若昊天。至我孔子，知圣人之至。又曰：大哉！尧之为君，于天而曰昊，于尧而曰大哉，可谓极其至矣。自孔子没，惟孟轲氏知圣人之至。故曰：孔子之谓集大成。自生民以来，未有孔子，厥后世君世主皆不能知？汉平之封，止曰：褒成侯。其后有封邹国公者，有封隆道公者。及唐玄宗封文宣王，宋真宗于文宣之上加"元圣"二字，后又改为"至圣"，其号略备，亦岂足以尽圣人之德美焉。至我圣元，礼极隆备，振耀古今，此碑之不容于不刻也。成宗皇帝制若曰：孔子之道，垂宪万世，有国家者所当崇奉。其言至矣、尽矣。武宗皇帝之践祚也，首祀先圣。若曰：先孔子而圣者，非孔子无以明；后孔子而圣者，非孔子无以法，于"至圣"之上特加"大成"，切当之论，极古未有。文宗皇帝在位之四年，制谓：生知之出，有开必先。乃封先圣父母为启圣王夫人。又谓：闺门成教，尚虚元媲〔妣〕之封，乃封夫人亓官氏为至圣文宣王夫人。一家之内，自上及下、自外及内皆被宠荣，有光万年，极前代所无。又谓：圣道之传由其徒嗣而明之，而褒颜、曾、思、孟为复圣、宗圣、述圣、亚圣，封以上公，亦前代所无。历圣之心，可谓知圣人之至，故能尽尊圣人之典。其文当与天地日月相为无穷。然元窃伏思之，创业垂统之君，具高世之识，不凡之见，故能立一代令典，为后世取正。恭惟我世祖圣德神功文武皇帝受命，首重圣师，春秋严释奠之礼，原庙隆祠祀之制，开大学为首善之地，教胄子为出治之原。其在待王鹗也？每见则赐之以坐，呼状元而不名，其在正位也，礼。命名儒许衡隆以师，礼。亲之、信之，一时文化之盛，远出前代，是又神孙善继善述，皆自此为之张本。皇上以天纵之姿，尤用意文治，人才彬彬，克复至元之盛，此当勒之金石为万世法程也。涪之文庙，旧惟一碑，刻至元三十一年（1294）、大德十一年（1307）诏文，其余封谥之碑，未遑也。守臣僧嘉间至郡，深为缺典，乃捐俸金，采坚砥、召匠、抡才、勒碑、建亭，命学正张安董其事。丹雘华丽，金碧辉映，诸郡所无。盖臣子心必诚必信。又于亭之前为小亭，居丛桂之上，扁曰天香，亦致敬天之意。亭道通泮池，池之上又为阁，道通讲堂。堂朝于碑，无一日不致瞻仰之意。先是，庚寅秋侯甫莅政，首创尊经阁，次御碑亭，后先相继。其于学宫，可谓详且尽矣。元草野布衣，幸亲见休光，敢不执笔以书，拜首稽首，敬为之记。

注释：

〔一〕贾元《学宫碑亭记》，见于《乾隆志》卷之十一《文选》（故宫本）第 301-302 页；《重庆府涪州志》卷之四《艺文》第 452-453 页；《同治志》（集成本）卷十四《艺文志上》第 638-639 页；《道光志》卷之十一《文选》。

〔二〕贾元，字长卿，号易岩。元代涪州人。主要活动于大德元年（1297）至泰定五年（1328）间。著名学者、散文家、书法家。贾元有文才，淹通经史，以文章、书法名世。当时，凡使蜀还京者，士大夫必问："得贾先生文章否？"贾元未入仕途，布衣终身。他曾为涪州撰有《题观澜亭歌》《涪陵学官碑记》等。他书学苏体，温雅有法，名盛一时。涪陵北岩"观澜阁"匾额和《涪陵文庙御碑亭记》是其遗墨，笔法苍古，韶秀俊逸。他所作《涂山碑记》，层次清楚，考证精详，首创"禹生石纽"说。参见《涪陵辞典》第 657 页"贾元"条、《历代名人与涪陵》第 104-105 页《贾元在涪州留下的散文与书法》。

重修州学碑记[一]　刘之益

昔真西山先生谓学以言夫学也。学先圣、学先贤、学先儒，固学也。抑知循守良牧有可法、可传，已能学而又足以导人之学，使士值之取人之学，以成己之学，亦皆学也。又何殊于学先圣、先贤、先儒而乃谓之学哉，则学宫之修诚不可浅视也已。涪陵自程叔子官于此，以学演夫《易》，黄庭坚官于此以学精乎诗，是理学而循良者也。故生是邦者，宋有达微谯先生以谈理名其学，亚夫晏先生以淑惠名其学，而明有秋佩刘先生以忠节名其学，至两闱得捷之侪，莫不宗此学而魁元卓灼，卿辅炳麟，殆皆酝酿于程与黄官是而然耳。其文庙自有明邵公贤创于前，都宪陈公大道广于后，栽栽辉映，洵西蜀一文献观也。不谓献寇煨烬，旧宫不存，而文风亦替。我大清定鼎，有署州赵公廷祯者，慨然薄成一殿，然草昧简略，究不肃观。至今上廿有十年迺得洪都萧公讳星拱，来守是邦，绘以丹垩，翼以两庑，使诸贤、诸儒、乡贤、名宦及启圣、四贤诸祠，稽诸故典，确其行状，镂以木主，治以俎豆，春秋两祀，必诚必洁，较他人尊幻妄之佛老，建无补之殿阁，孰得孰失耶！其于诸生也，按月必课，课必得才，厚所予以为笔砚资，频所给以为惰窳劝，而一时人文蔚起，弦诵风生。今秋闱又捷，刘子衍均、夏子景宣为修学之验，真足赞襄盛世，郁美王国者欤。余观公之在涪也凛四知不受暮夜之遗。士得学，其洁，省赎锾，不为赞恝之弊。士得学，其明辨真赝，而章缝无滥与［欤］。士得其学，端严近习而侍从无私幸；士得学，其公肃，彼桁杨使猾蠹知畏；士得学，其刑清之源以抚字而寓于催科；士得学，其薄敛之隐又如葺衙廨，民得瞻仰劝惩，均徭役，民得就熟力荒；士又得学其政事之宜，凡此缕缕，未可悉举。惟兹修学一务，洵关人文而至重者欤，时赞政州幕王公讳运亨于修学佐理，咸与有力，爰是略即其事以寿诸石，亦因公之学为多士劝，是诚西山先生谓学以言夫学也云尔。

注释：

[一] 刘之益《重修州学碑记》，见于《乾隆志》卷之十一《文选》（故宫本）第315-316页；《重庆府涪州志》卷之四《艺文》第454-455页；《道光志》卷之十一《文选》；《刘氏宗谱》第110-112页。

涂山古碑记[一]　贾易岩

《华阳志》云：渝郡涂山，禹后家也。古庙废。宋至正壬辰郡守费著仍建庙。尝考娶于涂山之说，一谓在此，一谓在九江当涂。东汉《郡志》云：涂山，在巴郡江州。杜预《考》曰：巴国也。有涂山禹庙。又古《巴郡志》云：山在县东五千二百步岷江东，所高七里，周围三十里。郦道元《水经[注]》云：江州涂山有夏禹庙、涂后祠。九江当涂亦有之。杜预所谓：巴国江州，乃今重庆巴县。江州，非九江之江州，《汉史》《蜀志》有稽。至今洞曰涂洞，村曰涂村，滩曰遮夫，石曰启母。复合《帝王世纪》《蜀本纪》《华阳国志》《元和志》等书参考之，禹乃汶山郡广柔人，其母有莘氏感星之异，生禹于石纽广柔。隋改广柔为汶川。石纽在茂域，隶石泉军。所生之地，方百里，彝人共营，不敢居牧，灵异可畏。禹为蜀人，生於蜀，娶于蜀。古今人情不大相违，导江之役往来必经，过门不顾，为可凭信。先是，帝曾大父曰：昌意为黄帝次子，娶蜀山氏，生帝颛顼。颛顼生鲧，鲧生帝。帝之娶于蜀，又有自来。又谓：蜀涂山，肇自人皇，为蜀君，掌涂山之国，亦一徵[征]也。至会诸侯于涂山，当以九江郡者为是。东汉《郡志》云：山在当涂。杜预云：在寿春东北，今有禹会村。柳子有铭，苏子有诗。且于天下，稍向中，会同于此宜矣。《通鉴外纪》亦云：禹娶涂山之女，生子启。南巡狩，会诸侯于涂山。如是，则娶而生子，而后南巡。南巡而后会诸侯。娶则在此，会则在彼，次序昭然。会稽乃致群臣之地，或崩葬之所，故有禹穴。所谓涂山，一曰栋山，一曰防山，纷纷不一。太平乃晋成帝世，当涂之民徙居于此，故亦名其县曰当涂。好事者援此以为说，而实非涂山。世次绵远，地名改易，烦乱傅会不足徵[征]。况会稽当涂，在禹时未入中国，禹安得娶彼哉？今特辨而正之，庶祠庙之建得其本真，而禹后受享于诞生之地，尤不可阙耳。

注释：

[一]贾易岩《涂山古碑记》，见于《乾隆志》卷之十一《文选》（故宫本）第 300 页；《同治志》（集成本）卷十四《艺文志上》第 637—639 页作《涂山碑记》；《民国志》（集成本）卷二十《文征二》第 153—154 页作《涂山碑记》；《道光志》卷之十一《文选》第 11—12 页。

重修学宫碑记[一]　王奕清

涪郡自伊川程子谪居其地，州人谯定执经于门，得其指归。而旧侍几杖之尹焞又避迹来涪，倡明理学，各以道德师于乡，经明行修之士，遂代不乏人。明宣德初始建学治南，万历中陈参藩踵事增华，备极宏丽，更置学田膳诸生，以时课业，故有明科第之盛，甲于川东，载诸志乘，班班可考。明末寇乱，鞠为灰烬。我朝定鼎，州守赵君[二]、朱君[三]前后兴修，事虽草创，未壮厥观。然春秋对越，将事秉虔规制可渐复也。洎滇逆蹂躏，兵革频仍，举两贤之所经营，又半付之寒烟蔓草。岁壬戌（康熙二十一年，1682），萧君[四]始至。自涪谒先师，顾瞻惕然，惧无以自安，特加修葺，用妥明禋。第恢复之初，工未易施，多所缺略。甲申（康熙四十三年，1704）夏，董君[五]来守是邦。政尚声教，治从宽简，患除利兴各以序。爰念风化，首先学校，循行宫墙，见笾豆弗饬，琴瑟罔修，靡不缮理，复其故。再越岁，政通人和，吏民晏然，议举文庙而更新之。维时诸荐绅黄髦曰：此非以图善吾后而敢坐视自逸欤！于是州守偕诸绅士，咸有所助。鸠工庀材，大兴力作。始于丙戌（康熙四十五年，1706）冬初，迄于戊子（康熙四十七年，1708）春仲，积四百八十余日，而殿寝崇邃，门庑靖深。启圣、名宦、乡贤诸祠焕然毕具，加于旧规，小大称事，一无所苟。既浚，涓日斋戒，率诸寮属，大合其秀士，陈牲币，三献而落之，请予为书其事。方予承天子命督学来川，所历诸郡县学，大都风雨飘摇，圮废不治。颁行条约，首举兴修。谆谆诚勉，乃诸司视为具文。能以成事告者，寥寥无几。董君者于予未檄行之前，独先身任其事，留心文治于兹仅见。夫仕而受政教之寄，克究知乎本源，相与殚心一力，不费公，不劳众，以底于成，从此人文蔚起，彬彬驯雅，接伊洛之宗传，安见谯氏其人不复生于今。矧涪郡山川森秀，标松屏、荔圃之奇，擅铜柱、锦洲之胜，以地灵而产人杰，又理所必然也耶！是为记。

注释：

［一］王奕清《重修学宫碑记》，见于《乾隆志》卷之十一《文选》（故宫本）第320–321页；《道光志》卷之十一《文选》。

［二］赵君，即涪州知州赵汝廪。

［三］朱君，即涪州知州朱麟祯。

［四］萧君，即涪州知州萧星拱。

［五］董君，即涪州知州董维祺。

西门关帝像灵显记^{［一］}　夏道硕

蜀汉关夫子，昔称圣之烈者也。海内外率庙而祀之，久矣。然性之近义者，宗之；性之近勇者，慕之。即未必能义能勇者，莫不畏之、爱之，庸者缴之，劣者亦谬而妄祝之，是故敬其烈而亦仰其像也。像，土木也。夫子即欲显其灵，亦不能使土木灵。大概或示于事，或游于梦，或发于签卜，或托于迷魂呓语，又或隐现于空中云雾荒缈之域而已矣，盖不能使其土木灵也。唯吾涪西门外之关像则又土木灵焉异哉！昔者先明甲申崇祯之十七年（1644）也。六月初八日，流贼张献忠拥数十万众，溯川江而上至于涪。涪人走，贼尽毁城内外官民舍，涪赭。凡庙之毁不待言，即铜铁之神像，亦无不毁裂成镕溃，独关庙虽毁而关像二法身巍然两座，若未尝有变也者。二法身前后相去约五七尺许，前者高过人，后者高丈余。火大作，砖瓦厚重，零星注下如雨，而二法身者皆土木也，无寸毫毁。近而瞻之，冠履俨然，须眉如故，金屑不剥。至左右诸侍将则又皆毁，崩无尺金。金刀四十余斤，亦色毁卷蚀。止殿上中梁坠于二法身之间，独完不毁。其余栋、柱、椽、楹、宸、案皆毁。余时为贼所执，虽被创，在火烟中亦得不死。贼去，火熄，遥望二法身，金光露处于瓦砾焦烙之上三昼夜，火气犹蒸人。及后，人民归，见之起敬。随以草蓬盖护，已而鸠工庀材，构新殿居焉，即今殿是。而今人入觐、下拜以为与新造者同，而不知仍为有明之旧身也。今余六十有八矣，恐事久弗彰，敬以闻之郡守萧公^{［二］}。公曰：然。吾将勒石以传，是为记。

注释：

［一］夏道硕《西门关帝像灵显记》，见于《乾隆志》卷之十一《文选》（故宫本）

第 317 页；《同治志》（集成本）卷十四《艺文志上》第 653–654 页；《道光志》卷之十一《文选》；《夏氏宗谱》第 38–39 页。

[二]萧公，即萧星拱。

建东璧阁记[一]　　夏道硕

按东璧，图书之府，往牒盖侈谈焉。而扶舆之秀，有开必先，所关于世运人文，固有毓注区矣。蜀山水之奇甲于宇内，而史所称涪更著。涪学宫隆起，东亘以峨嵋为原，瞿唐为尾，都江濯其迹，黔流绕其襟。棂星独跨，专城而层蹬穿云。冯高四望，云霞飞而波涛涌也，堪舆家谓：形胜迥异他封，而巽方宜有台阁应辉煌之气。涪学士大夫每心计之而不敢请，天假斯文。朱公[二]以六诏人豪，来守是邦。一日，谒宣尼庙庭，欢然指顾多士曰：地灵人杰，鲁何逊奇。而棂之左方为巽地，当以修补，云龙风虎之会其崛兴乎！侯曰，拮据，郡国之务鞅掌，不遑督土木，事竣，当奏最阙下。遂鸠工平基，选梗楠巨材，亭亭竖立为坊表，约高数十尺。旁为五楹，饰以青黄丝色以仿佛五行。焕乎！所谓层楼耸翠，高接云霄，飞阁流丹，下临无地，扶舆之秀，若更有孕结焉。具造而成画舫，征帆往来，三江之渚，目跃神爽，若盼泰山之巅而游剑阁之下也。再阅月，而落成。侯乃诏诸学博、士大夫觞于其上，风响铮铮，星辰可摘，把酒临风，其喜洋洋有不鼓豪杰之气而乘运光启者乎？侯之曾大父于嘉靖间振铎涪庠，誉传郡乘。侯之绍美，赫然有光，而两嗣君当舞象时，名动三川矣。侯之万世功，独在涪也乎哉！侯之治涪，更先民瘼，三载底绩，四封口碑，啧啧具在《惠政录》。丹凤音舆，人讼东璧阁之建其一班云。侯讳家民，别号任宇。进士，云南曲靖府人。

注释：

[一]夏道硕《建东璧阁记》，见于《乾隆志》卷之十一《文选》（故宫本）第 318 页；《同治志》（集成本）卷十四《艺文志上》第 653 页；《道光志》卷之十一《文选》；《夏氏宗谱》第 39–40 页。

[二]朱公，指涪州知州朱家民。

余侯重立知稼亭[一]　夏国孝，明户部员外

惟我郡大夫重农务稼，政先立本。始至，谕诸民曰：若治生，尚其毋后稼事。夫稼事也者，贱而用贵，卑而教尊，劳而享逸尔。尚及时芟柞，徂隰徂畛。泽泽厥耕，绵绵厥耘。成兹嘉谷，以洽百礼，以贡赋事，以宁尔妇子。众曰：诺。比恭承藩臬文宗南村阮公，前明水利，悉心兹务。区画十有二条，忧深思切，曲尽事宜，相期有成。檄至，大夫曰：仁人于民也，心之忧矣。言开之，政成之。寝而弗行，是重违德意与孤民瘼者也。乃斋居，卜日，再申诸民曰：治生莫如稼，治稼莫如滋。滋润成实，上农也。陂塘渠堰诸所潴水也，尔其从事如法。潴于洞，塞崇污，拓隘、厚防、固基，然合四塞之冲，迁九曲之道，开张巨浸，引回洪流。若横私要，据怠荒玩，惕吾其任之。众曰：诺。大夫曰：役民而罔躬先，非以均劳慰怨而与作则也，民谁与我？乃测影正方，构亭、凿塘于州城南隅，扁曰：知稼。呜呼！尽之矣。亭成，州人士再拜，属冠山夏子为记。夏子曰：闻诸耕法，沿耒耜之教为说愈长，然辍讲之日益久。水者，天地之泽予无穷，顾溢则潦，涸则旱，稼之灾也。夫耕法辍讲而水之利润反以灾稼，厥咎在政。夫政也者，赞化者也。因利导以制其中，谷不可胜食也。稽古哲圣经野画田，爰讲沟洫。诗曰：信彼南山，维禹甸之。我疆我理，东南其亩之谓也。顾兹伟画，上下式成。其以勤民，皆太上意也，可以训矣。嗟乎！隆替者，数也。兴废者，事也。贤不肖者，人也。亭址久湮，伊今再作，日居月诸，知复如何？嗣是代至，若见羊昧。礼剪伐棠荫，自可考政与德，缅思旧迹，其于南村公暨郡大夫遗意，重有怍色，且于公论有余，罚不可慎哉！南村公，楚麻城甲科，号通岩。守吾涪四载，惠政滂敷，盖不独此。

注释：

[一] 夏国孝《余侯重立知稼亭记》，见于《乾隆志》卷之十一《文选》（故宫本）第305页；《同治志》（集成本）卷十四《艺文志上》第640–641页作《余侯重立知稼亭记》；《道光志》卷之十一《文选》；《夏氏宗谱》第36–37页。

儒学去思碑记[一]　夏国孝

涪诸子伐石取之，敬为师康西舍氏碑，式以记思颂德也。按西舍以辛卯岁月领涪

教事。甲午再徙汉州学。诸子思之，俾式是以勒将事请诸尊者，乃郡大夫通岩余公曰：善。我偕我僚，奖率工作，赞厥汝成以慰汝诸子志，昭劝也。惟庠广文项竹冈氏、张虞斋氏、陈西乐氏、李东泉氏，曰：善。我思我贤，延伫芳躅，二三子兹举吾志也。相与测景卜方，即碑成，问记夏子国孝，曰：思而隆情厚之道也，称德而图愆于素则辞无诡也，举不逾节礼也。缘公敷论非阿也，合是四者可谓训矣。将记，有三五历阶而前，曰：某尝入侍。先生曰：子有亲长乎？爰及起居，谕厥愿事务于怡豫，且戒以毋殆荒，徒悲风木。某退而讲于孝弟，知从事也，愿托意兹石已。而三五复历阶而前，曰：某入侍。先生曰：汝胜气作敖，非良于德，益重有损。孔子曰：履德之基也，谦德之柄也。履而谦，罔不臧？子盍慎诸？某退而贬抑得寡过也，愿长意兹石。有顷，则有言曰：某困乏不藉。先生曰：子曰宁赖，毋为贫摇以为身心忧，空乏拂乱，上哲有之矣。时一捐给以资举火，愿托意兹石。有顷，有言者如悲如诉曰：某曾阖门遭病，甚怪，盖厉气也。晨昏绝炊，戚里裹足，痿痿待毙，先生独无忌禁。时遣慰问，饷以米粥，得全活无恙，愿托意兹石。夏子援笔谨书，诸称说辐辏，石不可遍书。有对石而祝者，始曰：石不尽书，尚有余愿刻深文纡巩其与海岳同居。再祝曰：石书不尽，我唏嘘思所未书意有余。三祝曰：心其思矣，托石书石不我载，恨何如？祝毕，两翼环立，夏子曰：猗欤休哉！兹可考德。夫县金购誉，过者弗顾，岂谓人遐地隔，而诸子二百余人怀之，同心罔惮劳费，故曰：可以考德。西舍貌古，质朴言讷，非能作饰快人，独诚心无欺，直道不阿，乃其大致也。诚能动物，直自信人，其感心宜，诸子亦贵于思也尔已。或曰：西舍清心寡欲，务施不取。且温和容与，应逢众心。噫，清心寡欲，西舍之素也。乐施而无泛，当取而弗给，温而有理，和而益方，故曰：非能作饰，快人者也。况行通于乡教，先诸躬修基诸，独其所孚久矣。不然，何首事之日，郡大夫主之，同列和之，兹大道之所同也。故曰：可以考德。康先生名良材，字在朝，号西舍，江西泰和人。

注释：

[一]夏国孝《儒学去思碑记》，见于《重庆府涪州志》卷之四《艺文》第461-462页；《夏氏宗谱》第37-38页。

署涪守不波胡公生祠碑记[一]　陈计长，明孝廉

丁卯冬（天启七年，1627），涪绅士庶谓余曰：我署事胡公德成政立，所至难泯。涪地受恩犹渥，祀弗可废也，请以记其实。公名平表，字不波，滇南人，举乡进士。初选授县令，改忠州判，承乏涪篆，因得是任。先后淹于宦途，盖有年矣，而公持躬居官，始终断断如也。署官初莅，时例有公堂供奉，公一无所受，至于馈遗蒸穈，纤细必却。涪俗嚣于讼事。旁午，公案无留牍，朝至夕发，处之若无事，而尤恤于刑，谳决详平。缙绅有过，力为保全，无敢刻诋。维时夏月多旱，公祷立雨。春来多雨，公祷又立晴，是何天人响应如斯也。而其最不可谖者，辛酉（天启元年，1621）秋渝城为奢寅所破，远近哄然，骚动全省。公闻而发指，亲诣石柱司，请秦兵堵截。复躬率义勇声援，衣甲胄而衽锋镝。围杀月余，奢寅就擒，蜀乃安堵。论功锡爵，公虽渐陟方岳，而名不酬实，公亦脱然名利外矣。由今思之，向令不有堵截之一行，是时大兵未辏，长、涪以下又安可问哉？盖公清操日饬于躬，经济日储于豫，是以治未期月，而所在整暇，罕所匹也。夫功德及于民者，皆崇一代之祀典，如房谦之于长葛，文翁之于成都，皆为立祠以永其传诵，涪人岂伻木石而不图所以慰远念者？嗟嗟，龚、黄风邈，吏治如救火扬沸，而民不聊生。公以手不染而心如镜，随之事亦贴如，亦复挺身汤火而使民不罹于水火刀兵，靡不敬之慕之，乐为之祠，有何私哉！余曰：唯为之记，而系以颂。曰：古称不朽，以功以德。施不在多，期于当厄。涪俗嚣嚣，惟公之抑。涪俗蚩蚩，惟公是迪。一尘不染，百孔是塞。诚可格天，谋可经国。非大英猷，孰将戎即。非大手眼，孰安反侧。得保安康，伊谁之力。有山巍巍，有水湜湜。公之在兹，孔迩罔致，旦暮祗事。犹慎不克于休，胡公不愧血食。

注释：

[一]陈计长《署涪守不波胡公生祠碑记》，见于《乾隆志》卷之十一《文选》（故宫本）第 309 页；《重庆府涪州志》卷之四《艺文》第 462-463 页；《道光志》卷之十一《文选》。

无米洲记[一]　陈计长

杜少陵客夔有年，酷嗜吟咏，不能徙去。每有所寓，皆名高斋。考其次水门者，

为白帝城之高斋；依药饵者，为瀼西之高斋；见一川者，为东屯之高斋。故其诗有"高斋非一处"之句。余数至夔，访高斋之遗迹，屡见城市丘墟，父老罕识，莫名其处。适丙子之役，予以公车旋里，道经巫峡，夏水泛涨，相传有"滟滪堆如鳖，瞿塘行舟绝"之语，于是舍舟而陆，历高岩峻壁，侵（？）寻少坦，步郊原上，遥望有洲。考其洲之名，居人曰名无米洲。以其邻于高斋，为少陵往来盘桓吟坛，地灵馨竭，苗不实生，田于此洲。上有庐舍，额曰：大雅堂。按：少陵游蜀凡八稔，其在夔独三年。平生所赋凡千四百六篇，而在夔作者三百六十有一，以是知山川之灵秘发泄殆尽。昔陆务观曰："少陵，天下士也。早遇明皇，见知实深。尝慨然以稷、契自许，及落魄至夔，客于柏中丞、严明府间，如九尺丈夫俯首居小屋下，思一吐气而不可得。"予读诗至"小臣议论绝，老病客殊方"，抑何言之悲也，且见少陵非区区于仕进者。向者关耆孙上高斋故基，指其屋，隘而陋，甚惜之。关景贤愿出力更筑之，客谓不可隘而陋，亦不可侈而大，此少陵诛茅避世之意。今洲之大雅堂，亦多湫隘，叹此老其眼如此，何用梯其意焉！

注释：

〔一〕陈计长《无米洲记》，见于《乾隆志》卷之十一《文选》（故宫本）第312-313页；《道光志》卷之十一《文选》。

野猪岩记[一]　陈计长

巴城之东越铜锣峡，有古滩城，为巴子置津处，名群猪岩。渡法，人奔岸上，止以空船竞渡。因河水触岩，汹涌异常，不得不奔。趋于岩以摅舟患，惟见滩岩壁立，路仅一线，缩首蹲身，下视则万顷湍流，惊波震耳，行者苦之。余母文恭人身经其处，叹曰：幽闺之人，谁知履险之危有如此者，稍失足则鱼腹矣。若使鸠工修葺，令窄隘者稍宽，险峭者稍平，约费百金，此工可竣，我何惜簪珥而不为，稍舒道路之厄乎？于是命匠凿补，未一月而工成，行者称便。命计长为记勒石，时崇祯乙亥（八年，1635）中元日也。

注释：

〔一〕陈计长《野猪岩记》，见于《乾隆志》卷之十一《文选》（故宫本）第312页；《道光志》卷之十一《文选》。

石鼓溪记[一]　陈计长

涪西于黄舣沱之上，有溪。因蛟行暴雨，土泻岩崩，现出石鼓一具。洗阅，字画模糊，扣之无声。昔人以问张华，华曰：可用蜀中桐木，刻作鱼形，扣之则鸣。至于字画，则考之凤翔孔庙，有石鼓文，词可读也。词云："我车既攻，我马亦同。"又云："其鱼维何，维鲔维鲤。何以贯之，维杨维柳。"此六句可读，余不可通。苏子瞻云："忆昔周室歌鸿雁，当时籀史变蝌蚪。"则石鼓之字盖蝌蚪之变。韩退之有蝌蚪书，《后记》云：李阳冰之子服之授，予以其家蝌蚪《孝经》、汉卫宏官书两部合一卷。且曰："古书得其依据，盖可读。"如是，则退之宜识蝌蚪书者。而石鼓歌乃云："辞严义密，读难晓，字体不类隶与蝌。"今子瞻乃能通其六句，则子瞻为精于字学矣。欧阳《集古[录]》跋尾，盖谓："韦应物以为文王之鼓，韩退之以为宣王之鼓，不知何据？"卒取退之好古不妄者为可信，然未尝载其文。至子由和子瞻诗云："形虽不具，意有可知。"昔欧阳永叔云："古初石鼓有十。一半有文，一半无文。其可见者四百一十七字，可识者二百七十二字，可通者一十六字。"今石鼓之字迹类蚓蛇，竟不可通，意其为无文之鼓乎？如法桐鱼扣之，微觉铿铿，诚古物也。借以名溪，俾传不朽。

注释：

[一]陈计长《石鼓溪记》，见于《乾隆志》卷之十一《文选》（故宫本）第 311 页；《道光志》卷之十一《文选》。

纪变略言[一]　夏道硕

天启元年（1621）辛酉四月，贵州土司奢崇明奉调入重庆城，巡抚王至演武场点兵给饷，不知奢酋包藏祸心。是时贼目樊隆舞刀而前，张同以标戕射杀巡抚于堂上，遂反，城中大乱。警传至涪，署州判胡平表扁舟徒步入石砫司，请兵效胥庭之哭。司女官秦良玉率所部上援。贼趋成都，良玉入城安抚，涪境亦宁。涪人为胡公构生祠于城北。

崇祯十六年（1643）癸未五月，江北摇黄贼十三家争天王袁韬、回队王友进、必反王刘维明等攻劫鹤游坪地，杀劫焚掳，北岸人民避渡南岸。

十七年甲申（1644）正月，贼烧李渡镇，州城恐，分守道刘龄长发操兵百余渡北哨探，遇贼杀死，操兵余众奔回。

　　本年六月初五日，夔巫十三隘总统曾英率部兵渡西岸，退保涪城。涪两江滨联以木栅。流贼张献患尾其后。初八日，贼大至。贼船继进，分守道刘公退走綦江，郡守冯公退走彭水。是日午后，曾英寡不敌众，退走望州关。至薄暮，贼追至，英下马持弓，殿于关口要路堵截，我兵乃得过关，贼众涌上，英与短兵相接，为贼数伤，昏死，落坡下。夜深，贼去，英甦起，复从小路奔去，由南川至綦江，贼焚官民舍，城内外尽烬。十一日，贼水陆二路起营，陆由南川，水由大江。十八日，会于重庆，攻城，城破。旧抚陈公士奇、郡守王公行俭、巴县尹王公锡俱死节。是时，瑞王自秦来渝避兵，为贼所执，欲刃之天，大雷雨震电如相救状，贼竟害之。其杀僇惨烈，不忍悉言。贼上成都，屠城。蜀王全宫赴井，抚按院龙文光、刘之勃等俱死节。贼僭称西朝，改元大顺，事载总志。曾英于九月内从綦练兵，至江津，下重庆，兵渐集，至乙酉（1645）三月，贼发伪水军都督张广才下取川东，曾英船泊两岸。警至，英布置如法，令家眷杂船放涪州小河内，止留战船，发水师于大海等水路迎敌延阵，自率马步从北岸潜赴合州地，（龚）〔攻〕取广才老营于〔多〕功城。贼溃，奔江淹死无数，于是两路夹攻，贼大败，退回。我涪疆因有两载之宁。督师王应熊为英题都督总兵，继题平寇伯，有印。至丙戌十月内，献贼在成都。闻本朝王师入川，乃弃城东逃，献贼于路间为王师一矢而殪，贼众溃。至十二月，溃贼抵重庆，曾英发兵堵御，未及布置而各家眷杂船望风乱开，万艘蔽江，又素所降贼兵营中放火内应，英仓皇上战船，与贼战，船重溺死。贼乃渡江走遵义，入黔，进滇，曾英之溃将李占春、于大海等放舟至涪。至丁亥正月，又北岸摇黄贼袁韬亦率众数万，军于涪，名为降顺而劫掠如故，涪人流离。至五月，国朝肃王发贝勒、贝子诸营下取涪州，袁韬大败，渡小河东岸，走贵州湄潭县去。八月，李占春，混名李鹞子，同诸营上复渝城。十一月内，以本营袁韬与李占春等争功，自相攻杀，占春不胜，退下涪州。至戊子正月，占春乃结营于涪之江心平西坝上，日以采粮劫掠为事，人众失耕，饥馑、瘟疫俱作，人相食，死者不啻十之九，由是百里无烟。至辛卯，献孽孙可旺称秦王，从滇下黔，入蜀，势并诸营，檄联占春，不听。七月内，贼至，占春溃，遂同于大海放舟下楚，投诚于国朝，而涪已空矣。

　　注释：

　　[一]夏道硕《纪变略言》，又见于《刘氏宗谱》第114—116页，但作四仙公（刘之

益)《贼变小记》。

百花赞[一] 夏道硕

　　春光明媚，大块烟迷。开名园以幽赏，羡花工之逞奇。帘卷东风，观不尽绿云红雨；乌啼斗帐，梦都成紫蝶黄鹂。景翳翳以相属，色灿灿而争施。敛萼欲抒，既含羞于半面；披枝相见，意巧笑于芳姿。影娟娆而历乱，态绰约而攸宜。一肌一容，迷王孙之肠断；或疏或密，牵公子之魂离。方素质而淡妆，则若耶之匀粉；及彩流而浓饰，则昭阳之日移。岂独有情而欲语，抑将无言而成蹊。困人兮天气，发兴兮遍驰。尊为王，占为魁，从人标榜；诗为浇，酒为伴，着意订期。绘紫阳之文章，落片片于水面；因濂溪之酷嗜，浮朵朵于清池。墙短纷岐，关不住满园佳丽；解装投赠，即何妨陌上委蛇。承露葳森，非鼓催于唐苑；向日舒沁，宁剪彩于隋堤。馥郁氤氲，似身引乎月殿；夭娇婉娈，直美逢于琼基。采采盈筐，湿罗袜而莫顾；行行且止，晚步屧而谁訾。虽零露残霜，犹劲贞于香晚节；况风和旭酿，自乘兴而放新禧。翠积五城豪气，五陵磊落；声同十友联珠，十道潇漓。云流画阁之中，清香暗袭；月出东山之上，疏影横披。着雨偶肥，犹胜环儿庭前态；临风起舞，不减妃子掌上吹。可佩芬焉淑沚，亦缬英乎东篱。十里马飞新郎君，将迷归路；三年海上旧社主，未老开枝。酥润天阶，宫娥颦眉自惜；蝉嘽雕榭，好鸟偷眼下窥。步春前，则美人翩来月下；殿春后，则学士高咏云衣。照水亭亭，陈思不禁凌波赋；倚窗憩憩，天宝微呼睡熟时。乐平泉而坐久，就金谷而品题。自分天工之剪裁，何来晓风之威促，故知上苑之游胜，尽属谐臣之媚兹。着紫着绯玉堂人，盛服朝天子；装金装璧肉屏裹，笑颜劝酒卮。久矣，佳辰趁韶华于锦绣；庆哉乐事，修脂黛于丰仪。莫待蹉跎，闲台已成璀璨；休云孤负，东园忍令参差。彼银缸之相吐，青烟仿佛；盼玉雪之徐坠，六积依稀。岂如仙洞随鹿角，那堪真蕊上蜂须。所赖韵士风流，寻枝问叶；若逢骚人雅集，命号嘲痴。冢卧麒麟，谁识生前开谢；堂归语燕，频唤东主兴衰。但许珊然，珮环轻移穿径；只嫌醉余，俗恶慢揉狂持。倘折几茎于胆瓶，香生书案；即插两朵于宝髻，喜动腰肢。莫怪临老入丛，恐妖容弗爱；须信明年犹健，唯寒骨方知。三岛云封，琪树应留楚楚；五更风起，子结何恨迟迟。叹名言之莫馨，还欣鉴之靡私。聊开绣口于梦笔，更铺玉阪于葩诗。或辎轩之足采，未风雨之可欺。

注释:

[一]夏道硕《百花赞》,见于《乾隆志》卷之十一《文选》(故宫本)第370-371页;《乾隆志》卷之十一《文选》(原本)第214-216页;《道光志》卷之十一《文选》;《夏氏宗谱》第34-35页作《题百花赞》。

夏烈女毁形守志歌[一]　[夏道硕]

锦水寒江江之侧,云山暗惨[二]忽异色。谁氏有女抠乾坤,山川为之亦含恻。婉柔原出自名楣,一点冰心是妇师。云屏月冷盈猿泪,翠幪霜寒罢风吹。衡芷为心松柏质,七戒森森只从一。画图相敬俨如生,丹衷可使质太乙。当年杂佩何殷殷,还期地下共修文。梦魂惭对巫山雨,泪竹常飞湘浦云。明星沉沉妆镜坠,慷慨引刀明此志。绿云不染翡翠污,白璧耻为脂粉地。生则同衾死共窀,九泉须合骨如银。风会不堪长太息,柏舟千载作孤吟。睢阳之齿常山舌,严将之头侍中血。古今烈妇与忠臣,炳炳芳声揭日月。

注释:

[一]夏道硕《夏烈女毁形守志歌》,亦见于《乾隆志》卷之十一《文选》(故宫本)第369页;《乾隆志》卷之十一《文选》(原本)第213页;《道光志》卷之十一《文选》;《夏氏宗谱》第34页。

[二]惨:《乾隆志》作"参"。

江心石鱼歌[一]　杜同春[二]

江心石梁亘千尺,下有双鱼古时迹。霜飞石出寒江空,波静鱼浮苔影碧。相传神物兆年丰,刻凿宁论自化工。盈虚消息本至理,胡为鱼也居其功。我来涪陵值俭岁,斗米三百困生计。心尤是物不肯出,未挽天心早默契。今年江波照眼明,春沙漾日波纹轻。少府携我醉石畔,指点真鱼鬐鬣平。可怜岁久苦荡蚀,拂沙扪石始物色。三十六鳞乍有无,芷兮莲兮那可识。更闻去年冠盖集,曾睹鲦鲦还濊濊。失水宁忧遭豫且,经过岂效河中泣。奈何为休反咎征,苦饥怪尔终难冯。翻疑涛涌浪花拍,一朝变化俱云腾。乃今见尔心逼侧,念尔济时恐无力。鼓翼难随石燕飞,潜身幸免渔人得。忽逢一顾使君仁，拂拭重施巧匠勒。年年且慰苍生望，慎勿伤心已失真。

注释：

[一]杜同春《江心石鱼歌》，亦见于《乾隆志》卷之十一《文选》（故宫本）第369页；《乾隆志》卷之十一《文选》（原本）第212页；《道光志》卷之十一《文选》。

[二]杜同春：白鹤梁题名人。清康熙乙丑年（二十四年，1685），涪州牧盱江萧星拱薇翰氏、旧黔令云间杜同春［梅川］、（涪州）州佐四明王运亨［元公］、盱江吴天衡［高伦］、何谦［文奇］、西陵（今河北易县）高应乾［侣叔］、（涪陵）郡人刘之益［四仙］、文珂［奚仲］同游白鹤梁，见于《萧星拱重镌双鱼记》。按：杜同春，字梅川，云间（今上海松江）人。李胜《涪陵历史文化研究》云：杜同春，拔贡。《四川通志》卷三一《皇清职官》云：杜同春，江南拔贡。［光绪］《黔江县志》卷四《职官·文职》云：杜同春，江南华亭拔贡。《酉阳州志》卷之三《黔江县志·官师·知县》国朝杜同春，江南华亭县拔贡。曾任黔江县令。白鹤梁题刻《萧星拱重镌双鱼记》题衔为"旧黔令云间杜同春［梅川］"。《四川通志》卷三一《皇清职官》云：杜同春，康熙五年（1666）任黔江县知县。［光绪］《黔江县志》卷四《职官·文职》云：杜同春，江南华亭拔贡。（康熙）六年（1667）任，政简刑清，重建公廨，吴逆（吴三桂）叛，去任。《酉阳州志》卷之三《黔江县志·官师·知县》：国朝杜同春，江南华亭县拔贡。政简刑清，重建公廨，吴逆（吴三桂）叛，去任。在任黔江县令期间，曾主持修建文昌宫。《酉阳州志》卷之三《黔江县志·坛祠》：文昌宫，在县东郊，知县杜同春建，宋令在书捐资修整。酉阳土司冉奇镳有《拥翠轩诗集》，杜同春为其作《重刻拥翠轩诗集序》。

涪州^[一]　宋陆游

古垒西偏晓系舟，倚栏搔首思悠悠。欲营丹灶竟无地，不见荔枝空远游。官道近江多乱石，人家避水半危楼。使君不用勤留客，瘴雨蛮烟我欲愁。

注释：

[一]陆游《涪州》诗，见于《乾隆志》卷之十一《诗选》（故宫本）第372页；《乾隆志》卷之十一《诗选》（原本）第221页；《同治志》（集成本）卷十五《艺文志》第

677 页;《民国志》（集成本）卷二十二《艺文志四·诗选一》第 168 页;《道光志》卷之十一《诗选》第 221 页;《涪陵市志》第 1365 页。

涪州十韵[一]　马提干

地居襟喉重，城依雉堞坚。东渐邻楚分，南望带彝边。舟楫三川会，封疆五郡连。人烟繁峡内，风物冠江前。溪自吴公邑，园由妃子传。许雄山共峻，马援坝相联。滩急群猪沸，崖高落马悬。石鱼占岁稔，铁柜验诸天。地暖冬无雪，人贫岁不绵。岩标山谷子［字］，观索尔朱仙。

注释：

［一］马提干《涪州十韵》诗，见于《乾隆志》卷之十一《诗选》（故宫本）第 372 页;《乾隆志》卷之十一《诗选》（原本）第 221–222 页;《同治志》（集成本）卷十五《艺文志》第 678 页;《民国志》（集成本）卷二十二《艺文志四·诗选一》第 168 页;《道光志》卷之十一《诗选》第 221–222 页;《涪陵市志》第 1365–1366 页;《历代名人与涪陵》第 29–30 页。

涪陵八景

黔水澄清[一]　余光

萦回冷浸碧无瑕，图画天开景最嘉。醉后船头洗鹦鹉，水晶宫里弄烟霞。

注释：

［一］余光《黔水澄清》，见于《乾隆志》卷之十一《诗选》（故宫本）第 377 页;《乾隆志》卷之十一《诗选》（原本）第 231 页;《同治志》（集成本）卷十五《艺文志》第 681 页;《道光志》卷之十一《诗选》第 231 页;《涪陵市志》第 1366 页。

松屏列翠[一]　［余光］

胜迹天生古涧苔，根柯郁翠压丹青。平生爱石轻珍宝，移入书斋作画屏。

注释：

　　[一]余光《松屏列翠》，见于《乾隆志》卷之十一《诗选》（故宫本）第 377 页；《乾隆志》卷之十一《诗选》（原本）第 231 页；《道光志》卷之十一《诗选》第 231 页；《涪陵市志》第 1366 页。

桂楼秋月^[一]　[余光]

　　天香万斛散乾坤，楼对冰轮懒闭门。午夜静观无缺处，分明足蹑到天根。

注释：

　　[一]余光《桂楼秋月》，见于《乾隆志》卷之十一《诗选》（故宫本）第 377 页；《乾隆志》卷之十一《诗选》（原本）第 231-232 页；《道光志》卷之十一《诗选》第 231-232 页；《涪陵市志》第 1366 页。

荔圃春风^[一]　[余光]

　　托根涪地岂寻常，色绚猩红春正香。妃子惟夸风味别，谁知鼙鼓动渔阳。

注释：

　　[一]余光《荔圃春风》，见于《乾隆志》卷之十一《诗选》（故宫本）第 377 页；《乾隆志》卷之十一《诗选》（原本）第 232 页；《道光志》卷之十一《诗选》第 232 页；《涪陵市志》第 1366 页。

铁柜樵歌^[一]　[余光]

　　名山如柜紫云乡，野调清幽宠辱忘。行客不知心上趣，犹訾音韵少宫商。

注释：

　　[一]余光《铁柜樵歌》，见于《乾隆志》卷之十一《诗选》（故宫本）第 377 页；《乾隆志》卷之十一《诗选》（原本）第 232 页；《道光志》卷之十一《诗选》第 232 页；《涪陵市志》第 1366 页。

鉴湖鱼笛^[一]　［余光］

霜落回沱似鉴明，红尘静处小舟横。古今多少伤心事，尽在蓬窗笛数声。

注释：

　　［一］余光《鉴湖鱼笛》，见于《乾隆志》卷之十一《诗选》（故宫本）第377页；《乾隆志》卷之十一《诗选》（原本）第232页；《道光志》卷之十一《诗选》第232页；《涪陵市志》第1366页。

群猪夜吼^[一]　［余光］

急湍交流怪石横，万山雪化势如倾。月明午夜声号怒，只为当朝抱不平。

注释：

　　［一］余光《群猪夜吼》，见于《乾隆志》卷之十一《诗选》（故宫本）第377页；《乾隆志》卷之十一《诗选》（原本）第232页；《道光志》卷之十一《诗选》第232页；《涪陵市志》第1367页。

白鹤时鸣^[一]　［余光］

苔长渔矶水落潮，浪吟仙子鹤鸣霄。北窗午夜频惊觉，疑是虞廷奏九韶。

注释：

　　［一］余光《白鹤时鸣》，见于《乾隆志》卷之十一《诗选》（故宫本）第377页；《乾隆志》卷之十一《诗选》（原本）第232页；《道光志》卷之十一《诗选》第232页；《涪陵市志》第1367页。

黔水澄清^[一]　夏邦谟

分得龙门一脉精，粼粼鸭绿照人明。远通贵水来仙岛，近会川流到玉京。洗墨任挥明道砚，烹茶堪汲子瞻清。东风吹散碧桃落，万点飞花镜面行。

注释:

[一] 夏邦谟《黔水澄清》,见于《乾隆志》卷之十一《诗选》(故宫本)第 376 页;《乾隆志》卷之十一《诗选》(原本)第 229 页;《道光志》卷之十一《诗选》第 229 页;《历代名人与涪陵》第 114 页;《夏氏宗谱》第 131 页。

松屏列翠[一] [夏邦谟]

形色天生岂偶然,松屏佳号至今传。千年霜雪云根老,万古虬龙铁壁坚。一本生成苍更茂,数枝犹带雨和烟。四时独对江滨立,疑是岁寒不语仙。

注释:

[一] 夏邦谟《松屏列翠》,见于《乾隆志》卷之十一《诗选》(故宫本)第 376 页;《乾隆志》卷之十一《诗选》(原本)第 230 页;《道光志》卷之十一《诗选》第 230 页;《夏氏宗谱》第 131 页。

桂楼秋月[一] [夏邦谟]

老桂婆娑白玉楼,月华三五正中秋。天香有种清虚散,宝鉴何人玉斧修。金粟清芬横海宇,仙娥妆点出云头。岁中能有几宵好,吟到天明意未休。

注释:

[一] 夏邦谟《桂楼秋月》,见于《乾隆志》卷之十一《诗选》(故宫本)第 376 页;《乾隆志》卷之十一《诗选》(原本)第 230 页;《同治志》(集成本)卷十五《艺文志》第 680–681 页;《道光志》卷之十一《诗选》第 230 页;《历代名人与涪陵》第 114–115 页;《夏氏宗谱》第 131 页。

荔圃秋风[一] [夏邦谟]

南海移来种亦奇,贞姿绚烂艳阳时。焉知涪地珠林实,偏重昭阳国色知。当日曾劳人远贡,而今不复马飞驰。喜逢风德同尧舜,独重贤才不重斯。

注释：

［一］夏邦谟《荔圃春风》，见于《乾隆志》卷之十一《诗选》（故宫本）第 376 页；《乾隆志》卷之十一《诗选》（原本）第 230 页；《同治志》（集成本）卷十五《艺文志》第 681 页；《道光志》卷之十一《诗选》第 230 页；《历代名人与涪陵》第 114 页；《夏氏宗谱》第 131 页。

铁柜樵歌^[一]　［夏邦谟］

长安不去逐虚名，阿涧操斤度此生。伐木倦依丹桂坐，采薪身带白云行。两三互唱层霄上，远近遥闻出谷声。此是太平真景象，红尘能解几何人。

注释：

［一］夏邦谟《铁柜樵歌》，见于《乾隆志》卷之十一《诗选》（故宫本）第 376 页；《乾隆志》卷之十一《诗选》（原本）第 230 页；《道光志》卷之十一《诗选》第 230 页；《夏氏宗谱》第 131 页。

鉴湖鱼笛^[一]　［夏邦谟］

纶下江流不自持，小舟撑住学桓伊。疏狂有笛随时乐，断续无腔任意吹。午日梅花千古调，秋风杨柳几枝词。数声何处来云水，六国三朝动客思。

注释：

［一］夏邦谟《鉴湖鱼笛》，见于《乾隆志》卷之十一《诗选》（故宫本）第 376–377 页；《乾隆志》卷之十一《诗选》（原本）第 230–231 页；《道光志》卷之十一《诗选》第 230–231 页；《夏氏宗谱》第 131 页。

群猪夜吼^[一]　［夏邦谟］

涪地名滩何陡峻，辽东群豕势参差。浪翻腊雪风回夜，声吼春雷月上时。惊碎往来名利胆，苦催骚客短长诗。今朝默默端然坐，忍向中流更皱眉。

注释:

[一]夏邦谟《群猪夜吼》,见于《乾隆志》卷之十一《诗选》(故宫本)第377页;《乾隆志》卷之十一《诗选》(原本)第231页;《道光志》卷之十一《诗选》第231页;《夏氏宗谱》第131页。

白鹤时鸣[一] [夏邦谟]

万丈玉龙趋壑哀,地幽尘绝景奇哉。当年云水鸣仙侣,此日名滩漾碧苔。风外羽从三岛去,浪头声向九皋来。蓬窗睡起船头坐,雪浪催诗次第裁。

注释:

[一]夏邦谟《白鹤时鸣》,见于《乾隆志》卷之十一《诗选》(故宫本)第377页;《乾隆志》卷之十一《诗选》(原本)第231页;《道光志》卷之十一《诗选》第231页;《夏氏宗谱》第131页。

北岩寺[一] 陈计长

白云知所好,荒草木山路。岩石多稜稜,止许高僧住。壁立万斯年,藤萝杂古树。江翻岛亦沉,木斩台先露。幸有基址存,苦无檀越护。比丘失讲场,野鸟上阶步。转嗟西日翁,却同远山暮。徒有扣关心,遥写空归句。

注释:

[一]陈计长《北岩寺》,见于《乾隆志》卷之十一《诗选》(故宫本)第374页;《乾隆志》卷之十一《诗选》(原本)第225页;《同治志》(集成本)卷十五《艺文志》第679页;《道光志》卷之十一《诗选》第225页;《历代名人与涪陵》第120页。

铁柜城[一] [陈计长]

铁柜久不见,屹立胡遥遥。连弩需劲卒,相传赤甲高。至今黄草峡,犹疑白战袍。石甕碛还在,卧龙法全销。四望成虚壤,白雉顿蓬蒿。瞿唐犹象马,蜀道白云霄。余民知几许，归心方郁陶。丹灶未易觅，松枝安可樵。寂寞群猪滩，千年何夜号。

注释：

［一］陈计长《铁柜城》，见于《乾隆志》卷之十一《诗选》（故宫本）第 374 页；《乾隆志》卷之十一《诗选》（原本）第 226 页；《同治志》（集成本）卷十五《艺文志》第 679-680 页；《道光志》卷之十一《诗选》第 226 页。

涪陵[一]［陈计长］

涪陵岑寂久无阑，归去犹堪石枕眠。行尽阮军空有泪，烧残稽□未成仙。青山突兀频当户，绿水苍凉自涌泉。闻说广平心似铄，恐于归赋亦潸然。

注释：

［一］陈计长《涪陵》，见于《乾隆志》卷之十一《诗选》（故宫本）第 376 页；《乾隆志》卷之十一《诗选》（原本）第 229 页；《道光志》卷之十一《诗选》第 229 页。

鱼蛮[一]［陈计长］

人居市廛里，子隐淮水中。形声不相吊，心事漫形容。竹木为居室，编栀浮水濛。鱼虾堪作粮，无用羡农工。劈水采鲂鲤，易如拾芥萁。于焉蕃孙子，婚嫁索水宫。此为鱼蛮乐，惟知踏浪雄。人间租税大，着地便成种。何如鱼蛮子，两脚履虚空。虚空难久得，应与舟车同。鱼蛮抢地泣，切勿语桑弘。

注释：

［一］陈计长《鱼蛮》，见于《乾隆志》卷之十一《诗选》（故宫本）第 375-376 页；《乾隆志》卷之十一《诗选》（原本）第 228-229 页；《民国志》（集成本）卷二十二《艺文志四·诗选一》第 170 页；《道光志》卷之十一《诗选》第 228-229 页。

北山揽古[一] 夏道硕

屹然江上一云屏，横绝中流势不群。山谷当年何所激，楹题知己独非君。

注释：

［一］夏道硕《北山揽古》，见于《乾隆志》卷之十一《诗选》（故宫本）第374页；《乾隆志》卷之十一《诗选》（原本）第225页；《道光志》卷之十一《诗选》第225页。

望铁柜城［一］［夏道硕］

仙樵幽韵自何年，城郭人民几海田。我欲结茅当胜概，萧森铁柜意欣然。

注释：

［一］夏道硕《望铁柜城》，见于《乾隆志》卷之十一《诗选》（故宫本）第374页；《乾隆志》卷之十一《诗选》（原本）第225页；《道光志》卷之十一《诗选》第225页。

坐点易洞［夏道硕］

点易洞前江水回，石龛犹似露珠来。时人莫谩登临览，不朽人文挂碧苔。

重修碧云亭［夏道硕］

北岩石色碧云眠，昔有环亭今杳然。龙树不教云出岫，亭成依旧宿亭边。

石鱼兆丰［一］章绪

波心遗迹几千年，何事神鱼壁石镌。出没槎头应瑞物，浮沉半面识机元。时和抱石双双见，岁穰文鳞六六全。藉有诗词扬不朽，大书丰稔至今传。

注释：

［一］章绪《石鱼兆丰》，见于《乾隆志》卷之十一《诗选》（故宫本）第394页；《乾隆志》卷之十一《诗选》（原本）第262页；《道光志》卷之十一《诗选》第262页。

荔浦春风[一]　[章绪]

铁柜城西驿路赊，几人重问绛枝斜。空余古苑怜芳草，谩道天公妒艳花。环佩香销曾牧马，画图珍味对寒沙。年年亦有春风至，不是当时景物华。

注释：

[一]章绪《荔圃春风》，见于《乾隆志》卷之十一《诗选》（故宫本）第393页；《乾隆志》卷之十一《诗选》（原本）第261页；《同治志》（集成本）卷十五《艺文志》第682页；《道光志》卷之十一《诗选》第261页。

鉴湖鱼笛[一]　[章绪]

夕照凝晖晚景赊，湖光如练月初斜。凫舸调弄清江曲，鼓枻声新彻水涯。鹤骨忽悲雷泽柳，柯椽吹落渭滨花。为问律吕谁相和，得伴君山父老槎。

注释：

[一]章绪《鉴湖鱼笛》，见于《乾隆志》卷之十一《诗选》（故宫本）第393页；《乾隆志》卷之十一《诗选》（原本）第261页；《道光志》卷之十一《诗选》第261页。

白鹤时鸣[一]　[章绪]

江上潺湲白鹤洲，于今鹤去岁千秋。吹笙不复缑山见，雷鼓遗音蜀水头。日日潮声鸣太液，年年羽化咽清流。共传华表归飞后，仙语星星逐浪愁。

注释：

[一]章绪《白鹤时鸣》，见于《乾隆志》卷之十一《诗选》（故宫本）第394页；《乾隆志》卷之十一《诗选》（原本）第262页；《道光志》卷之十一《诗选》第262页。

群猪夜吼[一]　[章绪]

群猪相抟暮云愁，柱砥狂澜白浪收。河伯雷车过石峡，冯彝嚣鼓汇双流。梦惊铁骑笳鸣塞，枕忆金风木落秋，静夜奔涛争激转，江横地轴锁名州。

注释：

　　[一]章绪《群猪夜吼》，见于《乾隆志》卷之十一《诗选》（故宫本）第393-394页；《乾隆志》卷之十一《诗选》（原本）第261-262页；《同治志》（集成本）卷十五《艺文志》第682页；《道光志》卷之十一《诗选》第261-262页。

黔水澄清[一]　夏景宣

　　矞然不滓粹而精，引入平川独自明。润物脉原通鬼国，朝宗势欲拱神京。濯缨有客偏宜洁，把钩无功任至清。闲倚曲拦看竞渡，菱花影里一舟行。

注释：

　　[一]夏景宣《黔水澄清》，见于《乾隆志》卷之十一《诗选》（故宫本）第391页；《乾隆志》卷之十一《诗选》（原本）第257-258页；《道光志》卷之十一《诗选》第257-258页；《夏氏宗谱》第132-133页。

松屏列翠[一]　[夏景宣]

　　屹立罘罳翠宛然，秦封高秩代相传。群芳亦秀容常变，众木虽高节不坚。疏影独筛清夜月，浓阴长带旧时烟。苍龙赤甲当庭峙，免逐留侯去学仙。

注释：

　　[一]夏景宣《松屏列翠》，见于《乾隆志》卷之十一《诗选》（故宫本）第391页；《乾隆志》卷之十一《诗选》（原本）第258页；《道光志》卷之十一《诗选》第258页；《夏氏宗谱》第133页。

桂楼秋月[一]　[夏景宣]

　　可是元龙百尺楼，蟾宫兔阙满天秋。好凭李白停杯问，漫向吴刚觅斧修。此夕光分廛市宅，当年香绕泮池头。不知天上婆娑影，莹照寰区甚日休。

注释：

［一］夏景宣《桂楼秋月》，见于《乾隆志》卷之十一《诗选》（故宫本）第 391–392 页；《乾隆志》卷之十一《诗选》（原本）第 258 页；《同治志》（集成本）卷十五《艺文志》第 682 页；《道光志》卷之十一《诗选》第 258 页；《夏氏宗谱》第 133 页。

荔圃春风^{［一］}［夏景宣］

是处虬珠本擅奇，名园景物异当时。白图看去浑难辨，蔡谱传来罕见知。幸有春风能鼓物，莫嗟岁月去如驰。土膏不改灵根在，足称栽培亿万斯。

注释：

［一］夏景宣《荔圃春风》，见于《乾隆志》卷之十一《诗选》（故宫本）第 392 页；《乾隆志》卷之十一《诗选》（原本）第 258 页；《道光志》卷之十一《诗选》第 258 页；《夏氏宗谱》第 133 页。

铁柜樵歌^{［一］}［夏景宣］

不解随群博利名，碧山深处自谋生。持柯晓出穿云去，荷担宁归带月行。野调全从山谷响，狂歌半杂水流声。采薪只合逢仙侣，看到棋终定几人。

注释：

［一］夏景宣《铁柜樵歌》诗，见于《乾隆志》卷之十一《诗选》（故宫本）第 392 页；《乾隆志》卷之十一《诗选》（原本）第 258 页；《道光志》卷之十一《诗选》第 258 页；《夏氏宗谱》第 133 页。

鉴湖鱼笛^{［一］}［夏景宣］

钩罢回舟懒自持，秋江一曲仿桓伊。折残杨柳轻轻下，落尽梅花款款吹。水底鱼龙惊别调，波间风月弄新词。何人与制柯亭竹，截玉钻星慰我思。

注释：

［一］夏景宣《鉴湖鱼笛》诗，见于《乾隆志》卷之十一《诗选》（故宫本）第 392

页;《乾隆志》卷之十一《诗选》（原本）第258-259页;《道光志》卷之十一《诗选》第258-259页;《夏氏宗谱》第133页。

群猪夜吼[一]　[夏景宣]

河伯枭雄江险绝，将军长喙石参差。蹄翻春浪奔腾处，舌惓秋涛荡漾时。放去无踪疑入笠，听来有韵欲催诗。我来占得獭牙吉，莫遣闻声蹙两眉。

注释：

[一] 夏景宣《群猪夜吼》诗，见于《乾隆志》卷之十一《诗选》（故宫本）第392页;《乾隆志》卷之十一《诗选》（原本）第259页;《道光志》卷之十一《诗选》第259页;《夏氏宗谱》第133页。

白鹤时鸣[一]　[夏景宣]

不到华亭不自哀，戛然江上亦悠哉。羽随雪浪标清态，声答银涛响绿苔。谩拟乘轩投卫去，或曾入梦见苏来。江城得此清歌侣，几度闲吟漫取裁。

注释：

[一] 夏景宣《白鹤时鸣》诗，见于《乾隆志》卷之十一《诗选》（故宫本）第392页;《乾隆志》卷之十一《诗选》（原本）第259页;《道光志》卷之十一《诗选》第259页;《夏氏宗谱》第133页。

荔圃春风[一]唐天宝时杨贵妃取荔枝于此。　董维祺

斯圃名何日，人传天宝中。惟余芳草碧，不见荔枝红。南海香同列，东川事已空。酸甜虽有味，耐得几春风。

注释：

[一] 董维祺《荔圃春风》诗，见于《乾隆志》卷之十一《诗选》（故宫本）第392-393页;《乾隆志》卷之十一《诗选》（原本）第260页;《同治志》（集成本）卷十五《艺

文志》第 681 页；《道光志》卷之十一《诗选》第 260 页、李胜《涪陵历代诗文选校注》。

桂楼秋月^[一]昔明伦堂后有桂高百尺。［董维祺］

一片小山月，偏潆危榭中。原非分玉阙，竟尔袭黉宫。桂在秋还在，楼空月不空。何其消永漏，翘首问苍穹。

注释：

［一］董维祺《桂楼秋月》诗，见于《乾隆志》卷之十一《诗选》（故宫本）第 392 页；《乾隆志》卷之十一《诗选》（原本）第 259–260 页；《同治志》（集成本）卷十五《艺文志》第 681 页；《道光志》卷之十一《诗选》第 259–260 页、李胜《涪陵历代诗文选校注》。

铁柜樵歌^[一]高敞轩豁，樵者集之，歌声达市。　　［董维祺］

空谷谁传响，声来铁柜中。烂柯人已去，伐木鸟初工。朝出樵云白，宵归载日红。并肩三五者，回矣市城风。

注释：

［一］董维祺《铁柜樵歌》诗，见于《乾隆志》卷之十一《诗选》（故宫本）第 393 页；《乾隆志》卷之十一《诗选》（原本）第 260 页；《道光志》卷之十一《诗选》第 260 页。

鉴湖鱼笛^[一]黔水秋澄，渔舟群集。矶边弄笛，声入悠扬。　　［董维祺］

无眠因浪稳，萧洒捕鱼翁。宛似桃源客，犹然苏长公。调高千嶂月，曲静一江风。试问人何世，茫茫烟水中。

注释：

［一］董维祺《鉴湖鱼笛》诗，见于《乾隆志》卷之十一《诗选》（故宫本）第 393 页；《乾隆志》卷之十一《诗选》（原本）第 260 页；《同治志》（集成本）卷十五《艺文志》第 681 页；《道光志》卷之十一《诗选》第 260 页；《历代名人与涪陵》第 127 页、李胜《涪陵历代诗文选校注》。

群猪夜吼[一]<small>去城十五里。夏月水涨，汹涌之声，深夜惊人。</small>　　［董维祺］

滔滔流不住，横锁在涪东。归梦声中断，乡思分外穷。黄昏疑塞马，黑夜类边风。枕上常腾沸，何时听乃聪。

注释：

［一］董维祺《群猪夜吼》诗，见于《乾隆志》卷之十一《诗选》（故宫本）第393页；《乾隆志》卷之十一《诗选》（原本）第260页；《同治志》（集成本）卷十五《艺文志》第682页；《道光志》卷之十一《诗选》第260页、李胜《涪陵历代诗文选校注》、黄节厚《乌江古代诗词译注》。

白鹤时鸣[一]<small>城西有石梁横江。昔有朱仙乘鹤至此，声闻于天。</small>　　［董维祺］

素羽为仙骥，曾鸣达九穹。猿啼千古恨，雁阵几行空。此地非栖处，何缘偶息翀。惟于清夜里，领略梦辽东。

注释：

［一］董维祺《白鹤时鸣》诗，见于《乾隆志》卷之十一《诗选》（故宫本）第393页；《乾隆志》卷之十一《诗选》（原本）第260–261页；《同治志》（集成本）卷十五《艺文志》第682页；《道光志》卷之十一《诗选》第260–261页、李胜《涪陵历代诗文选校注》、黄节厚《乌江古代诗词译注》。

石鱼兆丰[一]<small>州前江心石梁如带，上刻石鱼。一衔芝草，一衔莲花。旁有斗、秤，见则年丰。</small>　　［董维祺］

石磴双鳞甲，何年勒水宫。芝莲供吐吸，星斗任傍通。既倒澜将返，中流波更红。前人多少句，总为兆年丰。

注释：

［一］董维祺《石鱼兆丰》诗，见于《乾隆志》卷之十一《诗选》（故宫本）第393页；《乾隆志》卷之十一《诗选》（原本）第261页；《道光志》卷之十一《诗选》第261页。

松屏列翠[一] 治北有巨石如屏，上有松纹。枝叶交加，宛若图画。　　［董维祺］

文光山夺尽，秀色列屏风。形胜朱颜媛，神传绿发翁。自然参造化，绝不假人工。漫道碑无字，犹惊石阶丛。

注释：

［一］董维祺《松屏列翠》诗，见于《乾隆志》卷之十一《诗选》（故宫本）第392页；《乾隆志》卷之十一《诗选》（原本）第259页；《同治志》（集成本）卷十五《艺文志》第681页；《道光志》卷之十一《诗选》第259页、李胜《涪陵历代诗文选校注》。

群猪滩记[一]　夏景宣

涪江东北，距城三里许有滩焉，怪石林立，色纯黑如豕，有巨者、细者、起者、伏者、蹶蹄窜者、昂首喷者、庞然而苗壮者、癯瘦欲折如失养者，磊落错出，参差万状。盛夏，水势汹涌，溯湃声上接城市，夜听益彻，俗名曰群猪夜吼。为涪陵八景之一，其由来旧矣。昔工部诗有云：白狗斜临北，黄牛更在东。余尝以公车北上，往复于巫山、三峡间，诹得其所谓白狗黄牛者，非实有狗若牛也。凡以水石相遭搏击成声，榜人、舟子上下其间，率厥天真，随意命名，不以象拘，不以形求，一人呼之，千百人继而传之，盖不知几历年所矣。故少陵句中亦仍俗号，未之有改。兹之群猪得无类是，惜乎子美无诗猪之不幸，不若狗牛之幸也。乃有好事者易群为琼，易猪为珠，甚至刻诸岩壁间以矜新而示异意者。荆山石里早自成声，老蚌胎中便能作吼，吾不知于义何居也，抑或谓珠之于猪，有清浊之异，不无贵贱之分，将欲假一字为山水重乎？夫从来人杰地灵，山川之生色，惟其人不惟其物也，如谓清而贵者之可以假重，而浊且贱者之不足以表异也。则是历山之圣人不与鹿豕同游，而季伦之绿珠始足以照耀千古也。益见其谬矣。至谓常有江猪喷吼者，其说尤为胶柱。

旧序　夏道硕

志非眇业也。涪虽支郡，亦可比于古诸侯百里之封。古诸侯皆各有史官以纪其事而书其山川人物，盖务以示鉴而策后也。

自秦汉以来，始郡县其天下，而郡县始有分志。皇朝始合有《一统志》，是一统之合亦由分而集耳。然则郡县微志，太史何由而采风，后裔何由而稽古？又况各处山川、风俗、人情、事迹，世世相续，人人相师，如木之本而水之源乎？

《涪志》自明嘉靖间我先大父冠山公以一时史才之望，为郡大夫暨乡里人士推之而事乃举，颇称明备。迨甲申贼变后，不啻秦灰荡然无存矣。维余小子，属忝嫡裔，愧不能绍扬先烈，继我箕裘。仅记述其序文，更遍觅诸石刻，不胜手泽之感。兹幸同戚友数老人皆躬当明盛，又亲尝乱离，底此又四十年，岂天之特遗数老以续前徽而启后劲耶？所尤赖当事贤公抚形胜而慨流风，曰："古志既亡矣，昔汉世求《尚书》于伏博士，虽云口诵而所关尤大。今朝廷方纂修明史，购求天下遗书以备兰台之选，诸先生得无意乎？"于是乘斯余龄，考厥成迹，草成一帙，聊以呈公览，塞吾责而已。

嗟夫！旧志成于先大父者，正席隆平，百事灿列，犹可资阐。今志之续于我数老人者，起乱而治、承废而兴，较昔为难。孟夫子谓"无此见知，安有闻知"。且吾涪之先辈尚忠厚、树清节，累累叠叠，盖不止以科名爵秩为地重者，至今犹令人仰止慨慕不衰也，后之作者尚其勉诸！

涪州志跋

　　郡志一书，非仅纪山川、列风土也。考之《周礼》："小史氏掌邦国之志"。而郡邑之载，不乏学士大夫，多兢兢于世焉。顾称循良而兼良史者，非具体国经野之才、擅淹贯弘通之识，安能俾一郡之人、一郡之事，使贞淫正变，灿若云汉，上贡辂轩采择、珥笔彤庭，与国史并传不朽哉？朝于董使君不胜忻藉焉。公自甲申岁奉简命而来牧兹土也，迄今十有二稔。公本慈祥为怀，冰蘖自矢，民歌乐只，士登弦诵，诪张者敛迹，顽梗者畏服，蒸然称上理焉。公下车之明年，以学校为起化之原，他务未遑，首建黉宫，万仞巍峨，冠冕全治；旋置礼器，释奠鼓篋，俾诸生以时习礼于其中。嗣后科名雀起，人文蔚盛，皆公鼎建培风之力也。他如清户口也，而侵越患息；锄楚民也，而兼并风衰；以至严保甲而杜夺取也，而人民安堵，婚姻以正。自是利兴弊革，次第毕举，今于地乘尤惓惓焉。《涪志》创始于明季，自迭遭秦灰，访之故老而澌灭殆尽。公始博采风谣，搜罗掌故，从乡郡人刘、夏、文诸先生缮本，于公退之暇，殚力雠校，核据精详，付诸梨枣。直而不饰，质而不俚；简而赅，确而当，序次谦冲，不掩前烈。仰公之意，冀涪人士览斯志也，曰某也忠、某也孝、某也节、某也义，人心风俗咸系于此，宁仅志山川、列风土为纪载之虚文哉？所谓循良而兼良史才，洵不诬也。志锓于甲午秋仲，阅六月而告竣。于朝滥芋苦蔯，薰炙公之德教久，复睹郡乘之"遹观厥成"，益思不知烦公几经心力而获睹兹盛举矣。因不揣固陋，敬附卮言于简末。

　　　　　　　　　　时康熙五十四年（1715）岁次乙未春王正月上浣涪州儒学
　　　　　　　　　　训导邻治年家晚生汉昌孙于朝谨跋

参考文献

一、方志类

［清］董维祺主修,《重庆府涪州志》,清康熙五十四年（1715）,涪陵地方志办公室电子本

［清］多泽厚等纂修,《涪州志》,清乾隆五十年（1785）,涪陵地方志办公室电子本

［清］德恩修,《涪州志》,清道光二十五年（1845）,涪陵地方志办公室电子本

［清］吕绍衣主修,《涪州志》,清同治九年（1870）,涪陵地方志办公室电子本

［清］王应元等,《同治重修涪州志》,《中国地方志集·四川府县志辑》(46) 江苏古籍出版社·上
　　　海书店·巴蜀书社, 1990 年

［清］邹宪章修,《涪乘启新》,清光绪三十一年（1905）,涪陵地方志办公室电子本

［民国］施纪云总纂,《涪陵县续修涪州志》,民国十七年（1928）,涪陵地方志办公室电子本

涪陵市志编纂委员会编,《涪陵市志》,四川人民出版社, 1995 年

《彭水县志（康熙本）》,彭水苗族土家族自治县档案局编《彭水清代方志集成》,巴蜀书社,
　　　2013 年

《彭水县志（同治本）》,彭水苗族土家族自治县档案局编《彭水清代方志集成》,巴蜀书社,
　　　2013 年

《彭水县志（光绪本）》,彭水苗族土家族自治县档案局编《彭水清代方志集成》,巴蜀书社,
　　　2013 年

［清］冯世瀛、冉崇文等编纂,西阳自治县档案局整理,《西阳直隶州志》,巴蜀书社, 2009 年

四川省黔江土家族苗族自治县志编纂委员会编,《黔江县志》,中国社会科学出版社, 1994 年

重庆市黔江区党史和地方志办公室编,《黔江清代四志·黔江县乡土志（光绪末年）》,广陵书社,
　　　2013 年

［清］庄定域等,《彭水县志》,光绪元年（1875）刻本,彭水档案局《彭水珍稀地方志史料汇编》,
　　　巴蜀书社, 2012 年

重庆市黔江区党史和地方志办公室编,《黔江清代四志·黔江县志（咸丰）》,广陵书社, 2013 年

重庆市黔江区党史和地方志办公室编,《黔江清代四志·续增黔江县志（同治）》, 广陵书社,
　　2013 年

重庆市黔江区党史和地方志办公室编,《黔江清代四志·黔江县志（光绪）》, 广陵书社, 2013 年

［清］黄廷桂,《四川通志》, 四库全书本

《道光重庆府志》, 蓝勇《稀见重庆地方文献汇点》, 重庆大学出版社, 2013 年

《日本藏中国罕见地方志丛刊》, 书目文献出版社, 1992 年

《稀见中国地方志汇刊》, 中国书店, 1992 年

［晋］常璩撰；刘琳校,《华阳国志注》, 巴蜀书社, 1985 年

《涪陵辞典》编纂委员会编,《涪陵辞典》, 重庆出版社, 2003 年

《中国长江三峡大辞典》编纂委员会,《中国长江三峡大辞典》, 重庆出版社, 1997 年

二、族谱类

重庆市涪陵区何氏世谱巴文化,《何氏世谱》, 内部资料, 2013 年

涪陵《刘氏宗谱》, 涪陵方志办公室藏本

涪陵《夏氏宗谱》, 涪陵方志办公室藏本

三、著述类

陈曦震编,《水下碑林——白鹤梁》, 四川人民出版社, 1995 年

李胜,《涪陵历史文化研究》, 中央文献出版社, 2006 年

李胜,《涪陵历代诗文选校注》, 中国戏剧出版社, 2014 年

巴声、黄秀陵编著,《历代名人与涪陵》, 中国文史出版社, 2005 年

曾超,《三峡国宝——白鹤梁题刻汇录与考索》, 中国文史出版社, 2005 年

［清］陆增祥,《八琼室金石补正》, 文物出版社, 1985 年

胡昌健,《恭州集》, 重庆出版社, 2008 年

陈曦震,《水下碑林——白鹤梁》, 四川人民出版社, 1995 年

水利部长江水利委员会,《长江三峡工程水库水文题刻文物图集》, 科学出版社, 1996 年

政协四川工委,《世界第一古代水文站——白鹤梁》, 中国三峡出版社, 1995 年

黄海,《白鹤梁题刻辑录》, 中国戏剧出版社, 2014 年

胡人朝,《中国西南地区历代石刻汇编（四川重庆卷）》, 天津古籍出版社, 1998 年

曾超,《三峡国宝——白鹤梁题刻汇录与考索》, 中国文史出版社, 2005 年

王晓晖，《白鹤梁题刻文献汇集校注》，天津古籍出版社，2016 年

［清］姚觐元、钱保塘，《涪州石鱼文字所见录》，上海书店出版社，1994 年

胡昌健，《恭州集》，重庆出版社，2008 年

曾超，《枳巴文化研究》，中国戏剧出版社，2013 年

李世权，《石刻涪州》，中国戏剧出版社，2014 年

李金荣，《黄庭坚谪居巴蜀行迹交游与创作考论》，河南人民出版社，2010 年

蒲国树、李文丽，《涪陵地名文化》，中国戏剧出版社，2014 年

冉光海主编，《涪陵历史人物》，重庆出版社，2015 年

许肇鼎，《宋代蜀人著作存佚录》，巴蜀书社，1986 年

傅平骧，《四川历代文化名人辞典》，四川文艺出版社，1992 年

徐世群、杨世明，《巴蜀文化大典》，四川人民出版社，1998 年

胡昌健，《巴蜀史地与文物研究》，光明日报出版社，2013 年

四、论文类

曾超《唐代涪州刺史考》(《长江师范学院学报》，2015 年 3 期)

曾超、张正武，《西南地区白鹤梁题刻唐宋涪州牧考述》，《长江师范学院学报》，2013 年 1 期

曾超，《元明清涪州牧考述》，《重庆三峡学院学报》，2014 年 5 期

曾超，《白鹤梁题名人邓椿交际考》，《重庆三峡学院学报》，2015 年 04 期

曾超《〈画继〉之白鹤梁题名人价值稽考》，《重庆三峡学院学报》，2016 年 5 期

曾超，《白鹤梁题刻〈聂文焕题记〉“奥鲁”“劝农事”考辨》，《三峡论坛》，2014 年 6 期

曾超，《白鹤梁题名人萧星拱史迹稽考》，《三峡大学学报》，2017 年 1 期

曾超，《白鹤梁题名人董维祺涪州史迹考》，《重庆三峡学院学报》，2014 年 3 期

曾超，《白鹤梁题刻溇水濮氏家族考察》，《重庆三峡学院学报》，2015 年 5 期

王晓晖，《北宋涪州知州考略》，《长江师范学院学报》，2012 年 9 期

王晓晖，《白鹤梁题刻所见涪州知州吴革考辨》，《三峡大学学报》，2014 年 1 期

刘京臣，《晁公溯诗歌探微》，《兰州教育学院学报》，2011 年 5 期

刘京臣，《宋代晁氏家族诗歌特色论》，《西北师大学报（社会科学版）》，2009 年 3 期

刘京臣，《宋代晁氏家族诗歌研究》，鲁东大学硕士学位论文，2007 年

李朝军，《晁公武兄弟在渝事迹考》，《中华文化论坛》，2007 年 3 期

张剑，《晁公溯诗文简论》，《河南教育学院学报》，2005 年 4 期

王勇，《晁公溯诗歌研究》东北师范大学硕士学位论文，2008 年

何新所，《宋代昭德晁氏家族文化传统研究》，《中州学刊》，2006 年 1 期

胡昌健，《涪陵白鹤梁"元符庚辰涪翁来"题刻考》，《四川文物》，2003 年 1 期

李金荣，《涪陵白鹤梁"元符庚辰涪翁来"考辨》，《重庆社会科学》，2006 年 5 期

汪长春，《涪陵市书画名人录》，中国人民政治协商会议四川省涪陵市委员会文史资料研究委员
　　会编《涪陵文史资料选辑》第三辑，内部资料，1987 年

编后记

　　方志乃一地之史，它记载一地之风情，对研究特定地域的政治、经济、军事、教育、文化、风俗等具有至为重要的参考价值。

　　历史时期，涪陵曾经多次编著涪陵一地的方志，今存者即有康熙五十四年（1715）《重庆府涪州志》四卷、乾隆五十年（1785）《涪州志》十二卷、道光二十五年（1845）《涪州志》十二卷、同治九年（1870）《涪州志》十六卷、光绪三十一年（1905）《涪乘启新》三卷、民国十七年（1928）《涪陵县续修涪州志》。这是一笔宝贵的历史文化资源，值得我们继承和弘扬。

　　2017 年，中共中央办公厅、国务院办公厅印发《关于实施中华优秀传统文化传承发展工程的意见》，将古籍整理作为"中华优秀传统文化传承发展工程"之一。涪陵对此高度重视，积极组建专家团队，着手点校涪陵方志。

　　康熙《重庆府涪州志》的点校，由于受知识、学历、水平、学科、领域的限制，特别是本人对佛学、禅学缺乏研究，点注工作难免存在不少的问题，敬请专家赐正。

校注人：曾超

2018 年 3 月